JN191135

運行管理者試験

旅客自動車運送事業編

出題範囲の要点の解説 と実践模擬問題

~出題範囲の要点と問題30問付~

国家試験受験対策研究会　編著

は　し　が　き

　タクシー・ハイヤー，バス事業等に最も関連のある道路運送法が平成12年5月に大きく改正され，平成14年2月1日から施行されました。

　これにより，旅客自動車運送事業の免許制が許可制になるなど規制緩和措置がとられる一方，輸送の安全確保を目的に一層の社会的規制の強化を図るため運行管理者の国家試験制度が導入され，原則的に，この試験に合格して運行管理者資格者証を取得した者でなければ運行管理者として選任できないことになりました。

　この国家試験を受けるためには，自動車運送事業（貨物軽自動車運送事業を除く。）又は特定第二種利用運送事業の職場で運行の管理に関し1年以上の実務経験（受験資格）を得るか，あるいは国土交通大臣が認定する講習実施機関が平成7年4月1日以降に実施している基礎講習を修了していることが必要であります。

　運行管理者試験はCBT試験で行われ，その出題の内容も，道路運送法をはじめ車両法，道交法，労基法などの関係諸法令から運行管理者の業務に関し必要な実務上の知識及び能力までと広範囲にわたっています。

　従って，試験を突破するには，運行管理業務を処理するうえで必要となる法的知識・一般知識のほか，旅客自動車の運転者や乗務員に必要と思われる知識等についても十分に理解しておくと同時に，その日常の業務を再確認する必要があります。

　本書は，運行管理者試験を当面の目標とした受験勉強の一助となるように編集，構成しました。

　すなわち，第1編ではこれから出題されると思われる事項の要点をまとめてありますので法律を十分理解されるよう熟読してください。第2編では，過去の問題についてわかりやすく解説をし，第3編では，模擬問題を掲載しました。第1編を繰りかえし読み込んで勉強して自信がついたら，第2編・第3編を実施し最後の仕上げができるように考慮しました。

　運行管理者試験の受験参考書として，有意義にご活用いただければ幸いです。

編　著　者

も　く　じ

受 験 の 手 引

1 運行管理者試験とは

　運行管理者とは，自動車運送事業の用に供する事業用自動車の運行の安全の確保に関する業務について，事業者に代わってこれを行う者をいいます。運行管理者試験は，このような業務の重要性を考慮し，必要と思われる知識及び能力について一定の水準に達しているか否かをCBT試験により判定するもので，一定の受験資格がある者の受験の申請に基づいて行われます。

　この運行管理者試験は，年2回，8月及び3月に実施されています。

2 運行管理者試験を受験するには

(1) 受験資格

　運行管理者試験を受けようとする者は，試験日の前日において，次のいずれかに当てはまらなければなりません。

　　ア　自動車運送事業（貨物軽自動車運送事業を除く。）の事業用自動車（緑ナンバーの車）の運行の管理に関し，1年以上の実務の経験を有する者

　　イ　国土交通大臣が認定する講習実施機関において，平成7年4月1日以降の試験区分に応じた基礎講習を修了した者

　　　①貨物自動車運送事業輸送安全規則に基づき国土交通大臣から認定された講習実施機関で基礎講習を受講された者は，貨物の受験資格となります。

　　　②旅客自動車運送事業運輸規則に基づき国土交通大臣から認定された講習実施機関で基礎講習を受講された者は，旅客の受験資格となります。

(2) 試験の施行

　運行管理者試験は，法に定めるところにより，指定試験機関である（公財）運行管理者試験センターで実施しています。

　なお，試験実施日時や試験会場については，試験の実施の都度，当該試験センターのホームページに掲載されます。

(3) 試験の内容・合格基準

　・試験の内容

　　運行管理者試験は，次に掲げる事項についてCBT試験により行われます。

　　ア．道路運送法……………………………………………（8問）

　　イ．道路運送車両法………………………………………（4問）

　　ウ．道路交通法……………………………………………（5問）

　　エ．労働基準法……………………………………………（6問）

オ．その他運行管理者の業務に関し必要な実務上の知識及び能力……（7問）

・合格基準

次の①及び②の得点が必要です。

①原則として，総得点が満点（30問）の60％（18問）以上であること。

②出題分野のアからエの出題ごとに正解が１問以上であり，オについては正解が２問以上であること。

(4) 受験の申請

運行管理者試験は，CBT試験により実施されます。

運行管理者試験を受けようとする者は，パソコン又は，スマートフォンから（公財）運行管理者試験センターのホームページにアクセスし，申請手順に従って申請して下さい。

（注） CBT試験とは，問題用紙やマークシートなどの紙を使用せず，パソコンの画面に表示される問題に対しマウス等を用いて回答する試験です。受験者は，申請時に複数の試験実施日時や試験会場の中から，受験する日時と会場を選択することができます。（（公財）運行管理者試験センター・ホームページにCBT試験の申請方法，試験方法が掲載されますので確認してください。）

《運行管理者試験に関する問い合わせ先》

● 運行管理者試験の全般に関する問い合わせ先
運行管理者試験コールセンター
TEL　03-6635-9400（受付時間：平日9：00〜17：00）
ホームページ　https://www.unkan.or.jp
● 受験申請についての問い合わせ先
新規受験申請　運行管理者試験コールセンター
　　　　　　　　TEL　03-6635-9400（受付時間：平日9：00〜17：00)
再受験申請　　（公財）運行管理者試験センター　再受験申請デスク
　　　　　　　　TEL　03-6803-4304（受付時間：平日9：00〜17：00)

「運行管理者試験事前講習会」のご案内

　輸送文研社では，本テキストを用いた弊社専任講師による試験対策講習会を行っています。対面式の講習会なので，試験勉強の中で疑問に思ったことなど直接講師に質問できます。なかなか受験勉強の時間が取れない方は短期集中の追い込み勉強として，じっくり勉強されてきた方は最後の総仕上げとして，皆様ぜひご参加ください。

開催予定日　　　令和7年7月16日（水）　　午前9時30分〜午後4時10分
　　　　　　　　（開催日は変更する場合があります。）
会場　　　　　　東京都新宿区四谷3-1-8 東京都トラック総合会館
受講料　　　　　4,500円（税込）

　詳細・申込書等は弊社ホームページにてご案内いたします。

テキストの内容に関するお問い合わせ

　このテキストの内容についての疑問・質問等がありましたら下記電話・FAXまでお問い合わせ下さい。

◎受付電話番号　　　03-3861-0291

◎受付FAX番号　　　03-3861-0295

テキストの訂正について

　テキストの内容に訂正がある場合は，下記ホームページで訂正箇所を正誤表にして掲載いたします。検索または下記QRコードを読み取ってご確認ください。

◎輸送文研社ホームページ　https://yuso-bunken.co.jp/

（または『輸送文研社』で検索してください）

第 1 編

出題範囲の要点と解説

＊第1編をお読み頂くまえに

　過去の旅客自動車運送事業運行管理者試験の問題については，第2編で選択肢の正誤をし，解説してありますので，精読して頂ければ，今後の試験の出題傾向とレベルを知るのに役立つと思いますが，この第1編ではさらに万全を期すために今後，出題されると思われる諸事項の要点について各法令ごとにまとめて解説しました。

　難かしい法令の条文等に初めて接する読者の方もおられると思いますが，飛ばし読みはせず，熟読して理解に努めて下さい。

　また，本書の4ページにあるように，試験の内容がきわめて広く多岐多様に分れ，そのなかでも特に「運行管理者の業務に関し必要な実務上の知識」となると，ほとんど無数の出題が可能となります。

　従って，本編の内容だけにこだわらず，広い眼くばりをもって学習してください。

　なお，本文中の条文等は，試験問題として重要と思われるものを掲載しており，一部が抜粋されている場合もありますので，「自動車六法」等をぜひ参照するなど併読してください。

1 道路運送法関係のポイント

凡例　法…道路運送法
　　　施行規則…道路運送法施行規則
　　　運輸規則…旅客自動車運送事業運輸規則
　　　事故報告規則…自動車事故報告規則

　なお，規定内容欄に特に（乗　合）とあるのは，その項目が一般乗合旅客自動車運送事業のみに，（貸　切）とある項目は一般貸切旅客自動車運送事業のみに，（乗用）とある項目は一般乗用旅客自動車運送事業のみに適用されることを示す。

1）　法の目的・定義・事業の運営など

根 拠 条 項	規　定　内　容　等
道路運送法目的 （法第1条）	●この法律は，貨物自動車運送事業法と相まって，道路運送事業の運営を適正かつ合理的なものとし，並びに道路運送の分野における利用者の需要の多様化及び高度化に的確に対応したサービスの円滑かつ確実な提供を促進することにより，輸送の安全を確保し，道路運送の利用者の利益の保護及びその利便の増進を図るとともに，道路運送の総合的な発達を図り，もって公共の福祉を増進することを目的とする。
旅客自動車運送事業運輸規則目的 （運輸規則第1条）	●この省令は，旅客自動車運送事業の適正な運営を確保することにより，輸送の安全及び旅客の利便を図ることを目的とする。
定義 （法第2条）	●道路運送事業とは，旅客自動車運送事業，貨物自動車運送事業及び自動車道事業をいう。 ●自動車運送事業とは，旅客自動車運送事業及び貨物自動車運送事業をいう。 ●旅客自動車運送事業とは，他人の需要に応じ，有償で，自動車を使用して旅客を運送する事業であって，次条に掲げるものをいう。 ●自動車道事業とは，一般自動車道を専ら自動車の交通の用に供する事業をいう。

根 拠 条 項	規　定　内　容　等
旅客自動車運送事業の種類 （法第3条）	●旅客自動車運送事業は，一般旅客と特定旅客に分かれる。 ▶一般旅客自動車運送事業とは，特定旅客自動車運送事業以外の旅客自動車運送事業をいい，次の3種類に分かれる。 　イ　一般乗合旅客自動車運送事業とは，乗合旅客を運送する一般旅客自動車運送事業をいう。
乗車定員 （施行規則第3条の2）	ロ　一般貸切旅客自動車運送事業とは，一個の契約により国土交通省令で定める乗車定員以上（乗車定員11人以上）の自動車を貸し切って旅客を運送する一般旅客自動車運送事業をいう。 　ハ　一般乗用旅客自動車運送事業とは，一個の契約によりロの国土交通省令で定める乗車定員未満（乗車定員10人以下）の自動車を貸し切って旅客を運送する一般旅客自動車運送事業をいう。 ▶特定旅客自動車運送事業とは，特定の者の需要に応じ，一定の範囲の旅客を運送する旅客自動車運送事業をいう。

```
                    ┌─旅客自動車運送事業─┬─一般旅客自動車運送事業─┬─一般乗合旅客自動車運送事業
道                  │                    │                        ├─一般貸切旅客自動車運送事業
路                  │                    │                        └─一般乗用旅客自動車運送事業
運                  ├─貨物自動車運送事業 └─特定旅客自動車運送事業
送                  │
事                  │
業                  └─自動車道事業
```

一般旅客自動車運送事業の許可 （法第4条）	●一般旅客自動車運送事業を経営しようとする者は，国土交通大臣の許可を受けなければならない。 ●一般旅客自動車運送事業の許可は，一般旅客自動車運送事業の種別（乗合，貸切，乗用の別）について行う。
許可の申請 （法第5条）	●一般旅客自動車運送事業の許可を受けようとする者は，次に掲げる事項を記載した申請書を国土交通大臣に提出しなければならない。 ⑴　氏名又は名称及び住所並びに法人にあつては，その代表者の氏名 ⑵　経営しようとする一般旅客自動車運送事業の種別 ⑶　路線又は営業区域，営業所の名称及び位置，営業所ごとに配

根 拠 条 項	規 定 内 容 等
	置する事業用自動車の数その他の一般旅客自動車運送事業の種別（一般乗合旅客自動車運送事業にあっては，路線定期運行（路線を定めて定期に運行する自動車による乗合旅客の運送をいう。以下同じ。）その他の国土交通省令で定める運行の態様の別を含む。）ごとに国土交通省令で定める事項に関する事業計画 ●前項の申請書には，事業用自動車の運行管理の体制その他国土交通省令で定める事項を記載した書類を添付しなければならない。
一般乗合旅客自動車運送事業の運行の態様 （施行規則第3条の3）	●法第5条第1項第3号（前ページ(3)）の国土交通省令で定める運行の態様は，次のとおりとする。 (1) 路線定期運行 (2) 路線を定めて不定期に運行する自動車による乗合旅客の運送（以下「路線不定期運行」という。） (3) 前2号（(1)及び(2)）に掲げるもの以外の乗合旅客の運送（以下「区域運行」という。）
申請書に添付する書類 （施行規則第6条）	●事業用自動車の運行により生じた旅客その他の者の生命，身体又は財産の損害を賠償するための措置を講じていることを証する書類を添付しなければならない。
許可基準 （法第6条）	●国土交通大臣は，一般旅客自動車運送事業の許可をしようとするときは，次の基準に適合するかどうかを審査して，これをしなければならない。 ① 当該事業の計画が輸送の安全を確保するため適切なものであること。 ② 前号に掲げるもののほか，当該事業の遂行上適切な計画を有するものであること。 ③ 当該事業を自ら適確に遂行するに足る能力を有するものであること。
欠格事由 （法第7条）	●国土交通大臣は，次に掲げる場合には，一般旅客自動車運送事業の許可をしてはならない。 (1) 許可を受けようとする者が1年以上の懲役又は禁錮の刑に処せられ，その執行を終わり，又は執行を受けることがなくなっ

根 拠 条 項	規 定 内 容 等

た日から5年を経過していない者であるとき。

(2)　許可を受けようとする者が一般旅客自動車運送事業又は特定旅客自動車運送事業の許可の取り消しを受け，その取り消しの日から5年を経過していない者（当該許可を取り消された者が法人である場合においては，当該取り消しを受けた法人のその処分を受ける原因となった事項が発生した当時にその法人業務を執行する役員（いかなる名称によるかを問わず，これと同等の職権又は支配力を有する者を含む。）として在任した者で当該取り消しの日から5年を経過していない者を含む。）であるとき。

(3)　許可を受けようとする者と密接な関係を有する者が，一般旅客自動車運送事業又は特定旅客自動車運送事業の許可の取消しを受け，その取消しの日から5年を経過していない者であるとき。

(4)　許可を受けようとする者が，一般旅客自動車運送事業又は特定旅客自動車運送事業の許可の取消しの処分に係る行政手続法（平成5年法律第88号）第15条の規定による通知があった日から当該処分をする日又は処分をしないことを決定する日までの間に事業の廃止の届出をした者（当該事業の廃止について相当の理由がある者を除く。）で，当該届出の日から5年を経過していないものであるとき。

(5)　許可を受けようとする者が，第94条第4項の規定による検査が行われた日から聴聞決定予定日までの間に事業の廃止の届出をした者（当該事業の廃止について相当の理由がある者を除く。）で，当該届出の日から5年を経過していないものであるとき。

(6)　第4号に規定する期間内に事業の廃止の届出があった場合において，許可を受けようとする者が，同号の通知の日前60日以内に当該届出に係る法人（当該事業の廃止について相当の理由がある法人を除く。）の役員であった者で，当該届出の日から5年を経過していないものであるとき。

(7)　許可を受けようとする者が営業に関し成年者と同一の能力を有しない未成年者又は成年被後見人である場合において，その法定代理人が前各号（第3号を除く。）又は次号のいずれかに該当する者であるとき。

根 拠 条 項	規 定 内 容 等
	⑻ 許可を受けようとする者が法人である場合において，その法人の役員が前各号（第3号を除く。）のいずれかに該当する者であるとき。
一般貸切旅客自動車運送事業の許可の更新 （法第8条）	1．一般貸切旅客自動車運送事業の許可は，**5年ごとにその更新を受けなければ**，その期間の経過によって，その効力を失う。 2．前項の更新の申請があった場合において，同項の期間（以下この条において「有効期間」という。）の満了の日までにその申請に対する処分がなされないときは，従前の一般貸切旅客自動車運送事業の許可は，有効期間の満了後もその処分がなされるまでの間は，なおその効力を有する。 3．前項の場合において，一般貸切旅客自動車運送事業の許可の更新がなされたときは，その有効期間は，従前の有効期間の満了の日の翌日から起算するものとする。 4．第5条から前条までの規定は，第1項の一般貸切旅客自動車運送事業の許可の更新について準用する。
一般乗合旅客自動車運送事業の運賃及び料金 （法第9条）	**（乗　合）** ●一般乗合旅客自動車運送事業者は，旅客の運賃及び料金（旅客の利益に及ぼす影響が比較的小さいものとして国土交通省令で定める運賃及び料金を除く。以下「運賃等」という。）の上限を定め，国土交通大臣の認可を受けなければならない。これを変更しようとするときも同様とする。 **（乗　合）** ●一般乗合旅客自動車運送事業者が，地域における需要に応じ当該地域の住民の生活に必要な旅客運送の確保その他の旅客の利便の増進を図るために乗合旅客の運送を行う場合において，国土交通省令で定めるところにより，地方公共団体，一般乗合旅客自動車運送事業者，住民その他の国土交通省令で定める関係者が当該運送に係る運賃等について合意しているときは，あらかじめ，その旨国土交通大臣に届け出ることをもって足りる。これを変更しようとするときも同様とする。 **（乗　合）** ●一般乗合旅客自動車運送事業者は，国土交通省令で定める料金〔特別座席料金等〕を定めようとするときは，あらかじめ，その

根 拠 条 項	規 定 内 容 等
	旨を国土交通大臣に届け出なければならない。これを変更しよう とするときも同様とする。
一般貸切旅客 自動車運送事 業の運賃及び 料金 （法第9条の 2）	**（貸　切）** ●一般貸切旅客自動車運送事業者は，旅客の運賃及び料金を定め， あらかじめ，国土交通大臣に届け出なければならない。これを変 更しようとするときも同様とする。
一般乗用旅客 自動車運送事 業の運賃及び 料金 （法第9条の 3）	**（乗　用）** ●一般乗用旅客自動車運送事業者は，旅客の運賃及び料金（旅客の 利益に及ぼす影響が比較的小さいものとして国土交通省令で定め る料金を除く。）を定め，国土交通大臣の認可を受けなければなら ない。これを変更しようとするときも同様とする。 **（乗　用）** ●一般乗用旅客自動車運送事業者は，第1項の国土交通省令で定め る料金を定めようとするときは，あらかじめ，その旨を国土交通 大臣に届け出なければならない。これを変更しようとするときも， 同様とする。
運賃又は料金 の割戻しの禁 止 （法第10条）	●一般旅客自動車運送事業者は，旅客に対し，収受した運賃又は料 金の割戻しをしてはならない。
運送約款 （法第11条）	●一般旅客自動車運送事業者は，運送約款を定め，国土交通大臣の 認可を受けなければならない。これを変更しようとするときも同 様とする。 ●国土交通大臣が一般旅客自動車運送事業の別に応じて標準運送約 款を定めて公示した場合（これを変更して公示した場合を含 む。）において，当該事業を経営する者が，標準運送約款と同一の 運送約款を定め，又は現に定めている運送約款を標準運送約款と 同一のものに変更したときは，その運送約款については，第1項

根 拠 条 項	規 定 内 容 等
	の規定による認可を受けたものとみなす。
運賃及び料金等の公示 （法第12条）	**（乗合　貸切）** ●一般旅客自動車運送事業者(一般乗用旅客自動車運送事業者を除く。)は，国土交通省令で定めるところにより，運賃及び料金並びに運送約款を公示しなければならない。 **（乗　合）** ●路線定期運行を行う一般乗合旅客自動車運送事業者は，前項に掲げるもののほか，国土交通省令で定めるところにより，運行系統，運行回数その他の事項（路線定期運行に係るものに限る。）を公示しなければならない。 ●一般旅客自動車運送事業者は，前２項の規定により公示した事項を変更しようとするときは，国土交通省令で定めるところにより，あらかじめ，その旨を公示しなければならない。
運賃及び料金等の実施等 （運輸規則第4条）	●一般旅客自動車運送事業者は，運賃及び料金並びに運送約款を公示した後でなければ，これを実施してはならない。 ●前項の規定による公示は，営業所において公衆に見やすいように掲示するとともに，次に掲げる一般旅客自動車運送事業者の区分に応じ，それぞれ次に定める方法により行うものとする。 (1)　一般乗合旅客自動車運送事業者　次のいずれかに該当する場合を除き，当該一般乗合旅客自動車運送事業者のウェブサイトへの掲載その他の適切な方法 　イ　一般乗合旅客自動車運送事業に常時使用する従業員の数が20人以下である場合 　ロ　一般乗合旅客自動車運送事業者が自ら管理するウェブサイトを有していない場合 (2)　一般貸切旅客自動車運送事業者　次のいずれかに該当する場合を除き，当該一般貸切旅客自動車運送事業者のウェブサイトへの掲載 　イ　一般貸切旅客自動車運送事業に常時使用する従業員の数が20人以下である場合 　ロ　一般貸切旅客自動車運送事業者が自ら管理するウェブサイトを有していない場合 (3)　一般乗用旅客自動車運送事業者　次のいずれかに該当する場

根 拠 条 項	規　定　内　容　等
	合を除き，当該一般乗用旅客自動車運送事業者のウェブサイトへの掲載
	イ　一般乗用旅客自動車運送事業に常時使用する従業員の数が20人以下である場合
	ロ　一般乗用旅客自動車運送事業者が自ら管理するウェブサイトを有していない場合
運送引受書の交付 （運輸規則第7条の2）	●一般貸切旅客自動車運送事業者は，運送を引き受けた場合には，遅滞なく，当該運送の申込者に対し，次の各号に掲げる事項を記載した運送引受書を交付しなければならない。 ①事業者の名称 ②運行の開始及び終了の地点及び日時 ③運行の経路並びに主な経由地における発車及び到着の日時 ④旅客が乗車する区間 ⑤乗務員等の休憩地点及び休憩時間（休憩がある場合に限る。） ⑥乗務員等の運転又は業務の交替の地点（運転又は業務の交替がある場合に限る。） ⑦運賃及び料金の額 ⑧前各号に掲げるもののほか，国土交通大臣が告示で定める事項 ●一般貸切旅客自動車運送事業者は，前項の規定による運送引受書の写しを運送の終了の日から3年間保存しなければならない。 ●一般貸切旅客自動車運送事業者は，運送の申込者に対して当該運送の引受けに際し手数料又はこれに類するものを支払った場合には，その額を記載した書類を，前項の運送引受書の写しとともに，当該運送の終了の日から3年間保存しなければならない。
遅延の掲示 （運輸規則第16条）	**（乗合　貸切）** ●一般乗合旅客自動車運送事業者及び一般貸切旅客自動車運送事業者は，事業用自動車の到着が著しく遅延した場合は，すみやかに原因を調査し，必要と認めるときはその概要を関係の営業所に掲示しなければならない。
運送引受義務 （法第13条）	**（乗合　乗用）** ●一般旅客自動車運送事業者（一般貸切旅客自動車運送事業者を除く。）は，次の場合を除いては，運送の引受けを拒絶してはなら

根 拠 条 項	規　定　内　容　等

ない。

(1)　当該運送の申込みが認可を受けた運送約款によらないものであるとき。

(2)　当該運送に適する設備がないとき。

(3)　当該運送に関し申込者から特別の負担を求められたとき。

(4)　当該運送が法令の規定又は公の秩序若しくは善良の風俗に反するものであるとき。

(5)　天災その他やむを得ない事由による運送上の支障があるとき。

(6)　前各号に掲げる場合のほか，国土交通省令で定める正当な事由があるとき。

運送の引受け及び継続の拒絶
（運輸規則第13条）

（乗合　乗用）

●一般乗合旅客自動車運送事業者又は一般乗用旅客自動車運送事業者は，次の各号の一に掲げる者の運送の引受け又は継続を拒絶することができる。

(1)　第15条の2第7項又は第49条第4項の規定〔車内で法令の規定，公の秩序，善良の風俗に反する行為をした旅客に対する乗務員等の措置〕による制止又は指示に従わない者

(2)　第52条各号に掲げる物品〔火薬類等〕（同条ただし書の規定によるものを除く。）を携帯している者

(3)　泥酔した者又は不潔な服装をした者であって，他の旅客の迷惑となるおそれのある者

(4)　付添人を伴わない重病者

(5)　感染症の予防及び感染症の患者に対する医療に関する法律に定める一類感染症，二類感染症若しくは指定感染症（同法第7条の規定に基づき，政令で定める同法第19条又は第20条の規定を準用するものに限る。）の患者（同法第8条の規定により一類感染症，二類感染症又は指定感染症とみなされる者を含む。）又は新感染症の所見がある者

危険物等の輸送制限
（運輸規則第14条）

（乗　合）

●一般乗合旅客自動車運送事業者は，第52条各号に定める物品（同条ただし書の規定によるものを除く。）を旅客の運送に付随して運送してはならない。

●旅客自動車運送事業者は，第52条各号に定める物品（同条ただし

根 拠 条 項	規　定　内　容　等
	書の規定によるものを除く。）を旅客の現在する事業用自動車で運搬してはならない。
運送の順序 （法第14条）	●一般旅客自動車運送事業者（一般貸切旅客自動車運送業者を除く。）は，運送の申込みを受けた順序により，旅客の運送をしなければならない。ただし，急病人を運送する場合その他正当な事由がある場合は，この限りでない。
事業計画の変更 （法第15条）	●一般旅客自動車運送事業者は，事業計画の変更（第3項，第4項及び次条第1項に規定するものを除く。）をしようとするときは，国土交通大臣の認可を受けなければならない。 3．一般旅客自動車運送事業者は，営業所ごとに配置する事業用自動車の数その他の国土交通省令で定める事項に関する事業計画の変更をしようとするときは，あらかじめ，その旨を国土交通大臣に届け出なければならない。 4．一般旅客自動車運送事業者は，営業所の名称その他の国土交通省令で定める軽微な事項に関する事業計画の変更をしたときは，遅滞なく，その旨を国土交通大臣に届け出なければならない。
（法第15条の 2）	**（乗　合）** 1．路線定期運行を行う一般乗合旅客自動車運送事業者は，路線（路線定期運行に係るものに限る。）の休止又は廃止に係る事業計画の変更をしようとするときは，その**6月前**（旅客の利便を阻害しないと認められる国土交通省令で定める場合〔当該路線について事業者が代わる場合，地域協議会と協議が整ったとき，運輸局長が公示した場合〕にあっては，その**30日前**）までに，その旨を国土交通大臣に届け出なければならない。 **（乗　合）** 6．一般乗合旅客自動車運送事業者は，第1項に規定する事業計画の変更〔路線の廃止又は休止〕をしようとするときは，あらかじめ，その旨を公示しなければならない。

根 拠 条 項	規 定 内 容 等

事業計画の内容と変更の際の認可，届出の別

項　目	乗　合	貸　切	乗　用
営業区域	———	認　可	認　可
・路線に関する事項 　イ　起点及び終点の地 　　　名，地番 　ロ　キロ程 　ハ　主たる経過地	認　可	———	———
・主たる事務所の名称・位置	遅滞なく届出	遅滞なく届出	遅滞なく届出
・営業所の名称・位置	遅滞なく届出	(名称)遅滞なく届出 (位置)認可	遅滞なく届出
・営業所ごとの配置車両数	あらかじめ届出	あらかじめ届出	あらかじめ届出
・常用・予備車とその定員別の数	あらかじめ届出	———	———
・種別毎の数,タクシー・ハイヤーの別	———	———	あらかじめ届出
・自動車車庫の位置・収容能力	認　可	認　可	認　可
・各路線に配置する車の長さ,幅,高さ,総重量が最大のものの数値	認　可	———	———
・停留所の名称・位置,停留所間のキロ程	遅滞なく届出	———	———

運行計画
（法第15条の
3）

（乗　合）

●路線定期運行を行う一般乗合旅客自動車運送事業者は，運行計画（運行系統，運行回数その他の国土交通省令で定める事項（路線定期運行に係るものに限る。）に関する計画をいう。以下同じ。）を定め，国土交通省令で定めるところにより，あらかじめ，国土交通大臣に届け出なければならない。

●一般乗合旅客自動車運送事業者は，運行計画の変更（次項に規定するものを除く。）をしようとするときは，あらかじめ，その旨を国土交通大臣に届け出なければならない。

●一般乗合旅客自動車運送事業者は，国土交通省令で定める軽微な事項〔運行系統ごとに地方運輸局長の指定する範囲内の時間帯ごとの運行回数，始発，終発の時刻〕に関する運行計画の変更をしたときは，遅滞なく，その旨を国土交通大臣に届け出なければならない。

領収証

●一般貸切旅客自動車運送事業者は，運賃又は料金を収受したとき

根 拠 条 項	規 定 内 容 等
（運輸規則第10条）	は，運賃又は料金の計算基礎を記載した領収証を発行しなければならない。ただし，乗車券を発行したときは，この限りでない。 ●一般乗用旅客自動車運送事業者は，運賃又は料金を収受した場合であって旅客の求めがあったときは，収受した運賃又は料金の額を記載した領収証を発行しなければならない。
事業計画等に定める業務の確保（法第16条）	●一般旅客自動車運送事業者は，天災その他やむを得ない事由がある場合のほか，事業計画（路線定期運行を行う一般乗合旅客自動車運送事業者にあっては，事業計画及び運行計画。次項において同じ。）に定めるところに従い，その業務を行わなければならない。 ●国土交通大臣は，一般旅客自動車運送事業者が前項の規定に違反していると認めるときは，当該一般旅客自動車運送事業者に対し，事業計画に従い業務を行うべきことを命ずることができる。
禁止行為（法第20条）	●一般旅客自動車運送事業者は，発地及び着地のいずれもがその営業区域外に存する旅客の運送（路線を定めて行うものを除く。）をしてはならない。ただし，次に掲げる場合は，この限りではない。 (1) 災害の場合その他緊急を要するとき。
公衆の利便を阻害する行為の禁止等（法第30条）	●一般旅客自動車運送事業者は，旅客に対し不当な運送条件によることを求め，その他公衆の利便を阻害する行為をしてはならない。 ●一般旅客自動車運送事業者は，一般旅客自動車運送事業の健全な発達を阻害する結果を生ずるような競争をしてはならない。 ●一般乗合旅客自動車運送事業者等は，特定の旅客に対し不当な差別的取扱をしてはならない。 ●国土交通大臣は，上記に規定する行為があるときは，事業者に対し当該行為の停止又は変更を命ずることができる。
天災等の場合における他の路線による事業の経営（法第17条）	（乗 合） ●一般乗合旅客自動車運送事業者は，路線を定めて行う一般乗合旅客自動車運送事業者につき天災その他国土交通省令で定めるやむを得ない事由〔道路，橋梁の損壊等による通行止め・法令による通行の禁止又は制限〕によりその路線において事業用自動車を運行することができなくなったときは，第15条第1項の規定にかかわ

— 20 —

根 拠 条 項	規　定　内　容　等
	らず，当該路線においての運行を再開できることとなるまでの間，当該路線に係る輸送需要をできる限り満たすため必要な限りにおいて，当該路線と異なる路線により事業を経営することができる。
乗合旅客の運送 （法第21条）	（貸　切）（乗　用） ●一般貸切旅客自動車運送事業者及び一般乗用旅客自動車運送事業者は，次に掲げる場合に限り，乗合旅客の運送をすることができる。 (1) 災害の場合その他緊急を要するとき。 (2) 一般乗合旅客自動車運送事業者によることが困難な場合において，一時的な需要のために国土交通大臣の許可を受けて地域及び期間を限定して行うとき。
苦情処理 （運輸規則第3条）	●旅客自動車運送事業者は，旅客に対する取扱いその他運輸に関して苦情を申し出た者に対して遅滞なく弁明しなければならない。ただし，氏名及び住所を明らかにしない者に対しては，この限りでない。 ●旅客自動車運送事業者は，前項の苦情の申出を受け付けた場合には，次に掲げる事項を営業所ごとに記録し，かつ，その記録を整理して**1年間保存**しなければならない。 (1) 苦情の内容 (2) 原因究明の結果 (3) 苦情に対する弁明の内容 (4) 改善措置 (5) 苦情処理を担当した者
名義の利用，事業の貸渡し等 （法第33条）	●一般旅客自動車運送事業者は，その名義を他人に一般旅客自動車運送事業又は特定旅客自動車運送事業のため利用させてはならない。 ●一般旅客自動車運送事業者は，事業の貸渡しその他いかなる方法をもってするかを問わず，一般旅客自動車運送事業又は特定旅客自動車運送事業を他人にその名において経営させてはならない。
事業の管理の受委託	●一般旅客自動車運送事業の管理の委託及び受託については，国土交通大臣の許可を受けなければならない。

根拠条項	規　定　内　容　等
（法第35条）	●国土交通大臣は，前項の許可をしようとするときは，受託者が当該事業を管理するのに適している者であるかどうかを審査して，これをしなければならない。
事業の休止及び廃止 （法第38条）	●一般旅客自動車運送事業者（路線定期運行を行う一般乗合旅客自動車運送事業を除く。）は，その事業を休止し，又は廃止しようとするときは，その日の**30日前**までに国土交通大臣に届け出なければならない。 ●一般旅客自動車運送事業者は，その事業を休止し，又は廃止しようとするときは，営業所その他の事業所に公衆に見やすいように掲示しなければならない。 （**乗　合**） ●路線定期運行を行う一般乗合旅客自動車運送事業者は，その事業を休止し，又は廃止しようとするときは，その**6月前**（利用者の利便を阻害しないと認められるものは30日前）までに，その旨を国土交通大臣に届け出なければならない。

2）　事故の報告等

根 拠 条 項	規　　定　　内　　容　　等
事故の報告 （法第29条）	●一般旅客自動車運送事業者は，その事業用自動車が転覆し，火災を起こし，その他国土交通省令で定める重大な事故を引き起こしたときは，遅滞なく事故の種類，原因その他国土交通省令で定める事項を国土交通大臣に届け出なければならない。
定義（事故） （事故報告規 則第2条）	●この規則で事故とは，次のいずれかに該当する事故をいう。 ①　自動車が転覆し，転落し，火災（積載物品の火災を含む。）を起こし，又は鉄道車両と衝突し，若しくは接触したもの ②　10台以上の自動車の衝突又は接触を生じたもの ③　死者又は重傷者を生じたもの 　　重傷者とは，自動車損害賠償保障法施行令第5条第2号又は第3号の傷害を受けた者をいう。 ・同令第5条第2号 　イ　脊椎の骨折で脊髄を損傷したと認められる症状を有するもの 　ロ　上腕又は前腕の骨折で合併症を有するもの 　ハ　大腿又は下腿の骨折 　ニ　内臓の破裂で腹膜炎を併発したもの 　ホ　14日以上入院を要する傷害で，医師の治療を要する期間が30日以上のもの ・同令第5条第3号 　イ　脊柱の骨折 　ロ　上腕又は前腕の骨折 　ハ　内臓の破裂 　ニ　入院を要する傷害で，医師の治療を要する期間が30日以上のもの 　ホ　14日以上入院を要する傷害を受けたもの ④　10人以上の負傷者を生じたもの ⑤　自動車に積載された次のものの一部若しくは全部が飛散し，又は漏洩したもの 　　危険物，火薬類，高圧ガス，核燃料物質及びその汚染物質，放射性同位元素及びその汚染物質，毒物又は劇物，可燃物 ⑥　自動車に積載されたコンテナが落下したもの

根拠条項	規 定 内 容 等
	⑦　操縦装置又は乗降口の扉を開閉する操作装置の不適切な操作により，旅客に自動車損害賠償保障法施行令第5条第4号（11日以上の医師の治療を要する傷害）に掲げる傷害が生じたもの
	⑧　酒気帯び運転，無免許運転（免許の停止を含む。），大型自動車等無資格運転又は麻薬等運転を伴うもの
	⑨　運転者又は特定自動運行保安員の疾病により，事業用自動車の運行を継続することができなくなったもの
	⑩　救護義務違反（道路交通法第117条の罰に当たる行為をいう。）があったもの
	⑪　自動車の装置（道路運送車両法第41条に掲げる装置をいう。）（105ページ参照）の故障により，自動車が運行できなくなったもの
	⑫　車輪の脱落，被けん引自動車の分離を生じたもの（故障によるものに限る。）
	⑬　橋脚，架線その他の鉄道施設を損傷し，3時間以上本線において鉄道車両の運転を休止させたもの
	⑭　高速自動車国道又は自動車専用道路において，3時間以上自動車の通行を禁止させたもの
	⑮　前各号に掲げるもののほか，自動車事故の発生の防止を図るために国土交通大臣が特に必要と認めて報告を指示したもの

【事故報告書の(注)による各事故の説明】

転覆：道路上において路面に対し35度以上，傾斜したとき

転落：道路外へ転落した場合で，その落差が0.5メートル以上のとき

路外逸脱：当該自動車の車輪が道路（車道と歩道の区分がある場合は車道）外に逸脱した場合で「転落」以外のとき

火災：当該自動車又は積載物品に火災が生じたとき

踏切：当該自動車が踏切において，鉄道車両と衝突し，又は接触したとき

衝突：当該自動車が鉄道車両，トロリーバス，自動車，原動機付自転車，荷牛馬車，家屋その他の物件に衝突し，又は接触したとき

死傷：死傷者を生じたとき（⑦の車内事故を除く。）

根 拠 条 項	規　定　内　容　等
事故報告書の提出 （事故報告規則第3条）	●事業者は，上記各号の事故があった場合には，当該事故があった日（救護義務違反にあっては事業者がそのことを知った日）から30日以内に所定の自動車事故報告書（3通）を当該自動車の使用の本拠の位置を管轄する運輸監理部長又は運輸支局長を経由して国土交通大臣に提出すること。 ●事業者は，自動車の装置の故障により，自動車が運行できなくった場合又は車輪の脱落若しくは被けん引自動車の分離を生じたもの（故障によるものに限る。）については，報告書に当該自動車の自動車検査証の有効期間，使用開始後の総走行距離等所定事項を記載した書面及び故障の状況を示す略図又は写真を添付しなければならない。
速報 （事故報告規則第4条）	●事業者は，次のいずれかに該当する事故があったとき又は国土交通大臣の指示があったときは電話等適当な方法により，24時間以内においてできる限り速やかにその事故の概要を運輸監理部長又は運輸支局長に速報すること。 ① 自動車が転覆し，転落し，火災（積載物品の火災を含む。）を起こし，又は鉄道車両と衝突し，若しくは接触した事故（旅客自動車運送事業者等が使用する自動車が引き起こしたものに限る。） ② 死者又は重傷者を生じた事故であって次に掲げるもの 　イ 2人（旅客自動車運送事業者等が使用する自動車が引き起こした事故にあっては1人）以上の死者を生じたもの 　ロ 5人以上の重傷者を生じたもの 　ハ 旅客に1人以上の重傷者を生じたもの ③ 10人以上の負傷者を生じた事故 ④ 自動車に積載された危険物等の一部若しくは全部が飛散し，又は漏洩した事故（自動車が転覆し，転落し，火災を起こし，又は鉄道車両，自動車その他の物件と衝突し，若しくは接触したことにより生じたものに限る。） ⑤ 酒気帯び運転による事故
事故警報 （事故報告規則第5条）	●国土交通大臣又は地方運輸局長は，事故報告書又は速報等に基づき必要があると認めるときは事故防止対策を定め，事業者等にこれを周知させること。

根拠条項	規　定　内　容　等
事故に関する掲示 （運輸規則第17条）	（乗　合） ●一般乗合旅客自動車運送事業者は，天災その他の事故により事業計画又は運行計画に定める運行ができなくなったため，旅客の利便を阻害するおそれがある場合は，遅滞なく，次の事項を関係の営業所その他の場所に，公衆に見やすいように掲示しなければならない。 (1)　事故の発生した日時及び場所 (2)　事故の概要 (3)　復旧の見込み (4)　臨時の計画により事業用自動車を運行しようとするときは，その概要 (5)　旅客が当該運行系統又は運送の区間に代えて利用することができる他の運行系統若しくは運送の区間又は運送事業がある場合には，その概要
事故の場合の処置 （運輸規則第18条）	●旅客自動車運送事業者は，事業用自動車の運行を中止したときは，自動車に乗車している旅客のために，次の事項に関して適切な処置をしなければならない。 ①　旅客の運送を継続すること。 ②　旅客を出発地まで送還すること。 ③　前各号に掲げるもののほか，旅客を保護すること。 （乗　合） ●一般乗合旅客自動車運送事業者は，前項の場合で，事業用自動車に旅客の運送に付随して運送する貨物を積載しているときは，次に掲げる事項に関して適切な処置をしなければならない。 ①　貨物の運送を継続すること。 ②　貨物を発送地まで送還すること。 ③　滅失し，棄損し，又は損害を受けないように貨物を保管すること。
事故による死傷者に関する処置 （運輸規則第19条）	●旅客自動車運送事業者は，天災その他の事故により，旅客が死亡し，又は負傷したときは，次に掲げる事項を実施しなければならない。 ①　死傷者のあるときは，すみやかに応急手当その他の必要な措

根 拠 条 項	規　定　内　容　等
	置を講ずること。
	②　死者又は重傷者があるときは，すみやかに，その旨を家族に通知すること。
	③　遺留品を保管すること。
	④　前各号に掲げるもののほか，死傷者を保護すること。
損害を賠償するための措置 （運輸規則第19条の2）	●旅客運送事業者は，事業用自動車の運行により生じた旅客その他の者の生命，身体又は損害を補償するための措置であって，国土交通大臣が告示で定める基準に適合するものを講じておかなければならない。
事故の記録 （運輸規則第26条の2）	●旅客自動車運送事業者は，事業用自動車に係る事故が発生した場合には，次の事項を記録し，それを当該事業用自動車の運行を管理する営業所において**3年間保存**しなければならない。
	①　乗務員等の氏名
	②　自動車の登録番号その他の当該自動車を識別できる表示
	③　事故の発生日時
	④　事故の発生場所
	⑤　事故の当事者（乗務員等を除く。）の氏名
	⑥　事故の概要（損害の程度を含む。）
	⑦　事故の原因
	⑧　再発防止対策

3） 輸送の安全

根 拠 条 項	規 定 内 容 等
輸送の安全性 の向上 （法第22条）	●一般旅客自動車運送事業者は，輸送の安全の確保が最も重要であることを自覚し，絶えず輸送の安全性の向上に努めなければならない。
輸送の安全 （運輸規則第 2条の2）	●旅客自動車運送事業者は，経営の責任者の責務を定めることその他の国土交通大臣が告示で定める措置を講ずることにより，絶えず輸送の安全性の向上に努めなければならない。
安全管理規程 等 （法第22条の 2）	1．一般旅客自動車運送事業者（事業の規模が国土交通省令で定める規模未満であるものを除く。以下この条において同じ。）は，安全管理規程を定め，国土交通省令で定めるところにより，国土交通大臣に届け出なければならない。これを変更しようとするときも，同様とする。
安全管理規程 を定める旅客 自動車運送事 業者の事業の 規模 （運 輸 規 則 第 47条の2）	●法第22条の2第1項（安全管理規程等）の国土交通省令で定める規模は，次の表の事業の種別に応じ，中欄に掲げる事業用自動車の数が右欄に掲げる数であることとする。 表（下記）

事業の種別	事業用自動車	事業用自動車の数
一般乗合旅客自動車運送事業（法第35条第1項の規定による一般貸切旅客自動車運送事業者に対する管理の委託に係る許可を受けているものを除く。）	一般乗合旅客自動車運送事業及び特定旅客自動車運送事業の用に供する事業用自動車	200
一般乗用旅客自動車運送事業	一般乗用旅客自動車運送事業の用に供する事業用自動車	200

根 拠 条 項	規 定 内 容 等
（法第22条の 2）	2．安全管理規程は，輸送の安全を確保するために一般旅客自動車運送事業者が遵守すべき次に掲げる事項に関し，国土交通省令で定めるところにより，必要な内容を定めたものでなければならない。 ①　輸送の安全を確保するための事業の運営の方針に関する事

根 拠 条 項	規 定 内 容 等
	項 ② 輸送の安全を確保するための事業の実施及びその管理の体制に関する事項 ③ 輸送の安全を確保するための事業の実施及びその管理の方法に関する事項 ④ 安全統括管理者（③に掲げる事項に関する業務を統括管理させるため，事業運営上の重要な決定に参画する管理的地位にあり，かつ，一般旅客自動車運送事業に関する一定の実務の経験その他の国土交通省令で定める要件を備える者のうちから選任するものをいう。）の選任に関する事項 3．国土交通大臣は，安全管理規程が前項の規定に適合しないと認めるときは，一般旅客自動車運送事業者に対し，これを変更すべきことを命ずることができる。 4．一般旅客自動車運送事業者は，安全統括管理者を選任しなければならない。 5．一般旅客自動車運送事業者は，安全統括管理者を選任し，又は解任したときは，国土交通省令で定めるところにより，遅滞なく，その旨を国土交通大臣に届け出なければならない。 6．一般旅客自動車運送事業者は，輸送の安全の確保に関し，安全統括管理者のその職務を行う上での意見を尊重しなければならない。 7．国土交通大臣は，安全統括管理者がその職務を怠った場合であって，当該安全統括管理者が引き続きその職務を行うことが輸送の安全の確保に著しく支障を及ぼすおそれがあると認めるときは，一般旅客自動車運送事業者に対し，当該安全統括管理者を解任すべきことを命ずることができる。
国土交通大臣による輸送の安全にかかわる情報の公表 （法第29条の2）	●国土交通大臣は，毎年度，法第27条第4項の規定による命令に係る事項，前条（事故報告）の規定による命令に係る事項，前条の規定による届出に係る事項その他の国土交通省令で定める輸送の安全にかかわる情報を整理し，これを公表するものとする。
国土交通大臣	●法第29条の2の国土交通省令で定める輸送の安全にかかる情報は，

根　拠　条　項	規　　定　　内　　容　　等
による輸送の安全にかかわる情報の公表 （運輸規則第66条の2）	次のとおりとする。 (1)　法第27条（輸送の安全等）第4項，法第31条（事業改善の命令）又は法第40条（許可の取消）の規定による処分（輸送の安全に係るものに限る。）を受けた者の氏名又は名称及び当該処分に係る違反の内容 (2)　法第29条（事故の報告）の規定による届出に係る事項 (3)　法第94条（報告，検査及び調査）第4項の規定による立入検査(輸送の安全の確保に係るものに限る。)に係る事項 (4)　前3号に掲げるもののほか，輸送の安全に重大な関係を有する事項がある場合には，その事項 ●法第29条の2の規定による公表は，インターネットの利用その他の適切な方法により行なうものとする。
一般旅客自動車運送事業者による輸送の安全にかかわる情報の公表 （法第29条の3）	●一般旅客自動車運送事業者は，国土交通省令で定めるところにより，輸送の安全を確保するために講じた措置及び講じようとする措置その他の国土交通省令で定める輸送の安全にかかわる情報を公表しなければならない
旅客自動車運送事業者による輸送の安全にかかわる情報の公表 （運輸規則第47条の7）	●旅客自動車運送事業者は，毎事業年度の**経過後100日以内**に，輸送の安全に関する基本的な方針その他の輸送の安全に係る情報であって国土交通大臣が告示で定める事項について，インターネットの利用その他の適切な方法により公表しなければならない。 　　この場合において，旅客自動車運送事業者は，国土交通大臣が告示で定めるところにより，遅滞なく，その内容を国土交通大臣に報告しなければならない。 「旅客自動車運送事業運輸規則第47条の7第1項の規定に基づき旅客自動車運送事業者が公表すべき輸送の安全にかかわる事項」 1　旅客自動車運送事業運輸規則（昭和31年運輸省令第44号）第47条の7第1項の規定に基づき，旅客自動車運送事業者が公表すべき輸送の安全に係る事項は，次のとおりとする。 (1)　輸送の安全に関する基本的な方針 (2)　輸送の安全に関する目標及びその達成状況

根 拠 条 項	規 定 内 容 等
	(3) 自動車事故報告規則（昭和26年運輸省令第104号）第2条に規定する事故に関する統計
	●旅客自動車運送事業者は，法第27条（輸送の安全等）第4項，法第31条（事業改善の命令）又は法第40条（許可の取消）の規定による処分（輸送の安全に係るものに限る。）を受けたときは，遅滞なく，当該処分の内容並びに当該処分に基づき講じた措置及び講じようとする措置の内容をインターネットの利用その他の適切な方法により公表しなければならない。
輸送の安全等 （法第27条）	1．一般旅客自動車運送事業者は，事業計画（路線定期運行を行う一般乗合旅客自動車運送事業者にあっては，事業計画及び運行計画）の遂行に必要となる員数の運転者の確保，事業用自動車の運転者がその休憩又は睡眠のために利用することができる施設の整備，事業用自動車の運転者の適切な勤務時間及び乗務時間の設定その他の運行の管理その他事業用自動車の運転者の過労運転を防止するために必要な措置を講じなければならない。
	2．一般旅客自動車運送事業者は，事業用自動車の運転者が疾病により安全な運転をすることができないおそれがある状態で事業用自動車を運転することを防止するために必要な医学的知見に基づく措置を講じなければならない。
	3．前2項に規定するもののほか，一般旅客自動車運送事業者は，事業用自動車の運転者，車掌その他旅客又は公衆に接する従業員（次項において「運転者等」という。）の適切な指導監督，事業用自動車内における当該事業者の氏名又は名称の掲示その他の旅客に対する適切な情報の提供その他の輸送の安全及び旅客の利便の確保のために必要な事項として国土交通省令で定めるものを遵守しなければならない。
	4．国土交通大臣は，一般旅客自動車運送事業者が，第22条の2第1項，第4項若しくは第6項，第23条第1項，第23条の5第2項若しくは第3項若しくは前3項の規定又は安全管理規程を遵守していないため輸送の安全又は旅客の利便が確保されていないと認めるときは，当該一般旅客自動車運送事業者に対し，運行管理者に対する必要な権限の付与，必要な員数の運転者の確保，施設又は運行の管理若しくは運転者等の指導監督の方法の改善，旅客に対する適切な情報の提供，当該安全管理規程の遵守その他その是

根 拠 条 項	規　定　内　容　等
	正のために必要な措置を講ずべきことを命ずることができる。
	5．一般旅客自動車運送事業者の事業用自動車の運転者及び運転の補助に従事する従業員は，運行の安全の確保のために必要な事項として国土交通省令で定めるものを遵守しなければならない。
過労防止等 （運輸規則第21条）	1．旅客自動車運送事業者は，過労の防止を十分考慮して，国土交通大臣が告示で定める基準に従って事業用自動車の運転者の勤務時間及び乗務時間を定め，当該運転者にこれらを遵守させなければならない。

【国土交通大臣が告示で定める基準とは，「自動車運転者の労働時間等の改善のための基準」をいう。】 182ページ（タクシー・ハイヤー運転者），189ページ（バス運転者）参照。

2．旅客自動車運送事業者は，乗務員等が有効に利用することができるように，営業所，自動車車庫その他営業所又は自動車車庫付近の適切な場所に，休憩に必要な施設を整備し，及び乗務員等に睡眠を与える必要がある場合又は勤務中に仮眠する機会がある場合は，睡眠又は仮眠に必要な施設を整備し，並びにこれらの施設を適切に管理し，及び保守しなければならない。

　なお，休憩施設又は睡眠・仮眠施設が設けられている場合であっても，次のいずれかに該当する施設は，「有効に利用することができる施設」に該当しない例とする。

①乗務員等が実際に休憩，睡眠又は仮眠を必要とする場所に設けられていない施設

②寝具等必要な設備が整えられていない施設

③施設・寝具等が，不潔な状態にある施設

3．旅客自動車運送事業者は，運転者に第1項の告示で定める基準による1日の勤務時間中に当該運転者の属する営業所で勤務を終了することができない運行を指示する場合は，当該運転者が有効に利用することができるように，勤務を終了する場所の付近の適切な場所に睡眠に必要な施設を整備し，又は確保し，並びにこれらの施設を適切に管理し，及び保守しなければならない。

4．旅客自動車運送事業者は，酒気を帯びた状態にある乗務員等を事業用自動車の運行の業務に従事させてはならない。

・「酒気を帯びた状態」とは，道路交通法施行令第44条の3に規定する血液中のアルコール濃度0.3mg/ml又は呼気中のアルコール

根 拠 条 項	規　定　内　容　等

濃度0.15mg/ℓ以上であるか否かを問わないものである。

5．旅客自動車運送事業者は，乗務員等の健康状態の把握に努め疾病，疲労，睡眠不足その他の理由により安全に運行の業務を遂行し，又はその補助をすることができないおそれがある乗務員等を事業用自動車の運行の業務に従事させてはならない。

6．一般乗合旅客自動車運送事業者及び一般貸切旅客自動車運送事業者は，運転者が長距離運転又は夜間の運転に従事する場合で，疲労等により安全な運転を継続することができないおそれのあるときは，あらかじめ，交替するための運転者を配置しておかなければならない。

7．旅客自動車運送事業者は，乗務員等が事業用自動車の運行中疾病，疲労，睡眠不足その他の理由により安全に運行の業務を継続し，又はその補助を継続することができないおそれがあるときは，当該乗務員等に対する必要な指示その他輸送の安全のための措置を講じなければならない。

運行に関する状況の把握のための体制の整備
（運輸規則第21条の2）

●旅客自動車運送事業者は，第20条，前条第7項その他の輸送の安全に関する規定に基づく措置を適切に講ずることができるよう，事業用自動車の運行に関する状況を適切に把握するための体制を整備しなければならない。

「運輸規則の解釈及び運用について」

第21条の2（運行に関する状況の把握のための体制の整備）

(1)　本条の趣旨は，旅客自動車運送事業者が，異常気象，乗務員の体調変化等の発生時に，乗務員に対して必要な措置を適切に講じるよう，事業用自動車の運行中は，乗務員に対する指示等を適正かつ確実に行える体制を整備しなければならないことを義務付けたものである。

(2)　(1)の趣旨を勘案し，体制の整備の具体的な取扱いについては次のとおりとする。

①　旅客自動車運送事業者は，事業用自動車の運行中は，電話その他の方法（携帯電話，業務無線等により乗務員と直接対話できるものでなければならず，電子メール，FAX等一方的な連絡方法は該当しない。）を用いて，乗務員に対し必要な指示等を行える連絡体制を整備しなければならないこととする。

②　一般乗合旅客自動車運送事業者（乗車定員10人以下の事業用

根 拠 条 項	規　定　内　容　等
	自動車の運行のみを行う営業所を除く。）及び一般貸切旅客自動車運送事業者は運行の形態上，長距離又は大量旅客輸送が想定され，異常気象，乗務員の体調変化等の発生時に運行の中止等の判断，指示等に伴う調整が必要となることから，①の規定に加えて，事業用自動車の運行中少なくとも一人の運行管理者は，一般乗合旅客自動車運送事業又は一般貸切旅客自動車運送事業の事業用自動車の運転業務に従事せずに，異常気象，乗務員の体調変化等の発生時速やかに運行の中止等の判断，指示等を行える体制を整備しなければならないこととする。 ③　離島に存する営業所において，離島での運行については地理的条件その他の事情を勘案して，②の規定は適用しないこととする。
高速乗合バス及び貸切バスの交替運転者の配置基準	「運輸規則の解釈及び運用について」 過労防止等 (6)　交替運転者の配置（第6項） ①「運転者が長距離運転又は夜間の運転に従事する場合であって，疲労等により安全な運転を継続することができないおそれがあるとき」とは，運転者の体調等を考慮して個別に判断することが必要であるが，次のいずれかの場合がこれに該当する。 　イ．勤務時間等基準告示で定められた次のような条件を超えて引き続き運行する場合 　　(イ)　拘束時間が15時間を超える場合 　　(ロ)　運転時間が2日を平均して1日9時間を超える場合 　　(ハ)　連続運転時間が4時間を超える場合 　ロ．高速乗合バス及び貸切バスにあっては次の「高速乗合バス及び貸切バスの交替運転者の配置基準について」で定められた条件を超えて引き続き運行する場合

根 拠 条 項	規 定 内 容 等

高速乗合バス及び貸切バスの交替運転者の配置基準について

1．用語の定義

(1)高速乗合バス：道路運送法施行規則第3条の3第1号に規定する路線定期運行であって，同規則第10条第1項第1号ロの運賃を適用するもの（注）をいう。

（注）「専ら一の市町村（特別区を含む。）の区域を越え，かつ，その長さが概ね50キロメートル以上の路線において，停車する停留所を限定して運行する自動車により乗合旅客を運送するもの」

(2)高速道路：高速自動車国道法第4条第1項に規定する高速自動車国道及び道路法第48条の4に規定する自動車専用道路をいう。

(3)貸切委託運行：道路運送法第35条第1項の許可を受けて行う管理の受委託による運行であって，委託者の高速乗合バスに係る一般乗合旅客自動車運送事業の管理を他の一般貸切旅客自動車運送事業者に委託し，受託者が保有する事業用自動車をその運行の用に供するものをいう。

(4)1日の乗務：1人の運転者が1日（始業から起算して24時間をいう。以下同じ。）のうち，最初に運転を開始してから，最後に運転を終了するまでの間の乗務をいう。

(5)一運行：1人の運転者の1日の乗務のうち，回送運行を含む運転を開始してから運転を終了するまでの一連の乗務を一運行という。ただし，1人の運転者が1日に2つ以上の実車運行に乗務し，その間に連続1時間以上の休憩を確保する場合であって，当該休憩の直前及び直後に回送運行があるときには，当該休憩の前後の実車運行はそれぞれ別の運行とする。なお，1人の運転者が同じ1日の乗務の中で2つの夜間ワンマン運行に連続して乗務する場合には，運行と運行の間に連続1時間以上の休憩を挟んでいても，これらの連続する運行を合わせて1つの夜間ワンマン運行とみなす。

(6)ワンマン運行：交替運転者が同乗していない運行をいう。一運行の実車運行区間に一部であっても交替運転者が同乗していない区間がある場合及び運行計画又は運行指示書上，運転の交替が計画又は指示されていない運転者等が同乗している場合についても，当該一運行をワンマン運行とする。

(7)夜間ワンマン運行：最初の旅客が乗車する時刻若しくは最後の旅客が降車する時刻（運転を交替する場合にあっては実車運行を開始する時刻若しくは実車運行を終了する時刻）が午前2時から午前4時までの間にあるワンマン運行又は当該時刻をまたぐワンマン運行をいう。

(8)昼間ワンマン運行：夜間ワンマン運行に該当しないワンマン運行をいう。

(9)実車運行：旅客の乗車の有無に関わらず，旅客の乗車が可能として設定した区間の運行をいい，回送運行は実車運行には含まない。

根 拠 条 項	規　定　内　容　等

⑽実車距離：実車運行する区間（以下単に「実車運行区間」という。）の距離をいう。

⑾回送運行：実車運行区間以外の区間における運行をいう。

⑿一運行の実車距離：1人の運転者が一運行で運転する実車距離をいう。

⒀1日の合計実車距離：1人の運転者が1日の乗務で運転する実車距離の合計をいう。

⒁一運行の運転時間：1人の運転者が回送運行を含む一運行で運転する時間をいう。

⒂1日の運転時間：1人の運転者が回送運行を含む1日の乗務で運転する時間をいう。

⒃連続乗務回数：夜間ワンマン運行を含む1日の乗務を連続して行う日数をいう。

⒄連続運転時間：10分以上の運転の中断をすることなく連続して運転する時間をいう。

2．高速乗合バス及び貸切バスの交替運転者の配置基準

高速乗合バス及び貸切バスにあっては，以下に定める実車距離，運転時間等の条件を超えて引き続き運行する場合には，あらかじめ，交替運転者を配置しておかなければならない。なお，1人の運転者の1日の乗務が，夜間ワンマン運行又は昼間ワンマン運行のいずれか一運行のみの場合には，それぞれ夜間ワンマン運行又は昼間ワンマン運行に係る規定を適用することとし，1人の運転者が同じ1日の乗務の中で，2つ以上の運行に乗務する場合には，夜間ワンマン運行又は昼間ワンマン運行に係る規定に加え，1日の乗務に係る規定も適用することとする。

		高速乗合バスの交替運転者の配置基準	貸切バスの交替運転者の配置基準
(1)夜間ワンマン運行に係る規定	①一運行の実車距離	夜間ワンマン運行の一運行の実車距離は，400km（次のイ又はロ（貸切委託運行にあってはイ）に該当する場合にあっては，500km）を超えないものとする。ただし，貸切委託運行を除き，⑥の夜間ワンマン運行の特認を受けた路線を乗務する場合は，この限りでない。 イ　当該運行の運行直前に11時間以上の休息期間を確保している場合 ロ　当該運行の実車距離100kmから400kmまでの間に運転者が身体を完全に伸ばして仮眠することのできる施設（車両床下の仮眠施設等を含む。ただし，リクライニングシート等の座席を除く。）において仮眠するための連続1時間以上の休憩を確保している場合	夜間ワンマン運行の一運行の実車距離は，400km（次のイ及びロに該当する場合にあっては，500km）を超えないものとする。 イ　当該運行の運行直前に11時間以上の休息期間を確保している場合 ロ　当該運行の一運行の乗務時間（当該運行の回送運行を含む乗務開始から乗務終了までの時間をいう。）が10時間以内であること又は当該運行の実車距離100kmから400kmまでの間に運転者が身体を伸ばして仮眠することのできる施設（車両床下の仮眠施設等，リクライニングシート等の座席を含む。）において仮眠するための連続1時間以上の休憩を確保している場合
	②一運行の運転時間	夜間ワンマン運行の一運行の運転時間は，9時間を超えないものとする。ただし，貸切委託運行を除き，1週間当り3回まで，これを超えることができるものとする。	夜間ワンマン運行の一運行の運転時間は，運行指示書上，9時間を超えないものとする。
	③夜間ワンマン運行の連続乗務回数	夜間ワンマン運行の連続乗務回数は，4回（一運行の実車距離が400kmを超える場合にあっては，2回）以内とする。	夜間ワンマン運行の連続乗務回数は，4回（一運行の実車距離が400kmを超える場合にあっては，2回）以内とする。
	④実車運行区間における連続運転時間	夜間ワンマン運行の高速道路の実車運行区間においては，連続運転時間は，運行計画上，概ね2時間までとする。	夜間ワンマン運行の実車運行区間においては，連続運転時間は，運行指示書上，概ね2時間までとする。
	⑤実車運行区間の途中における休憩の確保	夜間ワンマン運行の実車運行区間においては，運行計画上，実車運行区間における運転時間4時間毎に合計40分以上（一運行の実車距離が400km以下の場合にあっては，合計30分以上）（分割する場合は，1回が連続10分以上）の休憩を確保していなければならないものとする。	夜間ワンマン運行の実車運行区間においては，運行指示書上，実車運行区間における運転時間概ね2時間毎に連続20分以上（一運行の実車距離が400km以下の場合にあっては，実車運行区間における運転時間概ね2時間毎に連続15分以上）の休憩を確保していなければならないも

			のとする。
	⑥一運行の実車距離500kmを超える夜間ワンマン運行路線の特認	①の規定に関わらず，運行管理体制等に係る路線毎の審査により一運行の実車距離500kmを超える夜間ワンマン運行（貸切委託運行を除く。）する路線を設定できるものとする。この場合には，高速乗合バス乗務に係る教育体制，運転者の健康管理体制，当該路線を維持するために必要な運転者数（経験年数を含む。），当該路線を運行するために必要となる仮眠施設を有する車両の保有台数等を審査するものとする。当該特認を受けた夜間ワンマン運行を行う場合，上記②から⑤までの条件を満たしていることに加え，当該運行に乗務する回数は，1人の運転者につき，1週間当り2回以内とする。	
(2)昼間ワンマン運行に係る規定	①一運行の実車距離	昼間ワンマン運行の一運行の実車距離は，500km（次のイ又はロに該当する場合にあっては，600km）を超えないものとする。 イ　当該運行の運行直前に11時間以上の休息期間を確保している場合 ロ　当該運行の実車運行区間の途中に合計1時間以上（分割する場合は，1回連続20分以上）の休憩を確保している場合	昼間ワンマン運行の一運行の実車距離は，500km（当該運行の実車運行区間の途中に合計1時間以上（分割する場合は，1回連続20分以上）の休憩を確保している場合にあっては，600km）を超えないものとする。
	②一運行の運転時間	昼間ワンマン運行の一運行の運転時間は，9時間を超えないものとする。ただし，貸切委託運行を除き，1週間当り3回まで，これを超えることができるものとする。	昼間ワンマン運行の一運行の運転時間は，運行指示書上，9時間を超えないものとする。ただし，1週間当り2回まで，これを運行指示書上，10時間までとすることができるものとする。
	③高速道路の実車運行区間における連続運転時間	昼間ワンマン運行の高速道路の実車運行区間においては，連続運転時間は，運行計画上，概ね2時間までとする。	昼間ワンマン運行の高速道路の実車運行区間においては，連続運転時間は，運行指示書上，概ね2時間までとする。
(3)	①1日の合計実車距離	1日の合計実車距離は600kmを超えないものとする。ただし，貸切委託運行を除き，1週間当	1日の合計実車距離は600kmを超えないものとする。ただし，1週間当り2回まで，これを超

1日乗務に係る規定		り3回まで，これを超えることができるものとする。	えることができるものとする。
	②1日の運転時間	1日の運転時間は，9時間を超えないものとする。ただし，貸切委託運行を除き，1週間当り3回まで，これを超えることができるものとする。	1日の運転時間は，運行指示書上，9時間を超えないものとする。ただし，夜間ワンマン運行を行う場合を除き，1週間当り2回まで，これを運行指示書上，10時間までとすることができるものとする。
(4)乗務中の体調報告		次のイ又はロの運行を行う場合にあっては，それぞれイ又はロに掲げる実車距離において，運転者は所属する営業所の運行管理者又は補助者（この表において「運行管理者等」という。）に電話等で連絡し，体調報告を行うとともに，当該運行管理者等はその結果を記録し，かつ，その記録を1年間保存しなければならない。 　イ　一運行の実車距離が400kmを超える夜間ワンマン運行を行う場合 　　当該運行の実車距離100kmから400kmまでの間 　ロ　1日の乗務の合計実車距離が500kmを超えるワンマン運行を行う場合 　　当該1日の乗務の合計実車距離100kmから500kmまでの間	次のイ又はロの運行を行う場合にあっては，それぞれイ又はロに掲げる実車距離において，運転者は所属する営業所の運行管理者等に電話等で連絡し，体調報告を行うとともに，当該運行管理者等はその結果を記録し，かつ，その記録を1年間保存しなければならない。 　イ　一運行の実車距離が400kmを超える夜間ワンマン運行を行う場合 　　当該運行の実車距離100kmから400kmまでの間 　ロ　1日の乗務の合計実車距離が500kmを超えるワンマン運行を行う場合 　　当該1日の乗務の合計実車距離100kmから500kmまでの間
(5)デジタル式運行記録計による運行管理		一運行の実車距離400kmを超える夜間ワンマン運行又は1日の乗務の合計実車距離500kmを超えるワンマン運行を行う場合には，当該運行の用に供される車両に道路運送車両の保安基準第48条の2第2項の規定に適合するデジタル式運行記録計又はこれと同等の性能を有すると認められる機器（この表において「デジタル式運行記録計等」という。）を装着し，当該運行を行う事業者がそれを用いた運行管理を行わなければならない。	一運行の実車距離400kmを超える夜間ワンマン運行又は1日の乗務の合計実車距離600kmを超えるワンマン運行を行う場合には，当該運行の用に供される車両にデジタル式運行記録計等を装着し，当該運行を行う事業者がそれを用いた運行管理を行わなければならない。

根 拠 条 項	規 定 内 容 等
	② 「交替するための運転者を配置」とは，交替運転者を当該事業用自動車に添乗させ，又は交替箇所に予め待機させることをいう。
乗務距離の最高限度等 (運輸規則第22条)	**(乗 用)** ●交通の状況を考慮して地方運輸局長が指定する地域内に営業所を有する一般乗用旅客自動車運送事業者は，次項の規定により地方運輸局長が定める乗務距離の最高限度を超えて当該営業所に属する運転者を事業用自動車に乗務させてはならない。
	(乗 用) ●地方運輸局長は，地域の指定をし，乗務距離の最高限度を定めたときは，遅滞なく，その旨を公示する。
(運輸規則第23条)	**(乗 用)** ●地方運輸局長が指定した地域内に営業所がある一般乗用旅客自動車運送事業者は，地域内にある営業所に属する運転者に，その収受する運賃及び料金の総額が一定の基準に達し，又はこれを超えるように乗務を強制してはならない。(ノルマの禁止)
点呼等 (運輸規則第24条) (業務前点呼)	1. 旅客自動車運送事業者は，業務に従事しようとする運転者又は特定自動運行保安員（以下「運転者等」という。）に対して対面により，又は対面による点呼と同等の効果を有するものとして国土交通大臣が定める方法（運行上やむを得ない場合は電話その他の方法。次項において同じ。）により点呼を行い，<u>次の事項について報告を求め，及び確認を行い</u>，並びに事業用自動車の運行の安全を確保するために必要な指示を与えなければならない。 ① 道路運送車両法第47条の2第1項及び第2項の規定による点検（**日常点検**）の実施又はその確認 ② 運転者に対しては，**酒気帯びの有無** ③ 運転者に対しては，**疾病，疲労，睡眠不足**その他の理由により安全な運転をすることができないおそれの有無 ④ 特定自動運行保安員に対しては，特定自動運行事業用自動車による運送を行うために必要な自動運行装置の設定の状況に関する確認
(業務後点呼)	2. 旅客自動車運送事業者は，事業用自動車の運行の業務を終了した運転者等に対して対面により，又は対面による点呼と同等の効果を有するものとして国土交通大臣が定める方法により点呼を行

根拠条項	規　定　内　容　等
（業務途中点呼）	い，当該業務に係る**事業用自動車，道路及び運行の状況について報告を求め，かつ，**運転者に対しては**酒気帯びの有無について確認**を行わなければならない。この場合において，当該運転者等が他の運転者等と交替した場合にあっては，**当該運転者等が交替した運転者等に対して行った通告**（自動車，道路及び運行の状況）についても報告を求めなければならない。 3．一般貸切旅客自動車運送事業者は，夜間において長距離の運行を行う事業用自動車の運行の業務に従事する運転者等に対して当該業務の途中において少なくとも一回対面による点呼と同等の効果を有するものとして国土交通大臣が定める方法（当該方法により点呼を行うことが困難である場合にあっては，電話その他の方法）により点呼を行い，**次の事項について報告を求め，及び確認を行い，**並びに事業用自動車の運行の安全を確保するために必要な指示を与えなければならない。 ①　当該業務に係る**事業用自動車，道路及び運行の状況** ②　運転者に対しては，**疾病，疲労，睡眠不足**その他の理由により安全な運転をすることができないおそれの有無 4．旅客自動車運送事業者は，アルコール検知器（呼気に含まれるアルコールを検知する機器であって，国土交通大臣が告示で定めるものをいう。以下同じ。）を営業所ごとに備え，常時有効に保持するとともに，第1項及び第2項の規定により酒気帯びの有無について確認を行う場合には，運転者の状態を目視等で確認するほか，当該運転者の属する営業所に備えられたアルコール検知器を用いて行わなければならない。
（点呼の記録）	5．旅客自動車運送事業者は，第1項から第3項までの規定により点呼を行い，報告を求め，確認を行い，及び指示をしたときは，運転者等ごとに点呼を行った旨，報告，確認及び指示の内容並びに次に掲げる事項を記録し，かつ，その記録を1年間（一般貸切**旅客自動車運送事業者は，その内容を記録した電磁的記録を3年間）保存**しなければならない。 ①　点呼を行った者及び点呼を受けた運転者等の氏名 ②　点呼を受けた運転者等が従事する運行の業務に係る事業用自動車の自動車登録番号その他の当該事業用自動車を識別できる表示 ③　点呼の日時

根拠条項	規　定　内　容　等
	④　点呼の方法

④　点呼の方法

⑤　その他必要な事項

6．一般貸切旅客自動車運送事業者は，第1項から第3項までの規定により点呼を行ったときは，その状況を録音及び録画（電話その他の方法により点呼を行う場合は，録音のみ）して電磁的方法により記録媒体に記録し，かつ，その記録を90日間保存しなければならない。

7．一般貸切旅客自動車運送事業者は，第1項，第2項及び第4項までの規定によりアルコール検知器を用いて運転者の酒気帯びの有無について確認を行うときは，当該確認に係る呼気の検査を行っている状況の写真（当該運転者を識別できるものに限る。）を撮影して電磁的方法により記録媒体に記録し，かつ，その記録を90日間保存しなければならない。ただし，当該状況を前項の規定により録画する場合はこの限りでない。

【点呼の実施の要領】

(1)　業務前，業務途中及び業務後の点呼等の実施

①　「運行上やむを得ない場合」とは，遠隔地で業務を開始又は終了するため，対面で点呼ができない場合等をいい，車庫と営業所が離れている場合，早朝・深夜等において点呼執行者が出勤していない場合等は該当しない。

　　ただし，一般乗合旅客自動車運送事業及び道路運送法第21条第2号による許可を受けた一般貸切旅客自動車運送事業について事業用自動車の車庫が営業所から告示で定める距離にある場合であって，運転者等が営業所以外の地で業務を開始又は終了することとなることにより，業務前点呼又は業務後点呼を所属する営業所において対面で実施できない勤務となる場合は，「運行上やむを得ない場合」として取り扱って差し支えないが，運行の安全を確保するうえで，対面による点呼が重要であることから，運行管理者等を派遣するなどできる限り対面で実施するよう指導すること。

　　また，点呼は営業所において行うことが原則であるが，営業所と車庫が離れている場合等，必要に応じて運行管理者等を車庫へ派遣して点呼を行う等，対面点呼を確実に実施するよう指導すること。

根拠条項	規 定 内 容 等
	② 「その他の方法」とは，携帯電話，業務無線等により運転者等と直接対話できるものでなければならず，電子メール，FAX等の一方的な連絡方法は該当しない。

　　また，電話その他の方法による点呼を運転中に行ってはならない。

③　「対面による点呼と同等の効果を有するものとして国土交通大臣が定める方法」とは，以下をいう。

・「対面による点呼と同等の効果を有するものとして国土交通大臣が定める方法を定める告示（令和5年国土交通省告示第266号。以下「点呼告示」という。）」において規定する遠隔点呼及び業務後自動点呼

・輸送の安全の確保に関する取組が優良であると認められる営業所において，当該営業所の管理する点呼機器を用い，及び当該機器に備えられたカメラ，ディスプレイ等によって，運行管理者等が運転者の酒気帯びの有無，疾病，疲労，睡眠不足等の状況を随時確認でき，かつ，運転者の酒気帯びの状況に関する測定結果を，自動的に記録及び保存するとともに当該運行管理者等が当該測定結果を直ちに確認できる方法

④　③に規定する「輸送の安全及び旅客の利便の確保に関する取組が優良であると認められる営業所」とは，次のいずれにも該当する旅客自動車運送事業者の営業所をいう。なお，同一営業所で複数の旅客自動車運送事業を行う場合には，国土交通大臣が定めた方法による点呼を行うこととする事業ごとに，当該事業について次のいずれにも該当するか否かを判断することとする。

イ．開設されてから3年を経過していること。

ロ．過去3年間所属する旅客自動車運送事業の用に供する事業用自動車の運転者が自らの責に帰する自動車事故報告規則第2条に規定する事故を発生させていないこと。

ハ．過去3年間自動車その他の輸送施設の使用の停止処分，事業の停止処分又は警告を受けていないこと。

⑤　③の方法による点呼を実施する場合は，以下に定めるところにより行うものとする。

「旅客IT点呼」の実施方法

根拠条項	規　定　内　容　等

　　ア　運行管理者等は，旅客IT点呼を行う営業所（以下
　　　「旅客IT点呼実施営業所」という。）又は当該営業所
　　　の車庫において，当該営業所で管理する旅客IT点呼
　　　機器（旅客IT点呼において使用する機器をいう。以
　　　下同じ。）を使用し旅客IT点呼を行うものとする。

　　イ　運転者等は，旅客IT点呼実施営業所の車庫において，
　　　当該営業所で管理する旅客IT点呼機器を使用し旅客
　　　IT点呼を受けるものとする。

⑥　「酒気帯びの有無」は，道路交通法施行令第44条の3に規定
する血液中のアルコール濃度0.3 mg/mℓ又は呼気中のアルコ
ール濃度0.15 mg/ℓ以上であるか否かを問わないものである。

⑦　アルコール検知器は，⑫の場合を除き，当面，性能上の要
件を問わないものとする。

⑧　「アルコール検知器を営業所ごとに備え」とは，営業所若
しくは営業所の車庫に設置され，営業所に備え置き（携帯型
アルコール検知器等），又は営業所に属する事業用自動車に
設置されているものをいう。

⑨　「常時有効に保持」とは，正常に作動し，故障がない状態
で保持しておくことをいう。このため，アルコール検知器の
製作者が定めた取扱説明書に基づき，適切に使用し，管理し，
及び保守するとともに，次のとおり，定期的に故障の有無を
確認し，故障がないものを使用しなければならない。

　イ．毎日（アルコール検知器を運転者に携行させ，又は自動
　　車に設置されているアルコール検知器を使用させる場合に
　　あっては，運転者の出発前。ロにおいて同じ。）確認すべ
　　き事項

　　（i）　アルコール検知器の電源が確実に入ること。

　　（ii）　アルコール検知器に損傷がないこと。

　ロ．毎日確認することが望ましく，少なくとも1週間に1回
　　以上確認すべき事項

　　（i）　確実に酒気を帯びていない者が当該アルコール検知器
　　　を使用した場合に，アルコールを検知しないこと。

　　（ii）　洗口液，液体歯磨き等アルコールを含有する液体又は
　　　これを希釈したものを，スプレー等により口内に噴霧し
　　　た上で，当該アルコール検知器を使用した場合に，アル

根 拠 条 項	規　定　内　容　等

コールを検知すること。

⑩　「目視等で確認」とは，運転者の顔色，呼気の臭い，応答の声の調子等で確認することをいう。なお，対面でなく電話その他の方法で点呼をする場合には，運転者の応答の声の調子等電話等を受けた運行管理者等が確認できる方法で行うものとする。

⑪　「アルコール検知器を用いて」とは，対面でなく電話その他の方法で点呼をする場合には，運転者に携帯型アルコール検知器を携行させ，又は自動車に設置されているアルコール検知器を使用させ，及び当該アルコール検知器の測定結果を電話その他の方法（通信機能を有し，又は携帯電話等通信機器と接続するアルコール検知器を用いる場合にあっては，当該測定結果を営業所に電送させる方法を含む。）で報告させることにより行うものとする。

営業所と車庫が離れている等の場合において，運行管理者等を車庫へ派遣して点呼を行う場合については，営業所の車庫に設置したアルコール検知器，運行管理者等が持参したアルコール検知器又は自動車に設置されているアルコール検知器を使用することによるものとする。

⑫　⑪の規定にかかわらず，対面でなく電話その他の方法で点呼をする場合であって，次のイからハの営業所（以下「他の営業所等」という。）において乗務を開始又は終了する場合（ロ又はハの営業所にあっては，ロ又はハの運行を行う場合に限る。），運転者に他の営業所等に備えられたアルコール検知器（この場合のアルコール検知器は，他の営業所等に常時設置されており，検査日時及び測定数値を自動的に記録できる機能を有するものに限る。）を使用させ，及び当該アルコール検知器の測定結果を電話等により所属する営業所の運行管理者等に報告させたときは，「当該運転者の属する営業所に備えられたアルコール検知器」を用いたとみなすものとする。

イ．同一事業者の他の営業所

ロ．共同運行（一般乗合旅客自動車運送事業の同一の運行系統に関して二以上の事業者が共同して行う運行であって，停留所等の設備を共用する運行の形態をいう。）を行う事

根 拠 条 項	規　定　内　容　等

業者の, 当該運行に係る営業所

ハ. 道路運送法第35条第1項の規定による許可を受けて管理の委託及び受託の運行を行う事業者の, 当該運行に係る営業所

⑬　運転者に他の営業所等のアルコール検知器を使用させる場合は, 次の規定を遵守することとする。

イ. アルコール検知器の使用方法等については, 運転者の所属する営業所及び他の営業所等の双方の運行管理規程に明記するとともに, 運転者, 運行管理者等その他の関係者に周知すること

ロ. ⑫のロ又はハの営業所のアルコール検知器を使用させる場合にあっては, 双方の事業者間においてアルコール検知器の使用方法等に関する取り決めを行うとともに, 契約書等の書面により保存すること

⑭　⑪による方法又は⑫による方法のいずれの場合であっても, 他の営業所等において乗務を開始又は終了する場合には, 他の営業所等に所属する運行管理者等の立ち会いの下で検査を実施するよう事業者を指導することとする。また, ⑫による方法の場合には, アルコール検査をより一層確実に実施する観点から, 運転者の所属する営業所において, 一定期間ごとに, 他の営業所等から測定結果の記録又はその写しの送付を受けるとともに, その確認等を行うよう事業者を指導することとする。

⑮　「夜間において長距離の運行を行う事業用自動車の運行の業務に従事する運転者等」とは, 運行指示書上, 実車運行(旅客の乗車の有無に関わらず, 旅客の乗車が可能として設定した区間の運行をいい, 回送運行は実車運行には含まない。)する区間の距離が100kmを超える夜間運行(実車運行を開始する時刻若しくは実車運行を終了する時刻が午前2時から午前4時までの間にある運行又は当該時刻をまたぐ運行をいう。)を行う事業用自動車の運行の業務に従事する運転者等をいい, 交替運転者が当該事業用自動車に添乗している場合は当該交替運転者を含む。

⑯　補助者を選任し, 点呼の一部を行わせる場合であっても, 当該営業所において選任されている運行管理者が行う点呼は,

根拠条項	規　定　内　容　等

点呼を行うべき総回数の少なくとも3分の1以上でなければならない。

(2)　業務前，業務後及び業務途中の点呼の記録等

　　点呼等を行った際には，次の1）～3）の事項について記録しておくこと。また，点呼の記録，保存については，書面又は電磁的方法による記録・保存のいずれでも差し支えない。ただし，一般貸切旅客自動車運送事業者にあっては，書面ではなく電磁的方法による記録の保存をしなければならない。一般貸切旅客自動車運送事業者による電磁的記録の保存には，点呼記録をシステムに入力して即座に自動的に保存されるもののみならず，パソコンの表計算ソフト等で入力したものを改ざんが容易でない方法で保存することや，手書きの点呼記録簿等をスキャナ（スマートフォンやデジタルカメラ含む）で読み取った形式で保存することを含む。いずれの記録においても，改ざんが容易でない形で保存する作業は，点呼を実施した日から1週間以内に保存すること。

　1）業務前点呼

　　①　点呼執行者名

　　②　運転者等の氏名

　　③　運転者等が従事する運行の業務に係る事業用自動車の自動車登録番号又は識別できる記号，番号等

　　④　点呼日時

　　⑤　点呼方法

　　　　イ．アルコール検知器の使用の有無

　　　　ロ．対面でない場合は具体的方法

　　⑥　運転者の酒気帯びの有無

　　⑦　運転者の疾病，疲労，睡眠不足等の状況

　　⑧　日常点検の状況

　　⑨　指示事項

　　⑩　その他必要な事項

　2）業務後点呼

　　①　点呼執行者名

　　②　運転者等の氏名

　　③　運転者等が従事した運行の業務に係る事業用自動車の自動車登録番号又は識別できる記号，番号等

根 拠 条 項	規　定　内　容　等
	④　点呼日時
	⑤　点呼方法
	イ．アルコール検知器の使用の有無
	ロ．対面でない場合は具体的方法
	⑥　自動車，道路及び運行の状況
	⑦　運転者の酒気帯びの有無
	⑧　交替運転者等に対する通告
	⑨　その他必要な事項
	3）業務途中点呼
	①　点呼執行者名
	②　運転者等の氏名
	③　運転者等が従事している運行の業務に係る事業用自動車
	の自動車登録番号又は識別できる記号，番号等
	④　点呼日時
	⑤　点呼の具体的方法
	⑥　自動車，道路及び運行の状況
	⑦　運転者の疾病，疲労，睡眠不足等の状況
	⑧　指示事項
	⑨　その他必要な事項
	⑶　点呼等の状況の記録
	「録音及び録画」する機器は，点呼実施者・運転者側双方の音声が確認でき，かつ，運転者に対して点呼を実施している様子が確認できる映像が保存されていれば，監視カメラ，ノートパソコンに内蔵されているWebカメラ，デジタルカメラ，スマートフォン等幅広く認められる。点呼時の「録音及び録画」データ及び呼気の検査を行っている状況の「写真」データ（以下「動画データ等」という。）について，記録日がデータ表示画面や保存日から判別できない場合（例：事業場の撮影を常時行った場合であって，画面データに撮影日が入力されていない場合等）には，記録日がいつであるか分かるように動画データ等と合わせて保存しておくこと。
	（乗合　特定）
業務記録 （運輸規則25	●一般乗合旅客自動車運送事業者及び特定旅客自動車運送事業者は，運転者等が運行の業務に従事したときは，次の事項を運転者等ご

根 拠 条 項	規　定　内　容　等
条)	とに記録させ，かつ，その記録を**1年間保存**しなければならない。

(1)　運転者等の氏名

(2)　運転者等が従事した運行の業務に係る事業用自動車の登録番号等当該自動車を識別できる記号，番号その他の表示

(3)　業務の開始及び終了の地点・日時及び主な経過地点及び業務に従事した距離

(4)　業務を交替した場合は，その地点及び日時

(5)　休憩又は仮眠した場合は，その地点及び日時

(6)　第21条（過労防止等第3項）の睡眠に必要な施設で睡眠をした場合は，当該施設の名称及び位置

(7)　道路交通法第67条第2項に規定する交通事故（人の死傷又は物の損壊）若しくは自動車事故報告規則第2条に規定する事故又は著しい運行の遅延その他の異常な状態が発生した場合は，その概要及び原因

(8)　乗務した車掌名（乗車定員11人以上のものに限る。）及び車掌が交替した場合はその地点と交替した車掌名

（貸　切）

●一般貸切旅客自動車運送事業者は，運転者等が事業用自動車の運行の業務に従事したときは，前項各号に掲げる事項のほか，旅客が乗車した区間を運転者等ごとに記録させ，かつ，その記録を**3年間保存**しなければならない。

（乗　用）

●一般乗用旅客自動車運送事業者は，運転者等が事業用自動車の運行の業務に従事したときは，第1項の(1)から(7)までの事項のほか，旅客が乗車した区間並びに運行の業務に従事した事業用自動車の走行距離計に表示されている業務の開始時及び終了時における走行距離の積算キロ数を運転者等ごとに記録させ，かつ，その記録を事業用自動車ごとに整理して**1年間保存**しなければならない。

●旅客自動車運送事業者（一般乗用旅客自動車運送事業者は，長期間にわたり業務の交替がない場合に限る。）は，前3項の規定により記録すべき事項の一部について，運転者等ごとに記録させることに代え，道路運送車両の保安基準第48条の2の基準に適合する運行記録計により記録することができる。この場合において当該事業者は，運行記録計により記録された以外の記録すべき事項について付記させ，かつ，その付記に係る記録を**1年間**（**一般乗用**

根 拠 条 項	規　定　内　容　等

旅客自動車運送事業者は事業用自動車ごとに整理して１年間，一般貸切旅客自動車運送事業者は３年間）保存しなければならない。

【運輸規則の解釈と運用について】

第25条　業務記録

　業務記録は，乗務員等の業務の実態を把握することを目的とし，過労の防止等業務の適正化の資料として活用するものである。

⑴　事業用自動車の運行の業務は，原則として乗務員等が所属営業所を出て所属営業所に戻るまで継続しているとみるが，運転者がその途中８時間以上事業用自動車を離れた場合又は乗務員等が業務を交替して下車して事業用自動車に関する業務から解放された場合は，そこで業務が終了したとみなして処理すること。

⑵　10分未満の休憩については，その記載を省略しても差し支えない。

運行記録計による記録
（運輸規則第26条）

（乗合　貸切）

●一般乗合旅客自動車運送事業者及び一般貸切旅客自動車運送事業者は，運転者等が事業用自動車の運行の業務に従事した場合（路線定期運行又は路線不定期運行を行う一般乗合旅客自動車運送事業の事業用自動車にあっては，起点から終点までの距離が100 kmを超える運行系統を運行する場合，区間運行を行う一般乗合旅客自動車運送事業者の事業用自動車にあってはその運行の態様等を考慮して地方運輸局長が認める場合に限る。）は，当該自動車の瞬間速度，運行距離及び運行時間を運行記録計（**一般貸切旅客自動車運送事業者は，電磁的方法により記録することができるものとして国土交通大臣が告示で定めるものに限る。ただし，自動車の構造上の理由により当該告示で定める運行記録計を備えることが困難な場合は，この限りでない。**）により記録し，かつ，その記録を１年間（**一般貸切旅客自動車運送事業者は，その内容を記録した電磁的記録を３年間**）保存しなければならない。

（乗　用）

●乗務距離の最高限度を定められた一般乗用旅客自動車運送事業者（個人タクシーを除く。）（第22条第１項）は，指定の日から一年を超えない範囲内において地方運輸局長が定める日以後においては指定地域内に営業所に属する運転者等が事業用自動車の運行の

根 拠 条 項	規 定 内 容 等
	業務に従事した場合（事業用自動車の運行の態様等を考慮して地方運輸局長が認める場合を除く。）は，当該自動車の瞬間速度，運行距離及び運行時間を運行記録計により記録し，かつ，その記録を運転者等ごとに整理して**1年間保存**しなければならない。
運行基準図等 （運輸規則第 27条）	**（乗 合）** ●一般乗合旅客自動車運送事業者は，次の各号を記載した運行基準図を作成して営業所に備え，かつ，これにより運転者等に対し，適切な指導をしなければならない。 　(1)　路線定期運行または路線不定期運行を行う一般乗合旅客自動車運送事業者にあっては，停留所又は乗降地点の名称及び位置並びに隣接する停留所間又は乗降地点間の距離 　(2)　路線定期運行を行う一般乗合旅客自動車運送事業者にあっては，標準の運行時分及び平均速度 　(3)　路線定期運行または路線不定期運行を行う一般乗合旅客自動車運送事業者にあっては，道路の主な勾配，曲線半径，幅員及び路面の状態 　(4)　踏切，橋，トンネル，交差点，待避所及び運行に際して注意を要する箇所の位置 　(5)　その他運行の安全を確保するために必要な事項
（運輸規則第 27条第2項）	●路線定期運行を行う一般乗合旅客自動車運送事業者は，主な停留所の名称，当該停留所の発車時刻及び到着時刻その他運行に必要な事項を記載した運行表を作成し，かつ，これを運転者等に携行させなければならない。
経路の調査等 （運輸規則第 28条）	**（貸 切）** ●一般貸切旅客自動車運送事業者は，運行の主な経路における道路及び交通の状況を事前に調査し，かつ，当該経路に適すると認められる自動車を使用しなければならない。 　但し，法第21条第2号の規定による許可を受けて，乗合旅客を運送する場合にあっては，この限りではない。
運行指示書に よる指示等	**（貸 切）** ●一般貸切旅客自動車運送事業者は，運行ごとに次の各号の事項を記載した運行指示書を作成し，かつ，これにより運転者等に対し

根 拠 条 項	規　定　内　容　等
（運輸規則第28条の2）	適切な指示を行うとともに，これを当該運転者等に携行させなければならない。 但し，法第21条第2号の規定による許可を受けて，乗合旅客を運送する場合にあっては，この限りではない。 ⑴　運行の開始及び終了の地点及び日時 ⑵　乗務員等の氏名 ⑶　運行の経路並びに主な経由地における発車及び到着の日時 ⑷　旅客が乗車する区間 ⑸　運行に際して注意を要する箇所の位置 ⑹　乗務員等の休憩地点及び休憩時間（休憩がある場合に限る。） ⑺　乗務員等の運転又は業務の交替の地点 ⑻　第21条（過労防止等第3項）の睡眠に必要な施設の名称及び位置 ⑼　運送契約の相手方の氏名又は名称 ⑽　その他運行の安全を確保するために必要な事項 【運行指示書による指示等】 　運行指示書と異なる運行を行う場合には，原則として，運行管理者の指示に基づいて行うよう指導すること。 　ただし，運転者が運転中に疲労や眠気を感じたときは，運行管理者の指示を受ける前に運転を中止し，その後速やかに運行管理者に連絡を取り，指示を受けるよう指導すること。 　なお，変更の指示があった場合は，その内容，理由及び指示をした運行管理者の氏名を運行指示書に記入させること。 ●一般貸切旅客自動車運送事業者は，規定による運行指示書を**運行の終了の日から3年間保存**しなければならない。
事業用自動車内の表示 （運輸規則第42条）	●旅客自動車運送事業者は，事業用自動車内に当該事業者の氏名又は名称及び当該自動車の自動車登録番号を旅客に見やすいように表示すること。 ●一般乗合旅客自動車運送事業者は，車内に第52条の規定による物品の持込制限に関する事項及び第53条の規定による禁止行為に関する事項を旅客に見やすいように表示しなければならない。 ●旅客自動車運送事業者は，車内に禁煙の表示を旅客に見やすいように表示しなければならない。 ●路線定期運行または路線不定期運行を行う一般乗合旅客自動車運

根　拠　条　項	規　　定　　内　　容　　等
	送事業者は，第15条の規定により車掌を乗務させない場合は，車内に，当該自動車の停車する停留所又は乗降地点の名称を旅客に見やすいように表示しなければならない。
応急用器具等の備付 （運輸規則第43条）	●旅客自動車運送事業者は，自動車に応急修理のために必要な器具及び部品を備えなければ，当該自動車を旅客の運送の用に供してはならない。ただし，運送の途中で故障が発生した場合に，これら器具及び部品を容易に供給できるとき，又は旅客の運送を容易に継続できるときは，この限りでない。 ●旅客自動車運送事業者は，踏切警手が配置されていない踏切を通過することとなる場合は，当該自動車に赤色旗，赤色合図灯等の非常信号用具を備え付けなければ，旅客の運送の用に供してはならない。
清潔保持 （運輸規則第44条）	●旅客自動車運送事業者は，事業用自動車を常に清潔に保持しなければならない。
点検整備等 （運輸規則第45条）	●旅客自動車運送事業者は，事業用自動車につき，点検整備，整備管理者の選任及び検査に関する道路運送車両法の規定に従うほか，次の事項を遵守しなければならない。 (1)　事業用自動車の構造，装置及び運行する道路の状況，走行距離等の使用条件を考慮して，定期に行う点検の基準を作成し，これに基づいて点検し，必要な整備をすること。 (2)　点検及び整備をしたときは，道路運送車両法第49条の規定に準じて，点検及び整備に関する記録簿に記載し，これを保存すること。
整備管理者の研修 （運輸規則第46条）	●旅客自動車運送事業者は，道路運送車両法第50条第1項の規定により選任した整備管理者であって次に掲げるものに地方運輸局長が行う研修を受けさせなければならない。 ①　整備管理者として新たに選任した者 ②　最後に当該研修を受けた日の属する年度の翌年度の末日を経過した者
点検施設等	●旅客自動車運送事業者は，事業用自動車の使用の本拠ごとに，自

根 拠 条 項	規 定 内 容 等
（運輸規則第 47条）	動車の点検及び清掃のための施設を設けなければならない。

４）従業員・乗務員・運転者・車掌

根 拠 条 項	規 定 内 容 等
乗務員 （運輸規則第49条）	●旅客自動車運送事業者の事業用自動車の運転者，車掌その他の乗務員は，事業用自動車の運行を中断し，又は旅客が死傷したときは，事業者とともに第18条第１項若しくは第２項〔事故の場合の措置〕又は第19条各号〔事故による死傷者に関する措置〕を実施しなければならない。この場合，旅客の生命を保護するための処置は，他の処置に先んじてしなければならない。 ●乗務員は，次の行為をしてはならない。 　(1)　旅客が持ち込んではいけない物品（第52条による旅客の持込制限物品）を旅客の現在する事業用自動車内に持ち込むこと。 　(2)　酒気を帯びて乗務すること。 　(3)　事業用自動車内で喫煙すること。 **（乗合　貸切）** ●一般乗合，一般貸切及び特定旅客自動車運送事業者の事業用自動車（乗車定員11人以上のもの）の乗務員は，前各号のほか，次に掲げる行為をしてはならない。 　(1)　運行時刻前に発車すること。 　(2)　旅客の現在する自動車の走行中に職務遂行に必要な事項以外の話をすること。 ●前項の乗務員は，旅客が事業用自動車内で法令の規定又は公の秩序若しくは善良の風俗に反する行為をするときは，これを制止し，又は必要な事項を旅客に指示する等の措置を講ずることにより，輸送の安全を確保し，及び事業用自動車内の秩序を維持するよう努めなければならない。
運転者の制限 （法第25条）	●一般旅客自動車運送事業者は，年齢，運転の経歴その他政令で定める一定の要件を備える者でなければ，その事業用自動車の運転をさせてはならない。ただし，当該運行が旅客の運送を目的としない場合は，この限りでない。
旅客自動車運送事業用自動車の運転者の	●21歳以上であること。 ●普通自動車，四輪の小型自動車，三輪の自動車又はけん引自動車である大型特殊自動車の運転の経験の期間が通算して３年以上で

根 拠 条 項	規　　定　　内　　容　　等
要件に関する政令 (昭31年政令第256号)	あること。 ●運転する事業用自動車の種類に係る第二種運転免許を受けており,かつ,その効力が停止されていないこと。
運転者の選任等 (運輸規則第35条) (運輸規則第36条)	●旅客自動車運送事業者は,事業計画(路線定期運行を行う一般乗合旅客自動車運送事業者は事業計画及び運行計画)の遂行に十分な数の事業用自動車の運転者を常時選任しておかなければならない。 ●旅客自動車運送事業者(個人タクシーを除く。)は,次の各号のいずれかに該当する者を運転者等として選任してはならない。 　⑴　日々雇い入れられる者 　⑵　2か月以内の期間を定めて使用される者 　⑶　試みの使用期間中の者(14日を超えて引き続き使用されるに至った者を除く。) 　⑷　14日未満の期間ごとに賃金(仮払い,前貸しその他の方法による金銭の授受であって実質的に賃金の支払いと認められる行為を含む。)を受ける者 (乗　用) ●一般乗用旅客自動車運送事業者(個人タクシーを除く。)は,新たに雇い入れた者については,第38条第1項,第2項及び第5項〔乗務員の指導監督〕並びに第39条〔地理,応接の指導〕(乗用旅客の運転者として選任された経験のある者は地理についての必要な事項)について,指導,監督及び特別な指導を行い,並びに適性診断を受診させた後でなければ事業用自動車の運転者として選任してはならない。 　ただし,新たに雇い入れた者が,当該事業者の営業区域内で,雇入れの日前2年以内に通算90日以上乗用旅客の運転者であったときは,この限りでない。
運転者 (運輸規則第50条)	●旅客自動車運送事業の事業用自動車の運転者は,次の事項を遵守しなければならない。 　⑴　第24条第1項第1号の点検(日常点検)の実施又はその確認をすること。 　⑵　乗務しようとするとき及び乗務を終了したときは,事業者が

根 拠 条 項	規　定　内　容　等

行う点呼を受け，報告をすること。

⑶　酒気を帯びた状態にあるときは，その旨を当該事業者に申し
　　出ること。

⑶-2　疾病，疲労，睡眠不足，天災その他の理由により安全な運
　　転をすることができないおそれのあるときは，その旨を当該事
　　業者に申し出ること。

⑶-3　事業用自動車の運行中疾病，疲労，睡眠不足，天災その他
　　の理由により安全な運転を継続することができないおそれがあ
　　るときは，その旨を当該旅客自動車運送事業者に申し出ること。

⑷　事業用自動車の運行中に当該自動車の重大な故障を発見し，
　　又は重大な事故が発生するおそれがあると認めたときは，直ち
　　に運行を中止すること。

⑸　坂路において自動車から離れるとき及び安全な運行に支障が
　　ある箇所を通過するときは，旅客を降車させること。

⑹　踏切を通過するときは，変速装置を操作しないこと。

⑺　事業用自動車の故障等により踏切内で運行不能となったとき
　　は，速やかに旅客を誘導して退避させるとともに，列車に対し
　　適切な防護措置をとること。

⑻　乗務を終了したときは，交替する運転者に対し，乗務中の事
　　業用自動車，道路及び運行の状況について通告すること。この
　　場合，新たに乗務する運転者は，当該事業用自動車の制動装置，
　　走行装置その他の重要な部分の機能について点検をすること。

⑼　乗務の記録又は運行記録計による場合はその付記による記録
　　を行うこと。（乗用の場合は，乗務開始及び終了時の走行距離の
　　積算キロ数も記録する。）

⑽　運転操作に円滑を欠く服装をしないこと。

●一般乗合旅客自動車運送事業者，一般貸切旅客自動車運送事業者
　及び特定旅客自動車運送事業者の事業用自動車（乗車定員11人以
　上のものに限る。）の運転者は，発車の直前に安全の確認ができ
　た場合を除き警音器を吹鳴しなければならない。

（乗　合）
●路線定期運行を行う一般乗合旅客自動車運送事業者の運転者は，
　第27条第2項の運行表を携行しなければならない。
（乗　用）

根 拠 条 項	規 定 内 容 等
	●一般乗用旅客自動車運送事業の運転者は，食事又は休憩のため運送の引受けができない場合又は乗務終了等のため車庫，営業所に回送しようとする場合には，回送板を掲出しなければならない。また，これ以外の場合は，回送板を掲出してはならない。
	●第22条第1項（乗務距離の最高限度等）の一般乗用旅客自動車運送事業の運転者で，指定地域内にある営業所に属する者は，乗務距離の最高限度を超えて乗務してはならない。
	●一般乗用旅客自動車運送事業の運転者は,乗務中乗務員証を携行し,及び乗務を終了した場合には,当該乗務員証を返還しなければならない。
	（貸　切）
	●一般貸切旅客自動車運送事業者の事業用自動車の運転者は，第24条第3項に規定する乗務の途中において，同項の規定により一般貸切旅客自動車運送事業者が行う点呼を受け，同項の規定による報告をしなければならない。
	●一般貸切旅客自動車運送事業の運転者は，乗務中運行指示書を携行しなければならない。
従業員に対する指導監督（運輸規則第38条）	1．旅客自動車運送事業者は，その事業用自動車の運転者に対し，国土交通大臣が告示で定めるところにより，主として運行する路線又は営業区域の状態及びこれに対処することができる運転技術並びに法令に定める自動車の運転に関する事項について適切な指導監督をしなければならない。 　この場合においては，その日時，場所及び内容並びに指導及び監督を行った者及び受けた者を記録し，かつ，その記録を営業所において3年間保存しなければならない。 2．旅客自動車運送事業者は，国土交通大臣が告示で定めるところにより，次の運転者に対して，事業用自動車の運行の安全を確保するために遵守すべき事項について特別な指導を行い，かつ，国土交通大臣が告示で定める適性診断であって国土交通大臣の認定を受けたものを受けさせなければならない。 ⑴　死者又は負傷者（自動車損害賠償保障法施行令第5条第2号，第3号又は第4号に掲げる傷害を受けた者をいう。）が生じた事故を引き起こした者 ⑵　運転者として新たに雇い入れた者 ⑶　乗務しようとする事業用自動車について当該旅客自動車運送

根 拠 条 項	規　定　内　容　等
	事業者における必要な乗務の経験を有しない者

(4)　高齢者（65歳以上の者をいう。）

上記の(1)のうち，自動車損害賠償保障法施行令第5条関係の内容は，次のとおりである。

・同令第5条第2号

14日以上病院に入院することを要する傷害で，医師の治療を要する期間が30日以上のものなど

・同令第5条第3号

入院を要する傷害で，医師の治療期間が30日以上のもの又は14日以上入院を要する傷害など

・同令第5条第4号

11日以上医師の治療を要する傷害

3．旅客自動車運送事業者は，特定自動運行保安員に対し，特定自動運行事業用自動車の運行の安全を確保するために遵守すべき事項について適切な指導監督をしなければならない。この場合においては，その日時，場所及び内容並びに指導監督を行った者及び受けた者を記録し，かつ，その記録を営業所において3年間保存しなければならない。

4．一般乗合，一般貸切及び特定旅客自動車運送事業者は，事業用自動車（乗車定員11人以上のものに限る。）の車掌に対し，第49条（乗務員の遵守事項）及び第51条（車掌の遵守事項）に規定する事項について適切な指導監督を怠ってはならない。

5．旅客自動車運送事業者は，その事業用自動車が非常信号用具，非常口又は消火器を備えたものであるときは，乗務員等に対し，これらの器具の取扱いについて適切な指導をしなければならない。

6．旅客自動車運送事業者は，従業員に対し，効果的かつ適切に指導監督を行なうため，輸送の安全に関する基本的な方針の策定その他の国土交通大臣が告示で定める措置を講じなければならない。

【旅客自動車運送事業者が事業用自動車の運転者に対して行う指導及び監督の指針】

平成13年12月3日付け，告示第1676号

最終改正　平成30年6月1日付け，告示第708号

第1章一般的な指導及び監督の指針

旅客自動車運送事業者は，旅客自動車運送事業運輸規則（以下「運輸規則」という。）第

根拠条項	規 定 内 容 等

38条第1項の規定に基づき，1に掲げる目的を達成するため，2に掲げる内容について，3に掲げる事項に配慮しつつ，旅客自動車運送事業の事業用自動車（以下「事業用自動車」という。）の運転者に対する指導及び監督を毎年実施し（一般貸切旅客自動車運送事業者にあっては，ドライブレコーダーにより記録すべき情報及びドライブレコーダーの性能要件を定める告示（平成28年国土交通省告示第1346号）に定める要件を満たすドライブレコーダーを使用して実施しなければならないものとする。），指導及び監督を実施した日時，場所及び内容（一般貸切旅客自動車運送事業の事業用自動車（以下「貸切バス」という。）の運転者に対してドライブレコーダーの記録を利用した指導及び監督を実施した場合にあっては，その記録を含む。）並びに指導監督を行った者及び受けた者を記録し，かつ，その記録を営業所において3年間保存するものとする。

1 目的

　旅客自動車運送事業者の事業用自動車の運転者は，多様な地理的，気象的状況の下で旅客を運送すること，また，一般乗合旅客自動車運送事業の事業用自動車（以下「乗合バス」という。）又は貸切バス等の運転者は大型の自動車を運転することが多いことから，経路，路線又は営業区域における道路の状況その他の運行の状況に関する判断及びその状況における運転について，高度な能力が要求される。このため，旅客自動車運送事業者は，その事業用自動車の運転者に対して継続的かつ計画的に指導及び監督を行い，他の運転者の模範となるべき運転者を育成する必要がある。そこで，旅客自動車運送事業者がその事業用自動車の運転者に対して行う一般的な指導及び監督は，道路運送法その他の法令に基づき運転者が遵守すべき事項に関する知識のほか，事業用自動車の運行の安全及び旅客の安全を確保するために必要な運転に関する技能及び知識を習得させることを目的とする。

2 指導及び監督の内容

⑴　旅客自動車運送事業者による指導及び監督の内容

①　事業用自動車を運転する場合の心構え

　旅客自動車運送事業は公共的な輸送事業であり，旅客を安全，確実に輸送することが社会的使命であることを認識させるとともに，事業用自動車による交通事故の統計を説明すること等により，事業用自動車による交通事故が社会に与える影響の大きさ及び事業用自動車の運転者の運転が他の運転者の運転に与える影響の大きさ等を理解させ，事業用自動車の運行の安全及び旅客の安全を確保するとともに他の運転者の模範となることが使命であることを理解させる。

②　事業用自動車の運行の安全及び旅客の安全を確保するために遵守すべき基本的事項

　道路運送法，道路交通法及び道路運送車両法に基づき運転者が遵守すべき事項（貸切バスの運転者にあっては，運行指示書の遵守を含む。）を理解させる。また，当該事項か

ら逸脱した方法や姿勢による運転をしたこと及び日常点検を怠ったことに起因する交通事故の事例，当該交通事故を引き起こした旅客自動車運送事業者及び運転者に対する処分並びに当該交通事故が加害者，被害者その他の関係者に与える心理的影響を説明すること等により，当該事項を遵守することの重要性を理解させる。

③　事業用自動車の構造上の特性

自らの運転する事業用自動車の車高，視野，死角，内輪差（右左折する場合又はカーブを通行する場合に後輪が前輪より内側を通ることをいう。以下同じ。），制動距離等を確認させ，これらが車両により異なることを理解させるとともに，これらを把握していなかったことに起因する交通事故の事例を説明すること等により，事業用自動車の構造上の特性を把握することの必要性を理解させる。

④　乗車中の旅客の安全を確保するために留意すべき事項

加速装置，制動装置及びかじ取装置の急な操作を行ったことにより旅客が転倒した等の交通事故の事例を説明すること等によりこれらの装置の急な操作を可能な限り避けることの必要性を理解させる。また，このほか，走行中は旅客を立ち上がらせないこと及びシートベルトが備えられた座席においてはシートベルトの着用を徹底させること等乗車中の旅客の安全を確保するために留意すべき事項を指導する。

⑤　旅客が乗降するときの安全を確保するために留意すべき事項

乗降口の扉を開閉する装置の不適切な操作により旅客が扉にはさまれた等の交通事故の事例を説明すること等により，旅客が乗降するときには旅客の状況に注意して当該装置を適切に操作することの必要性を理解させる。また，このほか，周囲の道路及び交通の状況に注意して安全な位置に停車させること及び旅客の状況に注意して発車させること等旅客が乗降するときの安全を確保するために留意すべき事項を指導する。

⑥　主として運行する路線若しくは経路又は営業区域における道路及び交通の状況

乗合バスの運転者にあっては主として運行する路線，貸切バス及び特定旅客自動車運送事業の事業用自動車（以下「特定旅客自動車」という。）の運転者にあっては主として運行する経路，一般乗用旅客自動車運送事業の事業用自動車（以下「ハイヤー・タクシー」という。）の運転者にあっては営業区域における主な道路及び交通の状況をあらかじめ把握させるよう指導するとともに，これらの状況を踏まえ，事業用自動車を安全に運転するために留意すべき事項を指導する。この場合，交通事故の事例又は自社の事業用自動車の運転者が運転中に他の自動車又は歩行者等と衝突又は接触するおそれがあったと認識した事例（いわゆる「ヒヤリ・ハット体験」）を説明すること等により運転者に理解させる。

⑦　危険の予測及び回避並びに緊急時における対応方法

強風，豪雪等の悪天候が運転に与える影響，加速装置，制動装置及びかじ取装置の急な操作を行うことにより旅客が転倒する等の危険，乗降口の扉を開閉する装置の不適切な操作により旅客が扉にはさまれる等の危険，右左折時における内輪差及び直前，後方

根 拠 条 項	規　定　内　容　等

及び左側方の視界の制約，旅客の指示があったとき又は旅客を乗車させようとするときの急な進路変更又は停止に伴う危険等の事業用自動車の運転に関して生ずる様々な危険について，危険予知訓練の手法等を用いて理解させるとともに，危険を予測し，回避するための自らへの注意喚起の手法として，指差呼称及び安全呼称を行う習慣を体得させる。さらに，貸切バスの運転者にあっては，緊急時における制動装置の急な操作に係る技能の維持のため，当該運転者が実際に運転する事業用自動車と同一の車種区分（大型車（長さ9メートル以上又は乗車定員51人以上の車両をいう。以下同じ。），中型車（大型車及び小型車（長さ7メートル以下であり，かつ，乗車定員30人以下の車両をいう。以下同じ。）以外の車両をいう。）及び小型車の別をいう。以下同じ。）の自動車を停止状態で用いて，制動装置の急な操作の方法について指導する。また，事故発生時，災害発生時その他の緊急時における対応方法について事例を説明すること等により理解させる。

⑧　運転者の運転適性に応じた安全運転

適性診断その他の方法により運転者の運転適性を把握し，個々の運転者に自らの運転行動の特性を自覚させる。また，運転者のストレス等の心身の状態に配慮した適切な指導を行う。

⑨　交通事故に関わる運転者の生理的及び心理的要因及びこれらへの対処方法

長時間連続運転等による過労，睡眠不足，医薬品等の服用に伴い誘発される眠気，飲酒が身体に与える影響の生理的要因及び慣れ，自らの運転技能への過信による集中力の欠如等の心理的要因が交通事故を引き起こすおそれがあることを事例を説明すること等により理解させるとともに，旅客自動車運送事業運輸規則第21条第1項の規定に基づき事業用自動車の運転者の勤務時間及び乗務時間に係る基準を定める告示に基づく事業用自動車の運転者の勤務時間及び乗務時間を理解させる。また，運転中に疲労や眠気を感じたときは運転を中止し，休憩するか，又は睡眠をとるよう指導するとともに，飲酒運転，酒気帯び運転及び覚せい剤等の使用の禁止を徹底する。

⑩　健康管理の重要性

疾病が交通事故の要因となるおそれがあることを事例を説明すること等により理解させるとともに，定期的な健康診断の結果，心理的な負担の程度を把握するための検査の結果等に基づいて生活習慣の改善を図るなど適切な心身の健康管理を行うことの重要性を理解させる。

⑪　安全性の向上を図るための装置を備える事業用自動車の適切な運転方法

安全性の向上を図るための装置を備える事業用自動車を運行する場合においては，当該装置の機能への過信及び誤った使用方法が交通事故の要因となるおそれがあることについて説明すること等により，当該事業用自動車の適切な運転方法を理解させる。

(2)　一般貸切旅客自動車運送事業者における指導及び監督の内容

一般貸切旅客自動車運送事業者は，(1)に掲げる内容に加え，次の指導及び監督を実施する。

①　ドライブレコーダーの記録を利用した運転者の運転特性に応じた安全運転

根 拠 条 項	規　定　内　容　等

運転者からヒヤリ・ハット体験の報告があった場合，運輸規則第3条第1項の苦情の申出のうち当該貸切バスの運転に係るものがあった場合又は運輸規則第25条第1項第7号の事故が発生した場合には，これらの場合についてドライブレコーダーの記録により加速装置，制動装置及びかじ取装置の急な操作の有無並びに車間距離の保持その他の法令の遵守状況等を確認し，当該運転者に自身の運転特性を把握させた上で，必要な指導を行う。

②　ドライブレコーダーの記録を活用したヒヤリ・ハット体験等の自社内での共有

ドライブレコーダーの記録のうち①の場合に係るものを自社内の当該運転者以外の運転者に対する指導及び監督に活用することで，当該指導及び監督をより効果的に行うよう努める。

3　指導及び監督の実施に当たって配慮すべき事項

(1)　運転者に対する指導及び監督の意義についての理解

旅客自動車運送事業者は，道路運送法その他の法令に基づき運転者が遵守すべき事項に関する知識のほか，事業用自動車の運行の安全及び旅客の安全を確保するために必要な運転に関する技能及び知識を運転者に習得させることについて，重要な役割を果たす責務を有していることを理解する必要がある。また，旅客自動車運送事業者は，道路運送法その他の法令に基づき運転者が遵守すべき事項について運転者が違反した場合には，当該運送事業者にもその指導及び監督の責任があることを理解する必要がある。

(2)　計画的な指導及び監督の実施

旅客自動車運送事業者は，運転者の指導及び監督を継続的，計画的に実施するための基本的な計画を作成し，計画的かつ体系的に指導及び監督を実施することが必要である。

(3)　運転者の理解を深める指導及び監督の実施

運転者が自ら考えることにより指導及び監督の内容を理解できるように手法を工夫するとともに，常に運転者の習得の程度を把握しながら指導及び監督を進めるよう配慮することが必要である。この場合において，貸切バスの運転者については，指導及び監督の実施後，速やかに，ドライブレコーダーの記録又は添乗その他の適切な方法により指導及び監督の内容に係る当該運転者の習得の程度を確認し，必要に応じて指導及び監督を行うこととする。

(4)　参加・体験・実践型の指導及び監督の手法の活用

運転者が事業用自動車の運行の安全及び旅客の安全を確保するために必要な技能及び知識を体験に基づいて習得し，その必要性を理解できるようにするとともに，運転者が交通ルール等から逸脱した運転操作又は知識を身に付けている場合には，それを客観的に把握し，是正できるようにするため，参加・体験・実践型の指導及び監督の手法を積極的に活用することが必要である。例えば，交通事故の事例を挙げ，その要因及び対策について，必要により運転者を小人数のグループに分けて話し合いをさせたり，イラスト又はビデオ

等の視聴覚教材又は運転シミュレーターを用いて交通事故の発生する状況等を間接的又は擬似的に体験させたり，実際に事業用自動車を運転させ，技能及び知識の習得の程度を認識させたり，実験により事業用自動車の死角，内輪差及び制動距離並びに旅客の挙動等を確認させたりするなど手法を工夫することが必要である。

　⑸　社会情勢等に応じた指導及び監督の内容の見直し

　指導及び監督の具体的内容は，社会情勢等の変化に対応したものでなければならない。このため，道路運送法その他の関係法令等の改正の動向及び業務の態様が類似した他の旅客自動車運送事業者による交通事故の事例等について，関係行政機関及び団体等から幅広く情報を収集することに努め，必要に応じて指導及び監督の内容を見直すことが必要である。

　⑹　指導者の育成及び資質の向上

　指導及び監督を実施する者を自社内から選任する旅客自動車運送事業者は，これらの者に対し，指導及び監督の内容及び手法に関する知識及び技術を習得させるとともに，常にその向上を図るよう努めることが必要である。

　⑺　外部の専門的機関の活用

　指導及び監督を実施する際には，指導及び監督のための専門的な知識及び技術並びに場所を有する外部の専門的機関を積極的に活用することが望ましい。

第2章　特定の運転者に対する特別な指導の指針

　旅客自動車運送事業者は，運輸規則第38条第2項の規定に基づき，第一章の一般的な指導及び監督に加え，1に掲げる目的を達成するため，2の各号に掲げる事業用自動車の運転者に対し，それぞれ当該各号に掲げる内容について，3に掲げる事項に配慮しつつ指導を実施し，同規則第37条第1項に基づき，指導を実施した年月日及び指導の具体的内容を乗務員台帳に記載するか，又は，指導を実施した年月日を乗務員台帳に記載したうえで指導の具体的内容を記録した書面を乗務員台帳に添付するとともに，貸切バスの運転者に対してドライブレコーダーの記録を利用した指導を実施した場合にあっては，その記録を営業所において3年間保存するものとする。

　また，4の各号に掲げる運転者に対し，当該各号に掲げる方法により適性診断を受診させ，受診年月日及び適性診断の結果を記録した書面を同項に基づき乗務員台帳に添付するものとする。さらに，5に掲げる事項により，運転者として新たに雇い入れた者に対し，雇い入れる前の事故歴を把握した上で，必要に応じ，特別な指導を行い，適性診断を受けさせるものとする。

1　目的

　旅客自動車運送事業者は，交通事故を引き起こした事業用自動車の運転者についてその

根拠条項	規　定　内　容　等

再発防止を図り，また，運転しようとする車種区分の事業用自動車の運行の安全及び旅客の安全を確保するために必要な運転に関する技能及び知識を十分に習得していない運転者及び加齢に伴い身体機能が変化しつつある高齢者である運転者について交通事故の未然防止を図るためには，これら特定の運転者に対し，よりきめ細かな指導を実施する必要がある。そこで，特定の運転者に対して行う特別な指導は，個々の運転者の状況に応じ，適切な時期に十分な時間を確保して事業用自動車の運行の安全及び旅客の安全を確保するために必要な事項を確認させることを目的とする。

2　指導の内容及び時間

(1)　死者又は重傷者（自動車損害賠償保障法施行令第5条第2号又は第3号に掲げる傷害を受けた者をいう。）を生じた交通事故を引き起こした運転者及び軽傷者（同条第4号に掲げる傷害を受けた者をいう。）を生じた交通事故を引き起こし，かつ，当該事故前の3年間に交通事故を引き起こしたことがある運転者（以下「事故惹起運転者」という。）

事故惹起運転者に対する特別な指導の内容及び時間

内容	時間
①　事業用自動車の運行の安全及び旅客の安全の確保に関する法令等 　事業用自動車の運行の安全及び旅客の安全を確保するため道路運送法その他の法令等に基づき運転者が遵守すべき事項（貸切バスの運転者にあっては，運行指示書の遵守を含む。）を再確認させる。	貸切バス以外の一般旅客自動車運送事業の事業用自動車（以下「一般旅客自動車」という。）及び特定旅客自動車の運転者に対しては，①から⑤までについて合計6時間以上実施すること。⑦については，可能な限り実施することが望ましい。貸切バスの運転者に対しては，①から⑥までについて合計10時間以上，⑦について20時間以上実施すること。
②　交通事故の事例の分析に基づく再発防止対策 　交通事故の事例の分析を行い，その要因となった運転行動上の問題点を把握させるとともに，事故の再発を防止するために必要な事項を理解させる。この場合において，貸切バスの運転者にあっては，交通事故時のドライブレコーダーの記録を利用して指導する。	
③　交通事故に関わる運転者の生理的及び心理的要因並びにこれらへの対処方法 　交通事故を引き起こすおそれのある運転者の生理的及び心理的要因を理解させるとともに，これらの要因が事故につながらないようにするための対処方法を指導する。	

根 拠 条 項	規　定　内　容　等
④　運行の安全及び旅客の安全を確保するために留意すべき事項 　旅客自動車運送事業者の事業の態様及び運転者の乗務の状況等に応じて，シートベルトの着用を徹底させることその他の事業用自動車の運行の安全及び旅客の安全を確保するために留意すべき事項を指導する。	
⑤　危険の予測及び回避 　危険予知訓練の手法等を用いて，道路，交通及び旅客の状況に応じて交通事故につながるおそれのある危険を予測させ，それを回避するための運転方法等を運転者が自ら考えるよう指導する。また，貸切バスの運転者にあっては，当該運転者が実際に運転する事業用自動車と同一の車種区分の自動車を停止状態で用いて，制動装置の急な操作の方法等について指導する。	
⑥　ドライブレコーダーの記録を利用した運転特性の把握と是正 　貸切バスの運転者にあっては，⑦の安全運転の実技を実施した時のドライブレコーダーの記録により運転者に自身の運転特性を把握させた上で，是正のために必要な指導を行う。	
⑦　安全運転の実技 　実際に運行する可能性のある経路（高速道路，坂道，隘路，市街地等）において，道路，交通及び旅客の状況並びに時間帯を踏まえ，当該運転者が実際に運転する事業用自動車と同一の車種区分の自動車を運転させ，安全な運転方法を添乗等（貸切バスの運転者にあっては，添乗）により指導する。	

(2)　次のいずれかに掲げる者（貸切バス以外の一般旅客自動車の運転者として新たに雇い入れた者又は選任した者にあっては，雇い入れの日又は選任される日前3年間に他の旅客自動車運送事業者において当該旅客自動車運送事業者と同一の種類の事業の事業用自動車の運転者として選任されたことがない者に限り，特定旅客自動車の運転者として新たに雇い入れた者又は選任した者にあっては，過去3年間に乗合バス，貸切バス，ハイヤー・タクシー及び特定旅客自動車のいずれの運転者としても選任されたことがない者に限る。以下「初任運転者」という。）

根拠条項	規　定　内　容　等

① 当該旅客自動車運送事業者において事業用自動車の運転者として新たに雇い入れた者

② 当該旅客自動車運送事業者において他の種類の事業用自動車の運転者として選任されたことがある者であって当該種類の事業の事業用自動車の運転者として初めて選任される者

初任運転者に対する特別な指導の内容及び時間

内容	時間
①　事業用自動車の安全な運転に関する基本的事項 　道路運送法その他の法令に基づき運転者が遵守すべき事項及び交通ルール等（貸切バスの運転者にあっては，運行指示書の遵守を含む。）を理解させるとともに，事業用自動車を安全に運転するための基本的な心構えを習得させる。	貸切バス以外の一般旅客自動車及び特定旅客自動車の運転者に対しては，①から⑤までについて合計6時間以上実施すること。 ⑦については，可能な限り実施することが望ましい。 貸切バスの運転者に対しては，①から⑥までについて合計10時間以上，⑦について20時間以上実施すること。
②　事業用自動車の構造上の特性と日常点検の方法 　事業用自動車の基本的な構造及び装置の概要及び乗合バス又は貸切バス等の運転者にあっては車高，視野，死角及び内輪差等の他の車両との差異を理解させるとともに，日常点検の方法を指導する。この場合において，貸切バスの運転者にあっては，当該運転者が実際に運転する事業用自動車と同一の車種区分の自動車を用いて指導する。	
③　運行の安全及び旅客の安全を確保するために留意すべき事項 　旅客自動車運送事業者の事業の態様及び運転者の乗務の状況等に応じて，シートベルトの着用を徹底させることその他の事業用自動車の運行の安全及び旅客の安全を確保するために留意すべき事項を指導する。	
④　危険の予測及び回避 　道路，交通及び旅客の状況の中に含まれる交通事故につながるおそれのある主な危険を理解させるとともに，それを回避するための運転方法等を指導する。また，貸切バスの運転者にあっては，当該運転者が実際に運転する事業用自動車と同一の車種区分の自動車を停止状態で用いて，制動装置の急な操作の方法等について指導する。	

根拠条項	規 定 内 容 等	
	内容	時間
	⑤ 安全性の向上を図るための装置を備える事業用自動車の適切な運転方法 　安全性の向上を図るための装置を備える事業用自動車を運行する場合においては，当該装置の機能への過信及び誤った使用方法が交通事故の要因となるおそれがあることについて説明すること等により，当該事業用自動車の適切な運転方法を理解させる。	
	⑥ ドライブレコーダーの記録を利用した運転特性の把握と是正 　貸切バスの運転者にあっては，⑦の安全運転の実技を実施した時のドライブレコーダーの記録により運転者に自身の運転特性を把握させた上で，必要に応じて是正のために必要な指導を行う。	
	⑦ 安全運転の実技 　実際に運行する可能性のある経路（高速道路，坂道，隘路，市街地等）において，道路，交通及び旅客の状況並びに時間帯を踏まえ，当該運転者が実際に運転する事業用自動車と同一の車種区分の自動車を運転させ，安全な運転方法を添乗等（貸切バスの運転者にあっては，添乗）により指導する。	

　(3)　初任運転者以外の者であって，直近1年間に当該一般貸切旅客自動車運送事業者において運転の経験（実技の指導を受けた経験を含む。）のある貸切バスより大型の車種区分の貸切バスに乗務しようとする運転者（以下「準初任運転者」という。）

　(2)に規定する特別な指導の内容のうち，少なくとも④（制動装置の急な操作に関する内容に限る。），⑥及び⑦について実施することとし，実施時間は，⑦について20時間以上，その他については当該一般貸切旅客自動車運送事業者において同様の内容を初任運転者に対して実施する時間と同程度以上の時間とする。

　(4)　高齢者である運転者（以下「高齢運転者」という。）

　4の(3)の適性診断の結果を踏まえ，個々の運転者の加齢に伴う身体機能の変化の程度に応じた事業用自動車の安全な運転方法等について運転者が自ら考えるよう指導する。

根 拠 条 項	規　　定　　内　　容　　等

3　特別な指導の実施に当たって配慮すべき事項

(1)　指導の実施時期

①　事故惹起運転者

当該交通事故を引き起こした後再度事業用自動車に乗務する前に実施する。なお，外部の専門的機関における指導講習を受講する予定である場合は，この限りでない。

②　初任運転者

当該旅客自動車運送事業者において初めて当該事業の事業用自動車の運転者に選任される前に実施する。

③　準初任運転者

直近1年間に当該一般貸切旅客自動車運送事業者において運転の経験（実技の指導を受けた経験を含む。）のある貸切バスより大型の車種区分の貸切バスに乗務する前に実施する。

④　高齢運転者

4の(3)の適性診断の結果が判明した後1か月以内に実施する。

(2)　きめ細かな指導の実施

事故惹起運転者が交通事故を引き起こした運転行動上の要因を自ら考え，初任運転者及び準初任運転者が事業用自動車の安全な運転に関する自らの技能及び知識の程度を把握し，高齢運転者が加齢に伴う身体機能の変化を自覚することにより，これらの運転者が事業用自動車の運行の安全を確保するための知識の充実並びに技能及び運転行動の改善を図ることができるよう，4の適性診断を受診させた場合には，その結果判明した当該運転者の運転行動の特性も踏まえ，当該運転者と話し合いをしつつきめ細かな指導を実施することが必要である。また，この場合において，当該運転者が気づかない技能，知識又は運転行動に関する問題点があれば，運転者としてのプライドを傷つけないように配慮しつつこれを指摘することが必要である。さらに，指導の終了時に，運転者により安全な運転についての心構え等についてのレポートを作成させるなどして，指導の効果を確認することが望ましい。

(3)　ドライブレコーダーの記録等を利用した指導の効果の確認

一般貸切旅客自動車運送事業者にあっては，指導の実効性を確保するため，特別な指導の実施後，速やかに，ドライブレコーダーの記録又は添乗その他の適切な方法により，特別な指導の内容に係る運転者の習得の程度を把握し，必要に応じて指導を行うこととする。

(4)　外部の専門的機関の活用

指導を実施する際には，(2)に掲げるような手法についての専門的な知識及び技術並びに指導のための場所を有する外部の専門的機関を可能な限り活用するよう努めるものとする。

4　適性診断の受診

(1)　事故惹起運転者

当該交通事故を引き起こした後再度事業用自動車に乗務する前に次に掲げる事故惹起運

根 拠 条 項	規　定　内　容　等

転者の区分ごとにそれぞれ特定診断Ⅰ（①に掲げる者のための適性診断として国土交通大臣が認定したものをいう。）又は特定診断Ⅱ（②に掲げる者のための適性診断として国土交通大臣が認定したものをいう。）を受診させる。ただし，やむを得ない事情がある場合には，乗務を開始した後1か月以内に受診させる。

① 死者又は重傷者を生じた交通事故を引き起こし，かつ，当該事故前の1年間に交通事故を引き起こしたことがない者及び軽傷者を生じた交通事故を引き起こし，かつ，当該事故前の3年間に交通事故を引き起こしたことがある者

② 死者又は重傷者を生じた交通事故を引き起こし，かつ，当該事故前の1年間に交通事故を引き起こしたことがある者

(2) 運転者として新たに雇い入れた者（貸切バス以外の一般旅客自動車又は特定旅客自動車の運転者として新たに雇い入れた者であって，雇入れの日前3年間に初任診断（初任運転者のための適性診断として国土交通大臣が認定したものをいう。）を受診したことがある者及び個人タクシー事業者を除く。）

当該旅客自動車運送事業者において事業用自動車の運転者として選任する前に初任診断を受診させる。

(3) 高齢運転者

適齢診断（高齢運転者のための適性診断として国土交通大臣が認定したものをいう。）を65才に達した日以後1年以内（65才以上の者を新たに運転者として選任した場合は，選任の日から1年以内）に1回受診させ，その後75才に達するまでは3年以内ごとに1回受診させ，75才に達した日以後1年以内（75才以上の者を新たに運転者として選任した場合は，選任の日から1年以内）に1回受診させ，その後1年以内ごとに1回受診させる。ただし，個人タクシー事業者にあっては，当該事業の許可に付された期限の更新の日において65才以上である場合に，当該期限の更新の申請の前に受診するものとする。

5　新たに雇い入れた者の事故歴の把握

(1) 旅客自動車運送事業者は，運輸規則第35条の運転者その他事業用自動車の運転者を新たに雇い入れた場合には，当該運転者について，自動車安全運転センター法に規定する自動車安全運転センターが交付する無事故・無違反証明書又は運転記録証明書等により，雇い入れる前の事故歴を把握し，事故惹起運転者に該当するか否かを確認すること。

(2) (1)の確認の結果，当該運転者が事故惹起運転者に該当した場合であって，2(1)の特別な指導を受けていない場合には，特別な指導を行うこと。

(3) (1)の確認の結果，当該運転者が事故惹起運転者に該当した場合であって，4(1)の適性診断を受診していない場合には，適性診断を受けさせること。

根 拠 条 項	規　定　内　容　等
乗務員等台帳 及び乗務員証 （運輸規則第 37条）	●旅客自動車運送事業者は，事業用自動車の運転者等ごとに，次の事項を記載し，かつ，写真をはり付けた一定の様式の乗務員等台帳を作成し，これを当該運転者等の属する営業所に備えておかなければならない。 ⑴　作成番号及び作成年月日 ⑵　事業者の氏名又は名称 ⑶　運転者等の氏名，生年月日及び住所 ⑷　雇入れの年月日及び運転者等に選任された年月日 ⑸　運転者に対しては，道路交通法に規定する運転免許に関する次の事項 　　イ　運転免許証の番号及び有効期限 　　ロ　運転免許の年月日及び種類 　　ハ　運転免許に条件が付されている場合は，当該条件 ⑹　運転者の運転の経歴 ⑺　事故を引き起こした場合は，その概要 ⑻　運転者に対しては，道路交通法第108条の34の規定による通知を受けた場合は，その概要 ⑼　運転者の健康状態 ⑽　運転者に対しては，第38条第2項の規定に基づく指導の実施及び適性診断の受診状況 ⑾　台帳作成前6か月以内に撮影した写真（単独，上3分身，無帽，正面，無背景） 「運輸規則の解釈及び運用について」 　　第6号の「運転者の運転の経歴」は，運転経歴の的確な把握により，個々の運転者の状況に応じたきめ細やかな指導監督の実施を図るためのものである。一般貸切旅客自動車運送事業者においては，選任する貸切バスの運転者について，以下の事項（運転の経歴）を記載すること。ハ．の車種区分については，乗務する車種区分に変更を生じた場合ごとに記載すること。 　　イ．事業者の氏名又は名称 　　ロ．運転者として選任されている期間 　　ハ．主に乗務する貸切バスの車種区分 　　第7号の「事故」とは，道交法第67条第2項に規定する事故及び事故報告規則第2条に規定する事故をいい，第8号の「道交法第108条の34の規定による通知」とは，道交法違反等が使用者の

根 拠 条 項	規　定　内　容　等
	業務に関してなされたものと認めるとき，公安委員会が使用者に対して行う違反の内容を通知するものをいう。
	●旅客自動車運送事業者は，運転者が転任，退職その他の理由で運転者でなくなった場合は，直ちに，当該運転者に係る乗務員等台帳に運転者でなくなった年月日及び理由を記載し，これを3年間保存しなければならない。

（乗　用）

乗務員証
（運輸規則第
37条）

●一般乗用旅客自動車運送事業者は，事業用自動車に運転者を乗務させるときは，次の事項を記載し，かつ，写真をはり付けた一定の様式の乗務員証を携行させなければならない。（タクシー業務適正化特別措置法により運転者証を表示しなければならないものを除く。）
(1)　作成番号及び作成年月日
(2)　事業者の氏名又は名称
(3)　運転者の氏名
(4)　運転免許証の有効期限
●一般乗用旅客自動車運送事業者は，運転者が転任，退職その他の理由により運転者でなくなった場合は，直ちに，当該運転者に係る乗務員証に運転者でなくなった年月日及び理由を記載し，これを1年間保存しなければならない。

（乗合　貸切）

車掌
（運輸規則第
51条）

●一般乗合，一般貸切及び特定旅客自動車運送事業者の事業用自動車（乗車定員11人以上のもの）の車掌は，乗務中次の事項を遵守しなければならない。
(1)　警報装置の設備がない踏切又は踏切警手がいない踏切を通過しようとするときは，踏切前で降車し，運行の安全を確認して運転者を誘導すること。
(2)　事業用自動車の故障等により，踏切内で運行不能となったときは，速やかに，旅客を誘導して退避させるとともに，列車に対し適切な防護措置をとること。
(3)　事業用自動車を後退させようとするときは，降車し，路肩又は障害物との間隔及び路面その他の道路の状況を運転者に通告するとともに誘導すること。

根 拠 条 項	規 定 内 容 等
	⑷ 発車の合図は，旅客の安全及び事業用自動車の左側に，その運行に支障がないことを確認し，かつ，乗降口の扉を閉じた後に行うこと。
	⑸ 乗降口の扉は停車前に旅客の乗降のために開かないこと。
	⑹ 車掌の業務の実施の円滑を欠くおそれがある服装をしないこと。
物品の持込制限 （運輸規則第52条）	●一般乗合旅客自動車運送事業者の事業用自動車を利用する旅客は，次に掲げる物品を自動車内に持ち込んではならない。 ①動物（身体障害者補助犬（身体障害者補助犬法（平成14年法律第49号）の身体障害者補助犬をいう。）及びこれと同等の能力を有すると認められる犬並びに愛玩用の小動物を除く。） ②刃物（刃物であって，他の旅客に危害を及ぼすおそれがないように梱包してあるものを除く。）
禁止行為 （運輸規則第53条）	●旅客自動車運送事業者の事業用自動車を利用する旅客は，禁煙の表示のある自動車内で喫煙をしてはならない。
（運輸規則第39条）	**（乗　用）** ●一般乗用旅客自動車運送事業者は，運転者等に対し，営業区域内の地理，旅客及び公衆に対する応接に関し必要な事項について適切な指導監督を怠ってはならない。
指導要領及び指導主任者 （運輸規則第40条）	**（乗　用）** ●一般乗用旅客自動車運送事業者は，第39条に規定する事項についての指導監督に関し，少なくとも指導監督の内容，期間及び組織に関する事項が明確にされている指導要領を定めなければならない。 ●一般乗用旅客自動車運送事業者は，前項の指導要領による指導監督に関する事項を総括処理させるため，指導主任者を選任しなければならない。 ●一般乗用旅客自動車運送事業者は，指導要領による指導監督を行ったときは，その日時，場所，内容及び指導監督を行った者及び受けた者を記録し，かつ，その記録を**1年間保存**しなければならない。

根 拠 条 項	規　定　内　容　等
安全及び服務のための規律（運輸規則第41条）	●旅客自動車運送事業者は，乗務員等が運行の安全のために遵守すべき事項及び乗務員等の服務についての規律を定めなければならない。

5）運行管理者

根 拠 条 項	規 定 内 容 等
運行管理者 （法第23条）	● 一般旅客自動車運送事業者は，事業用自動車の運行の安全の確保に関する業務を行わせるため，国土交通省令で定めるところにより，運行管理者資格者証の交付を受けている者のうちから，運行管理者を選任しなければならない。 ● 運行管理者の業務の範囲及び運行管理者の選任に関し必要な事項は国土交通省令で定める。 ● 一般旅客自動車運送事業者は，運行管理者を選任したときは，遅滞なく，その旨を国土交通大臣に届け出なければならない。これを解任したときも同様とする。
運行管理者資 格者証 （法第23条の 2）	● 国土交通大臣は，次の各号のいずれかに該当する者に対し，運行管理者資格者証を交付する。 (1) 運行管理者試験に合格した者 (2) 事業用自動車の運行の安全の確保に関する業務について，国土交通省令で定める一定の実務の経験その他の要件を備える者
運行管理者の 資格要件（運 輸規則第48条 の5）	次表の左欄に掲げる資格者証の種類に応じ，中欄に掲げる事業の種類の旅客自動車運送事業の運行管理に関し，右欄の経験等を有する者

運行管理者資格者証の交付要件

資格者証の種類	運送事業の種類	交 付 要 件
一般乗合	一般乗合	運行管理に関し5年以上の実務の経験を有し，かつ，その間に国土交通大臣が認定する講習を5回以上（うち少なくとも1回は基礎講習）受講していること。
一般乗用	一般乗用	
特　　定	特　　定 一般乗合 一般貸切 一般乗用	

| 運行管理者資
格者証
（法第23条の | ● 国土交通大臣は，次の各号のいずれかに該当する者に対しては，運行管理者資格者証の交付を行わないことができる。
(1) 法令等の違反により，その運行管理者資格者証の返納を命ぜ |

根 拠 条 項	規 定 内 容 等
2第2項）	られ，その日から**5年**を経過しない者 ⑵　この法律若しくはこの法律に基づく命令又はこれらに基づく処分に違反し，この法律の規定により罰金以上の刑に処せられ，その執行を終わり，又はその執行を受けることがなくなった日から**5年**を経過しない者
資格者証の様式及び交付 （運輸規則第48条の6）	●資格者証の交付を申請しようとする者は，申請書に住民票の写し又はこれに類するもの及び合格通知を添付して，提出すること。 ●交付の申請は，試験に合格の日から**3月以内**に行うこと。
資格者証の訂正 （運輸規則第48条の7）	●資格者証の交付を受けている者は，氏名に変更が生じたときは，訂正申請書に当該資格者証及び住民票の写し又はこれに類するもので変更の事実を証明する書類を添付して，その住所地を管轄する地方運輸局長に提出し，訂正を受けること。 ●資格者証の訂正に代えて，資格者証の再交付を受けることができる。
資格者証の再交付 （運輸規則第48条の8）	●資格者証を汚し，損じ，若しくは失ったために資格者証の再交付を申請しようとするときは，再交付申請書に資格者証（資格者証を失った場合を除く。）及び住民票の写し又はこれに類するもので変更の事実を証明する書類（訂正に代えて再交付する場合に限る。）を添付して，その住所地を管轄する地方運輸局長に提出すること。
運行管理者資格者証の返納 （法第23条の3） （運輸規則第48条の9）	●国土交通大臣は，運行管理者資格者証の交付を受けているものがこの法律若しくはこの法律に基づく命令又はこれらに基づく処分に違反したときは，その運行管理者資格者証の返納を命ずることができる。 ●資格者証を失ったため資格者証の再交付を受けた者は，失った資格者証を発見したときは，遅滞なく，発見した資格者証をその住所地を管轄する地方運輸局長に返納すること。 ●資格者証の交付を受けている者が死亡し又は失踪宣告を受けたときは，死亡又は失踪宣告の届出義務者は，資格者証をその住所地を管轄する地方運輸局長に返納すること。

根 拠 条 項	規　定　内　容　等
運行管理者等の選任 （運輸規則第47条の9）	●旅客自動車運送事業者は，次の表の第一欄に掲げる事業の種別に応じ，それぞれ同表の第二欄に掲げる営業所ごとに同表の第三欄に掲げる種類の運行管理者資格者証（以下「資格者証」という。）を有する者の中から，同表第四欄に掲げる数以上の運行管理者を選任しなければならない。

事業用自動車数による必要な運行管理者選任数

事業の種別	運行管理者の選任が必要な営業所	資格者証の種類	選任すべき運行管理者数（営業所ごとの選任数）
1　一般乗合旅客自動車運送事業	乗車定員11人以上の事業用自動車の運行を管理する営業所及び乗車定員10人以下の事業用自動車5両以上の運行を管理する営業所	旅客自動車運送事業運行管理者資格者証又は一般乗合旅客自動車運送事業運行管理者資格者証	事業用自動車の数を40で除して得た数（1未満切り捨て）に1を加算して得た数
2　一般貸切旅客自動車運送事業	事業用自動車19両以下の運行を管理する営業所	旅客自動車運送事業運行管理者資格者証	2。ただし，事業用自動車の数が4両以下であって，地方運輸局長が諸事情を勘案して当該事業用自動車の運行の安全の確保に支障を生ずるおそれがないと認める場合には，1
	事業用自動車20両以上99両以下の運行を管理する営業所	旅客自動車運送事業運行管理者資格者証	事業用自動車の数を20で除して得た数（1未満切り捨て）に1を加算して得た数
	事業用自動車100両以上の運行を管理する営業所	旅客自動車運送事業運行管理者資格者証	事業用自動車の数から100を引いた数を30で除して得た数（1未満切り捨て）に6を加算して得た数
3　一般乗用旅客自動車運送事業	事業用自動車5両以上の運行を管理する営業所	旅客自動車運送事業運行管理者資格者証又は一般乗用旅客自動車運送事業運行管理者資格者証	事業用自動車の数を40で除して得た数（1未満切り捨て）に1を加算して得た数
4　特定旅客自動車運送事業	乗車定員11人以上の事業用自動車の運行を管理する営業所及び乗車定員10人以下の事業用自動車5両以上の運行を管理する営業所	旅客自動車運送事業運行管理者資格者証，一般乗合旅客自動車・一般乗用旅客又は特定旅客自動車運送事業運行管理者資格者証のいずれか	事業用自動車の数を40で除して得た数（1未満切り捨て）に1を加算して得た数

●一の営業所において複数の運行管理者を選任する旅客自動車運送事業者は，それらの業務を統括する運行管理者（以下「統括運行管理者」という。）を選任しなければならない。

●旅客自動車運送事業者は，資格者証若しくは貨物自動車運送事業

根 拠 条 項	規 定 内 容 等
	法第19条第1項に規定する運行管理者資格者証を有する者又は国土交通大臣が告示で定める運行の管理に関する講習であって国土交通大臣の認定を受けたものを修了した者のうちから，運行管理者の業務を補助させるための者（以下「補助者」という。）を選任することができる。 ただし，運行管理者資格者証の返納を命ぜられ，その日から5年を経過しない者は，補助者に選任することができない。 （その返納の対象となる種別の事業について選任できないが，他の種別の事業については選任しても差し支えない。）

【運行管理者の選任】

● 運行管理者の必要選任数は，事業の種類，及び当該営業所の配置車両数により次のとおりである。

① 一般乗合旅客自動車運送事業の事業用自動車の運行を管理する営業所

事業用自動車の数（予備車含む。）	運行管理者数
39両まで	1人
40両～ 79両	2人
80両～119両	3人
120両～159両	4人
160両～199両	5人
200両～239両	6人
240両～279両	7人

上表の車両数を超える場合には，次の算式により運行管理者の選任数の最低限度を算出すること。（1未満の端数は切り捨て）

$$\text{運行管理者の選任数の最低限度} = \frac{\text{事業用自動車の両数}}{40} + 1$$

ただし，乗車定員10人以下の事業用自動車のみの運行を管理する営業所は，③に同じ。

② 一般貸切旅客自動車運送事業の事業用自動車の運行を管理する営業所

根拠条項	規　定　内　容　等

事業用自動車の数	運行管理者数
39両まで	2人
40両〜 59両	3人
60両〜 79両	4人
80両〜 99両	5人
100両〜129両	6人
130両〜159両	7人
160両〜189両	8人
190両〜219両	9人

上表の車両数を超える場合には，次の算式により運行管理者の選任数の最低限度を算出すること。（1未満の端数は切り捨て）

$$\text{運行管理者の選任数の最低限度} = \frac{(\text{事業用自動車の両数}-100)}{30}+6$$

③一般乗用旅客自動車運送事業の事業用自動車の運行を管理する営業所

事業用自動車の数	運行管理者数
5両以上39両まで	1人
40両〜 79両	2人
80両〜119両	3人
120両〜159両	4人
160両〜199両	5人
200両〜239両	6人
240両〜279両	7人

上表の車両数を超える場合には，次の算式により運行管理者の選任数の最低限度を算出すること。（1未満の端数は切り捨て）

$$\text{運行管理者の選任数の最低限度} = \frac{\text{事業用自動車の両数}}{40}+1$$

④特定旅客自動車運送事業で乗車定員11人以上の事業用自動車の運行を管理する営業所は，①に同じ。

⑤特定旅客自動車運送事業で乗車定員10人以下の事業用自動車のみの運行を管理する営業所は，③に同じ。

●同一事業者の同一営業所で複数の種類の事業の事業用自動車の運

根 拠 条 項	規　　定　　内　　容　　等

行を管理する場合には，旅客自動車運送事業運行管理者資格者証を有する運行管理者又はそれぞれの事業の種類に応じた種類の資格者証を併せて有する運行管理者に限り，当該複数の種類の事業の運行管理者を兼務することができる。この場合は，当該営業所で運行を管理する事業用自動車の総数に応じて，当該複数の種類の事業のうちより多くの数の運行管理者を必要とする種類の事業における選任数の定めに従って運行管理者を選任するよう指導すること。

(例)

　一般乗合旅客自動車運送事業用自動車　28両

　一般貸切旅客自動車運送事業用自動車　　5両

　　　　　　複数事業の事業用自動車計 33両

この場合は，一般貸切旅客自動車運送事業における選任数の定めに従って運行管理者を選任する。

運行管理者の選任数の最低限度＝(33/20)＋1＝2

● 補助者の選任については，運行管理者の履行補助として業務に支障が生じない場合に限り，同一事業者の他の営業所の補助者を兼務しても差し支えない。ただし，その場合には，各営業所において，運行管理業務が適切に遂行できるよう運行管理規程に運行管理体制等について明記し，その体制を整えておくこと。

● 補助者は，運行管理者の履行補助を行う者であって，代理業務を行える者ではない。ただし，点呼に関する業務については，その一部を補助者が行うことができるものとする。

● 補助者が行う補助業務は，運行管理者の指導及び監督のもと行われるものであり，補助者が行うその業務において，以下に該当するおそれがあることが確認された場合には，直ちに運行管理者に報告を行い，運行の可否の決定等について指示を仰ぎ，その結果に基づき各運転者に対し指示を行わなければならない。

　　イ．運転者が酒気を帯びている

　　ロ．疾病，疲労その他の理由により安全な運転をすることができない

　　ハ．無免許運転

　　ニ．最高速度違反行為

※運行管理者は他の営業所の運行管理者又は補助者を兼務するこ

根 拠 条 項	規 定 内 容 等
	とはできない。
運行管理者等の義務 （法第23条の5）	●運行管理者は，誠実にその業務を行わなければならない。 ●一般旅客自動車運送事業者は，運行管理者に対し，運行管理者の業務を行うため必要な権限を与えなければならない。 ●一般旅客自動車運送事業者は，運行管理者がその業務として行う助言を尊重しなければならず，事業用自動車の運転者その他の従業員は，運行管理者がその業務として行う指導に従わなければならない。
運行管理者の業務 （運輸規則第48条）	◇旅客自動車運送事業の運行管理者の業務と事業者の業務 〈いずれも運輸規則より〉 　運行管理者の業務の全規定を以下に掲載します。なお，以下の　　　内は，事業者に課せられた同じく運輸規則の規定条文その他です。

●運行管理者は，次に掲げる業務を行わなければならない。

① 旅客自動車運送事業の運行管理者は，車掌を乗務させなければならない事業用自動車に車掌を乗務させること。

第15条（車掌の乗務）

　一般乗合旅客自動車運送事業者，一般貸切旅客自動車運送事業者及び特定旅客自動車運送事業者は，次の各号のいずれかに該当する場合には，事業用自動車（乗車定員11人以上のものに限る。）に車掌を乗務させなければ，これを旅客の運送の用に供してはならない。ただし，天災その他やむを得ない理由のある場合はこの限りでない。

1　車掌を乗務させないで運行することを目的とした旅客自動車運送事業用自動車（被牽引自動車を除く。）であって道路運送車両の保安基準（昭和26年運輸省令第67号）第50条の告示で定める基準に適合していないものを旅客の運送の用に供するとき。

2　車掌を乗務させなければ道路及び交通の状況並びに輸送の状況により運転上危険があるとき。

3　旅客の利便を著しく阻害するおそれがあるとき。

根 拠 条 項	規　定　内　容　等

①の2　特定自動運行事業用自動車による運送を行おうとする場合にあっては，第15条の2第2項の規定により特定自動運行事業用自動車に特定自動運行保安員を乗務させ，又は遠隔からその業務を行わせること。

第15条の2（特定自動運行保安員の業務等）第2項
　旅客自動車運送事業者は，次の各号のいずれかに掲げる措置を講じなければ，特定自動運行事業用自動車を旅客の運送の用に供してはならない。
①当該特定自動運行事業用自動車に特定自動運行保安員を乗務させること。
②次に掲げる措置を講ずること。
　イ　緊急を要する場合において旅客が特定自動運行保安員に連絡することができる装置及び特定自動運行事業用自動車を停止させることができる装置を当該特定自動運行事業用自動車に備えること。
　ロ　営業所その他の適切な業務場所に特定自動運行保安員を配置し，当該特定自動運行保安員に道路交通法施行規則第9条の29に規定する遠隔監視装置その他の装置を用いて遠隔から運行の安全の確保に関する業務を行わせること。

②　旅客自動車運送事業の運行管理者は，異常気象時の場合に乗務員等に対する必要な指示その他輸送の安全のための措置を講ずること。

第20条（異常気象時等における措置）
　旅客自動車運送事業者は，天災その他の理由により輸送の安全の確保に支障が生ずるおそれがあるときは，事業用自動車の乗務員等に対する必要な指示その他輸送の安全のための措置を講じなければならない。

③　旅客自動車運送事業の運行管理者は，事業者が過労等を十分考慮して定めた勤務時間及び乗務時間の範囲内において乗務割を作成し，これに従い運転者を事業用自動車に乗務させること。

第21条（過労防止等）第1項
　旅客自動車運送事業者は，過労の防止を十分考慮して，事業用自動車の運転者の勤務時間及び乗務時間を定め，当該運転者

根 拠 条 項	規 定 内 容 等

にこれらを遵守させなければならない。

③の2　旅客自動車運送事業の運行管理者は，乗務員等の休憩に必要な施設及び睡眠又は仮眠に必要な施設並びに同条第3項の睡眠に必要な施設を適切に管理すること。

第21条（過労防止等）第2項
　　旅客自動車運送事業者は，乗務員等が有効に利用することができるように，営業所，自動車車庫その他営業所又は自動車車庫付近の適切な場所に，休憩に必要な施設を整備し，及び乗務員等に睡眠を与える必要がある場合又は乗務員等が勤務時間中に仮眠する機会がある場合は，睡眠又は仮眠に必要な施設を整備し，並びにこれらの施設を適切に管理し，及び保守しなければならない。

第3項　旅客自動車運送事業者は，運転者に第1項の告示で定める基準による1日の勤務時間中に当該運転者の属する営業所で勤務を終了することができない運行を指示する場合は，当該運転者が有効に利用することができるように，勤務を終了する場所の付近の適切な場所に睡眠に必要な施設を整備し，又は確保し，並びにこれらの施設を適切に管理し，及び保守しなければならない。

④　第21条第4項の乗務員等を事業用自動車の運行の業務に従事させないこと。

第21条（過労防止等）第4項
　　旅客自動車運送事業者は，酒気を帯びた状態にある乗務員等を事業用自動車の運行の業務に従事させてはならない。

④の2　旅客自動車運送事業の運行管理者は，乗務員等の健康状態の把握に努め，疾病，疲労，睡眠不足その他の理由により安全な運転をし，又はその補助をすることができない乗務員等を運行の業務に従事させないこと。

第21条（過労防止等）第5項
　　旅客自動車運送事業者は，乗務員等の健康状態の把握に努め，疾病，疲労，睡眠不足その他の理由により安全な運転をし，又

はその補助をすることができないおそれがある乗務員等を事業
用自動車の運行の業務に従事させてはならない。

⑤　旅客自動車運送事業の運行管理者は，交替するための運転者を配
置すること。

第21条（過労防止等）第6項
　　一般乗合旅客自動車運送事業者，一般貸切旅客自動車運送事
業者は，運転者が長距離運転又は夜間の運転に従事する場合で
あって，疲労等により安全な運転を継続することができないお
それがあるときは，あらかじめ，交替するための運転者を配置
しておかなければならない。

⑤の2　旅客自動車運送事業の運行管理者は，第21条第7項の場合に
おいて，同項の措置を講ずること。

第21条（過労防止等）第7項
　　旅客自動車運送事業者は，乗務員等が事業用自動車の運行中
に疾病，疲労，睡眠不足その他の理由により安全に運行の業務
を継続し，又はその補助を継続することができないおそれがあ
るときは，当該乗務員等に対する必要な指示その他輸送の安全
のための措置を講じなければならない。

⑥　旅客自動車運送事業の運行管理者は，運転者等に対し，点呼を行
い，報告を求め，確認を行い，指示を与え，記録し，及びその記録
を保存し，並びにアルコール検知器を常時有効に保持すること。

第24条（点呼等）
1　旅客自動車運送事業者は，業務に従事しようとする運転者又
　は特定自動運行保安員（以下「運転者等」という。）に対して対
　面により，又は対面による点呼と同等の効果を有するものとし
　て国土交通大臣が定める方法（運行上やむを得ない場合は電話
　その他の方法。次項において同じ。）により点呼を行い，次の事
　項について報告を求め，及び確認を行い，並びに事業用自動車
　の運行の安全を確保するために必要な指示を与えなければなら
　ない。
　①　道路運送車両法第47条の2第1項及び第2項の規定による
　　点検（日常点検）の実施又はその確認

根 拠 条 項	規 定 内 容 等

② 運転者に対しては，酒気帯びの有無

③ 運転者に対しては，疾病，疲労，睡眠不足その他の理由により安全な運転をすることができないおそれの有無

④ 特定自動運行保安員に対しては，特定自動運行事業用自動車による運送を行うために必要な自動運行装置の設定の状況に関する確認

2 旅客自動車運送事業者は，事業用自動車の運行の業務を終了した運転者等に対して対面により，又は対面による点呼と同等の効果を有するものとして国土交通大臣が定める方法により点呼を行い，当該業務に係る事業用自動車，道路及び運行の状況について報告を求め，かつ，運転者に対しては酒気帯びの有無について確認を行わなければならない。この場合において，当該運転者等が他の運転者等と交替した場合にあっては，当該運転者等が交替した運転者等に対して行った通告（自動車，道路及び運行の状況）についても報告を求めなければならない。

3 一般貸切旅客自動車運送事業者は，夜間において長距離の運行を行う事業用自動車の運行の業務に従事する運転者等に対して当該業務の途中において少なくとも一回対面による点呼と同等の効果を有するものとして国土交通大臣が定める方法（当該方法により点呼を行うことが困難である場合にあっては，電話その他の方法）により点呼を行い，次の事項について報告を求め，及び確認を行い，並びに事業用自動車の運行の安全を確保するために必要な指示を与えなければならない。

① 当該業務に係る事業用自動車，道路及び運行の状況

② 運転者に対しては，疾病，疲労，睡眠不足その他の理由により安全な運転をすることができないおそれの有無

4 事業者は，アルコール検知器（呼気に含まれるアルコールを検知する機器であって，国土交通大臣が告示で定めるものをいう。）を営業所ごとに備え，常時有効に保持するとともに，第1項及び第2項の規定により酒気帯びの有無について確認を行う場合には，運転者の状態を目視等で確認するほか，当該運転者の属する営業所に備えられたアルコール検知器を用いて行わなければならない。

5 旅客自動車運送事業者は，第1項から第3項の規定により点

根 拠 条 項	規　定　内　容　等

呼を行い，報告を求め，確認を行い，及び指示をしたときは，運転者等ごとに点呼を行った旨，報告，確認及び指示の内容並びに所定の事項を記録し，かつ，その記録を１年間（一般貸切旅客自動車運送事業者は，その内容を記録した電磁的記録を３年間）保存しなければならない。

⑦　旅客自動車運送事業の運行管理者は，運転者等に対し，業務の記録をさせ，その記録を保存すること。

第25条（業務記録）

1　一般乗合旅客自動車運送事業者，一般貸切旅客自動車運送事業者，及び特定旅客自動車運送事業者は，運転者等が事業用自動車の運行の業務に従事したときは，次に掲げる事項を運転者等ごとに記録させ，かつ，その記録を１年間保存しなければならない。

①　運転者等の氏名

②　運転者等が従事した運行の業務に係る事業用自動車の自動車登録番号等当該自動車を識別できる記号，番号その他の表示

③　業務の開始及び終了の地点及び日時並びに主な経由地点及び業務に従事した距離

④　業務を交替した場合は，その地点及び日時

⑤　休憩又は仮眠した場合は，その地点及び日時

⑥　第21条（過労防止等第３項）の睡眠に必要な施設で睡眠をした場合は，当該施設の名称及び位置

⑦　事故，著しい遅延その他の異常な状態が発生した場合は，その概要及び原因

⑧　運転者等が従事した運行の業務に係る事業用自動車（乗車定員11人以上のものに限る。）に車掌が乗務した場合は，その車掌名

⑨　前号の場合において，車掌がその業務を交替した場合は，交替した車掌ごとにその地点及び日時

2　一般貸切旅客自動車運送業者は，事業用自動車の運転者が事業用自動車の運行の業務に従事したときは，前項各号に掲げる事項のほか，旅客が乗車した区間を運転者等ごとに記録させ，かつ，その記録を３年間保存しなければならない。

根 拠 条 項	規　定　内　容　等

　3　一般乗用旅客自動車運送事業者は，事業用自動車の運転者等が事業用自動車の運行の業務に従事したときは，第１項第１号から第７号までに掲げる事項のほか，旅客が乗車した区間並びに運行の業務に従事した事業用自動車の走行距離計に表示されている業務の開始時及び終了時における走行距離の積算キロ数を運転者等ごとに記録させ，かつ，その記録を事業用自動車ごとに整理して１年間保存しなければならない。

　4　旅客自動車運送事業者（一般乗用旅客自動車運送事業者にあっては，事業用自動車について長期間にわたり運転の交代がない場合に限る。）は，前３項の規定により記録すべき事項の一部について，運転者等ごとに記録させることに代え，運行記録計により記録することができる。この場合において当該旅客自動車運送事業者は，当該記録すべき事項のうち運行記録計により記録された事項以外の事項を運転者等ごとに当該運行記録計による記録に付記させ，かつ，その付記にかかる記録を１年間（一般乗用旅客自動車運送事業者は，事業用自動車ごとに整理して１年間，一般貸切旅客自動車運送事業者は３年間）保存しなければならない。

⑧　旅客自動車運送事業の運行管理者は，運行記録計を管理し，その記録を保存すること。

⑨　旅客自動車運送事業の運行管理者は，運行記録計により記録しなければならない場合に運行記録計により記録することができない自動車を運行の用に供さないこと。

第26条（運行記録計による記録）

　1　一般乗合旅客自動車運送事業者，一般貸切旅客自動車運送事業者は，運転者等が事業用自動車の運行の業務に従事した場合（一般乗合旅客自動車運送事業者の事業用自動車にあっては，起点から終点までの距離が100キロメートルを超える運行系統を運行するときに限る。）は，当該自動車の瞬間速度，運行距離及び運行時間を運行記録計（一般貸切旅客自動車運送事業者は，電磁的方法により記録することができるものとして国土交通大臣が告示で定めるものに限る。）により記録し，かつ，その記録を１年間（一般貸切旅客自動車運送事業者は，その内容を記録した電磁的記録を３年間）保存しなければならない。

根 拠 条 項	規　定　内　容　等

2　第22条第1項（地域指定）の一般乗用旅客自動車運送事業者（個人タクシー事業者を除く。）は，地域の指定があった日から6月を経過した日（指定地域内にある営業所について運輸を開始する場合は，運輸を開始する日）以後においては，指定地域内にある営業所に属する運転者等が事業用自動車の運行の業務に従事した場合は，当該自動車の瞬間速度，運行距離及び運行時間を運行記録計により記録し，かつ，その記録を1年間保存しなければならない。

⑨の2　旅客自動車運送事業の運行管理者は，事故の記録をしなければならない事項を記録し，その記録を保存すること。

第26条の2（事故の記録）

　　旅客自動車運送事業者は，事業用自動車にかかる事故が発生した場合には，①乗務員等の氏名から⑧再発防止対策までの法令に定める所要事項を記録し，それを当該事業用自動車の運行を管理する営業所において3年間保存しなければならない。

⑩　一般乗合旅客自動車運送事業の運行管理者は，運行基準図を作成して営業所に備え，これにより運転者等に対し，適切な指導をすること。

第27条（運行基準図等）第1項

　　一般乗合旅客自動車運送事業者は，次の各号に掲げる事項を記録した運行基準図を作成して営業所に備え，かつ，これにより事業用自動車の運転者等に対し，適切な指導をしなければならない。

①　停留所の名称及び位置並びに隣接する停留所間の距離

②　標準の運行時分及び平均速度

③　道路の主な勾配，曲線半径，幅員及び路面の状況

④　踏切，橋，トンネル，交差点，待避所及び運行に際して注意を要する箇所の位置

⑤　その他運行の安全を確保するために必要な事項

⑪　路線定期運行を行う一般乗合旅客自動車運送事業の運行管理者は，運行表を作成し，これを運転者等に携行させること。

第27条（運行基準図等）第2項

根 拠 条 項	規　定　内　容　等

　　　一般乗合旅客自動車運送事業者は，主な停留所の名称，当該停留所の発車時刻及び到着時刻その他運行に必要な事項を記載した運行表を作成し，かつ，これを事業用自動車の運転者等に携行させなければならない。

⑫　一般貸切旅客自動車運送事業の運行管理者は，運行の主な経路における道路及び交通の状況を事前調査し，かつ，当該道路に適する自動車を使用すること。

第28条（経路の調査等）
　　　一般貸切旅客自動車運送事業者は，運行の主な経路における道路及び交通の状況を事前に調査し，かつ，当該経路の状態に適すると認められる自動車を使用しなければならない。

⑫の２　一般貸切旅客自動車運送事業の運行管理者は，運行指示書を作成し，かつ，これにより運転者等に対し，適切な指示を行い，運転者等に携行させ，及びその保存をすること

第28条の２（運行指示書による指示等）
　　　一般貸切旅客自動車運送事業者は，運行ごとに次の各号に掲げる事項を記載した運行指示書を作成し，かつ，これにより事業用自動車の運転者等に対し適切な指示を行うとともに，これを当該運転者等に携行させなければならない。
　　　①運行の開始及び終了の地点及び日時（②～⑨略）⑩その他運行の安全を確保するために必要な事項までを記載する。
　２　一般貸切旅客自動車運送事業者は，前項の規定による運行指示書を運行の終了の日から３年間保存しなければならない。

⑬　旅客自動車運送事業の運行管理者は，事業者により運転者として選任された者以外の者に事業用自動車の運行の業務に従事させないこと。

第35条（運転者の選任）
　　　旅客自動車運送事業者は，事業計画（一般乗合旅客自動車運送事業にあっては，事業計画及び運行計画）の遂行に十分な数の事業用自動車の運転者を常時選任しておかなければならない。

⑬の２　旅客自動車運送事業の運行管理者は，乗務員等台帳を作成し，

根拠条項	規　定　内　容　等

営業所に備えおくこと

第37条（乗務員等台帳及び乗務員証）第1項，第2項

1　旅客自動車運送事業者は，事業用自動車の運転者等ごとに，第1号から第10号までに掲げる事項を記載し，かつ，台帳の作成前6月以内に撮影した写真をはり付けた一定の様式の乗務員等台帳を作成し，これを当該運転者の属する営業所に備え置かなければならない。

2　旅客自動車運送事業者は，事業用自動車の運転者が転任，退職その他の理由により運転者でなくなった場合には，直ちに，当該運転者に係る前項の乗務員等台帳に運転者でなくなった年月日及び理由を記載し，これを3年間保存しなければならない。

⑭　一般乗用旅客自動車運送事業の運行管理者は，事業用自動車の運転者が乗務する場合には，乗務員証を携行させ，乗務を終了した場合には，それを返還させること。（次号⑮の運転者証を表示する場合を除く。）

第37条（乗務員等台帳及び乗務員証）第3項，第4項

3　一般乗用旅客自動車運送事業者は，事業用自動車（タクシー業務適正化特別措置法第13条（運転者証の表示：登録タクシー運転者証）の規定により運転者証を表示しなければならないものを除く。）に運転者を乗務させるときは，次の事項を記載し，かつ，写真をはり付けた当該運転者の乗務員証を携行させなければならない。

①　作成番号及び作成年月日

②　事業者の氏名又は名称

③　運転者の氏名

④　運転免許証の有効期限

4　一般乗用旅客自動車運送事業者は，事業用自動車の運転者が転任，退職その他の理由により運転者でなくなった場合は，直ちに，当該運転者に係る前項の乗務員証に運転者でなくなった年月日及び理由を記載し，これらを1年間保存しなければならない。

⑮　一般乗用旅客自動車運送事業の運行管理者は，タクシー業務適正化特別措置法の規定により運転者証を表示して乗務させなければな

根 拠 条 項	規　定　内　容　等

らない場合には，運転者証を表示させ，乗務が終了した場合には，運転者証を保管しておくこと。

> タクシー業務適正化特別措置法第13条（運転者証の表示）
>
> 　タクシー事業者は，登録運転者を指定地域内の営業所に配置するタクシーに運転者として乗務させるときは，登録タクシー運転者証を国土交通省令で定めるところにより，当該タクシーに表示しなければならない。

⑯　旅客自動車運送事業の運行管理者は，事業用自動車の乗務員等に対し第38条（第6項を除く。）の指導・監督及び特別な指導を行うとともに，同条第1項の記録及び保存を行うこと。

⑰　事業用自動車の運転者に第38条第2項の適性診断を受けさせること。

> 第38条（従業員に対する指導監督）
>
> 1　旅客運送事業者は，その事業用自動車の運転者に対し，国土交通大臣が告示で定めるところにより，主として運行する路線又は営業区域の状態及びこれに対処することができる運転技術並びに法令の定める自動車の運転に関する事項について適切な指導監督をしなければならない。
>
> 　この場合においては，その日時，場所及び内容並びに指導監督を行った者及び受けた者を記録し，かつ，その記録を営業所において3年間保存しなければならない。
>
> 2　旅客運送事業者は，国土交通大臣が告示で定めるところにより，次に掲げる運転者に対して，事業用自動車の運行の安全を確保するために遵守すべき事項について特別な指導を行い，かつ，国土交通大臣が認定する適性診断を受けさせなければならない。
>
> 　①　死者又は負傷者（自動車損害賠償保障法施行令（第5号第2号，第3号又は第4号に掲げる傷害をうけたものをいう。）が生じた事故を引き起こした者
>
> 　②　運転者として新たに雇い入れた者
>
> 　③　乗務しようとする事業用自動車について当該旅客自動車運送事業者における必要な乗務の経験を有しない者
>
> 　④　高齢者（65歳以上の者をいう。）
>
> 3　旅客自動車運送事業者は，特定自動運行保安員に対し，特定

自動運行事業用自動車の運行の安全を確保するために遵守すべき事項について適切な指導監督をしなければならない。この場合においては，その日時，場所及び内容並びに指導監督を行った者及び受けた者を記録し，かつ，その記録を営業所において3年間保存しなければならない。

5　旅客運送事業者は，その事業用自動車が非常信号用具，非常口又は消火器を備えたものであるときは，当該自動車の乗務員等に対し，これらの器具の取扱いについて適切な指導を行わなければならない。

6　事業者は，従業員に対し，効果的かつ適切に指導監督を行うため，輸送の安全に関する基本的な方針の策定その他の国土交通大臣が告示で定める措置を講じなければならない。

⑱　旅客自動車運送事業の運行管理者は，第43条第2項（踏切警手のいない踏切通過）の場合においては，非常信号用具を備えること。

第43条（応急用器具等の備付）第2項
　　旅客自動車運送事業者は，その事業用自動車が踏切警手の配置されていない踏切を通過することとなる場合は，当該自動車に赤色旗，赤色合図灯等の非常信号用具を備えなければ，旅客の運送の用に供してはならない。

⑲　旅客自動車運送事業の運行管理者は，事業者により選任された補助者に対する指導及び監督を行うこと。

第47条の9（運行管理者等の選任）第3項
　　旅客自動車運送事業者は，資格者証若しくは貨物自動車運送事業法第19条第1項に規定する運行管理者資格者証を有する者又は国土交通大臣が認定する講習を修了した者のうちから，運行管理者の業務を補助させるための者（以下「補助者」という。）を選任することができる。

⑳　旅客自動車運送事業の運行管理者は，旅客自動車運送事業用自動車の運転者の要件に関する政令の要件を備えない者に，事業用自動車を運転させないこと。

道路運送法第25条（運転者の制限）
　　一般旅客自動車運送事業者は，年齢，運転の経歴その他政令

根 拠 条 項	規　定　内　容　等

で定める一定の要件を備える者でなければ，事業用自動車を運転させてはならない。

　ただし，当該運行が旅客の運送を目的としない場合は，この限りでない。

旅客自動車運送事業用自動車の運転者の要件に関する政令
　　　（政令256号，令和4年5月13日から施行）
　道路運送法第3条の旅客自動車運送事業の事業用自動車の運転者に関する同法第25条の政令で定める要件は，次のとおりとする。
①　21歳以上であること。
②　普通自動車，四輪の小型自動車，三輪の自動車又はけん引自動車である大型特殊自動車の運転経験の期間が通算して3年以上，道路交通法施行令第34条（受験資格の特例）第2項又は第3項各号に該当する者にあっては，2年以上であること。
③　第二種運転免許を受けており，かつ，その効力が停止されていないこと。

㉑　旅客自動車運送事業の運行管理者は，事故報告規則第5条の事故防止対策に基づく運行の安全の確保について，従業員に対する指導及び監督を行うこと。

事故報告規則第5条（事故警報）
　国土交通大臣又は地方運輸局長は，事故報告書又は事故速報に基づき必要と認めるときは，事故防止対策を定め，自動車使用者，自動車特定整備事業者その他の関係者にこれを周知させなければならない。

運行管理規程
（運輸規則第48条の2）

●統括運行管理者は，運行管理者の業務を統括しなければならない。
●旅客自動車運送事業者は，運行管理者の職務及び権限，統括運行管理者を選任しなければならない営業所にあってはその職務及び権限並びに事業用自動車の運行の安全の確保に関する業務の実行に係る基準に関する規程（**運行管理規程**）を定めなければならない。
●運行管理規程に定める運行管理者の権限は，少なくとも運輸規則

根 拠 条 項	規　定　内　容　等
	第48条各号に掲げる業務を行うに足りるものでなければならない。
運行管理者の 監督 （運輸規則第 48条の3）	●旅客自動車運送事業者は，運行管理者に対し，第48条各号に掲げる業務の適確な実行及び運行管理規程の遵守について適切な指導監督をしなければならない。
運行管理者の 講習 （運輸規則第 48条の4）	●旅客自動車運送事業者は，国土交通大臣が告示で定めるところにより，次に掲げる運行管理者に国土交通大臣が告示で定める講習であって国土交通大臣の認定を受けたものを受けさせなければならない。 ①　死者若しくは重傷者が生じた事故を引き起こした事業用自動車の運行を管理する営業所又は法第40条の規定による処分（輸送の安全に係るものに限る。）の原因となった違反行為が行われた営業所において選任している者 ②　運行管理者として新たに選任した者 ③　最後に国土交通大臣が認定する講習を受講した日の属する年度の翌年度の末日を経過した者 【運行の管理に関する講習の種類等を定める告示】（告示第454号，平成24.4.13） ●運行の管理に関する講習の種類 　運輸規則第47条の9第3項（補助者の選任），第48条の4（運行管理者の講習）第1項，第48条の5（運行管理者の資格要件）第1項又は第48条の12（受験資格）第2項の運行の管理に関する講習の種類は，次のとおりとする。 ①　基礎講習（運行管理を行うために必要な法令，業務等に関する基礎的な知識の習得を目的とする講習をいう。以下同じ。） ②　一般講習（運行管理を行うために必要な法令，業務等に関する最新の知識の習得を目的とする講習をいい，同令第48条の4第1項又は第48条の5第1項の規定により国土交通大臣が認定する場合に限る。以下同じ。） ③　特別講習（自動車事故又は輸送の安全に係る法令違反の再発防止を目的とした講習をいい，同令第48条の4第1項の規定により国土交通大臣が認定する場合に限る。以下同じ。）

根 拠 条 項	規　定　内　容　等

● 運行管理者に受けさせなければならない運行の管理に関する講習

　運輸規則第48条の4第1項の規定により受けさせなければならない運行の管理に関する講習については，次条及び第5条に定めるところによる。

● 基礎講習及び一般講習

1　旅客自動車運送事業者は，新たに選任した運行管理者に，選任届出をした日の属する年度（やむを得ない理由がある場合にあっては，当該年度の翌年度）に基礎講習又は一般講習（基礎講習を受講していない当該運行管理者にあっては，基礎講習）を受講させなければならない。

2　旅客自動車運送事業者は，次に掲げる場合には，当該事故又は当該処分（当該事故に起因する処分を除く。以下「事故等」という。）に係る営業所に属する運行管理者に，事故等があった日の属する年度及び翌年度（やむを得ない理由がある場合にあっては，当該年度の翌年度及び翌々年度，前項，この項又は次項の規定により既に当該年度に基礎講習又は一般講習を受講させた場合にあっては，翌年度）に基礎講習又は一般講習を受講させなければならない。

①　死者又は重傷者（自動車損害賠償保障法施行令第5条第2号又は第3号に掲げる傷害を受けた者をいう。）を生じた事故を引き起こした場合

②　道路運送法第40条（法第43条第5項において準用する場合を含む。）の規定による処分（輸送の安全に係るものに限る。）の原因となった違反行為をした場合

3　旅客自動車運送事業者は，運行管理者に，第1項又は前項の規定により最後に基礎講習又は一般講習を受講させた日の属する年度の翌々年度以後2年ごとに基礎講習又は一般講習を受講させなければならない。

● 特別講習

　旅客自動車運送事業者は，前条第2項各号に掲げる場合には，事故等に係る営業所に属する運行管理者（当該営業所に複数の運行管理者が選任されている場合にあっては，統括運行管理者及び事故等について相当の責任を有する者として運輸監理部長又は運

根 拠 条 項	規　定　内　容　等
	輸支局長が指定した運行管理者）に，事故等があった日（運輸監理部長又は運輸支局長の指定を受けた運行管理者にあっては，当該指定の日）から1年（やむを得ない理由がある場合にあっては，1年6月）以内においてできる限り速やかに特別講習を受講させなければならない。 ●5回以上受講する運行の管理に関する講習 　運輸規則第48条の5第1項の規定により運行の管理に関する講習を5回以上受講する者は，少なくとも1回，基礎講習を受講しなければならない。

2　道路運送車両法関係のポイント

凡例　法…道路運送車両法
　　　施行規則…道路運送車両法施行規則
　　　保安基準…道路運送車両の保安基準
　　　点検基準…自動車点検基準
　　　細目告示…道路運送車両の保安基準の細目を定める告示（国土交通省告示
　　　　　　　　第619号）

1）　法の目的・定義，自動車の種別

根 拠 条 項	規　定　内　容　等
目　的 （法第1条）	●この法律は，道路運送車両に関し，所有権についての公証等を行い，並びに安全性の確保及び公害の防止その他の環境の保全並びに整備についての技術の向上を図り，併せて自動車の整備事業の健全な発達に資することにより，公共の福祉を増進することを目的とする。
定　義 （法第2条）	●この法律で「道路運送車両」とは，自動車，原動機付自転車及び軽車両をいう。 ●自動車とは，原動機により陸上を移動させることを目的として製作した用具で軌条・架線を用いないもの，又はこれにより牽引して陸上を移動させることを目的として製作した用具をいう。（原動機付自転車は除く。） ●この法律で「自動車運送事業」とは，道路運送法による自動車運送事業（貨物軽自動車運送事業を除く。）をいい，「自動車運送事業者」とは，自動車運送事業を経営する者をいう。 ●この法律で「使用済自動車」とは，使用済自動車の再資源化等に関する法律による使用済自動車をいう。 ●この法律で「登録識別情報」とは，第4条の自動車登録ファイルに自動車の所有者として記録されている者が当該自動車に係る登録を申請する場合において，当該記録されている者自らが当該登録を申請していることを確認するために用いられる符号その他の情報であって，当該記録されている者を識別することができるものをいう。

根 拠 条 項	規 定 内 容 等
自動車の種別 （法第3条） （施行規則第2条別表第1）	●この法律に規定する普通自動車，小型自動車，軽自動車，大型特殊自動車及び小型特殊自動車の別は，自動車の大きさ及び構造並びに原動機の種類及び総排気量又は定格出力を基準として国土交通省令（施行規則）で定める。 自動車の種別は，次のように定められています。

普通自動車		小型自動車，軽自動車，大型特殊自動車，小型特殊自動車以外の自動車（長さ12m，幅2.5m，高さ3.8mを超えないもの。）
小型 自動車	四輪以上， 被けん引車	長さ4.70m以下，幅1.70m以下，高さ2.00m以下
		軽自動車，大型特殊自動車，小型特殊自動車以外総排気量2.00ℓ以下（**軽油を燃料とする自動車及び天然ガスのみを燃料とする自動車を除く。**）
	二・三輪車	二輪（側車付を含む）及び三輪の自動車で軽自動車，大型特殊自動車，小型特殊自動車以外
軽 自動車	三・四輪車， 被けん引車	長さ3.40m以下，幅1.48m以下，高さ2.00m以下
		二輪（側車付を含む）以外の自動車で総排気量が0.660ℓ以下，小型特殊自動車，ポールトレーラ以外
	二輪	二輪（側車付を含む）自動車で総排気量0.250ℓ以下，小型特殊自動車以外（長さ2.50m以下，幅1.3m以下，高さ2.0m以下）
大型特殊自動車		(1) 小型特殊自動車以外のもので，ショベル・ローダなど及び農耕トラクタなど (2) ポール・トレーラなど
小型特殊自動車		(1) ショベル・ローダなど（最高速度15/km以下）（長さ4.70m以下，幅1.70m以下，高さ2.80m以下） (2) 農耕トラクタ，農業用薬剤散布車等（最高速度35km/h未満）

2） 車両法に規定されている検査・登録等の概要

根 拠 条 項	規 定 内 容 等
登録の一般的効力 （法第5条）	●登録を受けた自動車の所有権の得喪は，登録を受けなければ，第三者に対抗することができない。 ●前項の規定は，自動車抵当法（昭和26年法律第187号）第2条但書に規定する大型特殊自動車については，適用しない。
新規登録 （法第7条，第9条）	●登録を受けていない自動車の登録を受けようとする場合には，その所有者は，必要な書面を添えて新規登録申請書を提出し，かつ，当該自動車を提示する。 ●新規登録は自動車登録ファイルに登録することによって行う。 ●新規登録の申請は，新規検査の申請又は自動車予備検査証による自動車検査証の交付申請と同時にすること。
変更登録 （法第12条）	●型式，車台番号，原動機の型式，所有者の氏名若しくは名称，住所又は使用の本拠の位置の変更。 その事由のあった日から15日以内に所有者が申請。
移転登録 （法第13条）	●所有者の変更 その事由のあった日から15日以内に新所有者が申請。
永久抹消登録 （法第15条）	●登録自動車が滅失し，解体し又は用途を廃止したとき（当該事由が使用済自動車の解体であるときは，情報管理センターに当該自動車が適正に解体されたことを証する解体報告記録がなされたことを知ったとき）は，所有者が15日以内に申請。 ●引取業者は，登録自動車の解体報告記録がなされたことを確認したときは，その旨を当該自動車の所有者に通知する。 ●登録自動車の所有者は，使用済自動車の解体に係る永久抹消登録の申請をするときは，解体報告記録が当該自動車に係るものであることを特定するために必要な事項を明らかにすること。
輸出抹消登録 （法第15条の2）	●登録自動車を輸出しようとするときは,所有者は輸出抹消仮登録の申請をし,かつ,輸出抹消仮登録証明書の交付を受けること。
一時抹消登録	●登録自動車が運行の用に供することをやめたときは，所有者が15

根 拠 条 項	規 定 内 容 等
（法第16条）	日以内に申請。 ●一時抹消登録を受けた自動車が滅失し，解体又は用途を廃止したとき（当該事由が使用済自動車の解体であるときは，解体報告記録がなされたことを知ったとき）所有者が15日以内に届出。 なお，引取業者及び所有者は法第15条第2項及び第3項の規定が準用される。
自動車登録番号標の廃棄等 （法第20条）	●登録自動車の所有者は，次に該当するときは，遅滞なく，当該自動車登録番号標及び封印を取り外し，国土交通省令で定める方法により，これを破壊し，又は国土交通大臣若しくは自動車登録番号標交付代行者に返納しなければならない。 ① 自動車登録番号標の変更の通知を受けたとき。 ② 永久抹消登録（国土交通大臣からの通知を含む。），輸出抹消登録又は一時抹消登録を受けたとき。 ●登録自動車の所有者は，当該自動車の使用者が整備命令等（第54条第2項又は第54条の2第6項）の規定により自動車の使用の停止を命じられ，第69条第2項の規定により自動車検査証を返納したときは，遅滞なく，当該自動車登録番号標及び封印を取り外し，自動車登録番号標について国土交通大臣の領置を受けなければならない。
保安基準の原則 （法第46条）	●第40条から第42条まで，第44条及び前条の規定による保安上又は公害防止その他の環境保全上の技術基準（以下「保安基準」という。）は，道路運送車両の構造及び装置が運行に十分堪え，操縦その他の使用のための作業に安全であるとともに，通行人その他に危害を与えないことを確保するものでなければならず，かつ，これにより製作者又は使用者に対し，自動車の製作又は使用について不当な制限を課することとなるものであってはならない。
自動車検査証の返納等 （法第69条）	●使用者は，当該自動車について次に掲げる事由があったときは，その事由があった日（当該事由が使用済自動車の解体である場合にあっては，解体報告記録がなされたことを知った日）から15日以内に，当該自動車検査証を国土交通大臣に返納しなければならない。 ① 当該自動車が滅失し，解体し（整備又は改造のために解体す

根 拠 条 項	規　定　内　容　等

る場合を除く。), 又は自動車の用途を廃止したとき。

②　当該自動車の車台が当該自動車の新規登録の際(検査対象軽自動車及び二輪の小型自動車にあっては, 車両番号の指定の際)存したものでなくなったとき。

③　当該自動車について輸出抹消仮登録又は一時抹消登録があったとき。

④　当該自動車について輸出予定届出証明書の交付がされたとき。

●整備命令等(第54条第2項又は第54条の2第6項規定)により使用の停止を命じられた者は, 遅滞なく, 当該自動車検査証を国土交通大臣に返納しなければならない。

新規検査
(法第59条)

●登録を受けていない自動車又は車両番号の指定を受けていない検査対象外軽自動車以外の軽自動車(以下「検査対象軽自動車」という。)若しくは二輪の小型自動車を運行の用に供しようとするときは, 当該自動車の使用者は, 当該自動車を提示して, 国土交通大臣の行う新規検査を受けなければならない。

継続検査
(法第62条)

●使用者は, 自動車検査証の有効期間の満了後も当該自動車を使用しようとするときは, 当該自動車を提示して, 国土交通大臣の行う継続検査を受けなければならない。この場合において, 当該自動車の使用者は, 当該自動車検査証を国土交通大臣に提出しなければならない。

●国土交通大臣は, 継続検査の結果, 当該自動車が保安基準に適合すると認めるときは, 当該自動車検査証に有効期間を記入して, これを当該自動車の使用者に返付し, 当該自動車が保安基準に適合しないと認めるときは, 当該自動車検査証を当該自動車の使用者に返付しないものとする。

●継続検査を申請しようとする場合において, 第67条第1項の規定による自動車検査証の変更記録の申請をすべき事由があるときは, あらかじめ, その申請をしなければならない。

臨時検査
(法第63条)

●国土交通大臣の公示により期間を定めて行う。一定の範囲の自動車について事故が著しく生じている等により, 保安基準に適合していないおそれがあると認めるときに行う。

予備検査

●新規検査を受けていない自動車の所有者は予備検査を受け, 使用

根 拠 条 項	規 定 内 容 等
（法第71条）	の本拠の位置が定められたときは，その使用者は予備検査証(有効期間3月)により自動車検査証の交付を受けることができる。
自動車検査証記録事項の変更及び構造等変更検査 （法第67条）	●自動車の使用者は，自動車検査証記録事項について変更があったときは，その事由があった日から**15日以内**に，当該変更について，国土交通大臣が行う自動車検査証の変更記録を受けなければならない。 ●自動車検査証記録事項は，次の通りとする。 ※施行規則第35条の3に規定される事項 ①　自動車登録番号（検査対象軽自動車及び二輪の小型自動車は，車両番号） ②　車両識別符号 ③　自動車検査証の交付年月日 ④　車名及び型式 ⑤　普通自動車，小型自動車，検査対象軽自動車又は大型特殊自動車の別 ⑥　長さ，幅及び高さ ⑦　車体の形状 ※施行規則第35条の4に規定される事項 ①　自動車検査証の有効期間の満了する日 ②　使用者の住所 ③　所有者の氏名又は名称及び住所（当該自動車の所有者が当該自動車に係る登録識別情報を保有していない場合に限る。） ④　使用の本拠の位置

根拠条項	規　定　内　容　等

解　説

1　登録及び検査関係の申請者について

　登録関係の申請は所有者が申請，検査関係（予備検査を除く。）の申請は使用者が行うこととされています。

（登録関係申請の例）新規登録，変更登録，移転登録，永久抹消登録，輸出抹消登録，一時抹消登録

（検査関係申請の例）新規検査，継続検査，構造等変更検査

2　申請は，事由のあった日から15日以内

　移転登録（車の譲渡・譲受），変更登録，永久抹消登録（滅失・解体・用途廃止）・輸出抹消登録，一時抹消登録（運行停止のとき），自動車検査証変更記録（構造等変更検査）などの申請は“その事由のあった日から15日以内”に申請することとされています。

3） 車両法において「事業用自動車の運行の要件」とされている事項

根 拠 条 項	規 定 内 容 等
登録の一般的効力 （法第4条）	●自動車は，自動車登録ファイルに登録を受けたものでなければ，これを運用の用に供してはならない。
自動車登録番号標の封印等 （法第11条）	●自動車の所有者は，当該自動車に係る自動車登録番号標に取り付けられた封印が滅失し，又はき損したとき（次項ただし書の国土交通省令で定めるやむを得ない事由に該当して取り外したときを除く。）は，国土交通大臣又は封印取付受託者の行う封印の取付けを受けなければならない。 ●何人も，国土交通大臣若しくは封印取付受託者が取付けをした封印又はこれらの者が封印の取付けをした自動車登録番号標は，これを取り外してはならない。ただし，整備のため特に必要があるときその他の国土交通省令で定めるやむを得ない事由に該当するときは，この限りでない。
自動車登録番号標の表示の義務 （法第19条） （施行規則第8条の2）	●自動車は，自動車登録番号標を国土交通省令で定める位置に，かつ，被覆しないことその他当該自動車登録番号標に記載された自動車登録番号の識別に支障が生じないものとして国土交通省令で定める方法により表示しなければ，運行の用に供してはならない。 ●法19条の国土交通省令で定める位置は，自動車の前面及び後面であって，自動車登録番号標に記載された自動車登録番号の識別に支障が生じないものとして告示で定める位置とする。ただし，三輪自動車，被けん引自動車又は国土交通大臣の指定する大型特殊自動車にあっては，前面の自動車登録番号標を省略することができる。
自動車登録番号標等の表示の位置及び表示の方法の基準を定める告示 （第2条）	●施行規則第8条の2の告示で定める位置は，自動車登録番号標に記載された自動車登録番号，臨時運行許可番号標に記載された番号の識別に支障が生じないように，見やすい位置とする。

根 拠 条 項	規　定　内　容　等
臨時運行許可 番号標の表示 等の義務 （法第36条）	●臨時運行の許可に係る自動車は，臨時運行許可番号標を国土交通省令で定める位置に，かつ，被覆しないことその他当該臨時運行許可番号標に記載された番号の識別に支障が生じないものとして国土交通省令で定める方法により表示し，臨時運行許可証を備え付けなければ運行の用に供してはならない。 （国土交通省令で定める方法は，施行規則第8条の2及び告示第2条の規定とする。）
臨時運行許可 の有効期間と 返却期日 （法第35条）	●臨時運行の許可の有効期間は，原則として5日を超えないこととされ，また，有効期間が満了した日から5日以内に，臨時運行許可証と臨時運行許可番号標を当該行政庁に返納しなければならない。
自動車の構造 （法第40条）	●自動車は，その構造が，次に掲げる事項について，国土交通省令で定める保安上又は公害防止その他の環境保全上の技術基準に適合するものでなければ，運行の用に供してはならない。 ①長さ，幅及び高さ ②最低地上高 ③車両総重量（車両重量，最大積載量及び55キログラムに乗車定員を乗じて得た重量の総和をいう。）
自動車の装置 （法第41条）	●自動車は，次に掲げる装置について，国土交通省令で定める保安上又は公害防止その他の環境保全上の技術基準に適合するものでなければ，運行の用に供してはならない。 ①原動機及び動力伝達装置 ②車輪及び車軸，そりその他の走行装置 ③操縦装置 ④制動装置 ⑤ばねその他の緩衝装置 ⑥燃料装置及び電気装置 ⑦車枠及び車体 ⑧連結装置
乗車定員又は 最大積載量の	●自動車は，乗車定員又は最大積載量について国土交通省令で定める保安上又は公害防止その他の環境保全上の技術基準（保安基準）

根 拠 条 項	規　定　内　容　等
保安基準への適合 （法第42条）	に適合するものでなければ，運行の用に供してはならない。
自動車の検査及び自動車検査証 （法第58条）	●自動車（検査対象外軽自動車及び小型特殊自動車を除く。）は，国土交通大臣の行う検査を受け，有効な自動車検査証の交付を受けているものでなければ，運行の用に供してはならない。
自動車検査証の備付け等 （法第66条）	●自動車は，自動車検査証を備え付け，かつ，国土交通省令で定めるところにより検査標章を表示しなければ，運行の用に供してはならない。 ●検査標章には，国土交通省令で定めるところにより，その交付の際の当該自動車検査証の有効期間の満了する時期を表示するものとする。 ●検査標章の有効期間は，自動車検査証の有効期間と同一とする。 ●検査標章は，当該自動車検査証がその効力を失ったとき，又は継続検査，臨時検査若しくは構造等変更検査の結果，当該自動車検査証の返付を受けることができなかったときは，当該自動車に表示してはならない。
検査標章 （施行規則第37条の3）	●検査標章は前面ガラスの内側に前方から見やすいようにはりつけて表示する。
保安基準適合証等 （法第94条の5） （保安基準適合標章の表示） （施行規則第37条の4）	●指定自動車整備事業者（民間車検工場）が発行した有効な保安基準適合標章を表示しているときは，車両法第58条（自動車の検査・検査証），第66条（検査証の備付け，検査標章の表示）の規定は適用されない。 保安基準適合標章の有効期間は検査の日から15日間。 ●保安基準適合標章は，自動車の運行中その前面に指定自動車整備事業規則第2号様式による有効期間及び自動車登録番号又は車両番号が見やすいように表示しなければならない。

根 拠 条 項	規 定 内 容 等
自動車検査証の有効期間 （法第61条）	①　自動車検査証の有効期間は，旅客を運送する自動車運送事業の用に供する自動車，貨物の運送の用に供する自動車及び国土交通省令で定める自家用自動車で，検査対象軽自動車以外のものは**1年**，その他の自動車は**2年**とする。 ② 上記①の規定により有効期間1年とされる自動車のうち，車両総重量8トン未満の貨物の運送の用に供する自動車及びレンタカー（貨物自動車，乗車定員11人以上の自動車及び幼児専用車を除く。）で，初めて自動車検査証を交付する場合は，有効期間を2年とする。 ③ 上記①の規定により有効期間2年とされる自動車のうち，自家用乗用自動車及び二輪の小型自動車で初めて自動車検査証を交付する場合は有効期間を3年とする。
（施行規則第44条）	●自動車検査証の有効期間の起算日は，当該自動車検査証を交付する日又は当該自動車検査証に係る有効期間を法第72条第1項の規定により記録する日とする。ただし，自動車検査証の有効期間が満了する日の2ヵ月前から当該期間が満了する日までの間に継続検査を行い，当該自動車検査証に係る有効期間を法第72条第1項の規定により記録する場合は，当該自動車検査証の有効期間が満了する日の翌日とする。
（法第61条の2）	●国土交通大臣は，一定の地域に使用の本拠の位置を有する自動車の使用者が，天災その他やむを得ない事由により，継続検査を受けることができないと認めるときは，当該地域に使用の本拠の位置を有する自動車の自動車検査証の有効期間を，期間を定めて伸長する旨を公示することができる。
自動車検査証等の再交付 （法第70条）	●自動車又は検査対象外軽自動車の使用者は，自動車検査証若しくは検査標章等が滅失し，き損し，又はその識別が困難となった場合その他国土交通省令で定める場合には，その再交付を受けることができる。

4） 自動車の点検・整備

根 拠 条 項	規 定 内 容 等
使用者の点検及び整備の義務 （法第47条）	●自動車の使用者は，自動車の点検をし，及び必要に応じ整備をすることにより，当該自動車を保安基準に適合するように維持しなければならない。
事業用自動車の日常点検整備 （法第47条の2）	1．自動車の使用者は，自動車の走行距離，運行時の状態等から判断した適切な時期に，国土交通省令で定める技術上の基準により，灯火装置の点灯，制動装置の作動その他の日常的に点検すべき事項について，目視等により自動車を点検しなければならない。 2．事業用自動車の使用者又はこれらの自動車を運行する者は，前項の規定にかかわらず，1日1回，その運行の開始前において同項の規定による点検をしなければならない。 3．自動車の使用者は，前項の規定による点検の結果，当該自動車が保安基準に適合しなくなるおそれがある状態又は適合しない状態にあるときは，保安基準に適合しなくなるおそれをなくするため又は保安基準に適合させるため必要な整備をしなければならない。

別表第1　（事業用自動車，自家用貨物自動車等の日常点検基準）（第一条関係）

<table>
<tr><td colspan="2">点 検 箇 所</td><td>点 検 内 容</td></tr>
<tr><td>1</td><td>ブレーキ</td><td>1　ブレーキ・ペダルの踏みしろが適当で，ブレーキの効きが十分であること。
2　ブレーキの液量が適当であること。
3　空気圧力の上がり具合が不良でないこと。
4　ブレーキ・ペダルを踏み込んで放した場合にブレーキ・バルブからの排気音が正常であること。
5　駐車ブレーキ・レバーの引きしろが適当であること。</td></tr>
<tr><td>2</td><td>タイヤ</td><td>1　タイヤの空気圧が適当であること。
2　亀裂及び損傷がないこと。
3　異状な磨耗がないこと。
（※1）4　溝の深さが十分であること。
（※2）5　ディスク・ホイールの取付状態が不良でないこと。</td></tr>
<tr><td>3</td><td>バッテリ</td><td>（※1）液量が適当であること。</td></tr>
<tr><td>4</td><td>原動機</td><td>（※1）1　冷却水の量が適当であること。
（※1）2　ファン・ベルトの張り具合が適当であり，かつ，ファン・ベルトに損傷がないこと。
（※1）3　エンジン・オイルの量が適当であること。
（※1）4　原動機のかかり具合が不良でなく，かつ，異音がないこと。
（※1）5　低速及び加速の状態が当であること。</td></tr>
<tr><td>5</td><td>灯火装置及び方向指示器</td><td>点灯又は点滅具合が不良でなく，かつ，汚れ及び損傷がないこと。</td></tr>
</table>

根拠条項	規　定　内　容　等

	6　ウインド・ウォッシャ及びワイパー	（※1）1　ウインド・ウォッシャの液量が適当であり，かつ，噴射状態が不良でないこと。 （※1）2　ワイパー払拭状態が不良でないこと。
	7　エア・タンク	エア・タンクに凝水がないこと。
	8　運行において異状が認められた箇所	当該箇所に異状がないこと。

（注）①（※1）印の点検は，当該自動車の走行距離，運行時の状態等から判断した適切な時期に行うことで足りる。
　　　②（※2）印の点検は，車両総重量8トン以上又は乗車定員30人以上の自動車に限る。

定期点検整備
（法第48条）

●自動車運送事業の用に供する自動車及び車両総重量8トン以上の自家用自動車その他の国土交通省令で定める自家用自動車の使用者は，自動車点検基準により**3月ごと**に点検し，必要な整備をしなければならない。

定期点検基準
（点検基準第2条）
（点検基準第2条別表第3）

●事業用自動車の定期点検は，別表第3で点検しなければならない。

別表第3　（事業用自動車等の定期点検基準）（第二条関係）

点検時期点検箇所		3月ごと	12月ごと［3月ごとの点検に次の点検を加えたもの］
かじ取り装置	ハンドル		操作具合
	ギヤ・ボックス		1　油漏れ 2　取付けの緩み
	ロッド及びアーム類	（※2）緩み，がた及び損傷	ボール・ジョイントのダスト・ブーツの亀裂及び損傷
	ナックル	（※2）連結部のがた	
	かじ取り車輪		ホイール・アライメント
	パワー・ステアリング装置	1　ベルトの緩み及び損傷 （※2）2　油漏れ及び油量	取付けの緩み
制動装置	ブレーキ・ペタル	1　遊び及び踏み込んだときの床板のすき間 2　ブレーキの効き具合	
	駐車ブレーキ機構	1　引きしろ 2　ブレーキの効き具合	
	ホース及びパイプ	漏れ，損傷及び取付状態	
	リザーバ・タンク	液量	
	マスタ・シリンダ，ホイール・シリンダ及びディスク・キャリパ		機能，磨耗及び損傷
	ブレーキ・チャンバ	ロッドのストローク	機能
	ブレーキ・バルブ，クイック・レ・リーズ・バルブ及びリレー・バルブ		機能
	倍力装置		1　エア・クリーナの詰まり 2　機能
	ブレーキ・カム		磨耗
	ブレーキ・ドラム及びブレーキ・シュー	1　ドラムとライニングとのすき間 （※2）2　シューの摺動部分及びライニングの磨耗	ドラムの磨耗及び損傷

根 拠 条 項	規 定 内 容 等			
制動装置	バック・プレート			バック・プレートの状態
	ブレーキ・ディスク及びパッド	（※2）1　ディスクとパッドとのすき間 （※2）2　パッドの磨耗		ディスクの磨耗及び損傷
	センタ・ブレーキ・ドラム及びライニング	1　ドラムの取付けの緩み 2　ドラムとライニングとのすき間		1　ライニングの磨耗 2　ドラムの磨耗及び損傷
	二重安全ブレーキ機構			機能
走行装置	ホイール	（※2）1　タイヤの状態 2　ホイール・ナット及びホイール・ボルトの緩み （※2）3　フロント・ホイール・ベアリングのがた		（※3）1　ホイール・ナット及びホイール・ボルトの損傷 2　リム、サイド・リング及びディスク・ホイールの損傷 3　リヤ・ホイール・ベアリングのがた
緩衝装置	リーフ・サスペンション	スプリングの損傷		取付部及び連結部の緩み，がた，及び損傷
	コイル・サスペンション			1　スプリングの損傷 2　取付部及び連結部の緩み，がた及び損傷
	エア・サスペンション	1　エア漏れ （※2）2　ベローズの損傷 （※2）3　取付部及び連結部の緩み，及び損傷		レベリング・バルブの機能
	ショック・アブソーバ	油漏れ及び損傷		
動力伝達装置	クラッチ	1　ペタルの遊び及び切れたときの床板とのすき間 2　作用 3　液量		
	トランスミッション及びトランスファ	（※2）油漏れ及び油量		
	プロペラ・シャフト及びドライブ・シャフト	（※2）連結部の緩み		1　自在継手部のダスト・ブーツの亀裂及び損傷 2　継手部のがた 3　センタ・ベアリングのがた
	デファレンシャル	（※2）油漏れ及び油量		
電気装置	点火装置	（※2）（※4）1点火プラグの状態 （※7）2　点火時期		（※7）ディストリビュータのキャップの状態
	バッテリ	ターミナル部の接続状態		
	電気配線	接続部の緩み及び損傷		
原動機	本体	（※2）1　エア・クリーナ・エレメントの状態 2　低速及び加速の状態 3　排気の状態		シリンダ・ヘッド及びマニホールド各部の締付状態
	潤滑装置	油漏れ		
	燃料装置	燃料漏れ		
	冷却装置	ファン・ベルトの緩み及び損傷		水漏れ
ばい煙等の発	ブローバイ・ガス還元装置			1　メターリング・バルブの状態 2　配管の損傷
	燃料蒸発ガス排出抑止装置			1　配管等の損傷 2　チャコール・キャニスタの詰まり及び損傷 3　チェック・バルブの機能
	一酸化炭素等発散防止装置			1　触媒反応方式等排出ガス減少装置の取付けの緩み及び損傷 2　二次空気供給装置の機能

散防止装置			3 排気ガス再循環装置の機能 4 減速時排気ガス減少装置の機能 5 配管の損傷及び取付状態
	警音器，窓ふき器，洗浄液噴射装置，デフロスタ及び施錠装置		作用
	エグゾースト・パイプ及びマフラ	（※2）取付けの緩み及び損傷	マフラの機能
	エア・コンプレッサ	エア・タンクの凝水	コンプレッサ，プレッシャ・レギュレータ及びアンローダ・バルブの機能
	高圧ガスを燃料とする燃料装置等	1 導管及び継手部のガス漏れ及び損傷 （※8）2 ガス容器及びガス容器附属品の損傷	ガス容器取付部の緩み及び損傷
	車枠及び車体	1 非常口の扉の機能 2 緩み及び損傷 （※3）3 スペアタイヤ取付装置の緩み，がた及び損傷 （※3）4 スペアタイヤの取り付け状態 （※3）5 ツールボックスの取付部の緩み及び損傷	
	連結装置		1 カプラの機能及び損傷 2 ピントル・フック磨耗，亀裂及び損傷
	座席		（※1）座席ベルトの状態
	開扉発車防止装置		機能
	その他	シャシ各部の給油脂状態	（※5）（※6）車載式故障診断装置の診断の結果

(注) ① （※1）印の点検は，人の運送の用に供する自動車に限る。
　　② （※2）印の点検は，自動車検査証の交付を受けた日又は当該点検を行った日以降の走行距離が3月当たり2千キロメートル以下の自動車については，前回の当該点検を行うべきこととされる時期に当該点検を行わなかった場合を除き，行なわないことができる。
　　③ （※3）印の点検は，車両総重量8トン以上又は乗車定員30人以上の自動車に限る。
　　④ （※4）印の点検は，点火プラグが白金プラグ又はイリジウム・プラグの場合は，行わないことができる。
　　⑤ （※5）印の点検は，大型特殊自動車を除く。
　　⑥ （※6）印の点検は，電子制御装置に係る識別表示の点検をもって代えることができる。
　　⑦ （※7）印の点検は，ディストリビュータを有する自動車に限る。
　　⑧ （※8）印の点検は，圧縮天然ガス，液化天然ガス及び圧縮水素を燃料とする自動車に限り，大型特殊自動車及び検査対象外軽自動車を除く。

点検整備記録簿
（法第49条）
（点検基準第4条）

● 自動車の使用者は，点検整備記録簿を当該自動車に備え置き，点検又は整備をしたときは，遅滞なく次の事項を記載し，**1年間**（自家用乗用自動車は**2年間**）**保存**すること。

① 点検の年月日

② 点検の結果

③ 整備の概要

④ 整備を完了した年月日

⑤ その他自動車点検基準で定める事項（車台番号，登録番号，総走行粁，実施者の氏名又は名称及び住所）

整備管理者

● 自動車の使用者は，自動車の点検及び整備並びに自動車車庫の管

根 拠 条 項	規 定 内 容 等
（法第50条）	理に関する事項を処理させるため，自動車の点検及び整備に関し特に専門的知識を必要とすると認められる車両総重量 8 トン以上の自動車その他の国土交通省令で定める自動車であって国土交通省令で定める台数以上のものの使用の本拠ごとに，自動車の点検及び整備に関する実務の経験その他について国土交通省令で定める一定の要件を備える者のうちから，整備管理者を選任しなければならない。 ●前項の規定により整備管理者を選任しなければならない者（以下「大型自動車使用者等」という。）は，整備管理者に対し，その職務の執行に必要な権限を与えなければならない。
選任届 （法第52条）	●大型自動車使用者等は，整備管理者を選任したときは，その日から15日以内に，地方運輸局長にその旨を届け出なければならない。これを変更したときも同様である。
整備管理者の選任 （施行規則第31条の 3 ）	●整備管理者の選任が必要となる国土交通省令で定める自動車及び台数は，次表のとおりとする。

	乗車定員11人以上の自動車	1 両以上
事業用	乗車定員10人以下の自動車	5 両以上

根 拠 条 項	規 定 内 容 等
整備管理者の資格 （施行規則第31条の 4 ）	●整備管理者の資格要件は，次表のいずれかに該当かつ，法第53条（解任命令）に規定する命令により解任され，**解任の日から 2 年（乗車定員11人以上の自動車の整備管理者を選任する場合にあっては， 5 年）を経過**しない者でないこと。

①整備の管理を行おうとする自動車と同種類の自動車の点検若しくは整備又は整備の管理に関して 2 年以上実務の経験を有し，地方運輸局長が行う研修を修了した者
②自動車整備士技能検定規則の規定による 1 級， 2 級又は 3 級の自動車整備士技能検定に合格した者
③①及び②に掲げる技能と同等の技能として国土交通大臣が告示で定める基準以上の技能を有すること

根 拠 条 項	規 定 内 容 等
整備管理者の権限	●整備管理者に与えなければならない権限は，次に掲げるものであること。

根 拠 条 項	規　定　内　容　等
（施行規則第32条）	① 日常点検の実施方法を定めること。 ② 日常点検の結果に基づき，**運行の可否を決定すること**。 ③ 定期点検を実施すること。 ④ ①及び③の点検のほか，随時必要な点検を実施すること。 ⑤ 点検の結果，必要な整備を実施すること。 ⑥ 定期点検整備の実施計画を定めること。 ⑦ 点検整備記録簿その他の点検及び整備に関する記録簿を管理すること。 ⑧ **自動車車庫を管理すること**。 ⑨ 運転者，整備員その他の者を指導し，又は監督すること。 ●整備管理者は，前項に掲げる事項の執行に係る基準に関する規程を定め，これに基づき，その業務を行わなければならない。
解任命令 （法第53条）	●地方運輸局長は，整備管理者がこの法律若しくはこの法律に基づく命令又はこれに基づく処分に違反したときは，大型自動車使用者等に対し，整備管理者の解任を命ずることができる。
整備命令等 （法第54条）	●地方運輸局長は，自動車が保安基準に適合しなくなるおそれがある状態又は適合しない状態にあるときは，当該自動車の使用者に対し，保安基準に適合しなくなるおそれをなくするため，又は保安基準に適合させるために必要な整備を行うべきことを命ずることができる。この場合において，地方運輸局長は，保安基準に適合しない状態にある当該自動車の使用者に対し，当該自動車が保安基準に適合するに至るまでの間の運行に関し，当該自動車の使用の方法又は経路の制限その他の保安上又は公害防止その他の環境保全上必要な指示をすることができる。 ●地方運輸局長は，自動車の使用者が法令による命令又は指示に従わない場合において，当該自動車が保安基準に適合しない状態にあるときは，当該自動車の使用を停止することができる。
（法第54条の2）	●地方運輸局長は，自動車が保安基準に適合しない状態にあり，かつ，その原因が自動車又はその部分の改造，装置の取り外しその他これらに類する行為に起因するものと認められるときは，当該自動車の使用者に対し，保安基準に適合させるために必要な整備を行うべきことを命ずることができる。この場合において，使用者に対し，当該自動車が保安基準に適合するに至るまでの間の運

根 拠 条 項	規　定　内　容　等
	行に関し，当該自動車の使用の方法又は経路の制限その他の保安上又は公害防止その他の環境保全上必要な指示をすることができる。
	●地方運輸局長は，前項の規定により整備を命じたときは，当該自動車の前面の見やすい箇所に，国土交通省令で定めるところにより，整備命令標章をはり付けなければならない。
	●何人も，はり付けられた整備命令標章を破損し，又は汚損してはならず，また，命令を取り消された後でなければこれを取り除いてはならない。
	●命令を受けた自動車の使用者は当該命令を受けた日から15日以内に，地方運輸局長に対し，保安基準に適合させるために必要な整備を行った当該自動車及び当該自動車に係る自動車検査証を提示しなければならない。
	●地方運輸局長は，命令を受けた自動車が保安基準に適合するに至ったときは，直ちに命令を取り消さなければならない。
	●地方運輸局長は，自動車の使用者が命令若しくは指示等に従わないときは，6月以内の期間を定めて，当該自動車の使用を停止することができる。
	●処分に係る自動車の使用者は，自動車の使用の停止の期間の満了する日までに当該自動車が保安基準に適合するに至らないときは，当該期間の満了後も当該自動車が保安基準に適合するに至るまでの間は，これを運行の用に供してはならない。
自動車車庫に関する勧告 （法第56条）	●国土交通大臣は，自動車の使用者に対し，その用に供する自動車車庫に関し，国土交通省令で定める技術上の基準によるべきことを勧告することができる。
不正改造等の禁止 （法第99条の2）	●何人も，国土交通大臣が行う検査を受け，有効な自動車検査証の交付を受けている自動車について，自動車又はその部分の改造，装置の取付け又は取り外しその他これらに類する行為であって，当該自動車が保安基準に適合しないこととなるものを行ってはならない。

5) 道路運送車両の保安基準（保安基準細目告示を含む。）のポイント

（第○○条）：「道路運送車両の保安基準」の条文を示す。

告示第○○条：「道路運送車両の保安基準の細目を定める告示」の条文を示す。

根 拠 条 項	規 定 内 容 等
用語の定義 （第1条）	●保安基準における用語の定義は，道路運送車両法第2条（定義）に定めるもののほか，次の各号に定めるところによる。 （1〜2の2略） 3　削除 （4〜5略） 6　空車状態とは，道路運送車両が原動機及び燃料装置に燃料，潤滑油，冷却水等の全量を搭載し及び当該車両の目的とする用途に必要な固定的な設備を設ける等運行に必要な装備をした状態をいう。 （7〜12略） 13　緊急自動車とは，消防自動車，警察自動車，検察庁において犯罪捜査のため使用する自動車，保存血液を販売する医薬品販売業者が保存血液の緊急輸送のため使用する自動車，救急自動車，公共用応急作業自動車等の自動車及び国土交通大臣が定めるその他の緊急の用に供する自動車をいう。 （14略） 15　軸重とは，自動車の車両中心線に垂直な1メートルの間隔を有する2平行鉛直面間に中心のあるすべての車輪の輪荷重の総和をいう。 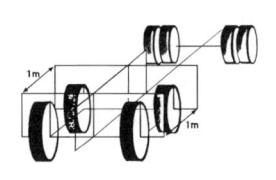 16　最遠軸距とは，自動車の最前部の車軸中心（セミトレーラにあっては連結装置中心）から最後部の車軸中心までの水平距離をいう。 17　輪荷重とは，自動車の1個の車輪を通じて路面に加わる鉛直荷重をいう。
積車状態	●(9)「積車状態」とは，空車状態の道路運送車両に乗車定員の人

根 拠 条 項	規　定　内　容　等
（告示第2条）	員が乗車し，最大積載量の物品が積載された状態をいう。この場合において**乗車定員1人の重量は55kgとし**，座席定員の人員は定位置に，立席定員の人員は立席に均等に乗車し，物品は物品積載装置に均等に積載したものとする。
長さ，幅及び高さ（第2条）	●自動車は，告示で定める方法により測定した場合において，長さ（セミトレーラにあっては，連結装置中心から当該セミトレーラの後端までの水平距離）12メートル（セミトレーラのうち告示で定めるものにあっては，13メートル），幅2.5メートル，高さ3.8メートルを超えてはならない。
車両総重量（第4条）	●バス等の車両総重量は最大25トンまで。セミトレーラは最大28トンまで。 　■20トンを超える自動車の外部 　　表示ステッカー。 　■車両の前面に表示する。 　　（附則の規定による）
軸重等（第4条の2）	●自動車の軸重は，10トン（牽引自動車のうち告示で定めるものにあっては，11.5トン）を超えてはならない。
安定性（第5条）告示第164条	●空車状態及び積車状態におけるかじ取り車輪の接地部にかかる荷重の総和がそれぞれ車両重量及び車両総重量の20%以上であること。 ●空車状態において，自動車を左側あるいは右側にそれぞれ35°まで傾けた場合に転覆しないこと。（車両総重量が車両重量の1.2倍以下のものは30度傾けた状態で。）
最小回転半径（第6条）	●最小回転半径は，最外側のわだちについて12m以下
原動機及び動力伝達装置（第8条）	●自動車の原動機及び動力伝達装置は，運行に十分耐える構造及び性能を有しなければならない。 ●自動車の原動機は，運転席において始動できるものでなければならない。

根 拠 条 項	規　定　内　容　等
走行装置等 （第9条） 告示第167条	●自動車の空気入ゴムタイヤは，堅ろうで，安全な運行を確保できるものとして，強度，滑り止めに係る性能等に関し告示で定める基準に適合するものでなければならない。 ●自動車の積車状態における軸重を当該軸重に係る輪数で除した値であるタイヤの荷重は，当該タイヤの負荷能力以下であること。 ●タイヤ・チェン等は走行装置に確実に取り付けることができ，かつ，安全な運行を確保することができるものでなければならない。 ●自動車（二輪自動車等を除く。）の空気入ゴムタイヤの接地部は，滑り止めを施したものであり，滑り止めの溝は，空気入ゴムタイヤの接地部の全幅（ラグ型タイヤにあっては，空気入ゴムタイヤの接地部の左右の最外側から中心方向にそれぞれ全幅の4分の1）にわたり滑り止めのために施されている凹部（サイピング，プラットフォーム及びウエア・インジケータの部分を除く。）のいずれの部分においても1.6mm（二輪自動車及び側車付二輪自動車に備えるものにあっては，0.8mm）以上の深さを有すること。 ●亀裂，コード層の露出等著しい破損のないものであること。 ●タイヤの空気圧が適正であること。
かじ取り装置 （第11条） 告示第169条	●自動車のかじ取り装置は，堅ろうで，安全な運行を確保できるものとして，強度，操作性能等に関し告示で定める基準に適合するものでなければならない。 ⑴　自動車のかじ取り装置は，堅ろうで，安全な運行を確保できるものであること。 ⑵　かじ取り装置は，運転者が定位置において容易に，かつ，確実に操作できるものであること。この場合において，パワー・ステアリングを装着していない自動車であって，かじ取り車輪の輪荷重の総和が4,700kg以上であるものはこの基準に適合しないものとする。 ●かじ取り装置は，かじ取り時に車枠，フェンダ等自動車の他の部分と接触しないこと。
制動装置 （第12条） 告示第171条	●独立に作用する2系統以上の制動装置を備えつけなければならない。 ●すべての車輪を制動すること。

根拠条項	規　定　内　容　等
	●駐車ブレーキは，機械的作用であること。
	●車両総重量12トンを超える大型バス（一般路線バスを除く。）及び車両総重量7トンを超えるトラクタにはアンチロックブレーキ（ABS）を備えること。
	●ABSが正常に動作しないおそれが生じたときに警報する装置を備えること。
車わく及び車体 （第18条） 告示第178条	●堅ろうで運行に十分耐えること。 ●車体は，車枠に確実に取り付けられていること。 ●車体の外形その他自動車の形状は，鋭い突起がないこと，回転部分が突出していないこと。 ●車体後面には最大積載量（タンク車にあっては，最大積載量，最大積載容積及び積載物品名）を表示すること。 ●児童，生徒又は幼児の運送を目的とする自動車（乗車定員11人以上のものに限る。）の車体の前面，後面及び両側面には，これらの者の運送を目的とする自動車である旨の表示をすること。
乗車装置 （第20条） 告示第182条 座席（運転者席） （第21条） 告示第183条 告示第184条	●自動車の乗車装置は，乗車人員が動揺，衝撃等により転落又は転倒することなく安全な乗車を確保できるものとして，構造に関し告示で定める基準に適合するものでなければならない。 ●運転に必要な視野を有し，かつ，乗車人員，積載物品等により運転操作を妨げられない構造であること。 ●運転者席の幅は，操縦装置のうちの最外側にあるものまでの範囲とする。この場合は，その最小範囲は，かじ取りハンドルの中心から左右それぞれ200mmとする。

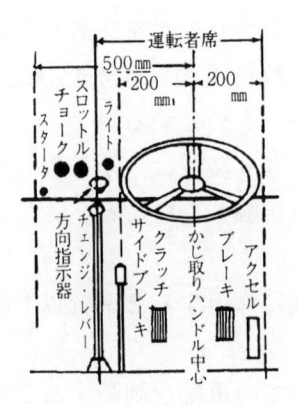

根 拠 条 項	規　定　内　容　等
座席（運転者席以外）（第22条） 告示第184条	●運転者以外の者の用に供する1名分の座席は幅380mm以上（着席するのに必要な空間400mm以上），奥行400mm以上であること。
頭部後傾抑止装置等（第22条の4） 告示第187条	●自動車（普通自動車（専ら乗用の用に供するものを除く。）及び乗車定員11人以上の自動車を除く。）の座席（またがり式等の座席を除く。）のうち運転者席及びこれと並列の座席（**一般乗用旅客自動車運送事業の用に供する自動車にあっては，運転者席及び旅客3人の用に供する座席**）には，次の基準に適合する頭部後傾抑止装置を備えなければならない。 ただし，当該座席が次の①及び②の基準に適合するものであるときは，この限りでない。 ①　他の自動車の追突等による衝撃を受けた場合に，当該人員の頭部の過度の後傾を有効に抑止することのできるものであること。 ②　乗車人員の頭部等に障害を与えるおそれのない構造のものであること。 ③　振動，衝撃等により脱落することのないように備えられたものであること。
非常口 （第26条）	●幼児専用車及び**乗車定員30人以上の自動車**（緊急自動車を除く。）には，告示で定める基準に適合する非常口を設けなければならない。但し，すべての座席が乗降口から直接着席できる自動車にあっては，この限りでない。 ●非常口を設けた自動車には，非常口又はその附近に，見やすいように非常口の位置及びとびらの開放の方法が表示されていなければならない。この場合において，灯火により非常口の位置を表示するときは，**その灯光の色は，緑色でなければならない。** ●非常口を設けた自動車には，非常口のとびらが開放した場合にその旨を運転者に**警報する**装置を備えなければならない。
告示第192条	●非常口は，客室の右側面の後部（客室の右側面のうち客室の長手方向の中央より後方の部分をいう。）又は後面に設けられていること。この場合において，非常口の有効幅の中心が右側面の後部

根 拠 条 項	規　　定　　内　　容　　等
	より後方のものは，この基準に適合するものとする。

●非常口には，常時確実に閉鎖することができ，火災，衝突その他の非常の際に客室の内外からかぎその他の特別な器具を用いないで開放できる外開きのとびらを備えること。この場合において，とびらは，自重により再び閉鎖することがないものでなければならない。

窓ガラス
（第29条）
告示第195条

●自動車の窓ガラスは安全ガラスであること。
●前面ガラス
　①　損傷した場合に運転者の視野が確保できること。
　②　容易に貫通されないもの。
●前面ガラス及び側面ガラス（運転者席より後方部分を除く。）
　①　透明で，運転者の視野を妨げるようなひずみのないもの。
　②　運転者が交通状況を確認するために必要な視野の範囲における**可視光線の透過率が70%以上**のもの。
●**装着，貼り付け及び塗装の禁止**
　前面ガラス及び側面ガラス（運転者席より後方の部分を除く。）には次に掲げるもの以外のものが**装着**され，貼り付けられ，塗装され，又は刻印されていてはならない。
　①　整備命令標章
　①の2　臨時検査合格標章
　②　検査標章
　②の2　保安基準適合標章（中央点線のところから二つ折りとしたものに限る。）
　③　保険標章，共済標章又は保険・共済除外標章
　④　故障ステッカー
　⑤　**装着**され，貼り付けられ，又は塗装された状態において，透明であり，かつ，運転者が交通状況を確認するために必要な視野の範囲における**可視光線の透過率が70%以上**確保できるもの。車室内に備える貼り付け式の後写鏡等，告示で定めるもの。
　⑥　国土交通大臣又は地方運輸局長が指定したもの。

騒音防止装置
（第30条）
告示第196条

●消音器の備付け
　内燃機関を原動機とする自動車には，消音器を備えなければならない。

根 拠 条 項	規　定　内　容　等
ばい煙，悪臭のあるガス，有害なガスの発散防止装置 （第31条） 告示第197条	●自動車は，運行中ばい煙，悪臭のあるガス又は有害なガスを多量に発散しないものでなければならない。 ●自動車は，排気管から大気中に排出される排出物に含まれる一酸化炭素，炭化水素，窒素酸化物，粒子状物質及び黒煙を多量に発散しないものとして，燃料の種別等に応じ，性能に関し告示で定める基準に適合するものでなければならない。 ●自動車の客室内の冷房を行うための装置の導管及び安全装置は，乗車人員に障害を与えるおそれの少ないものとして，取付位置，取付方法等に関し告示で定める基準に適合しなければならない。 〔ディーゼル車の無負荷急加速黒煙規制〕 ●軽油を燃料とする自動車は，別添46「無負荷急加速黒煙の測定方法」に規定する運転条件で原動機を無負荷のままで急速に加速させた場合において，加速開始時から発生する排気管から大気中に排出される排出物に含まれる黒煙による汚染の度合が25％以下（大型特殊自動車及び小型特殊自動車にあっては40％以下）でなければならないこと。
排気管 （第31条第7項）	●自動車の排気管は，発散する排気ガス等により，乗車人員等に傷害を与えるおそれが少なく，かつ，制動装置など機能を阻害しないものとして，取付位置，取付方法等に関し告示で定める基準に適合するものでなければならない。 ①　発散する排気ガス等により自動車登録番号標の数字等の表示を妨げる位置に開口していないこと。 ②　車室内に配管されていないこと。
灯火，反射器 （第32条～ 　第41条の3）	●自動車の灯火類，反射器類については保安基準及び保安基準の細目告示で個別に規定されています。その主な概要を一覧表にまとめ次ページに掲載しております。

主要灯火類の規定概要一覧表

種　類	色	個数・位置	性能など	条　項
すれ違い用 前照灯	白	前面左右対称 2個	夜間40m先が確認可能なこと。	第32条 告示第198条
走行用前照灯	白	前面左右対称 2個又は4個	夜間100m先が確認可能なこと。	第32条 告示第198条
前部霧灯	白又は淡 黄色	前面同時に3 個以上点灯し ない	前照灯の点灯状況にかかわらず，点灯及び消灯のできるもの。 車幅灯，尾灯，前部・後部上側端灯，番号灯及び側方灯が消灯している場合に点灯しない構造であること。 点滅するものでないこと。	第33条 告示第199条
側方照射灯	白	両側面に1個 づつ	40m先を照射しない。 方向指示器が作動している場合に限り，作動側のみが点灯する構造であること。 点滅しないもの。	第33条の2 告示第200条
車幅灯	白ただし，方向指示器，非常点滅表示灯又は側方灯と構造上一体のもの又は兼用のもの橙色	前面両側 2個又は4個 平成17.12.31 以前に製作の車については，数の規定は適用しない。	夜間300mから確認可能なこと。	第34条 告示第201条
前部上側端灯	白	前面両側	夜間300mから確認可能なこと。 車幅灯点灯時消灯しない。 点滅しないもの。	第34条の2 告示第202条
側方灯及び 側方反射器	橙，後部で他の灯火と一体赤でもよい。	両側面	長さ6m超の自動車 　〃　6m以下のトラクタ 　〃　6m以下のトレーラ ポール・トレーラー 夜間150mから確認可能（反射器は前照灯を照射した場合）なこと。	第35条の2 告示第204条
番号灯	白	———————	夜間後方20mからナンバーを確認可能なこと。	第36条 告示第205条
尾灯	赤	後面の両側	夜間後方300mから確認可能なこと。	第37条 告示第206条
後部霧灯	赤	2個以下	前照灯又は前部霧灯が点灯している場合にのみ点灯できる構造であり，かつ，いずれかが点灯している場合においても消灯できる構造。	第37条の2 告示第207条

駐車灯	前面白 後面赤 側面橙	車両中心面に対象	前面に備えるもの夜間前方150m，後面に備えるもの夜間後方150m，両側面に備えるもの夜間前方150m及び夜間後方150mの距離から確認可能のこと。 後面はすべてが同時に点灯。 長さ6m以上又は幅2m以上の自動車以外の自動車は，左右どちらかのみの点灯する構造とすることができる。 前面は，後面が点灯している場合のみ点灯。 点滅するものではないこと。原動機が停止している状態において点灯することができ，かつ，時間の経過により自動的に消灯しない構造であること。	第37条の3 告示第208条
後部上側端灯	赤	車両中心面に対象	夜間300mから確認可能なこと。 尾灯が点灯している場合に消灯できない構造であること。 点滅するものではないこと。	第37条の4 告示第209条
後部反射器	赤	後面	トレーラ3角，それ以外の自動車3角以外。 夜間にその後方150mの距離から走行用前照灯で照射した場合に，その反射光を確認できるもの。	第38条 告示第210条

※貨物の運送の用に供する普通自動車であって車両総重量7トン以上のものは，後部反射器を備えるほか，告示で定める基準に適合する大型後部反射器を備えなければならない。

制動灯	赤	後面の両側	昼間後方100mから確認可能なこと。 尾灯と兼用時は光度5倍以上に増加すること。	第39条 告示第212条
方向指示器	橙	車両中心面に対称	昼間100mの指示方向から確認可能なこと。 点滅回数60〜120/分。 車両総重量8t，最大積載量5t以上の普通自動車には，両側面の前部及び中央部に備えること。	第41条 告示第215条
非常点滅表示灯 「非常灯」	橙	車両中心面に対称	昼間100mの指示方向から確認可能なこと。 点滅回数60〜120/分。 ※盗難，車内における事故その他の緊急事態が発生していることを表示するための灯火「非常灯」として作動する場合には，「点滅回数60〜120/分」に適合しない構造とすることができる。	第41条の3 告示第217条 （第3項第1号）

根 拠 条 項	規　定　内　容　等
その他の灯火 等の制限 （第42条）	●自動車には，保安基準第32条から第41条の3までの灯火装置若しくは反射器又は指示装置と類似する等により他の交通の妨げとなるおそれのあるものとして告示で定める灯火又は反射器を備えてはならない。
告示第218条 （その他の灯火の制限）	保安基準第42条の告示で定める基準は，次の各項に掲げる基準とする。 ●自動車には，次に掲げる灯火を除き，後方を照射し若しくは後方に表示する灯光の色が橙色である灯火で照明部の上縁が地上2.5m以下のもの又は灯光の色が赤色である灯火を備えてはならない。 (1)　側方灯 (1)の2　尾灯 (1)の3　後部霧灯 (1)の4　駐車灯 (1)の5　後部上側端灯 (2)　制動灯 (2)の2　補助制動灯 (3)　方向指示器 (4)　補助方向指示器 (4)の2　非常点滅表示灯 (4)の3　緊急制動表示灯 (4)の4　後面衝突警告表示等 (5)　緊急自動車の警光灯 (6)　火薬類又は放射性物質等を積載していることを表示するための灯火 (7)　旅客自動車運送事業用自動車の地上2.5mを超える高さの位置に備える後方に表示するための灯火（第1号の5に掲げる灯火を除く。） (8)　一般乗合旅客自動車運送事業用自動車の終車灯 (9)　一般乗用旅客自動車運送事業用自動車の空車灯及び料金灯 (10)　旅客自動車運送事業用自動車の非常灯 (11)　旅客自動車運送事業用乗合自動車の車椅子昇降用ステップリフトに備える赤色の灯火であって運転者席で点灯できないものその他の走行中に使用しない灯火

根拠条項	規　定　内　容　等

⑿　労働安全衛生法施行令第1条第1項第8号に規定する移動式クレーンに備える巻過防止装置，過負荷防止装置又は過負荷防止装置以外の過負荷を防止するための装置と連動する灯火

⒀　緊急自動車及び道路維持作業用自動車に備える他の交通に作業中であることを表示する電光表示器

●自動車には，次に掲げる灯火を除き，後方を照射し又は後方に表示する灯光の色が白色である灯火を備えてはならない。この場合において指定自動車等に備えられた車体側面に備える白色灯火（いわゆるコーチランプ）と同一の構造を有し，

かつ，同一の位置に備えられた白色の灯火は，この基準に適合するものとする。

⑴　低速走行時側方照射灯

⑵　番号灯

⑶　後退灯

⑷　室内照明灯

⑸　**一般乗合旅客自動車運送事業用自動車の方向幕灯**

⑹　**一般乗用旅客自動車運送事業用自動車の社名表示灯**

⑺　その構造が次のいずれかに該当する作業灯その他の走行中に使用しない灯火

　　イ　運転者席で点灯できない灯火

　　ロ　運転者席において点灯状態を確認できる装置を備えたもの

●自動車（一般乗合旅客自動車運送事業用自動車を除く。）の前面ガラスの上方には，灯光の色が青紫色である灯火を備えてはならない。

●自動車の前面ガラスの上方には，速度表示装置の速度表示灯と紛らわしい灯火を備えてはならない。

●自動車には，次に掲げる灯火を除き，点滅する灯火又は光度が増減する灯火（色度が変化することにより視感度が変化する灯火を含む。）を備えてはならない。

⑴　曲線道路用配光可変型前照灯

⑵　配光可変型前照灯

⑶　側方灯

⑷　方向指示器

⑸　補助方向指示器

根 拠 条 項	規 定 内 容 等
	⑹　非常点滅表示灯
	⑺　緊急制動表示灯
	⑻　緊急自動車の警光灯
	⑼　道路維持作業用自動車の灯火
	⑽　自主防犯活動用自動車の青色防犯灯
	⑾　一般乗合旅客自動車運送事業用自動車の行先等を連続表示する電光表示器
	⑿　非常灯（旅客自動車運送事業用自動車に備えるもの又は室内照明と兼用するものに限る。）
	⒀　**路線を定めて定期に運行する一般乗合旅客自動車運送事業用自動車及び一般乗用旅客自動車運送事業用自動車に備える旅客が乗降中であることを後方に表示する電光表示器**
	⒁　緊急自動車及び道路維持作業用自動車に備える他の交通に作業中であることを表示する電光表示器
	●自動車には，再帰反射材を除き，反射光の色が赤色である反射器であって前方に表示するもの又は反射光の色が白色である反射器であって後方に表示するものを備えてはならない。
後退灯 （第40条）	●自動車には，後退灯を備えなければならない。ただし，二輪自動車，側車付二輪自動車，カタピラ及びそりを有する軽自動車，小型特殊自動車並びに幅0.8メートル以下の自動車並びにこれらによりけん引される被けん引自動車にあっては，この限りでない。
	●後退灯は，自動車の後方にある他の交通に当該自動車が後退していることを示すことができ，かつ，その照射光線が他の交通を妨げないものとして，灯光の色，明かるさに関し告示で定める基準に適合するものでなければならない。
	●後退灯は，その性能を損なわないように，かつ，取付位置，取付方法等に関し告示で定める基準に適合するように取り付けられなければならない。
告示第214条	●個数・位置等
	・後退灯の色は，白色であること。 （平成8年1月31日以前に製作された自動車は，白又は淡黄色）
	・長さが6mを超える自動車（専ら乗用の用に供する自動車であって，乗車定員10人以上の自動車及び貨物の運送の用に供する自動

根 拠 条 項	規　定　内　容　等
	車に限る。）にあっては，２個，３個又は４個
	・それ以外の自動車にあっては，１個又は２個
警音器 （第43条） 告示第219条	●自動車には，警音器を備えなければならない。 ●音の大きさは，自動車の前方７メートルの位置において112デシベル以下87デシベル以上であること。 ●音は，連続するものであり，かつ，音の大きさ及び音色が一定なものであること。 ●サイレン又は鐘でないこと。
非常信号用具 （第43条の２） 告示第220条	●次の基準に適合する非常信号用具を備えること。 ① 赤色の灯光を発し，夜間200mから確認できること。 ② 自発光式であること。 ③ 使用に便利な場所に備えられたものであること。
停止表示器材 （第43条の４） 告示第222条	●自動車に備える停止表示器材は，けい光及び反射光により他の交通に当該自動車が停止していることを表示することができるものとして，形状，けい光及び反射光の明るさ，色等に関し次の基準に適合するものでなければならない。 ① 夜間200mの距離から走行用前照灯で照射した場合にその反射光を照射位置から確認できるものであること。 ② 昼間200mの距離からその蛍光を確認できるものであること。 ③ 反射光の色は赤色であり，かつ，当該停止表示器材による蛍光の色は，赤色又は橙色であること。
車両接近通報装置 （第43条の７）	●電力により作動する原動機を有する自動車（二輪自動車，側車付二輪自動車，三輪自動車，カタピラ及びそりを有する軽自動車，大型特殊自動車，小型特殊自動車並びに被牽引自動車を除く。）には，当該自動車の接近を歩行者等に通報するものとして，機能，性能等に関し告示で定める基準に適合する車両接近通報装置を備えなければならない。ただし，走行中に内燃機関が常に作動する自動車にあっては，この限りではない。
事故自動緊急通報装置	●乗用車等に備える事故自動緊急通報装置は，当該自動車が衝突等による衝撃を受ける事故が発生した場合において，その旨及び当

根 拠 条 項	規 定 内 容 等
（第43条の8）	該事故の概要を所定の場所に自動的かつ緊急に通報するものとして，機能，性能等に関し告示で定める基準に適合するものでなければならない。
後写鏡等 （第44条） 告示第224条	●自動車に備える後写鏡は，運転者が運転者席において自動車の外側線付近及び後方の交通状況を確認でき，かつ，乗車人員，歩行者等に傷害を与えるおそれの少ないものとして，当該後写鏡による運転者の視野，乗車人員等の保護に係る性能等に関し次の基準に適合するものでなければならない。 ①　容易に方向の調節をすることができ，かつ，一定の方向を保持できる構造であること。 ②　取付部付近の自動車の最外側より突出している部分の最下部が地上1.8m以下のものは，当該部分が歩行者等に接触した場合に衝撃を緩衝できる構造であること。 ③　車室内に備えるものは，当該自動車が衝突等による衝撃を受けた場合において，乗車人員の頭部等に傷害を与えるおそれの少ない構造であること。
窓ふき器等 （第45条） 告示第225条	●前面ガラスには，前面ガラスの直前の視野を確保できる自動式の窓ふき器(左右に備える場合は，同時に作動すること。)を備えること。 ●洗浄液噴射装置及びデフロスタを備えること。
速度計等 （第46条） 告示第226条	●速度計を運転者の見やすい箇所に，走行距離計を適当な箇所に備えること。 ●速度計は，運転者が容易に走行時における速度を確認できるものであること。
消火器 （第47条）	●次の自動車には消火器を備えること。（トレーラは①から④までを除く。) ①　火薬類を運送する自動車(一定量を超えるもの) ②　危険物を運送する自動車(指定数量を超えるもの) ③　可燃物を運送する自動車(一定量を超えるもの) ④　可燃性ガス及び酸素を運送する自動車(150kg以上のもの) ⑤　上記①から④までの自動車をけん引するトラクタ

根 拠 条 項	規 定 内 容 等
	⑥　放射性輸送物等を運送する場合に使用する自動車
	⑦　定員11人以上の自動車
	⑧　幼児専用車
運行記録計 （第48条の２） 告示第229条	●運行記録計は，24時間以上の継続した時間におけるすべての時刻における瞬間速度及びすべての２時刻間における走行距離を自動的に記録できること。
自主防犯活動用自動車 （第49条の３）	●自主防犯活動用自動車（地方公共団体その他の団体が自主防犯活動のため使用する自動車であって告示で定めるものをいう。）には，青色防犯灯を備えることができる。
乗車定員及び最大積載量 （第53条）	●自動車の乗車定員又は最大積載量は，本章の規定に適合して安全な運行を確保し，及び公害を防止できる範囲内において乗車し又は積載することができる人員又は物品の積載量のうち最大のものとする。 ●前項の乗車定員は，12歳以上の者の数をもって表わすものとする。この場合において，12歳以上の者１人は，12歳未満の小児又は幼児1.5人に相当するものとする。

3 道路交通法関係のポイント

凡例 法…道路交通法
　　 施行令…道路交通法施行令
　　 施行規則…道路交通法施行規則

根 拠 条 項	規 定 内 容 等
目　的 （法第1条）	●この法律は，道路における危険を防止し，その他交通の安全と円滑を図り，及び道路の交通に起因する障害の防止に資することを目的とする。
定　義 （法第2条）	●歩道とは，歩行者の通行の用に供するため縁石線又はさくその他これに類する工作物によって区画された道路の部分をいう。 ●車道とは，車両の通行の用に供するため縁石線若しくは柵その他これに類する工作物又は道路標示によって区画された道路の部分をいう。 ●本線車道とは，高速自動車国道又は自動車専用道路の本線車線により構成する車道をいう。 ●路側帯とは，歩行者の通行の用に供し，又は車道の効用を保つため，歩道の設けられていない道路又は道路の歩道の設けられていない側の路端寄りに設けられた帯状の道路の部分で，道路標示によって区画されたものをいう。 ●横断歩道とは，道路標識等（道路標識と道路標示）により歩行者の横断の用に供するための場所であることが示されている道路の部分をいう。 ●自転車横断帯とは，道路標識等により自転車の横断の用に供するための場所であることが示されている道路の部分をいう。 ●交差点とは，十字路，丁字路その他2以上の道路（歩道と車道の区別のある道路では車道）の交わる部分をいう。 ●安全地帯とは，路面電車に乗降する者若しくは横断している歩行者の安全を図るため道路に設けられた島状の施設又は道路標識及び道路標示により安全地帯であることが示されている道路の部分をいう。 ●車両通行帯とは，車両が道路の定められた部分を通行すべきことが道路標示により示されている場合における当該道路標示により示されている道路の部分をいう。 ●車両とは，自動車，原動機付自転車，軽車両及びトロリーバスをいう。

根拠条項	規　定　内　容　等

●自動車とは，原動機を用い，かつ，レール又は架線によらないで運転する車又は特定自動運行を行う車であって，原動機付自転車，軽車両，移動用小型車，身体障害者用の車及び遠隔操作型小型車並びに歩行補助車，乳母車その他の歩きながら用いる小型の車で政令で定めるもの（以下「歩行補助車等」という。）以外のものをいう。

●トロリーバスとは，架線から供給される電力により，かつ，レールによらないで運転する車をいう。

●路面電車とは，レールにより運転する車をいう。

●信号機とは，電気により操作され，かつ，道路の交通に関し，灯火により交通整理等のための信号を表示する装置をいう。

●道路標識とは，道路の交通に関し，規制又は指示を表示する標示板をいう。

●道路標示とは，道路の交通に関し，規制又は指示を表示する標示で，路面に描かれた道路鋲，ペイント，石等による線，記号又は文字をいう。

●駐車とは，車両等が客待ち，荷待ち，貨物の積卸し，故障その他の理由により継続的に停止すること（貨物の積卸しのための停止で5分を超えない時間内のもの及び人の乗降のための停止を除く。），又は車両等が停止（特定自動運行中の停止を除く。）をし，かつ，当該車両等の運転者がその車両等を離れて直ちに運転することができない状態にあることをいう。

●停車とは，車両等が停止することで駐車以外のものをいう。

●徐行とは，車両等が直ちに停止することができるような速度で進行することをいう。

●追越しとは，車両が他の車両等に追い付いた場合において，その進路を変えてその追い付いた車両等の側方を通過し，かつ，**当該車両等の前方に出ることをいう。**

●進行妨害とは，車両等が進行を継続し，又は始めた場合においては危険を防止するため他の車両等がその速度又は方向を急に変更しなければならないこととなるおそれがあるときに，その進行を継続し，又は始めることをいう。

●この法律の規定の適用については，次に掲げる者は，歩行者とする。

　① 移動用小型車，身体障害者用の車，遠隔操作型小型車，小児

根拠条項	規 定 内 容 等
	用の車又は歩行補助車等を通行させている者（遠隔操作型小型車にあっては，遠隔操作により通行させている者を除く。） ② 大型自動二輪車又は普通自動二輪車，二輪の原動機付自転車，二輪又は三輪の自転車その他車体の大きさ及び構造が他の歩行者の通行を妨げるおそれのないものとして内閣府令で定める基準に該当する車両（これらの車両で側車付きのもの及び他の車両を牽引しているものを除く。）を押して歩いている者
自動車の種類 （法第3条） （施行規則第 2条）	●自動車は，施行規則で定める車体の大きさ及び構造並びに原動機の大きさを基準として，大型自動車，中型自動車，準中型自動車，普通自動車，大型特殊自動車，大型・普通自動二輪車（側車付のものを含む。）及び小型特殊自動車に区分する。 ●自動車の種類は，施行規則で次のように定めている。

自動車の種類	車 体 の 大 き さ 等
大型自動車	大型特殊自動車，大型自動二輪車，普通自動二輪車及び小型特殊自動車以外の自動車で， 　車両総重量11,000キログラム以上のもの 　最大積載量　6,500キログラム以上のもの 　乗車定員　　30人以上のもの 　（バス，トラックなど）
中型自動車	大型自動車，大型特殊自動車，大型自動二輪車，普通自動二輪車及び小型特殊自動車以外の自動車で， 　車両総重量　7,500キログラム以上11,000キログラム未満のもの 　最大積載量　4,500キログラム以上6,500キログラム未満のもの 　乗車定員　　11人以上29人以下のもの（バス，トラックなど）
準中型自動車	大型自動車，中型自動車，大型特殊自動車，大型自動二輪車，普通自動二輪車及び小型特殊自動車以外の自動車で， 　車両総重量が3,500キログラム以上7,500キログラム未満のもの又は 　最大積載量が2,000キログラム以上4,500キログラム未満のもの
普通自動車	車体の大きさ等が，大型自動車，中型自動車，準中型自動車，大型特殊自動車，大型自動二輪車，普通自動二輪車又は小型特殊自動車について定められた車体の大きさ等のいずれにも該当しない自動車（普通乗用車，小型トラックなどやミニカー）
大型特殊自動車	カタピラ式または装輪式（内閣総理大臣が指定するものを除く。）のもの 特殊な作業に使用する自動車（ホークリフト，ロータリー除雪車など）で小型特殊自動車以外のもの

| 根 拠 条 項 | 規　定　内　容　等 |

自動車の種類		車　体　の　大　き　さ　等
自動二輪車	大型	エンジンの総排気量が0.400リットルを超える二輪の自動車（側車付きのものを含む。）
	普通	二輪の自動車（側車付きのものを含む。）で，大型自動二輪車以外のもの
小型特殊自動車		特殊な構造を有し，最高速度15キロメートル毎時を超える速度を出すことができない構造のものであって，かつ，車体の長さが4.70メートル以下，幅1.70メートル以下，高さ2.00メートル（ヘッドガード，安全キャップ，安全フレームその他これらに類する装置が備えられている自動車で，当該装備を除いた部分の高さが2.00メートル以下のものにあっては，2.80メートル）以下のもの（例えば農耕作業用自動車など。）

通行の禁止等

（法第8条）

● 歩行者又は車両等は，道路標識等によりその通行を禁止されている道路又はその部分を通行してはならない。

● 車両は，警察署長が政令で定めるやむを得ない理由があると認めて許可をしたときは，前項の規定にかかわらず，道路標識等によりその通行を禁止されている道路又はその部分を通行することができる。

● 前項の規定により許可証の交付を受けた車両の運転者は，当該許可に係る通行中，当該許可証を携行していなければならない。

通行区分

（法第17条）

● 車両は，歩道又は路側帯と車道の区別のある道路においては，車道を通行しなければならない。ただし，道路外の施設又は場所に出入りするためやむを得ない場合において歩道等を横断するとき，又は第47条第3項若しくは第48条の規定により歩道等で停車し，若しくは駐車するため必要な限度において歩道等を通行するときはこの限りでない。

● 車両が道路外の施設又は場所に出入りするためやむを得ない場合において歩道等を横断するとき，又は法令の規定により歩道等で停車し，若しくは駐車するために必要な限度において歩道等を通行するときは，車両は，歩道等に入る直前で一時停止し，かつ，歩行者の通行を妨げないようにしなければならない。

● 車両は，次の各号に掲げる場合においては，道路の中央から右の部分にその全部又は一部をはみ出して通行することができる。この場合において，車両は，第1号に掲げる場合を除き，そのはみ出し方ができるだけ少なくなるようにしなければならない。

① 一方通行となっているとき。

② 左側部分の道幅がその車両の通行のため十分でないとき。

③ 道路の損壊，道路工事その他の障害で左側部分の通行ができ

根 拠 条 項	規　定　内　容　等

ないとき。

④　左側の部分の道幅が6メートル未満の道路で他の車両を追い越そうとするとき。（当該道路の右側部分を見とおすことができ，かつ，反対の方向からの交通を妨げるおそれがない場合に限るものとし，道路標識等により追越しのため右側部分にはみ出して通行することが禁止されている場合を除く。）

⑤　勾配の急な道路のまがりかど付近で，道路標識等により通行の方法が指定されている場合において，当該指定に従い通行するとき。

左側寄り通行帯
（法第18条）

● 車両（トロリーバスを除く。）は，車両通行帯の設けられた道路を通行する場合を除き，自動車及び原動機付自転車にあっては，道路の左側に寄って，軽車両にあっては道路の左側端に寄って通行しなければならない。ただし，追越しをするとき等，規定により道路中央若しくは右側端に寄るとき，又は道路の状況その他事情によりやむを得ないときは，この限りでない。

● 車両は，歩道と車道の区別がない道路を通行する場合において，歩行者の側方を通過するときは，これとの間に安全な間隔を保ち，又は徐行しなければならない。

車両通行帯
（法第20条）

● 車両は，車両通行帯の設けられた道路においては，道路の左側端から数えて一番目の車両通行帯を通行しなければならない。ただし，自動車（小型特殊自動車及び道路標識等によって指定された自動車を除く。）は，当該道路の左側部分（当該道路が一方通行となっているときは，当該道路）に3以上の車両通行帯が設けられているときは，政令で定めるところにより，その速度に応じ，その最も右側の車両通行帯以外の車両通行帯を通行することができる。

● 車両は，車両通行帯の設けられた道路において，道路標識等により前項に規定する通行の区分と異なる通行の区分が指定されているときは，当該通行の区分に従い，当該車両通行帯を通行しなければならない。

● 車両は，追越しをするとき，法令の規定により道路の左側端，中央若しくは右側端に寄るとき，法令の規定に従い通行するとき，法令の規定によりその通行している車両通行帯をそのまま通行す

根 拠 条 項	規　定　内　容　等
	るとき，法令の規定により一時進路を譲るとき，又は道路の状況その他の事情によりやむを得ないときは，前二項の規定によらないことができる。この場合において，追越しをするときは，その通行している車両通行帯の直近の右側の車両通行帯を通行しなければならない。
路線バス等優先通行帯 （法第20条の2）	●路線バス等（定期路線乗合バス，通学通園バス等）の優先通行帯であることが道路標識等により表示されている車両通行帯が設けられている道路においては，路線バス等が後方から接近してきた場合に，当該道路の交通混雑のためその車両通行帯から出ることができないこととなるときは，当該車両通行帯を通行してはならず，また，当該車両通行帯を通行している場合に，後方から路線バス等が接近してきたときは，その正常な運行に支障を及ぼさないように，すみやかに当該車両通行帯の外にでなければならない。 　ただし，この法律の他の規定により通行すべきこととされている道路の部分が当該車両通行帯であるとき，又は道路の状況その他の事情によりやむを得ないときは，この限りでない。 ●上記の本文の規定は，車両通行帯の直近の右側の車両通行帯又は道路の部分を通行する自動車については適用しない。
軌道敷内の通行 （法第21条）	●車両（トロリーバスを除く。）は，左折し，右折し，横断し，若しくは転回するため軌道敷を横切る場合又は危険防止のためやむを得ない場合を除き，軌道敷内を通行してはならない。 ●車両は，次の各号に掲げる場合においては，前項の規定にかかわらず，軌道敷内を通行することができる。この場合において，車両は，路面電車の通行を妨げてはならない。 ①　当該道路の左側部分から軌道敷を除いた部分の幅員が当該車両の通行のため十分なものでないとき。 ②　当該車両が，道路の損壊，道路工事その他の障害のため当該道路の左側部分から軌道敷を除いた部分を通行することができないとき。 ③　道路標識等により軌道敷内を通行することができることとされている自動車が通行するとき。
最高速度	●車両は，道路標識等によりその最高速度が指定されている道路に

根 拠 条 項	規　定　内　容　等
（法第22条）	おいてはその最高速度を，その他の道路においては政令で定める最高速度をこえる速度で進行してはならない。
一般道路 （施行令第11条）	一般道路の最高速度

自動車の種類	最高速度
自動車	60キロメートル毎時
原動機付自転車	30キロメートル毎時

根 拠 条 項	規　定　内　容　等
最高速度の特例 （施行令第12条）	●自動車が，他の車両を牽引して道路を通行する場合におけるその自動車の最高速度は，次表のとおりとする。ただし，牽引するための構造装置を有する自動車によって牽引されるための構造装置を有する自動車を牽引する場合は除かれる。

自 動 車 の 種 類	最 高 速 度
車両総重量が2,000キログラム以下の車両をその3倍以上の車両総重量の車両で牽引する場合	40キロメートル毎時
上記以外のとき	30キロメートル毎時
125cc以下の自動二輪車又は原動機付自転車が他の車両を牽引する場合	25キロメートル毎時

●緊急自動車が高速自動車国道の本線車道以外の道路を通行する場合の最高速度は，80キロメートル毎時とする。

根 拠 条 項	規　定　内　容　等
最高速度違反行為に係る車両の使用者に対する指示 （法第22条の2）	●車両の運転者が最高速度違反行為を当該車両の使用者（当該車両の運転者であるものを除く。）の業務に関してした場合において，当該最高速度違反行為に係る車両の使用者が当該車両につき最高速度違反行為を防止するため必要な運行の管理を行っていると認められないときは，当該車両の使用の本拠の位置を管轄する公安委員会は，当該車両の使用者に対し，最高速度違反行為となる運転が行われることのないよう運転者に指導し又は助言することその他最高速度違反行為を防止するため必要な措置をとることを指示することができる。
高速道路 （施行令第27	●道路標識等で最高速度や最低速度が指定されていない高速自動車国道の本線車道では，次表の最高速度を超えたり，最低速度に達

根 拠 条 項	規　定　内　容　等

条)

しない速度で運転しないこと。

（高速道路）

自 動 車 の 種 類	最 高 速 度	最 低 速 度
・大型自動車（3輪のもの，トレーラ連結車を除く。）のうち、専ら人を運搬する構造のもの ・中型自動車（3輪のもの，トレーラ連結車を除く。）のうち，専ら人を運搬する構造のもの又は車両総重量が8千キログラム未満，最大積載量が5千キログラム未満及び乗車定員が十人以下 ・準中型自動車（3輪のもの，トレーラ連結車を除く。） ・普通自動車（3輪のもの，トレーラ連結車を除く。） ・大型及び普通自動二輪車	100キロメートル毎時	50キロメートル毎時
・上記以外の大型自動車（3輪のもの，トレーラ連結車を除く。） ・上記以外の中型自動車（3輪のもの，トレーラ連結車を除く。）	90キロメートル毎時	
・上記以外の自動車 ・他の自動車を牽引するとき（牽引装置を有する自動車が，牽引される装置を有する自動車を牽引する場合（トレーラ連結車）に限る。）	80キロメートル毎時	

罰　則
（法第118条）

●最高速度違反は，その違反速度によって6月以下の懲役又は10万円以下の罰金に処せられる。

　なお，行政処分の基礎点数及び反則金の額が，車種別，違反速度別に定められている。

最低速度
（法第23条）

●自動車は，道路標識等によりその最低速度が指定されている道路（法第75条の4に規定する高速自動車国道の本線車道を除く。）では，法令の規定により速度を減ずる場合及び危険を防止するためやむを得ない場合を除き，その最低速度に達しない速度で進行してはならない。

高速道路の最
低速度
（法第75条の

●自動車は，法令の規定により速度を減ずる場合及び危険を防止するためやむを得ない場合を除き，高速自動車国道の本線車道（政令で定めるものを除く。）においては，道路標識等により最低速度

根拠条項	規　定　内　容　等
4） （施行令第27条の2） （施行令第27条の3）	が指定されている区間はその最低速度に，その他の区間においては，政令で定める**最低速度**に達しない速度で進行してはならない。 （高速自動車国道における交通方法の特例に係る最低速度を定めない本線車道） ●法第75条の4の政令で定めるものは，往復の方向にする通行が行われている本線車道で，本線車線が道路の構造上往復の方向別に分離されていないものとする。 ●法第75条の4の政令で定める最低速度は，**50キロメートル毎時**とする。
急ブレーキの禁止 （法第24条）	●車両等の運転者は，危険を防止するためやむを得ない場合を除き，その車両等を急に停止させ，又はその速度を急激に減ずるような急ブレーキをかけてはならない。
道路外に出る場合の方法 （法第25条）	●車両は，道路外へ出るため左折するときは，あらかじめその前からできる限り道路の左側端に寄り，かつ，徐行しなければならない。 ●車両（軽車両及びトロリーバスを除く。）は，道路外に出るため右折するときは，あらかじめその前からできる限り道路の中央（一方通行のときは右側端）に寄り，かつ，徐行しなければならない。 ●道路外に出るため左折又は右折しようとする車両が，前2項の規定により，それぞれ道路の左側端，中央又は右側端に寄ろうとして手又は方向指示器による合図をした場合は，その後方にある車両は，その速度又は方向を急に変更しなければならないこととなる場合を除き，当該合図をした車両の進路の変更を妨げてはならない。
横断等の禁止 （法第25条の2）	●車両は，歩行者又は他の車両等の正常な交通を妨害するおそれがあるときは，道路外の施設，場所に出入するための左折若しくは右折をし，横断し，転回し，又は後退してはならない。
車間距離の保持 （法第26条）	●車両等は，同一の進路を進行している他の車両等の直後を進行するときは，その直前の車両が急に停止したときにおいてもこれに追突するのを避けることができる必要な距離を，これから保たなければならない。
進路の変更の	●車両は，みだりにその進路を変更してはならない。

根 拠 条 項	規　定　内　容　等
禁止 （法第26条の2）	●車両は，進路を変更した場合にその変更した後の進路と同一の進路を後方から進行してくる車両等の速度又は方向を急に変更させることとなるおそれがあるときは，進路を変更してはならない。 ●車両は，車両通行帯を通行している場合において，その車両通行帯が当該車両通行帯を通行している車両の進路の変更の禁止を表示する道路標示によって区画されているときは，法令に規定する場合を除き，その道路標示をこえて進路を変更してはならない。
他の車両に追いつかれた車両の義務 （法第27条）	1．車両（定期路線バス等及びトロリーバスを除く。）は，最高速度が高い車両に追いつかれたときは，その追いついた車両が当該車両の追越しを終わるまで速度を増してはならない。最高速度が同じであるか又は低い車両に追いつかれ，かつ，その追いついた車両の速度よりもおそい速度で引き続き進行しようとするときも，同様とする。 2．車両（定期路線バス等及びトロリーバスを除く。）は，車両通行帯の設けられた道路を通行する場合を除き，最高速度が高い車両に追いつかれ，かつ，道路の中央（当該道路が一方通行となっているときは，当該道路の右側端。以下同じ。）との間にその追いついた車両が通行するのに十分な余地がない場合においては，できる限り道路の左側端に寄ってこれに進路を譲らなければならない。最高速度が同じであるか又は低い車両に追いつかれ，かつ，道路の中央との間にその追いついた車両が通行するのに十分な余地がない場合において，その追いついた車両の速度よりもおそい速度で引き続き進行しようとするときも，同様とする。
追越しの方法 （法第28条）	●車両は，他の車両を追い越そうとするときは，その追い越されようとする車両（前車）の右側を通行しなければならない。 ●車両は，他の車両を追い越そうとする場合において，前車が法の規定により道路の中央又は右側端に寄って通行しているときは，前項の規定にかかわらず，その左側を通行しなければならない。 ●車両は，路面電車を追い越そうとするときは，路面電車の左側を通行しなければならない。ただし，軌道が道路の左側端に寄っているときは，この限りでない。 ●前3項の場合において，追い越しをしようとする車両（後車）は，反対の方向又は後方からの交通及び前車又は路面電車の前方の交

根 拠 条 項	規　定　内　容　等
	通にも十分注意し，かつ，前車又は路面電車の速度及び進路並びに道路の状況に応じて，できる限り安全な速度と方法で進行しなければならない。
追越しを禁止する場合 （法第29条）	●後車は，前車が他の自動車又はトロリーバスを追い越そうとしているときは追越しを始めてはならない。
追越しを禁止する場所 （法第30条）	●車両は，道路標識等により追い越しが禁止されている道路の部分及び次に掲げるその他の道路の部分においては，他の車両（特定小型原動機付自転車等を除く。）を追い越すため，進路を変更し，又は前車の側方を通過してはならない。 ①　道路のまがり角付近 ②　上り坂の頂上付近，こう配の急な下り坂 ③　トンネル（車両通行帯がある場合を除く。） ④　交差点とその手前から30m以内（優先道路を通行している場合を除く。）の部分 ⑤　踏切，横断歩道，自転車横断帯とその手前から30m以内の部分
乗合自動車の発進の保護 （法第31条の2）	●停留所において乗客の乗降のため停車していた乗合自動車が発進しようとして手又は方向指示器により合図した場合は，その後方の車両は，その速度又は方向を急に変更しなければならないこととなる場合を除き，当該合図をした乗合自動車の進路の変更を妨げてはならない。
割込み等の禁止 （法第32条）	●車両は，法令の規定若しくは警察官の命令により，又は危険を防止するため，停止し，若しくは停止しようとして徐行している車両等又はこれらに続いて停止し，若しくは徐行している車両等に追いついたときは，その前方にある車両等の側方を通過して当該車両等の前方に割り込み，又はその前方を横切ってはならない。
踏切の通過 （法第33条）	●車両等は，踏切を通過しようとするときは，踏切の直前（道路標識等による停止線が設けられているときは，その停止線の直前）で停止し，かつ，安全であることを確認した後でなければ進行してはならない。 　ただし，信号機の信号に従うときは，踏切の直前で停止しない

根 拠 条 項	規 定 内 容 等
	で進行することができる。
	●車両等は，踏切を通過しようとする場合に，遮断機が閉じようとし又は閉じている間，若しくは警報機が警報している間は，踏切に入ってはならない。
	●車両等の運転者は，故障その他の理由により踏切で車両等を運転できなくなったときは，直ちに非常信号を行う等故障その他の理由で停止している車両等があることを鉄道の係員又は警察官に知らせるための措置を講ずるとともに，当該車両等を踏切以外の場所へ移動するために必要な措置を講じなければならない。
左折又は右折 （法第34条）	●車両は，左折するときは，あらかじめその前からできる限り道路の左側端に寄り，かつ，できる限り道路の左側端に沿って（道路標識等により通行すべき部分が指定されているときは，その指定された部分を通行して）徐行しなければならない。
	●自動車，一般原動機付自転車又はトロリーバスは，右折するときは，あらかじめその前からできる限り道路の中央に寄り，かつ，交差点の中心の直近の内側（道路標識等により通行すべき部分が指定されているときは，その指定された部分）を徐行しなければならない。
	●自動車，一般原動機付自転車又はトロリーバスは，一方通行の道路で右折するときは，前項の規定にかかわらず，あらかじめその前からできる限り道路の右側端に寄り，かつ，交差点の中心の内側（道路標識等により通行すべき部分が指定されているときは，その指定された部分）を徐行しなければならない。
	●左折又は右折しようとする車両が，前各項の規定により，それぞれ道路の左側端，中央又は右側端に寄ろうとして手又は方向指示器による合図をした場合においては，その後方にある車両は，その速度又は方向を急に変更しなければならないこととなる場合を除き，当該合図をした車両の進路の変更を妨げてはならない。
環状交差点における左折等 （法第35条の2）	●車両は，環状交差点において左折し，又は右折するときは，第34条第1項から第5項までの規定にかかわらず，あらかじめその前からできる限り道路の左側端に寄り，かつ，できる限り環状交差点の側端に沿って（道路標識等により通行すべき部分が指定されているときは，その指定された部分を通行して）徐行しなければ

根 拠 条 項	規　定　内　容　等
	ならない。
	●車両は，環状交差点において直進し，又は転回するときは，あらかじめその前からできる限り道路の左側端に寄り，かつ，できる限り環状交差点の側端に沿って（道路標識等により通行すべき部分が指定されているときは，その指定された部分を通行して）徐行しなければならない。
交差点における他の車両等との関係 （法第36条）	1．車両等は，交通整理の行われていない交差点においては，次項の規定が適用される場合を除き，次の各号に掲げる区分に従い，当該各号に掲げる車両等の進行妨害をしてはならない。 　①　車両である場合　　交差道路を左方から進行してくる車両及び交差道路を通行する路面電車 　②　路面電車である場合　交差道路を左方から進行してくる路面電車
	2．車両等は，交通整理の行われていない交差点においては，その通行している道路が優先道路である場合を除き，交差道路が優先道路であるとき，又はその通行している道路の幅員よりも交差道路の幅員が明らかに広いものであるときは，当該交差道路を通行する車両等の進行妨害をしてはならない。
	3．車両等（優先道路を通行している車両等を除く。）は，交通整理の行われていない交差点に入ろうとする場合において，交差道路が優先道路であるとき，又はその通行している道路よりも交差道路の幅員が明らかに広いものであるときは，徐行しなければならない。
	4．車両等は，交差点に入ろうとし，及び交差点内を通行するときは，当該交差点の状況に応じ，交差道路を通行する車両等，反対方向から進行してきて右折する車両等及び当該交差点又はその直近で道路を横断する歩行者に特に注意し，かつ，できる限り安全な速度と方法で進行しなければならない。
（法第37条）	●車両等は，交差点で右折する場合において，当該交差点において直進し，又は左折しようとする車両等があるときは，当該車両等の進行妨害をしてはならない。
環状交差点における他の車両等との関係	●車両等は，環状交差点においては，第36条第1項及び第2項並びに前条の規定にかかわらず，当該環状交差点内を通行する車両等の進行妨害をしてはならない。

根拠条項	規定内容等
等 （法第37条の2）	●車両等は，環状交差点に入ろうとするときは，第36条第3項の規定にかかわらず，徐行しなければならない。 ●車両等は，環状交差点に入ろうとし，及び環状交差点内を通行するときは，第36条第4項の規定にかかわらず，当該環状交差点の状況に応じ，当該環状交差点に入ろうとする車両等，当該環状交差点内を通行する車両等及び当該環状交差点又はその直近で道路を横断する歩行者に特に注意し，かつ，できる限り安全な速度と方法で進行しなければならない。
横断歩道等における歩行者等の優先 （法第38条）	●車両等は，横断歩道又は自転車横断帯（以下，横断歩道等という。）に接近する場合には，当該横断歩道等を通過する際に横断しようとする歩行者等がいないことが明らかな場合を除き，当該横断歩道等の直前（道路標識等による停止線が設けられているときは，その停止線の直前。以下同じ。）で停止できるような速度で進行しなければならない。この場合において，横断歩道等によりその進路の前方を横断し，又は横断しようとする歩行者等があるときは，当該横断歩道等の直前で一時停止し，かつ，その通行を妨げないようにしなければならない。 ●車両等は，横断歩道等（当該車両等が通過する際に信号機の表示する信号又は警察官等の手信号等により当該横断歩道等による歩行者等の横断が禁止されているものを除く。）又はその手前の直前で停止している車両等がある場合，停止している車両等の側方を通過してその前方に出ようとするときは，その前方に出る前に一時停止しなければならない。 ●車両等は，横断歩道等及びその手前の側端から前に30m以内の部分では，その前方を進行している他の車両等（特定小型原動機付自転車等を除く。）の側方を通過してその前方に出てはならない。
横断歩道のない交差点における歩行者の優先 （法第38条の2）	●車両等は，交差点またはその直近で横断歩道の設けられていない場所において，歩行者が道路を横断しているときは，その歩行者の通行を妨げてはならない。

根 拠 条 項	規 定 内 容 等
緊急自動車の優先 （法第40条）	●交差点又はその付近において，緊急自動車が接近してきたときは，路面電車は交差点を避けて，車両（緊急自動車を除く。）は交差点を避け，かつ，道路の左側（一方通行となっている道路においてその左側に寄ることが緊急自動車の通行を妨げることとなる場合にあっては，道路の右側。）に寄って一時停止しなければならない。 ●前項以外の場所において，緊急自動車が接近してきたときは，車両は，道路の左側に寄って，これに進路を譲らなければならない。
交差点等への進入禁止 （法第50条）	●交通整理の行われている交差点に入ろうとする車両等は，その進行しようとする進路の前方の車両等の状況により，交差点に入った場合においては当該交差点内で停止することとなり，よって交差道路における車両等の通行の妨害となるおそれがあるときは，当該交差点に入ってはならない。 ●車両等は，その進行しようとする道路の前方の車両等の状況により，横断歩道，自転車横断帯，踏切又は道路標示によって区画された部分に入った場合においてはその部分で停止することとなるおそれがあるときは，これらの部分に入ってはならない。
徐行すべき場所 （法第42条）	●次の場所を通行するときは，徐行すること。 　①　徐行の標識があるところ 　②　左右の見とおしがきかない交差点に入ろうとし，又は交差点内で左右の見とおしがきかない部分を通行しようとするとき（当該交差点において交通整理が行われている場合及び優先道路を通行している場合を除く。） 　③　道路のまがりかど付近，上り坂の頂上附近又は勾配の急な下り坂
指定場所における一時停止 （法第43条）	●車両等は，交通整理が行なわれていない交差点又はその手前の直近において，道路標識等により一時停止すべきことが指定されているときは，道路標識等による停止線の直前（道路標識等により停止線が設けられていない場合にあっては，交差点の直前）で，一時停止しなければならない。
停車及び駐車	●次の場所では停車及び駐車をしないこと。

根 拠 条 項	規　定　内　容　等
を禁止する場所 （法第44条）	① 停車及び駐車禁止の標識，標示のある道路の部分 ② 交差点，横断歩道，自転車横断帯 ③ 踏切，軌道敷内，坂の頂上付近 ④ 勾配の急な坂，トンネル ⑤ 交差点の側端，道路の曲がり角から5m以内の部分 ⑥ 横断歩道，自転車横断帯の前後の側端からそれぞれ前後に5m以内の部分 ⑦ 安全地帯の左側の部分と当該部分の前後の側端からそれぞれ前後に10m以内の部分 ⑧ バス，路面電車の停留所の標示板（柱）から10m以内の部分（運行時間中に限る。） ⑨ 踏切の前後の側端からそれぞれ前後に10m以内の部分
駐車を禁止する場所 （法第45条）	●車両は，道路標識等により駐車が禁止されている道路の部分及び次に掲げるその他の道路の部分においては，駐車してはならない。 ① 人の乗降，貨物の積卸し，駐車又は自動車の格納若しくは修理のため道路外に設けられた施設又は場所の道路に接する自動車用の出入口から3メートル以内の部分 ② 道路工事が行なわれている場合における当該工事区域の側端から5メートル以内の部分 ③ 消防用機械器具の置場若しくは消防用防火水槽の側端又はこれらの道路に接する出入口から5メートル以内の部分 ④ 消火栓，指定消防水利の標識が設けられている位置又は消防用防火水槽の吸水口若しくは吸管投入孔から5メートル以内の部分 ⑤ 火災報知機から1メートル以内の部分 ●車両は，法第47条第2項又は第3項の規定により駐車する場合に当該車両の右側の道路上に3.5メートル（道路標識等により距離が指定されているときは，その距離）以上の余地がないこととなる場所においては，駐車してはならない。ただし，貨物の積卸しを行う場合で運転者がその車両を離れないとき，若しくは運転者がその車両を離れたが直ちに運転に従事することができる状態にあるとき，又は傷病者の救護のためやむを得ないときは，この限りでない。 ●公安委員会が交通がひんぱんでないと認めて指定した区域におい

根 拠 条 項	規 定 内 容 等
	ては，前項本文の規定は，適用しない。
高齢運転者等専用時間制限駐車区間における駐車の禁止 （法第49条の4）	●高齢運転者等専用時間制限駐車区間においては，高齢運転者等標章自動車以外の車両は，駐車をしてはならない。
車両等の灯火 （法第52条） 道路にある場合の灯火 （施行令第18条）	●車両等は，夜間（日没時から日出時までの時間をいう。），道路にあるとき（高速自動車国道及び自動車専用道路においては前方200メートル，その他の道路においては前方50メートルまで明りょうに見える程度に照明が行われているトンネルを通行する場合を除く。）は，政令で定めるところにより，前照灯，車幅灯，尾灯その他の灯火をつけなければならない。
夜間以外の時間で灯火をつけなければならない場合 （施行令第19条）	●トンネルの中，濃霧がかかっている場所その他の場所で，視界が高速自動車国道及び自動車専用道路においては200メートル，その他の道路においては50メートル以下であるような暗い場所を通行する場合及び当該場所に停車し，又は駐車している場合は，夜間以外の時間にあっても前照灯，車幅灯，尾灯その他の灯火をつけなければならない。
合図 （法第53条）	●車両（自転車以外の軽車両を除く。）の運転者は，左折し，右折し，転回し，徐行し，停止し，後退し，又は同一方向に進行しながら進路を変えるときは，手，方向指示器又は灯火により合図をし，かつ，これらの行為を終えるまで当該合図を継続しなければならない。 ●車両（自転車以外の軽車両を除く。）の運転者は，環状交差点においては，前項の規定にかかわらず，当該環状交差点を出るとき，又は当該環状交差点において徐行し，停止し，若しくは後退するときは，手，方向指示器又は灯火により合図をし，かつ，これらの行為が終わるまで当該合図を継続しなければならない。

根 拠 条 項	規　定　内　容　等
合図の時期及び方法 （施行令第21条）	●法第53条第1項に規定する合図を行う時期及び方法は，次の表に掲げるとおりとする。

合図を行う場所	合図を行う時期	合図の方法
左折するとき	その行為をしようとする地点（交差点においてその行為をする場合にあっては，当該交差点の手前の側端）から30メートル手前の地点に達したとき。	左腕を車体の左側の外に出して水平にのばし，若しくは右腕を車体の右側の外に出してひじを垂直に上にまげること，又は左側の方向指示器を操作すること。
同一方向に進行しながら進路を左方に変えるとき。	その行為をしようとする時の3秒前のとき。	
右折し，又は転回するとき。	その行為をしようとする地点（交差点において右折する場合にあっては，当該交差点の手前の側端）から30メートル手前の地点に達したとき。	右腕を車体の右側の外に出して水平にのばし，若しくは左腕を車体の左側の外に出してひじを垂直に上にまげること，又は右側の方向指示器を操作すること。
同一方向に進行しながら進路を右方に変えるとき。	その行為をしようとする時の3秒前のとき。	
徐行し，又は停止するとき。	その行為をしようとするとき。	腕を車体の外に出して斜め下にのばすこと，又は車両の保安基準に関する規定若しくはトロリーバスの保安基準に関する規定により設けられている制動灯をつけること。
後退するとき。	その行為をしようとするとき。	腕を車体の外に出して斜め下にのばし，かつ，手のひらを後ろに向けてその腕を前後に動かすこと。又は車両の保安基準に関する規定に定める後退灯を備える自動車にあってはその後退灯を，トロリーバスにあってはトロリーバスの保安基準に関する規定に定める後退灯を，それぞれつけること。

●法第53条第2項に規定する合図を行う時期及び合図の方法は，次の表に掲げるとおりとする。

根 拠 条 項	規　　定　　内　　容　　等

合図を行う場合	合図を行う時期	合図の方法
環状交差点を出るとき	その行為をしようとする地点の直前の出口の側方を通過したとき（環状交差点に入った直後の出口を出る場合にあっては，環状交差点に入ったとき）。	左腕を車体の左側の外に出して水平に伸ばし，若しくは右腕を車体の右側の外に出して肘を垂直に上に曲げること，又は左側の方向指示器を操作すること。
環状交差点において徐行し，又は停止するとき	その行為をしようとするとき。	腕を車体の外に出して斜め下に伸ばすこと，又は車両の保安基準に関する規定若しくは，トロリーバスの保安基準に関する規定により設けられる制動灯をつけること。
環状交差点において後退するとき	その行為をしようとするとき。	腕を車体の外に出して斜め下に伸ばし，かつ，手のひらを後ろに向けてその腕を前後に動かすこと，又は車両の保安基準に関する規定に定める後退灯を備える自動車にあってはその後退灯を，トロリーバスにあってはトロリーバスの保安基準に関する規定により設けられる後退灯を，それぞれつけること。

警音器の使用等
（法第54条）

●車両等（自転車以外の軽車両を除く。以下この条において同じ。）の運転者は，次の各号に掲げる場合においては，警音器を鳴らさなければならない。

①左右の見とおしのきかない交差点，見とおしのきかない道路のまがりかど又は見とおしのきかない上り坂の頂上で道路標識等により指定された場所を通行しようとするとき。

②山地部の道路その他曲折が多い道路について道路標識等により指定された区間における左右の見とおしのきかない交差点，見とおしのきかない道路のまがりかど又は見とおしのきかない上り坂の頂上を通行しようとするとき。

●車両等の運転者は，法令の規定により警音器を鳴らさなければならないこととされている場合を除き，警音器を鳴らしてはならない。ただし，危険を防止するためやむを得ないときは，この限りでない。

乗車又は積載の方法
（法第55条）

●運転者は，乗車又は積載のために設備された場所以外の場所に乗車させ又は積載をして運転してはならない。ただし，貨物自動車で貨物を積載しているものにあっては，当該貨物を看守するため必要な最小限度の人員をその荷台に乗車させて運転することができる。

根 拠 条 項	規 定 内 容 等
	●運転者は，運転者の視野やハンドルその他の装置の操作を妨げ，後写鏡の効用を失わせ，車両の安定を害し，又は外部から当該車両の方向指示器，番号標，制動灯，尾灯若しくは後部反射器を確認できないように人を乗車させ，又は積載をして運転をしてはならない。
	●車両に乗車する者は，運転者が違反することとなるような乗車をしてはならない。
乗車又は積載の制限等 （法第57条）	●運転者は，定められた乗車人員又は積載物の重量，大きさ若しく積載の方法等の制限を超えて乗車させ又は積載をして車両を運転してはならない。
故障自動車のけん引 （施行令第25条）	●一般車両でやむを得ず故障車を牽引するときは，次により牽引すること ①　牽引する車両と故障車を丈夫なロープ等で確実につなぐこと。 ②　故障車両に係る運転免許を受けた者に乗車させハンドル操作等を行わせること。 ③　牽引する車両と故障車との間に5m以内の安全な間隔を保つこと。 ④　ロープに30cm平方以上の大きさの白色の布をつけること。
整備不良車両の運転の禁止 （法第62条）	●車両等の使用者その他車両等の装置の整備について責任を有する者又は運転者は，整備不良車両を運転させ，又は運転しないこと。
無免許運転の禁止 （法第64条）	●何人も公安委員会の運転免許を受けないで自動車又は原動機付自転車を運転してはならない。（運転免許の効力が停止されている場合を含む。）
酒気帯び運転等の禁止 （法第65条）	●何人も，酒気を帯びて車両等を運転してはならない。 ●何人も，酒気を帯びている者で，前項（「酒気を帯びて車両等を運転してはならない。」）の規定に違反して車両等を運転することとなるおそれがあるものに対し，車両等を提供してはならない。 ●何人も，第1項（「酒気を帯びて車両等を運転してはならない。」）の規定に違反して車両等を運転することとなるおそれがある者に

根 拠 条 項	規 定 内 容 等
	対し，酒類を提供し，又は飲酒をすすめてはならない。
	●何人も，車両の運転者が酒気を帯びていることを知りながら，当該運転者に対し，当該車両を運転して自己を運送することを要求し，又は依頼して，当該運転者が第1項「酒気を帯びて車両等を運転してはならない。」の規定に違反して運転する車両に同乗してはならない。
罰則 （法第117条の 2の2）	●次の各号のいずれかに該当する者は，3年以下の懲役又は50万円以上の罰金に処する。 ③ 法第65条（酒気帯び運転等の禁止）第1項の規定に違反して車両等（自転車以外の軽車両を除く。）を運転したもので，その運転をした場合において身体に政令で定める程度以上のアルコールを保有する状態にあったもの
（施行令第44 条の3）	（政令で定める身体に保有するアルコールの程度は，血液1ミリリットルにつき0.3ミリグラム又は呼気1リットルにつき0.15ミリグラムとする。）
過労運転等の 禁止 （法第66条）	●何人も，過労，病気，薬物の影響その他の理由により正常な運転ができないおそれがある状態で車両等を運転してはならない。
過労運転に係 る車両の使用 者に対する指 示 （法第66条の 2）	●車両の運転者が前条（過労運転等の禁止）の規定に違反して過労により正常な運転ができないおそれがある状態で車両を運転する行為（以下「過労運転」という。）を当該車両の使用者（当該車両の運転者であるものを除く。）の業務に関してした場合において，当該過労運転に係る車両の使用者が当該車両につき過労運転を防止するため必要な運行の管理を行っていると認められないときは，当該車両の使用の本拠の位置を管轄する公安委員会は，当該車両の使用者に対し，過労運転が行われることのないよう運転者に指導し又は助言することその他過労運転を防止するため必要な措置をとることを指示することができる。
危険防止の措 置 （法第67条）	●警察官は，車両等の運転者が，無免許運転，大型自動車等無資格運転，大型自動二輪車等乗車方法違反，酒酔い・酒気帯び運転及び過労・麻薬等運転をしていると認められるときは，その車両等を停止

根 拠 条 項	規　　定　　内　　容　　等
	させ，運転者に対し運転免許証の提示を求めることができる。 （罰則　第119条第1項第8号　3月以下の懲役又は5万円以下の罰金） ●前項に定めるもののほか，警察官は，車両等の運転者が車両等の運転に関しこの法律若しくはこの法律に基づく命令の規定若しくはこの法律に基づく処分に違反し，又は死傷若しくは物の損壊（「交通事故」という。）を起こした場合において，当該運転者に引き続き当該車両等を運転させることができるかどうかを確認するため必要があると認めるときは，当該運転者に対し運転免許証の提示を求めることができる。 ●警察官は，車両等に乗車し，又は乗車しようとしている者が，酒気帯び運転等をするおそれがあると認められるときは，その者が身体に保有しているアルコールの程度について調査するため，規定の方法により，その者の呼気を検査することができる。 （罰則　第118条の2　3月以下の懲役又は50万円以下の罰金） ●車両等の運転者が，無免許運転，無資格運転，大型自動二輪車等乗車方法違反，過労・麻薬等運転，酒気帯び運転等をするおそれがあるときは，警察官は，その者が正常な運転ができる状態になるまで車両等の運転をしてはならないと指示するなど道路における交通の危険を防止するために必要な応急の措置をとることができる。
安全運転の義務 （法第70条）	●車両等の運転者は，当該車両等のハンドル，ブレーキその他の装置を確実に操作し，かつ，道路，交通及び当該車両等の状況に応じ，他人に危害を及ぼさないような速度と方法で運転しなければならない。
運転者の遵守事項 （法第71条）	●運転者は，次に掲げる事項を守ること。 ①　ぬかるみ又は水たまりを通行するときは，泥よけ器を付け，又は徐行する等して，泥土，汚水等を飛散させて他人に迷惑を及ぼすことがないようにすること。 ②　身体障害者用の車が通行しているとき，目が見えない者が政令で定めるつえを携え，若しくは政令で定める盲導犬を連れて通行しているとき，耳が聞こえない者若しくは身体の障害のある者が政令で定めるつえを携えて通行しているとき，又は監護者が付き添わない児童若しくは幼児が歩行しているときは，一

根 拠 条 項	規　定　内　容　等

時停止し，又は徐行して，その通行又は歩行を妨げないように
すること。

③　高齢の歩行者，身体の障害のある歩行者その他の歩行者でそ
の通行に支障のあるものが通行しているときは，一時停止し，
又は徐行して，その通行を妨げないようにすること。

④　児童，幼児等の乗降のため，非常点滅表示灯をつけて停車し
ている通学通園バス（専ら小学校，幼稚園等に通う児童，幼児
等を運送するために使用する自動車で政令で定めるものをい
う。）の側方を通過するときは，徐行して安全を確認すること。

⑤　道路の左側部分に設けられた安全地帯の側方を通過する場合
において，当該安全地帯に歩行者がいるときは，徐行すること。

⑥　乗降口のドアを閉じ，貨物の積載を確実に行う等当該車両等
に乗車している者の転落又は積載している物の転落若しくは飛
散を防ぐため必要な措置を講ずること。

⑦　車両等に積載している物が道路に転落し，又は飛散したとき
は，速やかに転落し，又は飛散した物を除去する等道路におけ
る危険を防止するため必要な措置を講ずること。

⑧　安全を確認しないで，ドアを開き，又は車両等から降りない
ようにし，及びその車両等に乗車している他の者がこれらの行
為により交通の危険を生じさせないようにするため必要な措置
を講ずること。

⑨　車両等を離れるときは，その原動機を止め，完全にブレーキ
をかける等当該車両等が停止の状態を保つため必要な措置を講
ずること。

⑩　自動車又は原動機付自転車を離れるときは，その車両の装置
に応じ，その車両が他人に無断で運転されることがないように
するため必要な措置を講ずること。

⑪　正当な理由がないのに，著しく他人に迷惑を及ぼすこととな
る騒音を生じさせるような方法で，自動車若しくは原動機付自
転車を急に発進させ，若しくはその速度を急激に増加させ，又
は自動車若しくは原動機付自転車の原動機の動力を車輪に伝達
させないで原動機の回転数を増加させないこと

⑫　自動車を運転する場合において，第71条の5（初心運転者標
識等の表示義務）第2項から第4項まで若しくは第71条の6
（聴覚障害のある運転者又は肢体不自由である運転者の標識の

根 拠 条 項	規　定　内　容　等

表示義務）第１項から第３項に規定する者又は第84条（運転免許）第２項に規定する仮運転免許を受けた者が表示自動車（法令に規定する標識を付けた普通自動車又は準中型自動車をいう。）を運転しているときは，危険防止のためやむを得ない場合を除き，進行している当該表示自動車の側方に幅寄せをし，又は当該自動車が進路を変更した場合にその変更した後の進路と同一の進路を後方から進行してくる表示自動車が当該自動車との間に第26条（車間距離の保持）に規定する必要な距離を保つことができないこととなるときは進路を変更しないこと。

（法第71条の
6関係）

・道路交通法施行規則第９条の７で定める聴覚障害のある運転者が運転する場合に表示しなければならない標識は次のとおりである。

　　縁の色彩は白色
　　マークの色彩は黄色
　　地の部分の色彩は緑色

・道路交通法施行規則第９条の７で定める肢体不自由である運転者が運転する場合に表示する標識は次のとおりである。

　　縁及びマークの色彩は白色
　　地の部分の色彩は青色

⑬　自動車，原動機付自転車又は自転車（自動車等）を運転する場合においては，当該自動車等が停止しているときを除き，**携帯電話用装置，自動車電話用装置**その他の**無線通話用装置**（その全部又は一部を手で保持しなければ送信及び受信のいずれをも行うことができないものに限る。）を通話（傷病者の救護又は公共の安全の維持のため当該自動車等の走行中に緊急やむを得ずに行うものを除く。）のために使用し，又は当該自動車等に取り付けられ若しくは持ち込まれた**画像表示用装置**（車両法第41条第16号〔後写鏡，窓ふき器その他の視野を確保する装置〕若しくは第17号〔速度計，走行距離計その他の計器〕又は第44条第11号〔原動機付自転車の速度計〕に規定する装置であるものを除く。）に表示された画像を注視しないこと。

自動車等の運

●運転者は，消音器を備えていない自動車（消音器を切断したもの，

根 拠 条 項	規　定　内　容　等
転者の遵守事項 （法第71条の2）	機能に著しい支障を及ぼす改造等を含む。）を運転しないこと。
普通自動車等の運転者の遵守事項 （法第71条の3）	●自動車（大型自動二輪車及び普通自動二輪車を除く。）の運転者は，座席ベルト（シートベルト）を装着しないで自動車を運転してはならない。ただし，疾病のため座席ベルトを装着することが療養上適当でない者が自動車を運転するとき，その他政令で定めるやむを得ない理由があるときは，この限りでない。 ●自動車の運転者は，座席ベルトを装着しない者を運転者席以外の乗車装置（座席ベルトを備えなければならないとされているものに限る。）に乗車させて自動車を運転してはならない。ただし，幼児（適切に座席ベルトを装着させるに足りる座高を有するものを除く。）を当該乗車装置に乗車させるとき，疾病のため座席ベルトを装着することが療養上適当でない者を当該乗車装置に乗車させるとき，その他政令で定めるやむを得ない理由があるときは，この限りでない。 ●自動車の運転者は，幼児用補助装置を使用しない幼児を乗車させて自動車を運転してはならない。ただし，疾病のため幼児用補助装置を使用させることが療養上適当でない幼児を乗車させるとき，その他政令で定めるやむを得ない理由があるときは，この限りでない。
座席ベルト及び幼児用補助装置に係る義務の免除 （施行令第26条の3の2）	●運転者が，やむを得ない理由で座席ベルトを着用できない場合は，次のとおりとする。 ・負傷若しくは障害のため又は妊娠中であることにより座席ベルトを装着することが療養上又は健康保持上適当でない者が自動車を運転するとき。 ・著しく座高が高いか又は低いこと，著しく肥満していることその他の身体の状態により適切に座席ベルトを装着することができない者が自動車を運転するとき。 ・自動車を後退させるため当該自動車を運転するとき。 ●運転者席以外の乗車装置に乗車した者が，やむを得ない理由で座席ベルトを着用できない場合は，次のとおりとする。

根 拠 条 項	規　定　内　容　等
	・運転者席以外の座席の数を超える数の者を乗車させるためこれらの者のうちに座席ベルトを装着させることができない者がある場合において，当該座席ベルトを装着させることができない者を運転者席以外の乗車装置（運転者席の横の乗車装置を除く。）に乗車させるとき
	・負傷若しくは障害のため又は妊娠中であることにより座席ベルトを装着させることが療養上又は健康保持上適当でない者を自動車の運転者席以外の乗車装置に乗車させるとき。
	・著しく座高が高いか又は低いこと，著しく肥満していることその他の身体の状態により適切に座席ベルトを装着させることができない者を自動車の運転者席以外の乗車装置に乗車させるとき。
	●運転者が，やむを得ない理由で幼児用補助装置を使用しない幼児を乗車させる場合は，次のとおりとする。
	・法第3条第1号に掲げる一般旅客自動車運送事業の用に供される自動車の運転者が当該事業に係る旅客である幼児を乗車させるとき。
初心運転者標識等の表示義務 （法第71条の5第1項）	●第84条第3項の準中型自動車免許を受けた者で，当該準中型自動車免許を受けていた期間（当該免許の効力が停止されていた期間を除く。）が通算して1年に達しないもの（当該免許を受けた日前6月以内に準中型自動車免許を受けていたことがある者その他の者で政令で定めるもの及び同項の普通自動車免許を現に受けており，かつ，現に受けている準中型自動車免許を受けた日前に当該普通自動車免許を受けていた期間（当該免許の効力が停止されていた期間を除く。）が通算して2年以上である者を除く。）は，内閣府令で定めるところにより準中型自動車の前面及び後面に内閣府令で定める様式の標識を付けないで準中型自動車を運転してはならない。
（法第71条の5第3項）	●道路交通法の規定により普通自動車を運転することができる免許（「普通自動車対応免許」）を受けた者で75歳以上のものは，内閣府令で定めるところにより普通自動車の前面及び後面に内閣府令で定める様式の標識（いわゆる「高齢者マーク」）を付けないで普通自動車を運転してはならない。

根 拠 条 項	規　定　内　容　等
交通事故の場合の措置 （法第72条）	●交通事故があったときは，当該交通事故に係る車両等の運転者その他の乗務員（以下「運転者等」という。）は，直ちに車両等の運転を停止して，負傷者を救護し，道路における危険を防止する等必要な措置を講じなければならない。 　この場合において，当該車両等の運転者（運転者が死亡し，又は負傷したためやむを得ないときは，その他の乗務員。）は，警察官が現場にいるときは当該警察官に，警察官が現場にいないときは直ちに最寄りの警察署（派出所又は駐在所を含む。）の警察官に当該交通事故が発生した日時及び場所，当該交通事故における死傷者の数及び負傷者の負傷の程度並びに損壊した物及びその損壊の程度，当該交通事故に係る車両等の積載物並びに当該交通事故について講じた措置を報告しなければならない。 ●報告を受けた最寄りの警察署の警察官は，負傷者を救護し，又は道路における危険を防止するため必要があると認めるときは，当該報告をした運転者に対し，警察官が現場に到着するまで現場を去ってはならない旨を命ずることができる。
車両等の使用者の義務 （法第74条）	●車両等の使用者は，その者の業務に関し車両等を運転させる場合には，運転者及び運行を直接管理する地位にある者に，この法律又はこの法律に基づく命令に規定する安全運転に関する事項を遵守させるよう努めなければならない。 ●車両の使用者は，当該車両の運転者に，当該車両を運転するに当たって車両の速度，駐車及び積載並びに運転者の心身の状態に関しこの法律又はこの法律に基づく命令に規定する事項を遵守させるように努めなければならない。
（法第74条の2）	●車両の使用者は，当該車両を適正に駐車する場所を確保することその他駐車に関しての車両の適正な使用のために必要な措置を講じなければならない。
自動車の使用者の義務等 （法第75条）	●自動車の使用者は，その者の業務に関し，自動車の運転者に対し，次に掲げる行為をすることを命じたり，運転者がこれらの行為をすることを容認してはならない。 ・無免許運転 ・最高速度違反運転 ・酒酔い運転

根 拠 条 項	規　定　内　容　等

・酒気帯び運転

・麻薬等運転

・過労運転（麻薬等運転を除く。）

・大型自動車等の無資格運転

・積載制限違反行為

・放置行為

● 自動車の使用者が前項の規定に違反し，当該違反により自動車の運転者が前項の行為をした場合において，使用者がその者の業務に関し自動車を使用することが著しく道路における交通の危険を生じさせ，又は著しく交通の妨害のおそれがあると認めるときは，公安委員会は，政令で定める基準に従い，当該自動車の使用者に対し，6月を超えない範囲内で期間を定めて，当該違反に係る自動車を運転し，又は運転させてはならない旨を命ずることができる。

（罰則　法第119条　3月以下の懲役又は5万円以下の罰金）

(法第75条の2)

● 公安委員会が自動車の使用者に対し次の表の左欄に掲げる指示をした場合において，指示を受けた後1年以内にその指示の区分ごとに右欄に掲げる違反行為が行われ，かつ，当該使用者が当該自動車を使用することについて著しく交通の危険を生じさせるおそれがあると認めるときは，公安委員会は，政令で定める基準に従い，当該使用者に対し，3月を超えない範囲内で期間を定めて，当該自動車を運転し，又は運転させてはならない旨を命ずることができる。

自動車の使用者に対する指示	違反行為
最高速度違反行為に係る車両の使用者に対する指示	最高速度違反行為
過積載車両に係る指示	過積載をして自動車を運転する行為
過労運転に係る車両の使用者に対する指示	過労運転

(法第75条の2第2項)

● 公安委員会が第51条の4（放置違反金）第1項の規定により標章が取り付けられた車両の使用者に対し納付命令をした場合において，当該標章が取り付けられた日以前6月以内に当該車両が原因となった納付命令を受けたことがあり，かつ，当該使用者が当該自動車を使用することについて著しく交通の危険を生じさせるおそれがあると認めるときは，公安委員会は，政令で定める基準に従い，当該使用者に対し，3月を超えない範囲内で期間を定めて，当該自動車を

根 拠 条 項	規 定 内 容 等
	運転し，又は運転させてはならない旨を命ずることができる。
本線車道に入る場合等における他の自動車との関係 （法第75条の6）	●自動車（緊急自動車を除く。）は，本線車道に入ろうとする場合（本線車道から他の本線車道に入ろうとする場合にあっては，道路標識等により指定された本線車道に入ろうとする場合に限る。）において，当該本線車道を通行する自動車があるときは，当該自動車の進行妨害をしてはならない。ただし，当該交差点において，交通整理が行なわれているときは，この限りでない。
本線車道の出入の方法 （法第75条の7）	●自動車は，本線車道に入ろうとする場合において，加速車線が設けられているときは，その加速車線を通行しなければならない。 ●自動車は，その通行している本線車道から出ようとする場合においては，あらかじめその前から出口に接続する車両通行帯を通行しなければならない。この場合において，減速車線が設けられているときは，その減速車線を通行しなければならない。
停車及び駐車の禁止 （法第75条の8）	●自動車（被けん引車を含む。）は，高速自動車国道等においては，法令の規定若しくは警察官の命令により，又は危険を防止するため一時停止する場合のほか，停車し，又は駐車してはならない。ただし，次のいずれかに掲げる場合においては，この限りではない。 ① 駐車の用に供するため区画された場所（パーキングエリア等）において停車し，又は駐車するとき。 ② 故障その他の理由により停車し，又は駐車することがやむを得ない場合において，停車又は駐車のための十分な幅員がある路肩又は路側帯に停車し，又は駐車するとき。 ③ 乗合自動車がその属する運行系統に係る停留所において，乗客の乗降のため停車し，又は運行時間を調整するため駐車するとき。 ④ 料金支払いのため料金徴収所において停車するとき。
自動車の運転者の遵守事項 （法第75条の10）	●運転者は，高速自動車国道等において自動車を運転しようとするときは，あらかじめ，燃料，冷却水若しくは原動機のオイルの量又は貨物の積載の状態を点検し，必要がある場合においては，高速自動車国道等において燃料，冷却水若しくは原動機のオイルの

根 拠 条 項	規　定　内　容　等
	量の不足のため当該自動車を運転することができなくなること又は積載している物を転落させ，若しくは飛散させることを防止するための措置を講じなければならない。
故障等の場合の措置 （法第75条の11）	●運転者は，故障その他の理由により本線車道若しくはこれに接する加速車線，減速車線若しくは登坂車線（以下「本線車道等」という。）又はこれらに接する路肩若しくは路側帯において当該自動車を運転することができなくなったときは，政令で定めるところにより，当該自動車が故障その他の理由により停止しているものであることを表示しなければならない。
自転車を運転することができなくなった場合における表示の方法 （施行令第27条の6）	●法第75条の11第1項の規定による表示は，次の各号に掲げる区分に従い，それぞれ当該各号に定める停止表示器材を，後方から進行してくる自動車の運転者が見やすい位置に置いて行うものとする。 ①　夜間　内閣府令で定める基準に適合する夜間用停止表示器材 ②　夜間以外の時間　内閣府令で定める基準に適合する昼間用停止表示器材（当該自動車が停止している場所がトンネルの中その他視界が200メートル以下である場所であるときは，前号に定める夜間用停止表示器材）
（法第75条の11）	●運転者は，故障その他の理由により本線車道等において運転することができなくなったときは，速やかに当該自動車を本線車道等以外の場所に移動するため必要な措置を講じなければならない。
運転免許 （法第84条）	●免許は，第一種運転免許，第二種運転免許及び仮運転免許に区分する。（以下「運転免許」を「免許」という。） ●第一種免許を分けて，大型自動車免許（以下，「大型免許」という。），中型自動車免許（中型免許），準中型自動車免許（準中型免許），普通自動車免許（普通免許），大型特殊自動車免許（大型特殊免許），大型自動二輪車免許（大型二輪免許），普通自動二輪車免許（普通二輪免許），小型特殊自動車免許（小型特殊免許），原動機付自転車免許（原付免許），及び牽引免許の10種類とする。 ●第二種免許を分けて，大型自動車第二種免許（以下，「大型第二種免許」という。），中型自動車第二種免許（中型第二種免許），普通自動車第二種免許（普通第二種免許），大型特殊自動車第二

根 拠 条 項	規　定　内　容　等
	種免許（大型特殊第二種免許），及び牽引第二種免許の5種類とする。
第一種免許 （法第85条）	●運転免許の種類と運転できる自動車は，次表のとおりです。

免許の種類	運転できる自動車・原動機付自転車
大型免許	大型自動車・中型自動車・準中型自動車・普通自動車・小型特殊自動車・原動機付自転車
中型免許	中型自動車・準中型自動車・普通自動車・小型特殊自動車・原動機付自転車
準中型免許	準中型自動車・普通自動車・小型特殊自動車・原動機付自転車
普通免許	普通自動車・小型特殊自動車・原動機付自転車
大型特殊免許	大型特殊自動車・小型特殊自動車・原動機付自転車
大型二輪免許	大型二輪自動車・普通二輪自動車・小型特殊自動車・原動機付自転車
普通二輪免許	普通二輪自動車・小型特殊自動車・原動機付自転車
小型特殊免許	小型特殊自動車
原付免許	原動機付自転車

（注1）　大型自動車とは大型特殊自動車，大型・普通自動二輪車及び小型特殊自動車以外の自動車で，車両総重量が11,000キログラム以上のもの，最大積載量6,500キログラム以上のもの又は乗車定員が30人以上のもの

（注2）　中型自動車とは大型自動車，大型特殊自動車，大型・普通自動二輪車及び小型特殊自動車以外の自動車で，車両総重量が7,500キログラム以上11,000キログラム未満のもの，最大積載量4,500キログラム以上6,500キログラム未満のもの又は乗車定員が11人以上29人以下のもの

（注3）　準中型自動車とは大型自動車，中型自動車，大型特殊自動車，大型・普通自動二輪車及び小型特殊自動車以外の自動車で，車両総重量が3,500キログラム以上7,500キログラム未満のもの又は最大積載量が2,000キログラム以上4,500キログラム未満のもの

●牽引免許
●牽引するための構造，装置を有する大型自動車，中型自動車，準中型自動車，普通自動車又は大型特殊自動車（以下，牽引自動車という。）によって重被牽引車（牽引される構造，装置を有する車両で車両総重量750kgを超えるもの）を牽引して運転しようと

根 拠 条 項	規 定 内 容 等
	するときは，当該牽引自動車に係る免許のほか，牽引免許を受けなければならない。
	（注） ロープで牽引するような場合は，牽引免許は必要ありません。
（法第85条第5項）	●大型免許を受けた者で，21歳に満たないもの又は大型免許，中型免許，準中型免許，普通免許若しくは大型特殊免許のいずれかを受けていた期間（当該免許の効力が停止されていた期間を除く。）が通算して3年に達しないものは，政令で定める大型自動車，中型自動車又は準中型自動車を運転することができない。
（法第85条第6項）	●中型免許を受けた者（大型免許を現に受けている者を除く。）で，21歳に満たないもの又は大型免許，中型免許，準中型免許，普通免許若しくは大型特殊免許のいずれかを受けていた期間（当該免許の効力が停止されていた期間を除く。）が通算して3年に達しないものは，政令で定める中型自動車又は準中型自動車を運転することができない。
第二種免許（法第86条）	●次の表の左欄に掲げる自動車で，旅客自動車であるものを旅客自動車運送事業に係る旅客を運送する目的で運転しようとする者は，その自動車の種類に応じ右欄に掲げる第二種免許を受けなければならない。

自動車の種類	第二種免許の種類
大型自動車	大型第二種免許
中型自動車及び準中型自動車	中型第二種免許
普通自動車	普通第二種免許
大型特殊自動車	大型特殊第二種免許

●第二種免許を受けた者は，その第二種免許に対応する第一種免許で運転することができる自動車等を運転することができる。

●牽引自動車により旅客用車両を旅客自動車運送事業に係る旅客を運送する目的で牽引して当該牽引自動車を運転しようとする者は，当該牽引自動車に係る免許のほか，牽引第二種免許を受けなければならない。

●代行運転普通自動車を運転しようとする者は，普通二種免許を受けなければならない。

●大型第二種免許又は中型第二種免許を受けたものは，代行運転普通自動車を運転することができる。

根 拠 条 項	規　定　内　容　等
免許証の有効期間 （法第92条の2第1項）	●第１種免許及び第２種免許に係る免許証の有効期間は，次の表の上欄に掲げる区分ごとに，それぞれ，同表の中欄に掲げる年齢に応じ，同表の下欄に定める日が経過するまでの期間とする。

免許証の交付又は更新を受けた者の区分	更新日等における年齢	有効期間の末日
優良運転者及び一般運転者	70歳未満	満了日等の後のその者の５回目の誕生日から起算して１月を経過する日
	70歳	満了日等の後のその者の４回目の誕生日から起算して１月を経過する日
	71歳以上	満了日等の後のその者の３回目の誕生日から起算して１月を経過する日

免許証の交付又は更新を受けた者の区分	更新日等における年齢	有効期間の末日
違反運転者等		満了日等の後のその者の３回目の誕生日から起算して１月を経過する日

受験資格 （法第96条第5項第1号）	●牽引第二種免許以外の第二種免許の受験資格は，次のとおり。 ①　年齢21歳以上の者 ②　大型免許，中型免許，準中型免許，普通免許又は大型特殊免許を現に受けている者 ③　②のいずれかの免許を受けている期間（免許の停止期間を除く。）が３年以上（政令で定めるものにあっては，２年以上）の者 ●牽引第二種免許の受験資格は，次のとおり。 ①　年齢21歳以上の者 ②　大型免許，中型免許，準中型免許，普通免許又は大型特殊免許及び牽引免許を現に受けている者 ③　②のいずれかの免許を受けている期間（免許の停止期間を除く。）が３年以上（政令で定めるものにあっては，２年以上）の者 ●なお，受けようとしている第二種免許の種類と異なる種類の第二種免許を現に取得している者は，上記２種類の受験資格がある。
免許証の更新及び定期検査 （法第101条第	●免許証の有効期間の更新（以下「免許証の更新」という。）を受けようとする者は，当該免許証の有効期間が満了する日の直前のその者の誕生日の１月前から当該免許証の有効期間が満了する日

根 拠 条 項	規 定 内 容 等
1項)	までの間（以下「更新期間」という。）に，その者の住所地を管轄する公安委員会に内閣府令で定める様式の更新申請書を提出しなければならない。
70歳以上の者の特例 （法第101条の4）	●免許証の更新を受けようとする者で更新期間が満了する日における年齢が70歳以上のものは，更新期間が満了する日前6月以内にその者の住所地を管轄する公安委員会が行った第108条の2第1項第12号に掲げる講習を受けていなければならない。 ●前項に定めるもののほか，免許証の更新を受けようとする者で更新期間が満了する日における年齢が75歳以上のものは，更新期間が満了する日前6月以内にその者の住所地を管轄する公安委員会が行った認知機能検査を受けていなければならない。この場合において，公安委員会は，その者に対する同項の講習を当該認知機能検査の結果に基づいて行うものとする。
講習 （法第108条の2第1項 （一部抜粋））	●公安委員会は，内閣府令で定めるところにより，次に掲げる講習を行うものとする。 ⑫　更新期間が満了する日における年齢が70歳以上の者に，加齢に伴って生ずるその者の身体の機能の低下が自動車等の運転に影響を及ぼす可能性があることを理解させるための講習
免許の取消し，停止等 （法第103条）	●免許を受けた者が次の各号のいずれかに該当することとなったときは，その者の住所地を管轄する公安委員会は，政令で定める基準に従い，その者の免許を取り消し，又は6月を超えない範囲内で期間を定めて免許の効力を停止することができる。 ①　心身に所定の障害のある者となったとき。 ②　認知症であることが判明したとき。 ③　アルコール，覚せい剤等の中毒者であることが判明したとき。 ④　適性検査の診断書の提出の命令に違反したとき。 ⑤　自動車等の運転に関し道路交通法若しくは同法に基づく命令の規定又は同法の規定に基づく処分に違反したとき。（次項第1号から第4号までのいずれかに該当する場合を除く。） ⑥，⑦は略 ⑧　①〜⑦に掲げるもののほか，免許を受けた者が自動車等を運転することが著しく道路における交通の危険を生じさせるおそ

根拠条項	規 定 内 容 等
	れがあるとき。
免許の取消し又は停止及び免許の欠格期間の指定の基準 （施行令第38条第5項（一部抜粋））	● 免許を受けた者が法第103条第1項第5号から第8号までのいずれかに該当することとなった場合についての同項の政令で定める基準は，次に掲げるとおりとする。 ② 次のいずれかに該当するときは，免許の効力を停止するものとする。 イ 一般違反行為をした場合において，当該一般違反行為に係る累積点数が，別表第3の1の表の第1欄に掲げる区分に応じそれぞれ同表の第7欄に掲げる点数に該当したとき。（別表は略） ロ 別表第4第4号に掲げる行為をしたとき。（別表は略） ハ 法第103条第1項第8号に該当することとなったとき。
（法第103条第2項）	●次のいずれかに該当することとなった時は，公安委員会は，その者の免許を取り消すことができる。 ① 自動車等の運転により人を死傷させ，又は建造物を損壊させる行為で故意によるものをしたとき。 ② 自動車の運転に関し自動車運転死傷処罰法第2条から第4条までの罪に当たる行為をしたとき。 ③ 自動車の運転に関し第117条の2第1号（法第65条第1項（酒気帯び運転等の禁止））又は第3号（法第66条（過労運転等の禁止））の違反行為をしたとき（前2号のいずれかに該当する場合を除く。） ④ 自動車等の運転に関し第117条（法第72条（交通事故の場合の措置）第1項前段）の違反行為をしたとき。 ⑤ 道路外致死傷で故意によるもの又は自動車運転死傷処罰法第2条から第4条までの罰に当たるものをしたとき。
免許の効力の仮停止 （法第103条の2）	●免許を受けた者が自動車等の運転に関し次のいずれかに該当することとなったときは，その者が当該交通事故を起こした場所を管轄する警察署長は，その者に対し，当該交通事故を起こした日から起算して30日を終期とする免許の効力の停止（「仮停止」という。）をすることができる。 ① 交通事故を起こして人を死亡させ，又は傷つけた場合において，法第117条（法第72条（交通事故の場合の措置）第1項の

根 拠 条 項	規　定　内　容　等

前段）の違反行為をしたとき。

② 法第117条の2第1号（第65条（酒気帯び運転等の禁止））若しくは第3号（第66条（過労運転等の禁止）），第117条の2の2第1号，第3号若しくは第7号又は第118条第1項第7号（第85条（第1種免許））の違反行為をし，よって交通事故を起こして人を死亡させ，又は傷つけたとき。

③ 第118条第1項第1号（法第22条（最高速度））若しくは第2号（法第57条（乗車又は積載の制限））又は第119条第1項第1号から第2号の2まで，第3号の2（法第57条（乗車又は積載の制限等）），第5号（法第62条（整備不良車両の運転の禁止）），第9号の2（運転者の遵守事項）若しくは第15号（法第91条（免許の条件））の違反行為をし，よって交通事故を起こして人を死亡させたとき。

使用者に対する通知
（法108条の34）

● 車両等の運転者が道路交通法若しくは同法に基づく命令の規定又は同法の規定に基づく処分に違反した場合において，当該違反が当該違反に係る車両等の使用者の業務に関してなされたものであると認めるときは，公安委員会は，内閣府令で定めるところにより，当該車両等の使用者が道路運送法の規定による自動車運送事業者，貨物利用運送事業法の規定による第二種貨物利用運送事業を経営する者であるときは当該事業者及び当該事業を監督する行政庁に対し，当該違反の内容を通知するものとする。

信号の意味等
（施行令第2条）

● 信号機の表示する信号の種類及び意味

信号の種類	信号の意味
青色の灯火	2．自動車，原動機付自転車（多通行帯道路等通行原動機付自転車を除く。），トロリーバス及び路面電車は，直進し，左折し，又は右折することができること。 3．多通行帯道路等通行原動機付自転車及び軽車両は，直進（右折しようとして右折する地点まで直進し，その地点において右折することを含む。）をし，又は左折することができること。

根拠条項	規　定　内　容　等	
	黄色の灯火	２．車両等は，停止位置をこえて進行してはならない 　こと。ただし，黄色の灯火の信号が表示された時に 　おいて当該停止位置に近接しているため安全に停止 　することができない場合を除く。
	赤色の灯火	２．車両等は，停止位置を越えて進行してはならない 　こと。 ３．交差点において既に左折している車両等は，その 　まま進行することができること。 ４．交差点において既に右折している車両等（多通行 　帯道路等通行原動機付自転車及び軽車両を除く。） 　は，そのまま進行することができること。この場合 　において，当該車両等は，青色の灯火により進行す 　ることができることとされている車両等の進行妨害 　をしてはならない。 ５．交差点において既に右折している多通行帯道路等 　通行原動機付自転車及び軽車両は，その右折してい 　る地点において停止しなければならないこと。
	青色の灯火 の矢印	車両は，黄色の灯火又は赤色の灯火の信号にかか わらず，矢印の方向に進行することができること。
	黄色の灯火 の点滅	車両等は，他の交通に注意して進行することがで きること。
	赤色の灯火 の点滅	２．車両等は，停止位置において一時停止しなければ 　ならないこと。

● 交差点において公安委員会が内閣府令で定めるところにより左折
することができる旨を表示した場合におけるその交差点に設置さ
れた信号機の前項の表に掲げる黄色の灯火又は赤色の灯火の信号
の意味は，それぞれの信号により停止位置をこえて進行してはな
らないこととされている車両に対し，その車両が左折することが
できることを含むものとする。

交差点におけ
る左折の表示
（施行規則第
　3条）

● 道路交通法施行令の規定による都道府県公安委員会の表示は，別
記様式第一の標示を，左折しようとする車両がその前方から見や
すいように，信号機の背面板の下部（信号機に背面板が設けられ
ていない場合にあっては，信号機の燈器の下方）又は道路の左側
の路端に近接した当該道路上の位置（歩道と車道の区別のある道
路にあっては，車道の左側部分に接する歩道の車道寄りの路端に

根 拠 条 項	規　定　内　容　等
	近接した当該歩道上の位置）に設けて行なうものとする。 別記様式第一  （矢印及びわくの色彩は青色，地の色彩は白色）
信号機の灯火の配列等 （施行令第3条）	●信号機の灯火の配列は，赤色，黄色及び青色の灯火を備えるものにあっては，その灯火を横に配列する場合は右から赤色，黄色及び青色の順，縦に配列する場合は上から赤色，黄色及び青色の順とし，赤色及び青色の灯火を備えるものにあっては，その灯火を横に配列する場合は右から赤色及び青色の順，縦に配列する場合は上から赤色及び青色の順とする。

(301)通行止め 	(307)二輪の自動車・原動機付自転車通行止め 	(311-D)指定方向外進行禁止 	(316)駐車禁止 	(323の2)特定の種類の車両の最高速度 	(327)車両通行区分 
(302)車両通行止め 	(308)自転車以外の軽車両通行止め 	(311-E)指定方向外進行禁止 	(317)駐車余地 駐車余地6m	(324)最低速度 	(327の2)特定の種類の車両の通行区分 
(303)車両進入禁止 	(309)自転車通行止め 	(311-F)指定方向外進行禁止 	(318)時間制限駐車区間 	(325)自動車専用 	(327の3)牽引自動車の高速自動車国道通行区分 
(304)二輪の自動車以外の自動車通行止め 	(310)車両(組合せ)通行止め 	(312)車両横断禁止 	(319)危険物積載車両通行止め 	(325の2)自転車専用 	(327の4)専用通行帯 
(305)大型貨物自動車等通行止め 	(310-2)大型自動二輪車及び普通自動二輪車二人乗り通行禁止 	(313)転回禁止 	(320)重量制限 	(325の3)自転車及び歩行者専用 	(327の5)路線バス等優先通行帯 
(305の2)特定の最大積載量以上の貨物自動車等通行止め 積3t	(311-A)指定方向外進行禁止 	(314)追越しのための右側部分はみ出し通行禁止 	(321)高さ制限 	(325の4)歩行者専用 	(327の6)牽引自動車の自動車専用道路第一通行帯通行指定区間 
	(311-B)指定方向外進行禁止 	(314の2)追越し禁止 追越し禁止	(322)最大幅 	(326-A)一方通行 	(327の7-A)進行方向別通行区分 
(306)大型乗用自動車等通行止め 	(311-C)指定方向外進行禁止 	(315)駐停車禁止 	(323)最高速度 	(326の2-A)自転車一方通行 	(327の7-B)進行方向別通行区分

(327の7-C)進行方向別通行区分	(327の9)原動機付自転車の右折方法(小回り)	(327の12)斜め駐車	(329)徐行	(331)歩行者通行止め	

(327の7-D)進行方向別通行区分	(327の10)平行駐車	(328)警笛鳴らせ	(329の2)前方優先道路	(332)歩行者横断禁止	

(327の8)原動機付自転車の右折方法(二段階)	(327の11)直角駐車	(328の2)警笛区間	(330)一時停止		

警戒標識

(207-A) 踏切あり	(208)学校、幼稚園、保育所等あり	(209)すべりやすい	(209の3)路面凹凸あり	(211)車線数減少	

(207-B) 踏切あり	(208の2)信号機あり	(209の2) 落石のおそれあり	(210)合流交通あり	(212)幅員減少	

4 労働基準法関係のポイント

凡例　法…労働基準法
　　　施行規則…労働基準法施行規則
　　　改善基準…自動車運転者の労働時間等の改善のための基準

1）労働時間，休日，休日労働など

根 拠 条 項	規　定　内　容　等
労働条件の原則 （法第1条）	●労働条件は，労働者が人たるに値する生活を営むための必要を充たすべきものでなければならない。 ●この法律に定める労働条件の基準は最低のものであるから，労働関係の当事者は，この基準を理由として労働条件を低下させてはならないことはもとより，その向上を図るように努めなければならない。
労働条件の決定 （法第2条）	●労働条件は，労働者と使用者が，対等の立場において決定すべきものである。 ●労働者及び使用者は，労働協約，就業規則及び労働契約を遵守し，誠実に各々その義務を履行しなければならない。
均等待遇 （法第3条）	●使用者は，労働者の国籍，信条又は社会的身分を理由として，賃金，労働時間その他の労働条件について，差別的取扱をしてはならない。
男女同一賃金の原則 （法第4条）	●使用者は，労働者が女性であることを理由として，賃金について，男性と差別的取扱をしてはならない。
強制労働の禁止 （法第5条）	●使用者は，暴行，脅迫，監禁その他精神又は身体の自由を不当に拘束する手段によって，労働者の意思に反して労働を強制してはならない。
中間搾取の排除 （法第6条）	●何人も法律に基づいて許される場合の外，業として他人の就業に介入して利益を得てはならない。

根 拠 条 項	規　定　内　容　等
公民権行使の保障 （法第7条）	●使用者は，労働者が労働時間中に，選挙権その他公民としての権利を行使し，又は公の職務を執行するために必要な時間を請求した場合においては，拒んではならない。但し，権利の行使又は公の職務の執行に妨げがない限り，請求された時刻を変更することができる。
労働時間 （法第32条）	●使用者は，労働者に休憩時間を除き1週間について40時間を超えて労働させないこと。 ●使用者は，1週間の各日について，労働者に，休憩時間を除き1日について8時間を超えて労働させないこと。
災害等による臨時の必要がある場合の時間外労働等 （法第33条）	●災害その他避けることのできない事由によって，臨時の必要がある場合においては，使用者は，行政官庁の許可を受けて，その必要の限度において労働時間を延長し，又は休日に労働させることができる。ただし，事態急迫のために行政官庁の許可を受ける暇がない場合においては，事後に遅滞なく届け出なければならない。
休　憩 （法第34条）	●使用者は，労働時間が6時間を超える場合においては少くとも45分，8時間を超える場合においては，少くとも1時間の休憩時間を労働時間の途中に与えること。 ●使用者が労働時間の途中に与えなければならない休憩時間は，当該事業場に，労働者の過半数で組織する労働組合がある場合においてはその労働組合，労働者の過半数で組織する労働組合がない場合においては労働者の過半数を代表する者との書面による協定がある場合を除き，一斉に与えること。 ●使用者は，第1項の休憩時間を自由に利用させること。 ●休憩時間とは，労働から離れることを保障された時間をいう。（労働時間には含まれない。）
休　日 （法第35条）	●使用者は，労働者に毎週少くとも1回の休日を与えること。ただしこの規定は，4週間を通じ4日以上の休日を与える使用者については適用しない。
時間外及び休日の労働	●使用者は，当該事業場に，労働者の過半数で組織する労働組合がある場合においてはその労働組合，労働者の過半数で組織する労

根拠条項	規　定　内　容　等
（法第36条）	働組合がない場合においては労働者の過半数を代表する者との書面による協定をし，これを行政官庁に届け出た場合においては，法定労働時間又は法定休日に関する規定にかかわらず，その協定で定めるところによって労働時間を延長し，又は休日に労働させることができる。ただし，坑内労働その他厚生労働省令で定める健康上特に有害な業務の労働時間の延長は，1日について2時間を超えてはならない。
時間外・休日労働の協定 （施行規則第16条）	●使用者は，法第36条第1項の協定をする場合には，時間外又は休日の労働をさせる必要のある具体的事由，業務の種類，労働者の数並びに1日及び1日を超える一定の期間についての延長することができる時間又は労働させることができる休日について，協定しなければならない。
時間計算 （法第38条）	●労働時間は，事業場を異にする場合においても，労働時間に関する規定の適用については通算する。
年次有給休暇 （法第39条）	●使用者は，その雇入れの日から起算して6か月間継続勤務し全労働日の8割以上出勤した労働者に対しては，継続した，又は分割した10労働日の有給休暇を与えること。 ●使用者は，1年6か月以上継続勤務した労働者に対しては，6か月経過日から起算した継続勤務年数1年ごとに，次表の左欄の継続勤務年数の区分に応じ，上記の10労働日に右欄に掲げる日数を加算した有給休暇を与えなければならない。

6か月経過日から起算した継続勤務年数	労働日	合計日数
1年	1労働日	11
2年	2労働日	12
3年	4労働日	14
4年	6労働日	16
5年	8労働日	18
6年以上	10労働日	20

●使用者は，法に定める日数の有給休暇を労働者の請求する時季に与えなければならない。ただし，請求された時季に有給休暇を与えることが事業の正常な運営を妨げる場合においては，他の時季にこれを与えることができる。

●使用者は，法令の規定による有給休暇（法令の規定により使用者

根拠条項	規定内容等
	が与えなければならない有給休暇の日数が10労働日以上である労働者に係るものに限る。）の日数のうち５日については，基準日（継続勤務した期間を６か月経過日から１年ごとに区分した各期間の初日をいう。）から１年以内の期間に，労働者ごとにその時季を定めることにより与えなければならない。 ●労働者が業務上負傷し，又は疾病にかかり療養のために休業した期間及び育児休業，介護休業等育児又は家族介護を行う労働者の福祉に関する法律に規定する育児休業又は介護休業をした期間並びに産前産後の女性が第65条の規定によって休業した期間は，第１項及び第２項の規定の適用については，これを出勤したものとみなす。
労働者 （法第９条）	●この法律で労働者とは，職業の種類を問わず，事業又は事務所に使用される者で，賃金を支払われる者をいう。
使用者 （法第10条）	●この法律で使用者とは，事業主又は事業の経営担当者その他その事業の労働者に関する事項について，事業主のために行為をするすべての者をいう。
賃　金 （法第11条）	●この法律で賃金とは，賃金，給料，手当，賞与その他名称の如何を問わず，労働の対償として使用者が労働者に支払うすべてのものをいう。
平均賃金 （法第12条）	●この法律で平均賃金とは，これを算定すべき事由の発生した日以前３箇月間にその労働者に対し支払われた賃金の総額を，その期間の総日数で除した金額をいう。（以下略）
この法律違反 の契約 （法第13条）	●この法律で定める基準に達しない労働条件を定める労働契約は，その部分については無効とする。この場合において，無効となった部分は，この法律で定める基準による。
契約期間等 （法第14条）	●労働契約は，期間の定めのないものを除き，一定の事業の完了に必要な期間を定めるもののほかは，３年（法第14条各号のいずれかに該当する労働契約にあっては，５年）を超える期間について締結してはならない。

根 拠 条 項	規 定 内 容 等
労働条件の明示 （法第15条）	●使用者は，労働契約の締結に際し，労働者に対して賃金，労働時間その他の労働条件を明示しなければならない。この場合において，賃金及び，労働時間に関する事項その他の厚生労働省令で定める事項については，厚生労働省令で定める方法により明示しなければならない。 ●労働契約の締結に際し，明示された労働条件が事実と相違する場合においては，労働者は，即時に労働契約を解除することができる。 ●前項の場合，就業のために住居を変更した労働者が，契約解除の日から14日以内に帰郷する場合においては，使用者は，必要な旅費を負担しなければならない。
（施行規則第5条）	▶厚生労働省令で定める事項とは，労働契約の期間，就業の場所，従事する業務，始業及び終業の時刻，所定労働時間を超える労働の有無，休憩時間，休日，休暇，労働者を二組以上に分けて就業させる場合の就業時転換に関する事項，賃金の決定，計算及び支払の方法，賃金の締切り，支払の時期及び昇給並びに退職に関する事項等をいう。
賠償予定の禁止 （法第16条）	●使用者は労働契約の不履行について違約金を定め，又は損害賠償額を予定する契約をしてはならない。
強制貯金 （法第18条）	●使用者は，労働者の貯蓄金をその委託を受けて管理しようとする場合においては，当該事業場に，労働者の過半数で組織する労働組合があるときはその労働組合，組合がないときは労働者の過半数を代表する者との書面による協定をし，これを行政官庁に届け出なければならない。 ●使用者は，労働者の貯蓄金をその委託を受けて管理する場合において，労働者がその返還を請求したときは，遅滞なく，これを返還しなければならない。
解雇制限 （法第19条）	●使用者は，労働者が業務上負傷し，又は疾病にかかり療養のために休業する期間及びその後30日間並びに産前産後の女性が法に定められた規定により休業する期間及びその後30日間は，解雇してはならない。ただし，労働基準法の規定によって打切補償を支払

根 拠 条 項	規　　定　　内　　容　　等
	う場合又は天災事変その他やむを得ない事由のために事業の継続が不可能となった場合においては，この限りでない。
解雇の予告 （法第20条）	●使用者は，労働者を解雇しようとする場合においては，少くとも30日前にその予告をしなければならない。30日前に予告をしない使用者は，30日分以上の平均賃金を支払わなければならない。但し，天災事変その他やむを得ない事由のために事業の継続が不可能となった場合又は労働者の責に帰すべき事由に基いて解雇する場合においては，この限りでない。 ●前項の予告の日数は，1日について平均賃金を支払った場合においては，その日数を短縮することができる。
（法第21条）	●第20条の規定は，次のいずれかに該当する労働者については適用しない。ただし，①に該当する者が1ヵ月を超えて引き続き使用されるに至った場合，②若しくは③に該当する者が所定の期間を超えて引き続き使用されるに至った場合又は④に該当する者が14日を超えて引き続き使用されるに至った場合においては，この限りでない。 ①　日日雇い入れられる者 ②　2ヵ月以内の期間を定めて使用される者 ③　季節的業務に4ヵ月以内の期間を定めて使用される者 ④　試の使用期間中の者
退職時等の証明 （法第22条）	●労働者が退職の場合において，使用期間，業務の種類，地位，賃金又は退職の事由（解雇の場合はその理由）について証明書を請求した場合は，使用者は，遅滞なくこれを交付しなければならない。なお，この証明書には，労働者の請求しない事項を記入してはならない。 ●労働者が解雇の予告がされた日から退職の日までの間において，当該解雇の理由について証明書を請求した場合においては，使用者は，遅滞なくこれを交付しなければならない。ただし，解雇の予告がされた日以後に労働者が当該解雇以外の事由により退職した場合には，使用者は，当該退職の日以後，これを交付することを要しない。なお，この証明書には，労働者の請求しない事項を記入してはならない。

根 拠 条 項	規　定　内　容　等
金品の返還 （法第23条）	●使用者は，労働者の死亡又は退職の場合において，権利者の請求があった場合においては，7日以内に賃金を支払い，積立金，保証金，貯蓄金その他名称の如何を問わず，労働者の権利に属する金品を返還しなければならない。 ●前項の賃金又は金品に関して争いがある場合においては，使用者は，異議のない部分を，同項の期間中に支払い，又は返還しなければならない。
賃金の支払 （法第24条）	●賃金は，通貨で，直接労働者に，その全額を支払わなければならない。ただし，法令若しくは労働協約に別段の定めがある場合又は厚生労働省令で定める賃金について確実な支払の方法で厚生労働省令で定めるものによる場合においては，通貨以外のもので支払い，また，法令に別段の定めがある場合又は当該事業場の労働者の過半数で組織する労働組合があるときはその労働組合，労働者の過半数で組織する労働組合がないときは労働者の過半数を代表する者との書面による協定がある場合においては，賃金の一部を排除して支払うことができる。 ●賃金は，毎月一回以上，一定の期日を定めて支払わなければならない。ただし，臨時に支払われる賃金，賞与その他これに準ずるもので厚生労働省令で定める賃金については，この限りではない。
非常時払 （法第25条）	●使用者は，労働者が出産，疾病，災害その他厚生労働省令で定める非常の場合の費用に充てるために請求する場合においては，支払期日前であっても，<u>既往の労働</u>に対する賃金を支払わなければならない。
休業手当 （法第26条）	●使用者の責に帰すべき事由による休業の場合においては，使用者は，休業期間中当該労働者に，その**平均賃金の100分の60以上**の手当を支払わなければならない。
出来高払制の 保障給 （法第27条）	●出来高払制その他の請負制で使用する労働者については，使用者は，労働時間に応じ一定額の賃金の保障をしなければならない。
時間外，休日	●使用者が，労働基準法第33条又は第36条第1項の規定により，労

根 拠 条 項	規 定 内 容 等
及び深夜の割増賃金 (法第37条)	働時間を延長し，又は休日に労働させた場合においては，その時間又はその日の労働については，通常の労働時間又は労働日の賃金の計算額の２割５分以上５割以下の範囲内でそれぞれ政令で定める率以上の率で計算した割増賃金を支払わなければならない。ただし，当該延長して労働させた時間が１箇月について60時間を超えた場合においては，その超えた時間の労働については，通常の労働時間の賃金の計算額の5割以上の率で計算した割増賃金を支払わなければならない。 ●使用者が，当該事業場に，労働者の過半数で組織する労働組合があるときはその労働組合，労働者の過半数で組織する労働組合がないときは労働者の過半数を代表する者との書面による協定により，第1項ただし書の規定により割増賃金を支払うべき労働者に対して，当該割増賃金の支払に代えて，通常の労働時間の賃金が支払われる休暇（第39条の規定による有給休暇を除く。）を厚生労働省令で定めるところにより与えることを定めた場合において，当該労働者が当該休暇を取得したときは，当該労働者の同項ただし書に規定する時間を超えた時間の労働のうち当該取得した休暇に対応するものとして厚生労働省令で定める時間の労働については，同項ただし書の規定による割増賃金を支払うことを要しない。 ●使用者が，午後10時から午前５時まで（厚生労働大臣が必要であると認める場合においては，その定める地域又は期間については午後11時から午前６時まで）の間において労働させた場合においては，その時間の労働については，通常の労働時間の賃金の計算額の２割５分以上の率で計算した割増賃金を支払わなければならない。
年少者の証明書 (法第57条)	●使用者は，満18歳に満たない者について，その年齢を証明する戸籍証明書を事業場に備え付けなければならない。
深夜業 (法第61条)	●使用者は，満18歳に満たない者を午後10時から午前５時までの間に使用してはならない。ただし，交替制によって使用する満16歳以上の男性については，この限りでない。
産前産後	●使用者は，６週間（多胎妊娠の場合にあっては，14週間）以内に

根 拠 条 項	規　定　内　容　等
（法第65条）	出産する予定の女性が休業を請求した場合においては，その者を就業させてはならない。 ●使用者は，産後8週間を経過しない女性を就業させてはならない。ただし，産後6週間を経過した女性が請求した場合において，その者について，医師が支障がないと認めた業務に就かせることは，差し支えない。 ●使用者は，妊娠中の女性が請求した場合においては，他の軽易な業務に転換させなければならない。
育児時間 （法第67条）	●生後満1年に達しない生児を育てる女性は，第34条の休憩時間のほか，1日2回各々少なくとも30分，その生児を育てるための時間を請求することができる。 ●使用者は，前項の育児時間中は，その女性を使用してはならない。
療養補償 （法第75条）	●労働者が業務上負傷し，又は疾病にかかった場合においては，使用者は，その費用で必要な療養を行い，又は必要な療養の費用を負担しなければならない。
休業補償 （法第76条）	●労働者が前条の規定による療養（業務上の負傷又は疾病による療養）のため，労働することができないために賃金を受けない場合においては，使用者は，労働者の療養中平均賃金の100分の60の休業補償を行わなければならない。
遺族補償 （法第79条）	●労働者が業務上死亡した場合においては，使用者は，遺族に対して，平均賃金の千日分の遺族補償を行わなければならない。
葬祭料 （法第80条）	●労働者が業務上死亡した場合においては，使用者は，葬祭を行う者に対して，平均賃金の60日分の葬祭料を支払わなければならない。
打切補償 （法第81条）	●療養補償の規定によって補償を受ける労働者が，療養開始後3年を経過しても負傷又は疾病がなおらない場合においては，使用者は，平均賃金の千二百日分の打切補償を行い，その後はこの法律の規定による補償を行わなくてもよい。
補償を受ける	●補償を受ける権利は，労働者の退職によって変更されることはない。

根 拠 条 項	規 定 内 容 等
権利 （法第83条）	●補償を受ける権利は，これを譲渡し，又は差し押さえてはならない。
他の法律との関係 （法第84条）	●この法律に規定する災害補償の事由について，労働者災害補償保険法又は厚生労働省令で指定する法令に基づいてこの法律の災害補償に相当する給付が行われるべきものである場合においては，補償の責を免れる。 ●使用者は，この法律による補償を行った場合においては，同一の事由については，その価格の限度において民法による損害賠償の責を免れる。
就業規則作成及び届出の義務 （法第89条）	●**常時10人以上の労働者を使用する使用者は**，次に掲げる事項について就業規則を作成し，行政官庁に届け出なければならない。次に掲げる事項を変更した場合においても，同様とする。 ⑴　始業及び終業の時刻，休憩時間，休日，休暇並びに労働者を2組以上に分けて交替に就業させる場合においては就業時転換に関する事項 ⑵　賃金（臨時の賃金を除く。以下この号において同じ。）の決定，計算及び支払いの方法，賃金の締切り及び支払いの時期並びに昇給に関する事項 ⑶　退職に関する事項（解雇の事由を含む。） ⑶の2　退職手当の定めをする場合においては，適用される労働者の範囲，退職手当の決定，計算及び支払い方法並びに退職手当の支払い時期に関する事項 ⑷　臨時の賃金等（退職手当を除く。）及び最低賃金金額の定めをする場合においては，これに関する事項 ⑸　労働者に食費，作業用品その他の負担をさせる定めをする場合においては，これに関する事項 ⑹　安全及び衛生に関する定めをする場合においては，これに関する事項 ⑺　職業訓練に関する定めをする場合においては，これに関する事項 ⑻　災害補償及び業務外の傷病扶助に関する定めをする場合においては，その種類及び程度に関する事項 ⑼　表彰及び制裁の定めをする場合においては，その種類及び程

根 拠 条 項	規 定 内 容 等
	度に関する事項
	(10) 前号に掲げるもののほか，当該事業場の労働者のすべてに適用される定めをする場合においては，これに関する事項
作成の手続き （法第90条）	●使用者は，就業規則の作成又は変更について，当該事業場に，労働者の過半数で組織する労働組合がある場合においてはその労働組合，労働者の過半数で組織する労働組合がない場合においては労働者の過半数を代表する者の意見を聴かなければならない。 ●使用者は，前条第1項の規定により届出をなすについて，前項の意見を記した書面を添付しなければならない。
制裁規定の制限 （法第91条）	●就業規則で，労働者に対して減給の制裁を定める場合においては，その減給は，一回の額が平均賃金の一日の半額を超え，総額が一賃金支払期における賃金の総額の十分の一を超えてはならない。
法令及び労働協約との関係 （法第92条）	●就業規則は，法令又は当該事業場について適用される労働協約に反してはならない。 ●行政官庁は，法令又は労働協約に抵触する就業規則の変更を命ずることができる。
法令等の周知義務 （法第106条）	●使用者は，この法律及びこれに基づく命令の要旨，就業規則等を常時各作業場の見やすい場所へ掲示し，又は備え付けること，書面を交付することその他の厚生労働省令で定める方法によって，労働者に周知させなければならない。
労働者名簿 （法第107条） （施行規則第53条）	●使用者は，各事業場ごとに労働者名簿を各労働者（日々雇い入れられる者を除く。）について調製し，労働者の氏名，生年月日，履歴その他厚生労働省令で定める事項を記入しなければならない。 ●厚生労働省令で定める事項は，性別，住所，従事する業務の種類，雇入れの年月日，解雇又は退職の年月日とその事由，死亡の年月日及びその原因等とする。
賃金台帳 （法第108条）	●使用者は，各事業場ごとに賃金台帳を調製し，賃金計算の基礎となる事項及び賃金の額その他厚生労働省令で定める事項を賃金支払いの都度遅滞なく記入しなければならない。

根 拠 条 項	規 定 内 容 等
記録の保存 （法第109条）	●使用者は，労働者名簿，賃金台帳及び雇入れ，解雇，災害補償，賃金その他労働関係に関する重要な書類を**5年間**保存しなければならない。
附則 （法第143条）	●第109条の規定の適用については，当分の間，同条中「**5年間**」とあるのは，「**3年間**」とする。
所定労働時間	●所定労働時間とは，就業規則で定める始業時刻から終業時刻までの労働時間（休憩時間を除く。）をいい，法定労働時間の範囲内で定めること。
所定外労働時間	●所定外労働時間とは，所定労働時間を超えて労働した時間をいい，法定労働時間を超えて労働する場合には労働基準法第36条に定める労使協定を締結し，労働基準監督署への届出が必要となる。

2) タクシー・ハイヤー運転者の労働時間等の改善基準

根 拠 条 項	規 定 内 容 等
目的等 （第1条）	●この基準は，自動車運転者（労働基準法第9条（労働者の定義）に規定する労働者（同居の親族のみを使用する事業又は事務所に使用される者及び家事使用人を除く。）であって，四輪以上の自動車の運転の業務（厚生労働省労働基準局長が定めるものを除く。）に主として従事する者をいう。以下同じ。）の労働時間等の改善のための基準を定めることにより，自動車運転者の労働時間等の労働条件の向上を図ることを目的とする。 ●労働関係の当事者は，この基準を理由として自動車運転者の労働条件を低下させてはならないことはもとより，その向上に努めなければならない。 ●使用者及び労働者の過半数で組織する労働組合又は労働者の過半数を代表する者は，法第32条から第32条の5まで若しくは第40条の労働時間（以下「労働時間」という。）を延長し，又は法第35条の休日（以下「休日」という。）に労働させるための法第36条第1項の協定（時間外・休日労働協定）をする場合において，次に掲げる事項に十分留意しなければならない。 ①　労働時間を延長して労働させることができる時間は，1箇月について45時間及び1年について360時間（3か月を超える期間を定めて労働させる場合にあっては，1か月について42時間及び1年について320時間。以下「限度時間」という。）を超えない時間に限ることとされていること。 ②　前号に定める1年についての限度時間を超えて労働させることができる時間を定めるに当たっては，事業場における通常予見することのできない業務量の大幅な増加等に伴い臨時的に当該限度時間を超えて労働させる必要がある場合であっても，960時間を超えない範囲内とされていること。 ③　前二号に掲げる事項のほか，労働時間の延長及び休日の労働は必要最小限にとどめられるべきであることその他の労働時間の延長及び休日の労働を適正なものとするために必要な事項については，労働基準法第三十六条第一項の協定で定める労働時間の延長及び休日の労働について留意すべき事項等に関する指針（平成30年厚生労働省告示第323号）において定められていること。

根 拠 条 項	規　定　内　容　等
隔日勤務以外の運転者の拘束時間（第2条第1項第1号，第2号，第3号）	●拘束時間は，1箇月について288時間を超えないものとする。ただし，車庫待ち等の運転者について，労使協定があるときは，300時間まで延長することができるものとする。 　（「車庫待ち等」とは，顧客の需要に応ずるため常態として車庫等において待機する就労形態をいう。） ●1日（始業時刻から起算して24時間をいう。）についての拘束時間は，13時間を超えないものとし，当該拘束時間を延長する場合であっても，最大拘束時間は15時間とすること。ただし，車庫待ち等の運転者で，次の要件を満たす場合は，この限りでない。 　イ　勤務終了後，継続20時間以上の休息期間を与えること。 　ロ　1日の拘束時間が16時間を超える回数が，1箇月について7回以内であること。 　ハ　1日の拘束時間が18時間を超える場合には，夜間4時間以上の仮眠時間を与えること。 　ニ　1回の勤務における拘束時間が，24時間を超えないこと。 ●1日についての拘束時間が14時間を超える回数をできるだけ少なくするように努めるものとすること。（1週間に3回以内を目安とする。）

〔拘束時間の例〕

　1日の拘束時間を算出する場合は，次のようになります。

　なお，1箇月の拘束時間を算出する場合には重複して加算した拘束時間を減じます。

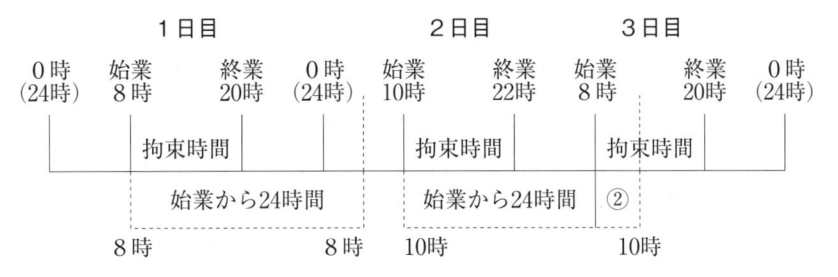

　1日目は，始業の8時から起算して24時間は翌日（2日目）の8時まで。従って，拘束時間は，始業の8時から終業の20時までの12時間。

　2日目は，始業の10時から起算して24時間は翌日（3日目）の10時まで。この場合，3日目の拘束時間のうち8時から10時までの拘束時間が含まれることになるので，2日目の拘束時間は，当日の拘束時間の12時間に，3日目の②時間が加算されて14時間となる。

根 拠 条 項	規　　定　　内　　容　　等
隔日勤務以外の運転者の休息期間 （第2条第1項第4号）	●勤務終了後，継続11時間以上の休息期間を与えるよう努めることを基本とし，休息期間が継続9時間を下回らないものとすること。【拘束時間とは，通常，就業規則などで定めている始業時刻から終業時刻までの時間をいい，基本的には労働時間と休憩時間（仮眠時間を含む。）の合計時間となる。 　また，労働時間は，労働者が，使用者に労務を提供し，使用者の指揮命令に服している時間をいう。 　休息期間とは勤務と次の勤務との間の時間で，睡眠時間を含む労働者の生活時間として，労働者にとって全く自由な時間をいう。】 **（参　考）拘束時間と休息期間の例** 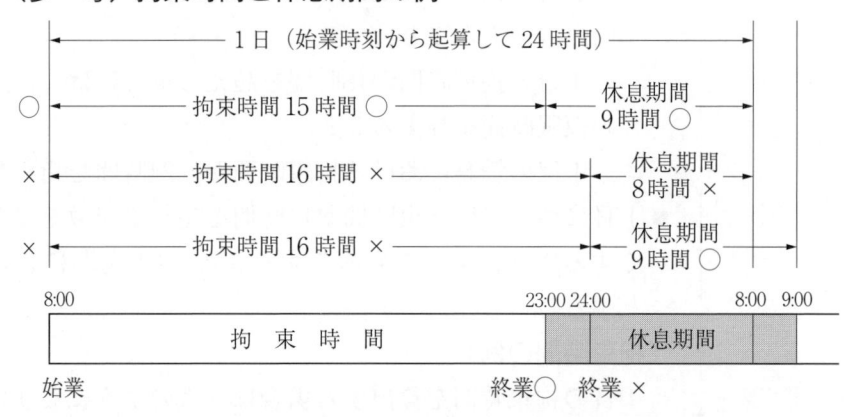
隔日勤務の運転者の拘束時間 （第2条第2項第1号，第2号，第3号）	●拘束時間は，1箇月について262時間を超えないものとすること。ただし，地域的事情その他の特別の事情がある場合において，労使協定により，1年について6箇月までは，1箇月の拘束時間を270時間まで延長することができるものとする。 ●2暦日についての拘束時間は，22時間を超えないものとし，かつ，2回の隔日勤務を平均し隔日勤務1回当たり21時間を超えないものとすること。 【2回平均1回の隔日勤務の拘束時間の計算方法】 特定の隔日勤務の拘束時間と特定の隔日勤務の前の隔日勤務の拘束時間との平均，特定の隔日勤務の拘束時間と特定の隔日勤務の次の隔日勤務の拘束時間との平均が，いずれも21時間を超えた場合に違反となる。

根拠条項	規　　定　　内　　容　　等

特定の隔日勤務の前の隔日勤務	特定の隔日勤務	特定の隔日勤務の次の隔日勤務
B時間	A時間	C時間

$$\frac{B時間＋A時間}{2} \quad と \quad \frac{A時間＋C時間}{2}$$

が，いずれも21時間を超えた場合に初めて改善基準告示違反

●車庫待ち等の運転者の拘束時間は，1箇月について262時間を超えないものとし，労使協定により，これを270時間まで延長することができるものとすること。ただし，次に掲げる要件をいずれも満たす場合に限り，2暦日についての拘束時間は24時間まで延長することができ，かつ，1箇月についての拘束時間はこの号本文に定める拘束時間に10時間を加えた時間まで延長することができるものとする。

イ　夜間4時間以上の仮眠を与えること。

ロ　2歴日22時間超及び2回の隔日勤務の平均が21時間超の回数を，労使協定により，1箇月について7回を超えない範囲において定めること。

（参　考）1箇月の拘束時間（乗用：隔日勤務の運転者）

①1箇月拘束時間は262時間以内

②ただし，労使協定があるときは，1年のうち6箇月までは，1箇月の拘束時間の限度を270時間まで延長することができる。

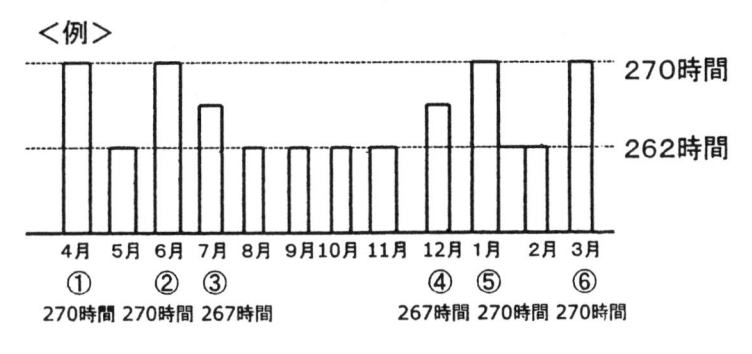

262時間を超える月：6回

隔日勤務の運転者の休息期間 （第2条第2項第4号）	●勤務終了後，継続24時間以上の休息期間を与えるよう努めることを基本とし，休息期間が継続22時間を下回らないものとすること。

根 拠 条 項	規 定 内 容 等
予期し得ない 事象への対応 時間の取扱い （第2条第3 項）	● 1日についての拘束時間並びに2暦日についての拘束時間の規定の適用に当たっては，次に掲げる要件を満たす予期し得ない事象への対応時間を，これらの拘束時間から除くことができる。この場合において，予期し得ない事象への対応時間により，1日についての拘束時間が最大拘束時間を超えた場合は，第1項第4号の規定にかかわらず，勤務終了後，継続11時間以上の休息期間を与え，隔日勤務1回についての拘束時間が22時間を超えた場合は，第2項第4号の規定にかかわらず，勤務終了後，継続24時間以上の休息期間を与えることとする。 ①通常予期し得ない事象として労働基準局長が定めるものにより生じた運行の遅延に対応するための時間であること。（局長が定める事象とは，次のいずれかの事象をいう。） 　a 運転中に乗務している車両が予期せず故障したこと。 　b 運転中に予期せず乗船予定のフェリーが欠航したこと。 　c 運転中に災害や事故の発生に伴い，道路が封鎖されたこと又は道路が渋滞したこと。 　d 異常気象（警報発表時）に遭遇し，運転中に正常な運行が困難となったこと。 ②客観的な記録により確認できる時間であること。※a，bともに必要 　a 運転日報上の記録 　b 予期し得ない事象の発生を特定できる客観的な資料（修理会社等が発行する修理明細書等や公的機関のホームページ情報等）
休日労働 （第2条第4 項）	● 使用者は，一般乗用旅客自動車運送事業に従事する自動車運転者を休日に労働させる場合は，当該労働をさせる休日は2週間に1回を超えないものとし，当該休日の労働によつて第1項又は第2項に定める拘束時間及び最大拘束時間を超えないものとすること。 【時間外・休日労働を行う場合には，労働基準法第36条に基づく時間外・休日労働に関する協定書を労働基準監督署へ届け出なければならない。 時間外・休日労働は，1日の最大拘束時間及び1箇月の拘束時間の範囲内でしかできない。】

根 拠 条 項	規　定　内　容　等
ハイヤーに乗務する運転者 （第2条第5項）	●ハイヤーに乗務する運転者については，上述の第2条第1項から第4項までの規定は適用しない。 【ハイヤーとは，一般乗用旅客自動車運送事業の用に供せられる自動車であって，運送の引受けが営業所のみにおいて行われるものをいう。】
ハイヤー運転者の時間外労働協定 （第3条）	●時間外・休日労働協定においてハイヤー運転者に係る労働時間を延長して労働させることができる時間について協定するに当たっては，次に掲げる事項を遵守しなければならない。 ①労働時間を延長して労働させることができる時間については，限度時間（1か月45時間，1年360時間）を超えない時間に限ること。 ②1年についての限度時間を超えて労働させることができる時間を定めるに当たっては，当該事業場における通常予見することのできない業務量の大幅な増加等に伴い臨時的に当該限度時間を超えて労働させる必要がある場合であっても，960時間を超えない範囲内とすること。 ●使用者は，時間外・休日労働協定において，時間外労働時間を定めるに当たっては，当該時間数を，休日の労働を定めるに当たっては，当該休日に労働させることができる時間数を，それぞれできる限り短くするよう努めなければならない。 ●使用者は，ハイヤー運転者が疲労回復を図るために，必要な睡眠時間を確保できるよう，勤務終了後に一定の休息期間を与えなければならない。

ハイヤー・タクシー運転者の改善基準告示の内容（一覧表）

タクシー		
日勤	1か月の拘束時間	**288 時間以内**
	1日の拘束時間	**13 時間以内（上限 15 時間、14 時間超は週 3 回までが目安）**
	1日の休息期間	**継続 11 時間以上与えるよう努めることを基本とし、9 時間を下回らない**
隔勤	1か月の拘束時間	**262 時間以内**（※1） ※1　地域的その他特別な事情がある場合、労使協定により 270 時間まで延長可（年 6 か月まで）
	2暦日の拘束時間	**22 時間以内、かつ、2 回の隔日勤務を平均し 1 回あたり 21 時間以内**
	2暦日の休息期間	**継続 24 時間以上与えるよう努めることを基本とし、22 時間を下回らない**
車庫待ち等の自動車運転者（※2）	日勤	1か月の拘束時間：288 時間以内（労使協定により 1 か月 300 時間まで延長可） 1日の拘束時間：以下の要件を満たす場合、1 日 24 時間まで延長可 　・　勤務終了後、継続 20 時間以上の休息期間を与える 　・　1 日 16 時間超が 1 か月について 7 回以内 　・　夜間 4 時間以上の仮眠時間を与える（18 時間超の場合） ※2　車庫待ち等の自動車運転者とは、次の要件を満たす者をいう。 　・　事業場が人口 30 万人以上の都市に所在していないこと 　・　勤務時間のほとんどについて「流し営業」を行っていないこと 　・　夜間に 4 時間以上の仮眠時間が確保される実態であること 　・　原則として、事業場内における休憩が確保される実態であること
	隔勤	1か月の拘束時間：262 時間以内（労使協定により 1 か月 270 時間まで延長可） 　　　　　　　　　（さらに、※3 の要件を満たす場合、10 時間を加えた時間まで延長可） 2暦日の拘束時間：※3 の要件を満たす場合、24 時間まで延長可 ※3　・2 暦日 22 時間超及び 2 回の隔日勤務の平均が 21 時間超の回数が 　　　　1 か月について 7 回以内 　　　・夜間 4 時間以上の仮眠時間を与える
予期し得ない事象		予期し得ない事象への対応時間を、1 日と 2 暦日の拘束時間から除くことができる（※4、5） 勤務終了後、休息期間（1 日勤務：継続 11 時間以上、2 暦日勤務：継続 24 時間以上）が必要 ※4　予期し得ない事象とは、次の事象をいう。 　・　運転中に乗務している車両が予期せず故障したこと 　・　運転中に予期せず乗船予定のフェリーが欠航したこと 　・　運転中に災害や事故の発生に伴い、道路が封鎖されたこと又は道路が渋滞したこと 　・　異常気象（警報発表時）に遭遇し、運転中に正常な運行が困難となったこと ※5　運転日報上の記録に加え、客観的な記録（公的機関のＨＰ情報等）が必要。
休日労働		休日労働は 2 週間に 1 回を超えない、休日労働によって拘束時間の上限を超えない
累進歩合制度		累進歩合制度は廃止する （長時間労働やスピード違反を極端に誘発するおそれがあり、交通事故の発生も懸念されるため）
ハイヤー		・　労使当事者は、36 協定の締結にあたり、以下の事項を遵守すること 　→　時間外労働時間は、1 か月 45 時間、1 年 360 時間まで 　→　臨時的特別な事情で限度時間を超えて労働させる場合にも、1 年 960 時間まで ・　36 協定において、時間外・休日労働時間数をできる限り短くするよう努めること ・　疲労回復を図るために必要な睡眠時間を確保できるよう、勤務終了後に一定の休息期間を与えること

3） バス運転者等の労働時間等の改善基準

根 拠 条 項	規　定　内　容　等
目的等 （第1条）	【ここにいうバス運転者等とは，乗用を除く乗合，貸切旅客等の運転者をいう。】 ●この基準は，自動車運転者（労働基準法第9条（労働者の定義）に規定する労働者（同居の親族のみを使用する事業又は事務所に使用される者及び家事使用人を除く。）であって，四輪以上の自動車の運転の業務（厚生労働省労働基準局長が定めるものを除く。）に主として従事する者をいう。以下同じ。）の労働時間等の改善のための基準を定めることにより，自動車運転者の労働時間等の労働条件の向上を図ることを目的とする。 ●労働関係の当事者は，この基準を理由として自動車運転者の労働条件を低下させてはならないことはもとより，その向上に努めなければならない。 ●使用者及び労働者の過半数で組織する労働組合又は労働者の過半数を代表する者は，法第32条から第32条の5まで若しくは第40条の労働時間（以下「労働時間」という。）を延長し，又は法第35条の休日（以下「休日」という。）に労働させるための法第36条第1項の協定（時間外・休日労働協定）をする場合において，次に掲げる事項に十分留意しなければならない。 ① 労働時間を延長して労働させることができる時間は，1箇月について45時間及び1年について360時間（3か月を超える期間を定めて労働させる場合にあっては，1か月について42時間及び1年について320時間。以下「限度時間」という。）を超えない時間に限ることとされていること。 ② 前号に定める1年についての限度時間を超えて労働させることができる時間を定めるに当たっては，事業場における通常予見することのできない業務量の大幅な増加等に伴い臨時的に当該限度時間を超えて労働させる必要がある場合であっても，960時間を超えない範囲内とされていること。 ③ 前二号に掲げる事項のほか，労働時間の延長及び休日の労働は必要最小限にとどめられるべきであることその他の労働時間の延長及び休日の労働を適正なものとするために必要な事項については，労働基準法第三十六条第一項の協定で定める労働時間の延長及び休日の労働について留意すべき事項等に関する指

根 拠 条 項	規　定　内　容　等
	針（平成30年厚生労働省告示第323号）において定められていること。
拘束時間 （第5条第1項第1号，第2号，第3号）	●拘束時間は，次のいずれかの基準を満たすものとする。 ①1箇月について281時間を超えず，かつ，1年について3,300時間を超えないものとすること。ただし，貸切バスを運行する営業所において運転の業務に従事する者，乗合バスに乗務する者（一時的な需要に応じて追加的に自動車の運行を行う営業所において運転の業務に従事する者に限る。），高速バスに乗務する者及び貸切バスに乗務する者（以下「貸切バス等乗務者」という。）の拘束時間は，労使協定により，1年について6箇月までは，1箇月について294時間まで延長することができ，かつ，1年について3,400時間まで延長することができる。 ②4週間を平均し1週間当たり65時間を超えず，かつ，52週間について3,300時間を超えないものとすること。ただし，貸切バス等乗務者の拘束時間は，労使協定により，52週間のうち24週間までは4週間を平均し1週間当たり68時間まで延長することができ，かつ，52週間について3,400時間まで延長することができる。 ●1箇月の拘束時間について281時間を超える月が4箇月を超えて連続しないものとし，4週間を平均した1週間当たりの拘束時間が65時間を超える週が16週間を超えて連続しないものとすること。

根 拠 条 項	規 定 内 容 等

（参 考）1箇月及び1年，4週平均1週及び52週の拘束時間（労使協定により拘束時間を延長できる場合）

1箇月及び1年の拘束時間

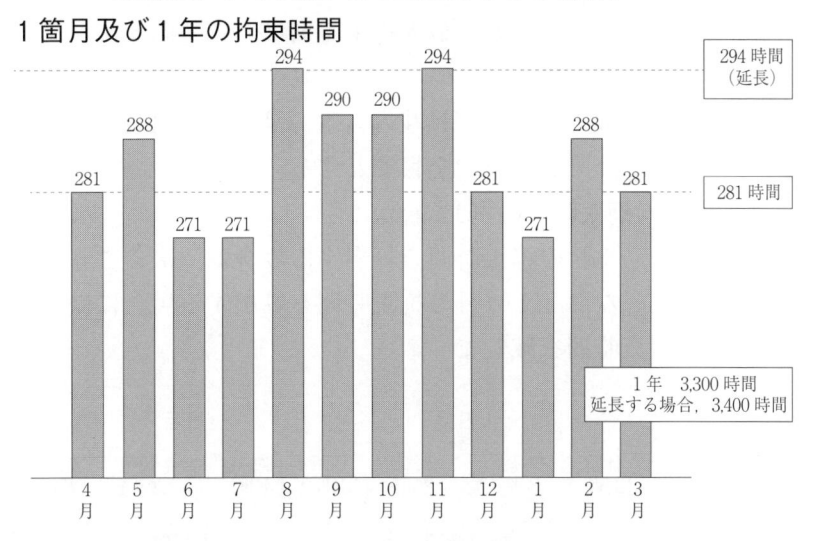

1年のうち6箇月までは，1年の総拘束時間が3,400時間を超えない範囲内において，1箇月の拘束時間を294時間まで延長することができる。
1箇月の拘束時間が281時間を超える月は連続4箇月まで。

4週平均1週及び52週の拘束時間

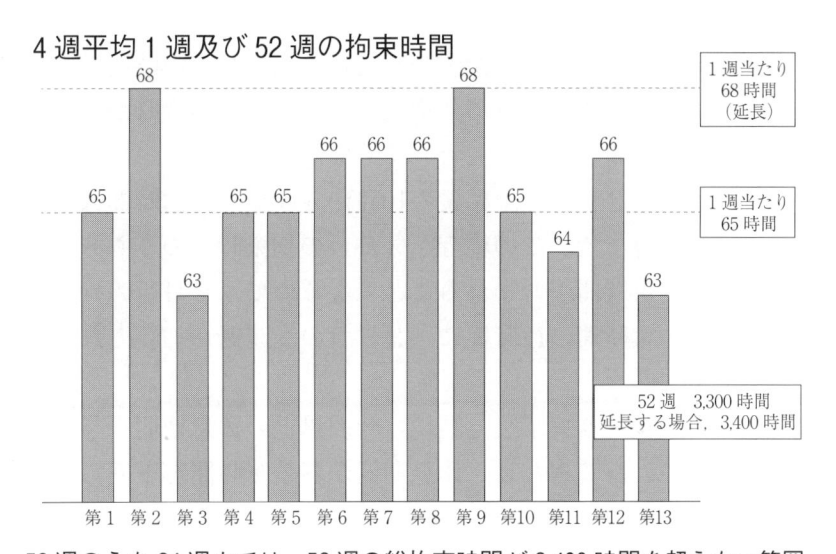

52週のうち24週までは，52週の総拘束時間が3,400時間を超えない範囲内において，4週平均1週の拘束時間を68時間まで延長することができる。
4週平均1週の拘束時間が65時間を超える週は連続16週まで。
4週平均：4週を一かたまりとして，52週÷4週＝13グループ
52週のうち24週：24週÷4週＝6回　1週当り68時間まで延長できる。
連続16週：16週÷4週＝4回　1週当り65時間超えは連続4回まで。

根　拠　条　項	規　　定　　内　　容　　等
	●1日（始業時刻から起算して24時間をいう。）についての拘束時間は，13時間を超えないものとし，当該拘束時間を延長する場合であっても，最大拘束時間は，15時間とすること。 この場合において，1日についての拘束時間が14時間を超える回数をできるだけ少なくするよう努めるものとする。（1週間について3回以内を目安とする。） 〔拘束時間の例〕 　1日の拘束時間を算出する場合は，次のようになります。 　なお，1カ月の拘束時間を算出する場合には重複して加算した拘束時間を減じます。 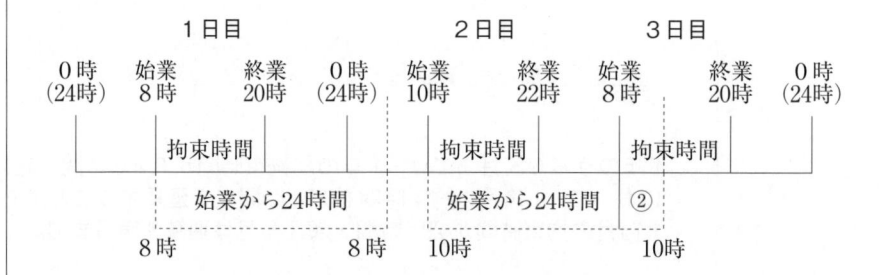 　1日目は，始業の8時から起算して24時間は翌日（2日目）の8時まで。従って，拘束時間は，始業の8時から終業の20時までの12時間。 　2日目は，始業の10時から起算して24時間は翌日（3日目）の10時まで。この場合，3日目の拘束時間のうち8時から10時までの拘束時間が含まれることになるので，2日目の拘束時間は，当日の拘束時間の12時間に，3日目の②時間が加算されて14時間となる。
休息期間 （第5条第1項第4号）	●勤務終了後，継続11時間以上の休息期間を与えるよう努めることを基本とし，休息期間が継続9時間を下回らないものとすること。
休息期間の配分 （第5条第2項）	●使用者は，バス運転者等の休息期間については，当該バス運転者等の住所地における休息期間がそれ以外の場所における休息期間より長くなるように努めるものとする。

根 拠 条 項	規 定 内 容 等
運転時間 （第5条第1 項第5号）	●運転時間は，2日を平均して1日当たり9時間，4週間を平均して1週間当たり40時間を超えないものとすること。 　ただし，貸切バス等乗務者については，労使協定により52週間についての運転時間が2,080時間を超えない範囲内において，52週間のうち16週間までは，4週間を平均して1週間当たり44時間まで延長することができる。

（参　考）4週間を平均した1週間当りの運転時間の限度

①4週間を平均した1週間当り原則として40時間以内

②ただし，貸切バス等乗務者について，労使協定を締結した場合には，52週間のうち16週間までは52週間の運転時間が2,080時間を超えない範囲において，4週間を平均した1週間当りの運転時間44時間まで延長することができる。

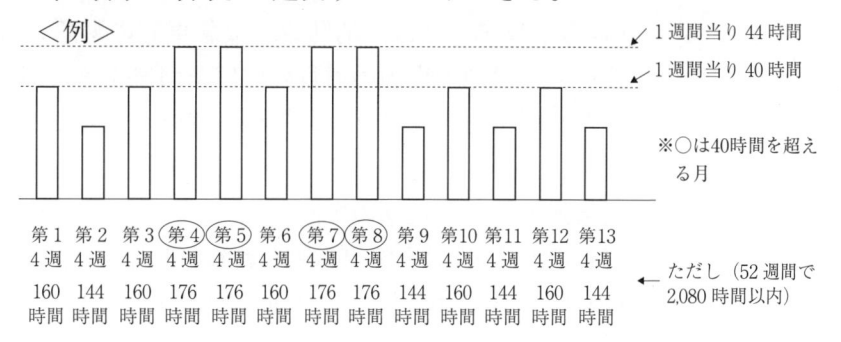

＜例＞

1週間当り44時間
1週間当り40時間

※○は40時間を超える月

第1 4週	第2 4週	第3 4週	㊃ 4週	㊄ 4週	第6 4週	㊆ 4週	㊇ 4週	第9 4週	第10 4週	第11 4週	第12 4週	第13 4週
160 時間	144 時間	160 時間	176 時間	176 時間	160 時間	176 時間	176 時間	144 時間	160 時間	144 時間	160 時間	144 時間

ただし（52週間で2,080時間以内）

●1日当たり9時間であることの判断は，次の計算式による。

　1日の運転時間の計算に当たっては，特定の日を起算日として2日ごとに区切り，その2日の平均とすることが望ましい。また，特定日の最大運転時間が改善基準に違反するか否かは，次により判断すること。

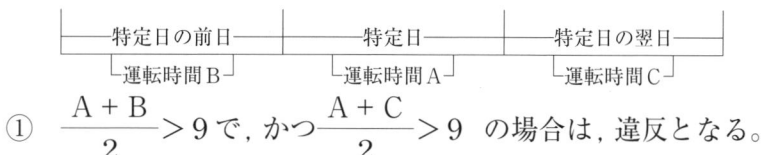

├──特定日の前日──┼──特定日──┼──特定日の翌日──┤
　　└運転時間B┘　　　└運転時間A┘　　　└運転時間C┘

① $\dfrac{A+B}{2}>9$ で，かつ $\dfrac{A+C}{2}>9$ の場合は，違反となる。

② $\dfrac{A+B}{2}$ 又は $\dfrac{A+C}{2}$ のどちらか一方が9時間以内の場合は違反とならない。

　（通達：基発1223第3号令和4.12.23）

根 拠 条 項	規　定　内　容　等
連続運転時間 （第5条第1 項第6号，第 7号）	●連続運転時間（1回が連続10分以上で，かつ，合計が30分以上の運転の中断をすることなく連続して運転する時間をいう。）は，4時間を超えないものとすること。ただし，高速バス及び貸切バスに乗務する者が高速道路等（実車運行区間に限る。）を運行する場合は，一の連続運転時間についての高速道路等における連続運転時間（夜間において長距離の運行を行う貸切バスについては，高速道路等以外の区間における運転時間を含む。）はおおむね2時間を超えないものとするよう努めるものとする。 ●交通の円滑を図るため，駐車又は停車した自動車を予定された場所から移動（軽微な移動）させる必要が生じたことにより運転した時間（一の連続運転時間が終了するまでの間につき30分を上限とする。）を，当該必要が生じたことに関する記録がある場合に限り，連続運転時間から除くことができる。 【「軽微な移動」とは，消防車，救急車等の緊急通行車両の通行に伴い，又は他の車両の通行の妨げを回避するため，駐車又は停車した自動車を予定された位置から移動させることをいう。】 （参　考） 　連続運転時間と運転の中断 　運転開始後4時間の範囲内又は4時間経過後に下図のような1回10分以上，合計30分以上の運転の中断をしなければならない。（運転の中断とは，休憩，待機，乗客の乗降等をいう。） 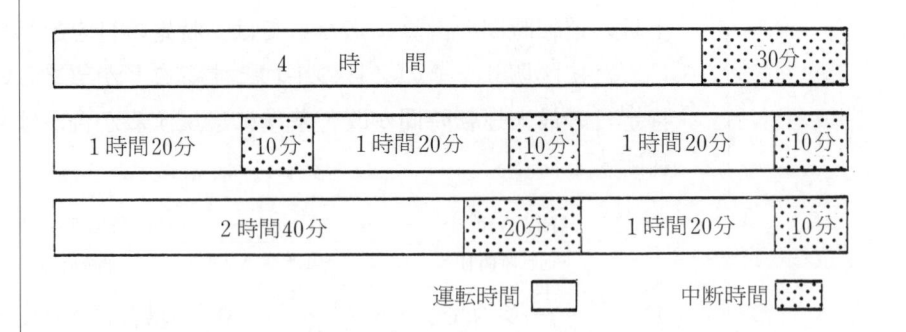
予期し得ない 事象への対応 時間の取扱い （第5条第3 項）	●1日についての拘束時間，2日を平均した1日当たりの運転時間及び連続運転時間の規定の適用に当たっては，予期し得ない事象への対応時間を当該拘束時間，運転時間及び連続運転時間から除くことができる。この場合，勤務終了後，第1項第4号に定める継続した休息期間を与えること。

根 拠 条 項	規 定 内 容 等
	【「予期し得ない事象への対応時間」とは，次の①②の両方の要件を満たす時間をいう。】 ①通常予期し得ない事象として労働基準局長が定めるものにより生じた運行の遅延に対応するための時間であること。（局長が定める事象とは，次のいずれかの事象をいう。） 　a 運転中に乗務している車両が予期せず故障したこと。 　b 運転中に予期せず乗船予定のフェリーが欠航したこと。 　c 運転中に災害や事故の発生に伴い，道路が封鎖されたこと又は道路が渋滞したこと。 　d 異常気象（警報発表時）に遭遇し，運転中に正常な運行が困難となったこと。 ②客観的な記録により確認できる時間であること。※a，bともに必要 　a 運転日報上の記録 　b 予期し得ない事象の発生を特定できる客観的な資料（修理会社等が発行する修理明細書等や公的機関のホームページ情報等）
分割休息期間 （第5条第4項第1号）	●業務の必要上，勤務の終了後継続9時間以上の休息期間を与えることが困難な場合，当分の間，一定期間（1箇月を限度とする。）における全勤務回数の2分の1を限度に，休息期間を拘束時間の途中及び拘束時間の経過直後の2回に分割して与えることができるものとする。この場合において，分割された休息期間は，1日において1回当たり継続4時間以上，合計11時間以上でなければならないものとする。
2人乗務の特例 （第5条第4項第2号）	●バス運転者等が同時に1台の自動車に2人以上乗務する場合であって，車両内に身体を伸ばして休息できる設備がある場合は，次に掲げるところにより，最大拘束時間を延長し，休息期間を短縮することができる。 ①当該設備がバス運転者等の専用の座席であり，かつ，身体を伸ばして休息できるリクライニング方式の座席が少なくとも一座席以上確保されている場合は，最大拘束時間を19時間まで延長し，休息期間を5時間まで短縮することができるものとする。 ②当該設備としてベッドが設けられている場合その他運転者等の

根 拠 条 項	規　　定　　内　　容　　等
	専用の座席であり，かつ，身体を伸ばして休息できるリクライニング方式の座席が少なくとも一座席以上確保され，カーテン等により他の乗客からの視線を遮断する措置が講じられている場合は，最大拘束時間を20時間まで延長し，休息期間を4時間まで短縮することができるものとする。
隔日勤務の特例 （第5条第4項第3号）	●業務の必要上やむを得ない場合には，当分の間，2暦日についての拘束時間が21時間を超えず，かつ，勤務終了後，継続20時間以上の休息期間を与える場合に限り，バス運転者等を隔日勤務に就かせることができること。ただし，仮眠施設又は使用者が確保した同種の施設において，夜間4時間以上の仮眠を与える場合には，2週間についての拘束時間が126時間を超えない範囲において，当該2週間について3回を限度に，2暦日の拘束時間を24時間まで延長することができる。
フェリーに乗船する場合の特例 （第5条第4項第4号）	●バス運転者等がフェリーに乗船している時間は，原則として休息期間とし，与えるべき休息期間から当該時間を除くことができること。ただし，当該時間を除いた後の休息期間については，2人乗務の場合を除き，フェリーを下船した時刻から終業の時刻までの時間の2分の1を下回ってはならない。 （参　考）　フェリー乗船の場合の拘束時間，休息期間 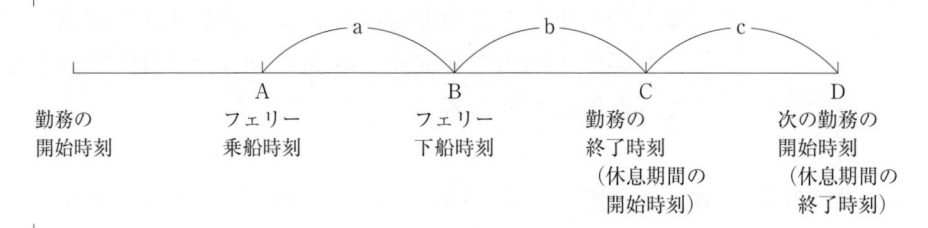 ①フェリー乗船時間（a）は休息期間として取り扱う。 ②減算後の休息期間（c）は9時間からa時間を減じた時間となる。ただし，フェリー下船時刻から勤務終了までの間の時間（b）の2分の1を下回らないこと。 ③フェリーの乗船時間が9時間を超える場合には，原則としてフェリー下船時刻から次の勤務が開始されるものであること。（2人乗務の場合には5時間（車両内ベッドが設けられている場合や，

根 拠 条 項	規　定　内　容　等
	カーテン等により他の乗客からの視線を遮断する等の措置が講じられている場合には4時間)，隔日勤務の場合には20時間)
休日労働 （第5条第5項）	●使用者は，バス運転者等に休日に労働させる場合は，当該労働させる休日は2週間について1回を超えないものとし，当該休日の労働によって第1項に定める拘束時間の限度及び最大拘束時間を超えないものとする。

バス運転者の改善基準告示の内容（一覧表）

1か月(1年)、4週平均1週（52週）の拘束時間	**①②のいずれかを選択**	
	① 1か月（1年）の基準 1年　　　3,300 時間以内 1か月　　281 時間以内	【例外（貸切バス等乗務者（※1）の場合）】 労使協定により、次のとおり延長可 　1年　　　　3,400 時間以内 　1か月　　　294 時間以内（年 6 か月まで） 　281 時間超は連続 4 か月まで ※1　貸切バス乗務者、乗合バス乗務者（一時的需要に応じて運行されるもの）、高速バス乗務者等
	② 4週平均1週（52週）の基準 52週　　　3,300 時間以内 4週平均1週　65 時間以内	【例外（貸切バス等乗務者（※1）の場合）】 労使協定により、次のとおり延長可 　52週　　　　3,400 時間以内 　4週平均1週　68 時間以内（52 週のうち 24 週まで） 　65 時間超は連続 16 週まで

1日の拘束時間	**13 時間以内（上限 15 時間、14 時間超は週 3 回までが目安）**
1日の休息期間	**継続 11 時間以上与えるよう努めることを基本とし、9 時間を下回らない**
運転時間	**2日平均1日　　　9 時間以内** **4週平均1週　　　40 時間以内** 【例外（貸切バス等乗務者（※1）の場合）】 　労使協定により、4週平均1週 44 時間まで延長可（52 週のうち 16 週まで）
連続運転時間	**4 時間以内（運転の中断は 1 回連続 10 分以上、合計 30 分以上）** 高速バス・貸切バスの高速道路の実車運行区間の連続運転時間は、おおむね 2 時間までとするよう努める 【例外】緊急通行車両の通行等に伴う軽微な移動の時間を、30 分まで連続運転時間から除くことができる
予期し得ない事象	予期し得ない事象への対応時間を、1日の拘束時間、運転時間（2日平均）、連続運転時間から除くことができる（※2、3） 勤務終了後、通常どおりの休息期間（継続 11 時間以上を基本、9 時間を下回らない）を与える ※2　予期し得ない事象とは、次の事象をいう。 　・　運転中に乗務している車両が予期せず故障したこと 　・　運転中に予期せず乗船予定のフェリーが欠航したこと 　・　運転中に災害や事故の発生に伴い、道路が封鎖されたこと又は道路が渋滞したこと 　・　異常気象（警報発表時）に遭遇し、運転中に正常な運行が困難となったこと ※3　運転日報上の記録に加え、客観的な記録（公的機関のＨＰ情報等）が必要。
特例	**分割休息（継続 9 時間の休息期間を与えることが困難な場合）** 　・　分割休息は 1 回 4 時間以上　　・　休息期間の合計は 11 時間以上 　・　2 分割のみ（3 分割以上は不可）　・　一定期間（1 か月）における全勤務回数の 2 分の 1 が限度
	2人乗務（自動車運転者が同時に 1 台の自動車に 2 人以上乗務する場合） ※4 の要件を満たす場合、拘束時間を 19 時間まで延長し、休息期間を 5 時間まで短縮可 　※4　身体を伸ばして休息できるリクライニング方式のバス運転者の専用座席が 1 席以上あること 【例外】①②のいずれかの場合、拘束時間を 2 0 時間まで延長し、休息期間を 4 時間まで短縮可 　　　　①車両内ベッドが設けられている場合 　　　　②※4 を満たし、カーテン等で他の乗客からの視線を遮断する措置を講じている場合
	隔日勤務（業務の必要上やむを得ない場合） 　2 暦日の拘束時間は 21 時間、休息期間は 20 時間 【例外】仮眠施設で夜間に 4 時間以上の仮眠を与える場合、2 暦日の拘束時間を 24 時間まで延長可（2 週間に 3 回まで） 　　　　2 週間の拘束時間は 126 時間（21 時間×6 勤務）を超えることができない
	フェリー 　・　フェリー乗船時間は、原則として休息期間（減算後の休息期間は、フェリー下船時刻から勤務終了時刻までの間の時間の 2 分の 1 を下回ってはならない） 　・　フェリー乗船時間が 9 時間を超える場合、原則としてフェリー下船時刻から次の勤務が開始される
休日労働	休日労働は 2 週間に 1 回を超えない、休日労働によって拘束時間の上限を超えない

4-2 労働安全衛生法関係のポイント

凡例　法…労働安全衛生法
　　　衛生規則…労働安全衛生規則

根　拠　条　項	規　定　内　容　等
健康診断 （法第66条）	●事業者は，労働者に対し，厚生労働省令で定めるところにより，医師による健康診断を行わなければならない。 ●労働者は，前項の規定により事業者が行う健康診断を受けなければならない。ただし，事業者の指定した医師又は歯科医師が行う健康診断を受けることを希望しない場合において，他の医師又は歯科医師の行うこれらの規定による健康診断に相当する健康診断を受け，その結果を証明する書面を事業者に提出したときは，この限りでない。
雇入時の健康診断 （衛生規則第43条）	●事業者は，常時使用する労働者を雇い入れるときは，当該労働者に対し，医師による健康診断を行わなければならない。ただし，医師による健康診断を受けた後，3ヵ月を経過しない者を雇い入れる場合において，その者が当該健康診断の結果を証明する書面を提出したときは，当該健康診断の項目に相当する項目については，この限りでない。
定期健康診断 （衛生規則第44条）	●事業者は，常時使用する労働者（第45条第1項に規定する労働者を除く。）に対し，1年以内ごとに1回，定期に，医師による健康診断を行わなければならない。
特定業務従事者の健康診断 （衛生規則第45条）	●事業者は，第13条第1項第3号に掲げる業務に常時従事する労働者に対し，当該業務への配置替えの際及び6ヵ月以内ごとに1回，定期に，第44条第1項各号に掲げる項目について医師による健康診断を行わなければならない。この場合において，同項第4号の項目については，1年以内ごとに1回，定期に，行えば足りるものとする。 ・第13条第1項第3号に掲げる業務（一部抜粋） 　ヌ　深夜業を含む業務
自発的健康診断の結果の提	●午後10時から午前5時まで（厚生労働大臣が必要であると認める場合においては，その定める地域又は期間については午後11時か

根 拠 条 項	規 定 内 容 等
出 （法第66条の2）	ら午前6時まで）の間における業務（以下「深夜業」という。）に従事する労働者であって，その深夜業の回数その他の事項が深夜業に従事する労働者の健康の保持を考慮して厚生労働省令で定める要件に該当するものは，厚生労働省令で定めるところにより，自ら受けた健康診断の結果を証明する書面を事業者に提出することができる。
自発的健康診断 （衛生規則第50条の2）	●法第66条の2の厚生労働省令で定める要件は，常時使用され，同条の自ら受けた健康診断を受けた日前6ヵ月間を平均して1ヵ月当たり4回以上同条の深夜業に従事したこととする。
健康診断の結果の記録 （法第66条の3）	●事業者は，厚生労働省令で定めるところにより，法令の規定による健康診断の結果を記録しておかなければならない。
健康診断結果の記録の作成 （衛生規則第51条）	●事業者は，第43条，第44条若しくは第45条から第48条までの健康診断若しくは法第66条第4項の規定による指示を受けて行った健康診断（同条第5項ただし書の場合において当該労働者が受けた健康診断を含む。）又は法第66条の2の自ら受けた健康診断の結果に基づき，健康診断個人票を作成して，これを5年間保存しなければならない。
健康診断の結果についての医師等からの意見聴取 （法第66条の4）	●事業者は，健康診断の結果（当該健康診断の項目に異常の所見があると診断された労働者に係るものに限る。）に基づき，当該労働者の健康を保持するために必要な措置について，厚生労働省令で定めるところにより，医師又は歯科医師の意見を聴かなければならない。
健康診断の結果についての医師等からの意見聴取	●健康診断の結果に基づく医師又は歯科医師からの意見聴取は，次に定めるところにより行わなければならない。 ①健康診断が行われた日（当該労働者が他の医師又は歯科医師の健康診断を受け，その結果を証明する書面を事業者に提出したと

根 拠 条 項	規　定　内　容　等
（衛生規則第51条の2）	きはその提出した日）から3ヵ月以内に行うこと。 ②聴取した医師の意見を健康診断個人票に記載すること。 2　深夜業に従事する労働者が自ら受けた健康診断の結果を証明する書面を事業者に提出したときの医師からの意見聴取は，次に定めるところにより行わなければならない。 ①当該健康診断の結果を証明する書面が事業者に提出された日から2ヵ月以内に行うこと。 ②聴取した医師の意見を健康診断個人票に記載すること。
健康診断の結果の通知 （法第66条の6）	●事業者は，第66条第1項から第4項までの規定により行う健康診断を受けた労働者に対し，厚生労働省令で定めるところにより，当該健康診断の結果を通知しなければならない。
健康診断の結果の通知 （衛生規則第51条の4）	●事業者は，法令の規定により行う健康診断を受けた労働者に対し，遅滞なく，当該健康診断の結果を通知しなければならない。
面接指導等 （法第66条の8）	●事業者は，その労働時間の状況その他の事項が労働者の健康の保持を考慮して厚生労働省令で定める要件に該当する労働者に対し，厚生労働省令で定めるところにより，医師による面接指導（問診その他の方法により心身の状況を把握し，これに応じて面接により必要な指導を行うことをいう。以下同じ。）を行わなければならない。
面接指導の対象となる労働者の要件等 （衛生規則第52条の2）	●法第66条の8第1項の厚生労働省令で定める要件は，休憩時間を除き1週間当たり40時間を超えて労働させた場合におけるその超えた時間が一月当たり80時間を超え，かつ，疲労の蓄積が認められる者であることとする。
面接指導の実施方法等 （衛生規則第52条の3）	●面接指導は，労働安全衛生規則第52条の2第1項の要件に該当する労働者の申出により行うものとする。 ●事業者は，労働者から第1項の申出があったときは，遅滞なく，面接指導を行わなければならない。

●運転者の健康状態の把握，乗務前の判断・対処

（「事業用自動車の運転者の健康管理に係るマニュアル」より抜粋）

１．運転者の健康状態の把握

(1) 健康診断及び医師からの意見聴取（義務）

①健康診断の実施

　事業者は，労働安全衛生法に基づき運転者に対して雇入れ時及び定期の健康診断を実施することが義務付けられている。

②「異常の所見」がある場合の医師からの意見聴取

　事業者は，運転者が健康診断を受けた結果を把握するとともに，その結果に異常の所見が見られた場合は，医師から運転者の乗務に係る意見（乗務の可否，乗務させる場合の配慮事項等）を聴取し，また，聴取した健康診断の個人票の「医師の意見」欄に記入を求める必要がある。

　この場合，異常の所見の内容を明確化するために必要とされる精密検査等を運転者に受けさせることが望ましい。

２．乗務前の判断・対処

(1) 乗務前の点呼において，事業者（運行管理者）は，運転者が安全に乗務できる健康状態かどうかを判断し，乗務の可否を決定する必要がある。

(2) 点呼の結果，運転者が乗務できない場合の対処

①代わりの運転者の手配方法等の明確化

　乗務前の点呼の結果，運転者が乗務できなくなる場合に備えて代替措置（代わりの運転者の手配，下請けの活用等）をあらかじめ定めておくことが安全上極めて重要である。

　これらの代替措置がないと，運転者が業務上安全に乗務できる健康状態でないにもかかわらず，業務上の配慮から無理な乗務を強いられる可能性が考えられる。

> 【代替措置の例】
> 疾病等により運転できない運転者の後に運行する予定の運転者を運行管理者の指示で順次前倒しして配置を行い、その間に代わりとなる運転者を探すことにする。

②乗務できなかった運転者への対処

　運転者の健康状態が回復した場合でも，通常どおりの業務を行うには危険が伴う可能性があることから，事業者は，運転者に医師の診断を受けさせ，運転者の健康状態についての医師からの意見により，今後の乗務を検討する必要がある。

3．乗務中の注意・対処

　運転者が乗務を開始した後に体調が悪化して運行に悪影響を及ぼす場合も考えられる。

　このような場合には，運転者は運行管理者へ速やかに連絡を取ってその指示を仰ぐべきであることを，事業者は，常日頃から運転者に徹底しておく必要がある。

　具体的には，「運転中に体調が悪くなる兆候を感じた場合や，実際に体調が悪くなった場合には，無理に運転せず，車両を停車させ，すぐに運行管理者に無線などで報告する。」ことを運転者に徹底しておくべきである。

　また，緊急時に対応すべきこと及びその際の連絡体制を簡潔にまとめたマニュアルを作成しておくことが望ましい。

5 運行管理者の業務に関し必要な実務上の知識及び能力関係のポイント

(1) 自動車の運転に関すること

①—1 人間の感覚と判断能力

　自動車の運転は，認知・判断・行動（操作）の繰り返しです。

　運転者が走行中にブレーキをかけるときは，瞬時に，目や耳で障害物を認知してブレーキをかけるべきと判断して行動（操作）に移るわけですが，認知から行動（操作）までには多少の時間がかかります。そして，交通事故の大半が，認知と判断の段階で起きているといわれています。

イ　反応時間

　運転者が危険な状態を認めてからブレーキをかけ，ブレーキがきき始めるまでには，1秒くらいかかるといわれ，これを反応時間といいます。

　　　反応時間＝反射時間＋踏み変え時間＋踏み込み時間

ロ　反応時間を長びかせる要因

　要因には心身の状態，アルコールの影響，薬と病気，加齢等が考えられます。

①—2 視覚の特性

　速度が速くなると運転者の視野が狭くなり遠くを注視するようになるため，近くのものが見えにくくなるので注意が必要です。**高速道路では周囲が開けているため，実際の速度より遅く感じる。**

　疲労の影響は，目に最も強く現われます。疲労の度が高まるにつれて見落としや見まちがいが多くなるので注意が必要です。明るさが急に変わると，視力は，一瞬急激に低下します。トンネルに入る前やトンネルから出るときは，速度を落とす必要があります。また，夜間は対向車のライトを直視しないようにします。

イ　見えやすい色，見えにくい色

　夜間や雨天時には，歩行者の服装の色などにより見えにくいことがあります。一般に，夜間は，白，黄，茶，黒の順に見えにくくなります。

ロ　静止視力と動体視力

　視力は通常，ものが静止した状態で測られますが，これを静止視力といい，自分が動いているとき又は視標が動いている状態のときの視力を動体視力といいます。静止視力と動体視力との差異は個人差が著しく，また，静止視力の良い人が動体視力が良いとは限りません。

　動体視力は，疲労の影響を強く受け，また，自動車の走行速度が早くなると動体視力は著しく低下します。

　なお，その低下の度合は年令が進むにつれて著しくなるといわれています。また，

一般的に，自動車の運転は加齢に伴い判断能力が低下し，多重情報処理が必要な場面では，情報処理のオーバーフローが生じやすくなるといわれています。

ハ　視野の範囲

　静止しているときの視野は，片目で左右それぞれ160度ぐらい，両眼視で200度程度ですが，速度が早くなればなるほど視野は狭くなる傾向があります。

ニ　明順応・暗順応

　明るい所から暗い所へ入った場合，また，反対に暗い所から明るい所へ出た場合には物が見えにくくなり，しばらくするとよく見えるようになりますが，このように視力が回復する機能を順応といいます。

　例えば，暗いトンネルの中から明るい所へ出たときは明順応，明るい所から暗いトンネルなどに入った場合は暗順応といいます。

　この順応には，前後の明暗の差が大きいほど時間を要します。また，暗順応の方が明順応より時間がかかります。

　従って，夕暮れ時で物が鮮明に判別できない状態にあるときや明るさが急変する状態の場所を走行するときは，速度を落とすなど状況に応じた対応が必要です。

ホ　蒸発現象

　夜間走行中，自分の車と対向車のライトで，道路の中央付近の歩行者が見えなくなることがありますので，十分注意が必要です。

　この現象を蒸発現象とよんでいます。

ヘ　見る眼の高さによる距離の錯覚

　一般に大型車は運転者の視点の位置（アイポイント）が高く，前方を上から見下ろすかたちで運転するため前方の視界が広く開いています。そのため，例えば20メートルの距離を30メートル位に感じとってしまうような距離の錯覚を生み，乗用車の運転時とは，異なった距離間を運転者に与える特性をもっています。

　このことは，車間距離を十分とっているつもりでも実際には短いという現象につながります。

　（同じ距離であっても大きい車は近く，小さい車は遠くに感じる。）

②　自動車に働く自然の力

イ　摩擦の力

　走行中の自動車は，クラッチを切っても走り続けようとする性質があるため，すぐには止まりません。この自動車を止めるためには，ブレーキをかけて車輪の回転を止め，タイヤと路面の間の摩擦抵抗を利用します。路面がぬれている場合には，摩擦抵抗が小さくなり制動距離が長くなります。また，高速運転中に急ブレーキをかけると，車輪がロックして横すべりするので注意が必要です。

ロ　慣性力

　止まっているものは止まっていようとし，動いているものは動き続けようとする性質を「慣性」といい，これによって生じる力を「慣性力」といいます。

この慣性力は，物体が重いほど大きくなり（重量に比例して大きくなる。），速度が速いほど加速度的に大きくなります。（速度の２乗に比例して大きくなる。）

　また，重量に比例して大きくなるとは，重量が２倍になると２倍に，重量が３倍になると３倍の大きさになることを意味し，速度の２乗に比例して大きくなるとは，速度が２倍になると４倍に，速度が３倍になると９倍の大きさになることを意味しています。

ハ　遠心力

　自動車がカーブを回ろうとするときには，自動車の重心に遠心力が働き，自動車はカーブの外側に滑り出そうとします。このため，荷物の積み方が悪く重心の位置が高くなったり，片寄ったりすると，自動車は倒れやすくなります。

　遠心力の大きさは，カーブの半径が小さいほど大きくなり，速度の２乗に比例します。従って，速度が２倍になれば遠心力は４倍となります。

　安全にカーブを回るためには，カーブに入る前の直線部分で早めにブレーキをかけ，十分速度を落とすことが必要です。

※「カーブの半径が小さくなるほど大きくなる」とは、
　例えば、重量、速度が同じとき，半径が２分の１になると遠心力は２倍の大きさになる。

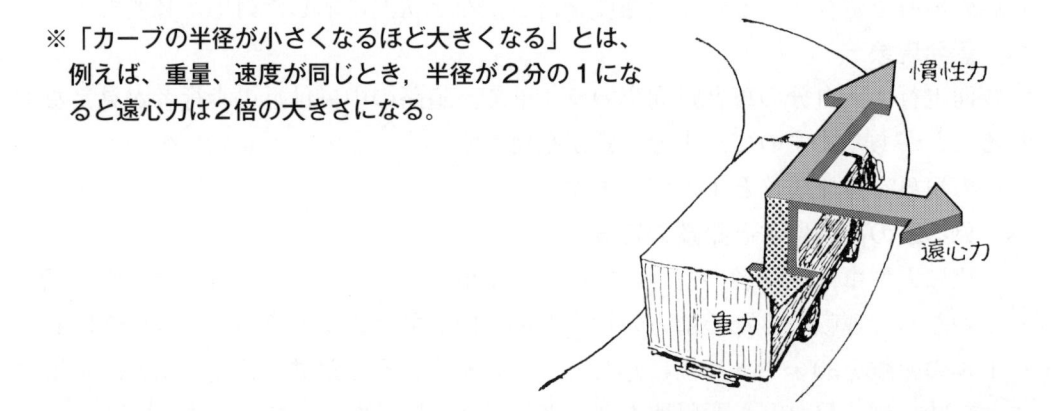

ニ　衝撃力

　交通事故の際に自動車が物体に衝突して発生する衝撃力は自動車の速度に応じて大きくなります。速度が２倍になれば衝撃力は４倍となり，衝撃力が大きくなるため車体の損傷も大きくなります（速度の２乗に比例して大きくなる。）。

　例えば，時速60キロメートルでコンクリートの壁に激突した場合は，約14メートルの高さ（ビルの５階程度）から落ちた場合と同じ程度の衝撃力を受けますので，高速運転をするときは，特に注意が必要となります。

　また，車両総重量が２倍になれば２倍，３倍になれば３倍になり，車両の重さに比例して変化します。

ホ　速度と重量の影響

　速度と制動距離や遠心力の関係は，いずれも速度の２乗に比例する関係にあります。速度が２倍になれば制動距離や遠心力は４倍になり，３倍になれば９倍に，また，速度が２分の１になれば４分の１，３分の１になれば９分の１になります。

ヘ　シートベルトの着用

　走行している自動車が衝突した場合，自動車は停止しても，自動車に乗車している人は慣性の法則により前へ進もうとします。しかしながら，自分の両腕で支えられる力はせいぜい50キログラム，両足で支えられるのは100キログラム程度で，両手両足を使っても自分の体重の2〜3倍が限度といわれており，これは時速7キロメートル程度で衝突したときの力に相当します。従って，自動車が衝突したとき自分の体を支えるためには，シートベルトの着用が必要不可欠です。実際の統計によれば，自動車乗車中の着用者の致死率は，非着用者の致死率の約10分の1程度（平成18年）となってます。

③　交通公害と地球温暖化防止等

- ●我が国の二酸化炭素の排出量については，全体の2割を運輸部門が占め，このうち9割が自動車に起因することから，自動車からの二酸化炭素の更なる排出削減対策の推進が必要となっている。
- ●道路を通行するときは，不必要な急発進や空ぶかし，急ブレーキをさけるなど交通公害を少くする心構えが重要です。
- ●自動車の排出ガスの中には，一酸化炭素，炭化水素，窒素酸化物など人体に有害な物質が含まれており，これらの排出ガスが大気を汚染する原因のひとつとなっています。
- ●手荷物の取り扱いなどのために継続的に停止するときにアイドリング状態を続けると，人体に有害な物質のほか地球温暖化の一因となっている二酸化炭素の排出量も増え，燃料消費量も増加する。
- ●「地球温暖化対策の推進に関する法律」においては，地球の温暖化防止に関する温室効果ガスとして，二酸化炭素，メタン，一酸化二窒素，代替フロン等の6種類が定められている。
- ●自動車は排気騒音やタイヤ騒音などの走行騒音を出すほか道路周辺に震動を与えるが，これらは，自動車の速度が速いほど，また，自動車の重量が重いほど大きくなる。
- ●自動車の燃料中の硫黄分を低減することは，自動車単体の排出ガス低減対策と同様，大気汚染の防止に必要な対策の一つである。

④　燃料消費

　自動車の速度と燃料消費には密接な関係があり，速度が遅すぎても速すぎても燃料消費量は多くなります。急発進，急ブレーキや空ぶかしを行ったり，アイドリングを続けたりすると一酸化炭素，炭化水素，窒素酸化物など人体に有害な物質のほか地球温暖化の一因となっている二酸化炭素の排出量が増加するばかりでなく，余分の燃料を消費するので，できるだけ避ける必要があります。

⑤　停止距離と車間距離

　自動車は急には止まれません。停止するまでには，運転者が危険を感じてからブレ

ーキを踏み，ブレーキが実際にきき始めるまでの間に自動車が走る距離（空走距離）と，ブレーキがきき始めてから自動車が停止するまでの距離（制動距離）とを合わせた距離（停止距離）を必要とします。この停止距離を考えて，危険が発生した場合でも，安全に停止できるような速度で運転することが肝要です。

運転者が疲れているときは，危険を認知して判断するまでに時間がかかるので空走距離は長くなります。また，ぬれた路面を走る場合や重い荷物を積んでいる場合などは制動距離が長くなります。

また，道路が滑りやすい状態のときはブレーキを数回に分けて踏むと効果があります。

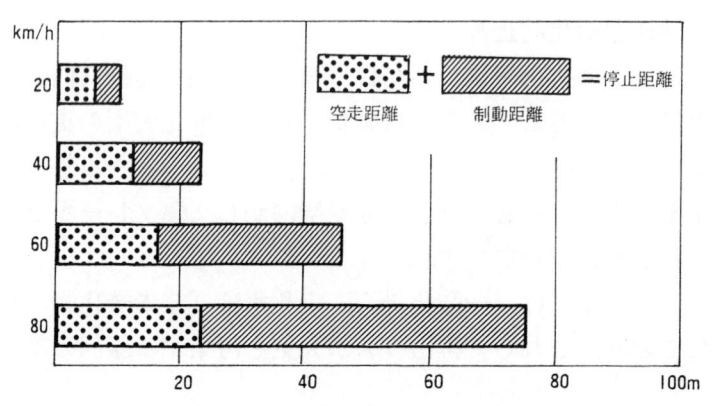

⑤—2　アンチロック・ブレーキ・システム（ABS：Anti-Lock Brake system）

アンチロック・ブレーキ・システムは，急制動時や雪路などの滑りやすい路面で制動した場合，車両が停止する前に車輪がロックすることを防ぎ，方向安定性の維持及び操縦性を確保して安全性の向上を図るものです。

走行中ブレーキを踏んでタイヤがロックされた場合，タイヤと路面の摩擦のみで制動することになり，路面の状況などによってはスピンを起こしたり，氷結路面では滑りを起こしたりしますが，ABSでは，車輪をロックせず，減速度が最高になるように制動力を保持します。

現在，ABS装着が義務づけられた自動車は，車両総重量7トンを超えるけん引自動車，車両総重量12トンを超える大型バス（一般路線バスを除く。）です。

⑥　ハンドル角度と旋回半径

●横すべり等によって旋回半径が大きくなる

自動車の速度が出ているときにハンドルを回してもカーブを思うように曲がり切れず，反対車線にはみ出してしまうことがあります。

車の速度が出ているときは，ハンドルを回し，前車軸に曲がるための角度をあたえても，車はそのようには曲がってくれません。

車に曲がるための力を与えているときには，速度が増せば増すほど旋回半径が大きくなります。

また，前後車軸への荷重が均等でなく，前車軸への荷重が後車軸への荷重より大きいと，前車軸の横すべり角が増加し，旋回半径も増加します。

　逆に，後車軸への荷重が前車軸の荷重より大きくなると，旋回半径は減少します。

　要するに，車の速度が高いとき，あるいは前荷重のときは，いわゆるハンドルの切れが悪く，逆に，車の速度がそれほどでないときはハンドルの切れがよいといえます。そのほか，ハンドルの切れを左右するものに横風，道路の横断勾配（カント，道路の左右方向の勾配）などがあります。

⑦　内輪差・外輪差

　自動車がハンドルを切って右左折するときやバックするとき，後輪は前輪より内側を通ります。

　内側の車輪の場合を内輪差，外側の車輪の場合を外輪差といい，それぞれ回転半径の差によって生じます。

● 内輪差及び外輪差は，共にハンドルをいっぱい切ったときに最大となります。

● 内輪差，外輪差ともホイールベースが長くなるほど大きくなります。

● 外輪差は，内輪差よりやや小さくなります。

● 大型車は内輪差が大きく，左後方に運転者席から見えない箇所があるので歩行者や自転車を巻き込まないよう注意が必要です。

● 外輪差は，車庫入れ等のときの後退や旋回のときは，左あるいは右の車体前部の張り出しが大きくなるので注意が必要です。

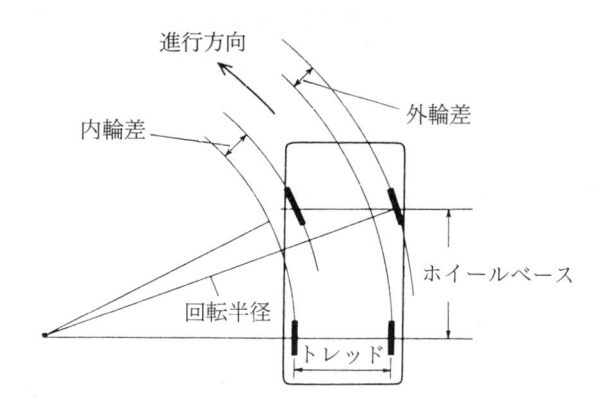

⑧　踏切通過時の運転

　踏切内では，エンストを防止するため，変速しないで，発進したときの低速ギヤのまま一気に通過します。また，歩行者や対向車に注意しながら，落輪しないようにやや中央寄りを通ります。

　踏切で動かなくなったときは，踏切支障報知装置，発炎筒などで一刻も早く列車の運転者に知らせるとともに自動車を踏切の外に移動させることが必要です。

⑨　スローイン・ファストアウト

　スローイン・ファストアウト走行とは，カーブの手前の直線部分で速度を落としゆ

っくりとカーブを回り終わる少し手前から徐々に加速する走り方をいいます。

⑩　坂道の運転

　上り坂で発進するときは，できるだけハンドブレーキを活用します。クラッチ操作だけで発進すると失敗し，自動車が後退してしまいます。また，上り坂の頂上付近は見とおしが悪いので徐行することが必要です。

　下り坂では低速のギヤを用い，エンジンブレーキを活用します。長い下り坂で，フットブレーキをひんぱんに使いすぎると急にブレーキがきかなくなることがあるので注意が必要です。

　また，下り坂では，加速がついて停止距離が長くなるので，車間距離を広くとる必要があります。

　なお，一般的に走行中，次のような現象が発生することがありますので注意が肝要です。

フェード現象：フットブレーキを使いすぎるとブレーキ・ドラムやブレーキ・ライニングが摩擦のため過熱し，ドラムとライニングの間の摩擦力が減り，ブレーキのききが悪くなる現象をいいます。

ベーパロック現象：フットブレーキの使いすぎによりドラムとライニングが過熱し，その熱のためブレーキ液の中に気泡が生じ，ブレーキのききが悪くなる現象をいいます。

⑪　夜間の運転

　夜間は視界が悪くなり，歩行者や自転車の発見が遅れます。また，速度感がにぶり，速度超過になりがちとなります。昼間より速度を落として慎重に運転するとともに，少しでも危険を感じたら，まず速度を落とすことが必要です。

　夜間の走行では，自分の自動車と対向車のライトで道路の中央付近の歩行者が見えなくなること（蒸発現象）があるので注意が必要です。

　前の自動車に続いて走行するときは，前走車のブレーキ灯に注意することが必要です。薄暮時には事故が多く発生するので，早めにライトを点灯し，自分の自動車の存在を知らせることが必要です。

　なお，対向車のライトがまぶしいときは，視点をやや左前方に移して目がくらまないようにします。

⑫　悪天候時の運転

　イ　雨の日の運転

●雨の日は，視界が悪くなるうえ，窓ガラスがくもったり，路面が滑りやすくなるなど悪条件が重なるので注意が必要です。

●雨の日は，晴れの日よりも速度を落とし，車間距離を十分にとって運転することが必要です。特に，急発進，急ブレーキ，急ハンドルなどは横転，横すべりなどの原因となり危険です。

●路面が雨にぬれて，タイヤがすり減っている場合の停止距離は，乾燥した路面で

タイヤの状態がよい場合に比べ2倍程度のびることがある。

- ●ぬかるみ，砂利道等を運転する場合には，低速ギアを使い速度を一定に保つようにする。
- ●ドラムブレーキの場合，深い水溜りを走った後，ブレーキのききが悪くなったら，停止してブレーキライニングを乾かすようにする。

なお，雨の日などには，次のような現象が発生することがありますので注意が必要です。

ウェット・スキッド現象：雨の降り始めなどに，タイヤと路面にすべりが生じて車の方向が急に変わったり，流されたり，スリップしたりする現象をいいます。

ウオータ・フェード現象：水たまりを走行したとき，ブレーキ・ドラムに水が入り，ブレーキのききが悪くなる現象をいいます。

ハイドロプレーニング現象：雨の日に高速走行したとき，タイヤが路面の水を排除できず路面から浮き上がり，水の上を滑るようになる現象をいいます。

ロ　雪道の運転

雪道や凍りついた道は大変滑りやすく危険です。タイヤにタイヤチェーンを装着するか，スノータイヤなどの雪路用タイヤをつけたうえで，速度を十分落とし，車間距離を十分とって運転することが必要です。

横すべりを起こすことが多いのでハンドルやブレーキの操作は特に慎重にする必要があります。急発進，急ブレーキ，急ハンドルは絶対にやめることです。

ハ　霧の時の運転

霧は，視界をきわめて狭くします。霧灯がある場合には霧灯を，ないときはヘッドライトを早めにつけます。中央線やガードレールや前走車の尾灯をめやすに速度を落として運転することが必要です。また，必要により警音器を活用します。

⑬　緊急時の措置

踏切や交差点内でエンストしたときは，非常手段としてギヤをローかセカンドに入れ，セルモーターを使って動かすこともできます。

アクセルを踏みこんで，ワイヤーなどがひっかかりもどらなくなったときは，ただちにギヤをニュートラルにして，タイヤにエンジンの力をかけないようにすることが必要です。

走行中にタイヤがパンクしたときは，ハンドルをしっかり握り，自動車の方向を直すことに全力を傾けます。急ブレーキをさけ，断続的にブレーキを踏んで止めます。後輪の横すべりは，スピードの出し過ぎ，急ハンドル又は急加速が原因で発生します。後輪が横すべりを始めたときは，ブレーキをかけてはいけません。まず，アクセルをゆるめ，同時にハンドルで自動車の向きを立て直すようにします。この場合，後輪が右（左）にすべったときは，自動車は左(右)に向くので，ハンドルを右（左）に切り

ます。

　下り坂などでブレーキがきかなくなったときは，ブレーキを数回踏み，手早く減速チェンジをし，ハンドブレーキを引きます。それでも停止しないようなときは，山側の溝に車輪を落としたり，ガードレールに車体をすり寄せたり，道路わきの砂利などに突っ込んだりして止めます。

　対向車と正面衝突のおそれが生じたときは，警音器とブレーキを同時に使い，できる限り左側へ寄ります。衝突の寸前まであきらめないで少しでもブレーキとハンドルでかわすようにします。

⑭　高速道路の運転

　イ　速度

　　車間距離を十分とって走ります。路面が乾燥していてタイヤが新しい場合は，時速100キロメートルでは約100メートル，時速80キロメートルでは約80メートルの車間距離をとる必要があります。また，路面がぬれていたり，タイヤがすり減っている場合は，この約2倍程度の車間距離が必要となります。

　　雨や雪や霧など悪天候下での高速走行は特に危険です。雨の中を高速で走行すると，スリップを起こしたり，タイヤが浮いてハンドルやブレーキがきかなくなること（ハイドロプレーニング現象）があります。また，雪の日は路面が滑りやすく，視界も悪くなるので高速走行はさける必要があります。

　ロ　走行方法

　　高速道路の路側帯や路肩を通行してはいけません。

　　登坂車線のある道路では，荷物を積んだトラックなど速度の遅い自動車は，登坂車線を利用します。

　　追越しをする場合は，早目に合図をし，追越し車線の自動車の動きなどに注意をしてから行います。特に，進路を戻すときは，追越した自動車全体がルームミラーに写ったことを確認してから行います。

　　高速で走行中に急ブレーキをかけることは，大変危険です。ブレーキをかけるときは，一段低いギヤに落としエンジンブレーキを使うとともに，フットブレーキを数回に分けて踏むことが必要です。

　　高速走行中の急ハンドルはしてはいけません。

　　強風のときは，ハンドルをとられやすいので速度を落とし，注意して運転します。特に，トンネルや切り通しの出口などでは，横風のためにハンドルをとられることがあるので注意することが必要です。

　　高速でトンネルに入ると，視力が急激に低下するので，あらかじめ手前で速度を落とすことが必要です。

　ハ　走行上の注意

　　本線車道へ入ろうとする場合，加速車線があるときは，加速車線を通行して，十分加速することが必要です。

本線車道へ入ろうとするときは，本線車道を通行している自動車の進行を妨げてはいけません。

⑮　**高速自動車国道の設備**

　高速自動車国道には，安全走行，疲労回復及び情報収集，伝達のための施設が設けられています。

　　イ　サービスエリアは，約50キロメートル毎に設置してあり，レストラン，売店，無料休憩所，燃料スタンド，点検所，便所などが設置されています。

　　ロ　パーキングエリアは，サービスエリアとサービスエリアとの中間に約15キロメートル毎に配置されており，売店（又は自動販売機），便所などが設置されています。

　　ハ　非常用電話は，１キロメートル（トンネル内は200メートル）ごとに設置されています。

　　ニ　キロポスト（KP）は，その道路の起点からの距離を表示してあり，100メートル毎に設置されています。

　　ホ　R450・R600（右又は左方屈曲有り）は，道路の屈曲の半径を表示しているもので，R450とは，屈曲半径が450メートルを表し，R600とは，屈曲半径が600メートルを表しています。

　　ヘ　ハイウェイラジオ（1620キロヘルツ）設置区間では，交通情報，気象情報を放送しています。

　　ト　ETCは，有料道路の料金所に設置したアンテナと自動車に装着した車載器との間で無線通信を用いて自動的に料金の支払いを行い，ノンストップで料金所を通行することのできるシステムである。

⑯　**運転中に大地震が発生したとき**

●急ハンドル，急ブレーキを避けるなど，できるだけ安全な方法により道路の左側に停止させること。

●停止後は，ラジオで地震情報や交通情報を聞き，その情報や周囲の状況に応じて行動すること。

●車を置いて避難するときは，道路の左側に寄せて停止させ，エンジンを止めエンジンキーはつけたままとし，窓を閉めドアはロックしないこと。

●避難のために車を使用しないこと。

⑰　**タイヤの空気圧**

　タイヤの空気圧は，ハンドル操作や乗り心地，ブレーキのききぐあいに大きく影響し，また，タイヤの寿命にも関係します。タイヤの空気圧は，車種によって違います。車種に合った規定の空気圧を正しく守るようにする。

　　イ　空気圧の低すぎ

　　　①　ハンドルが重い。

　　　②　タイヤが損傷しやすい。

③　摩擦抵抗が大きいため，燃料消費量が増える。

④　高速走行時に，スタンディング・ウェーブ現象を起こしやすい。

●スタンディングウェーブ現象：タイヤの空気圧不足で高速走行したとき，タイヤの接地部に波打ち現象が生じセパレーションやコード切れ等が発生する現象をいいます。

⑤　接地面（トレッド）の両端部が早く摩耗する。

ロ　空気圧の高すぎ

①　ショックを吸収できず，乗り心地が悪い。

②　ショックで取付部がゆるみやすい。

③　摩耗抵抗が小さくなり，スリップしやすい。

④　ハンドルがふらつきやすい。

⑤　接地面（トレッド）の中央部が早く摩耗する。

ハ　空気圧の左右が不ぞろい

①　空気圧の少ない方にハンドルを取られる。

②　タイヤの摩耗状態が不ぞろいになる。

③　ブレーキが片ぎきになる。

⑱　**睡眠時無呼吸症候群**（SAS：Sleep Apnea Syndrome）

　漫然運転や居眠り運転の防止には，夜更かし，無理な勤務スケジュールや慢性の睡眠不足状態がないかを注意する必要があります。また，運送従事者の勤務形態とは関係なく，眠気を生じる様々な病気が居眠り運転に関連していることが知られており，早期発見・早期治療の取り組みが重要です。その中で睡眠時無呼吸症候群（ＳＡＳ）は，本人が気付いていないことが多いことから安全運転上の対策として，以下のような早期発見・早期治療の取り組みを行うことが重要です。

●ＳＡＳは，睡眠中に舌が喉の奥に沈下することにより気道（空気の通り道）が塞がれ，そのため，大きないびき，睡眠中に呼吸が止まったり，止まりかけたりする状態が断続的に繰り返される病気です。（医学的には，呼吸が10秒以上停止する無呼吸の状態が一晩の睡眠中に30回以上生じるか，睡眠1時間あたり無呼吸が5回以上生じ，かつ自覚症状を伴うものをいいます。）このため睡眠が浅くなると同時に，脳への酸素の供給も悪くなるため，質の良い睡眠がとれず，日中強い眠気を感じたり居眠りがちになったりして，集中力に欠けるなどの状況が生じます。この結果，漫然運転や居眠り運転による事故等が発生しやすくなります。

●ＳＡＳに関連する症状

　ＳＡＳの患者には，主に次のような症状が見られます。

①　夜間の症状　・睡眠中に呼吸が止まる　・大きないびき

　　　　　　　　・夜頻繁にトイレに立つ（頻繁に目がさめる）　・不眠

②　昼間の症状　・熟睡感ない　・朝の頭痛　・日中の強い眠気

　　　　　　　　・集中力の低下

③　他の症状　　・勃起機能不全（ＥＤ）

④　身体的特徴　　・肥満

● ＳＡＳに伴う合併症

　ＳＡＳになると，睡眠中の呼吸停止と再開が繰り返されるために血圧が上昇し，血液も固まりやすくなることから，高血圧，糖尿病，狭心症，心筋梗塞，脳卒中など重大な合併症を引き起こすリスクが高まります。従って，安全運転上のみならず，健康管理面からもＳＡＳの早期発見・早期治療が重要です。

● ＳＡＳによる事故

　これまでの多くの研究によれば，ＳＡＳは運転能力を低下させることが明らかにされています。ＳＡＳによる居眠り運転で発生する事故は，特に

・ひとりで運転中

・高速道路や郊外の直線道路を走行中

・渋滞で低速走行中

に多いと言われています。また，重度のＳＡＳ患者は，短期間に複数回の事故を引き起こすことが多いと言われています。

　欧米でのいくつかの報告をまとめた調査結果によれば，ＳＡＳ患者の事故率は，健康な人の事故率に比べ，平均で約３倍という高い値が示されています。

● 日常生活上注意すべき点

　多くのＳＡＳ患者では，肥満によって喉の奥が狭くなっているので，減量に取り組むことが重要です。また，喫煙や過度の飲食もＳＡＳを悪化させるので適正飲酒，禁煙に取り組むことも効果的です。

⑲　運転者の健康管理等

　イ　近年，脳卒中や心臓病などに起因した運転中の突然死による事故が増加傾向にあるが，この脳卒中や心臓病などは病気の原因が生活習慣に関係していることから「生活習慣病」と呼ばれている。

　ロ　かぜ薬や解熱剤には，眠気を誘う成分が含まれているものがあり，場合によっては，服用後は運転を見合わせることも必要である。

　ハ　いわゆる「のこり酒」とは，会社に出勤し，運転業務に就く頃までアルコールが代謝されずに体内に残ってしまう状態をいい，この状態で運転すると，酒気帯び運転若しくは体内のアルコール濃度によっては，飲酒運転となることがあるため，点呼時の適切なチェックが重要である。

　ニ　アルコール依存症とは，否認の病気といわれているように本人はなかなか認めたがりませんが，心理的，身体的にアルコールへの依存に陥っている医学的に認められた病気です。この病気は治療をすれば回復する病気ですので，早期に発見して早期に治療すれば，本人はもちろん，職場にとっても家族にとっても失うものが少なくてすみます。

　　飲酒量が増えると，「吐き気，おう吐，発汗，寝汗」「落ち着きがない」「手足

が震えるようになる」「幻聴，妄想」などの症状が現れてきます。

● 飲酒運転防止対策

体重60kgの人が1単位のお酒を30分以内に飲んだ場合，アルコールは約3〜4時間体内にとどまるといわれています。2単位の場合ではアルコールが体内から消失するまで約6〜7時間になります。3単位のお酒を飲んだ場合には，8時間が経過してもアルコールは消えないことになります。また，アルコールが消えるまでの時間については個人差も大きく，年齢や体質，そのときの体調や飲酒量などにより大きく左右されますので，このような点を運転者に認識させ，酒気帯び運転を防止するための指導・教育が必要であります。

なお，アルコール摂取量の基準とされるお酒の「1単位」とは，純アルコールに換算して20gです。これは，缶ビール（500ml，アルコール5％）1本，日本酒1合（180ml，アルコール15％）が目安になります。

・アルコール量の計算式

お酒の量(ml)×{アルコール度数(%)÷100}×0.8

（例）　ビール500mlの場合　$500 \times (5 \div 100) \times 0.8 = 20g$

(2)　その他の事項に関すること

①　事故発生時の措置等

イ　事故の続発を防ぐため，ほかの交通の妨げにならないような安全な場所（路肩，空き地等）に自動車を移動させ，エンジンを切る。

ロ　医師や救急車の到着までの間，負傷者へガーゼや清潔なハンカチで止血する等，可能な応急措置を行い，むやみに負傷者を動かさないようにするとともに，後続事故のおそれのある場合は，早く負傷者を救出して安全な場所に移動させる。

ハ　ひき逃げをした自動車を見かけたときは，負傷者を救護するとともに，その自動車のナンバー，車種，色等，自動車の特徴を110番等で警察官に届け出る。

ニ　軽い怪我でも必ず警察官に届け，外傷がなくても頭部などに強い衝撃を受けたときは医師の診断をうけること。後になって後遺症が起きて困ることとなる。

②　交通事故と損害保険

自動車により交通事故を起こした場合，社会的制裁を受けたり，大きな経済的負担を伴うことが多く，この損失を補うために自動車保険の制度があります。

自動車保険には，加入が強制されるもの（自動車損害賠償責任保険又は自動車損害賠償責任共済）と任意に加入するものがあります。

自動車強制保険については，自動車損害賠償保障法に規定されています。

● 自動車損害賠償保障法第3条（自動車損害賠償責任）

自己のために自動車を運行の用に供する者は，その運行によって他人の生命又は身体を害したときは，これによって生じた損害を賠償する責に任ずる。ただし，自己及び運転者が自動車の運行に関し注意を怠らなかったこと，被害者又は運転者以外の第

3者に故意又は過失があったこと並びに，自動車に構造上の欠陥又は機能の障害がなかったことを証明したときは，この限りでない。と規定されています。

● 民法第709条（不法行為による損害賠償）

　故意または過失によって他人の権利又は法律上保護される利益を侵害した者は，これによって生じた損害を賠償する責任を負う。

● 民法第715条（使用者等の責任）

　ある事業のために他人を使用する者は，被用者がその事業の執行について第三者に加えた損害を賠償する責任を負う。ただし，使用者が被用者の選任及びその事業の監督について相当の注意をしたとき，又は相当の注意をしても損害が生ずべきであったときは，この限りでない。

● 自動車の運転により人を死傷させる行為等の処罰に関する法律（自動車運転死傷行為処罰法）第5条（過失運転致死傷）

　自動車の運転上必要な注意を怠り，よって人を死傷させた者は，7年以下の懲役若しくは禁錮又は100万円以下の罰金に処する。ただし，その傷害が軽いときは，情状により，その刑を免除することができる。

　と規定されています。

● 自動車は，自動車損害賠償保険又は自動車損害賠償責任共済の契約が締結されているものでなければ，運行の用に供してはなりません。

● 自動車の登録，検査を申請する際には，自動車損害賠償責任保険証明書（又は自動車損害賠償責任共済証明書）を行政庁に対し提示しなければなりません。

● 自動車は，上記の保険証明書を備えなければ運行の用に供してはなりません。

③　運転免許に係る経歴の証明等

● 自動車安全運転センター法施行規則第9条（経歴証明義務）

イ	無事故・無違反証明書	無事故・無違反で経過した期間を証明する。
ロ	累積点数等証明書	交通違反，交通事故の点数が現在何点になっているかを証明する。
ハ	運転免許経歴証明書	過去に失効した免許，取り消された免許又は現在受けている免許の種類，取得年月日等を証明する。
ニ	運転記録証明書	過去5年・3年又は1年間の交通違反，交通事故，運転免許の行政処分の記録について証明する。

④　適性診断の受診

　適性診断の目的及び内容

　適性診断は，自動車の運行の安全を確保するため，主として自動車運送事業に従事される運転者を対象に安全運転にとって必要な事項，すなわち運転者の性格，安全運転態度，認知・処理機能や視覚機能について，心理学及び医学の両面から各種の診断を行い，診断結果による諸特性を把握して，安全運転に役立てるためのものであります。

適性診断は，受診者が診断結果に基づいて，運転に適しているかどうかについて分別するものではなく，運転行動や運転態度が安全運転にとって好ましい方向へ変化するよう動機づける（意識を向上させる）ためのものであり，ヒューマンエラーによる事故の発生を未然に防止しようとするものであります。

イ　交通安全対策のサイクル

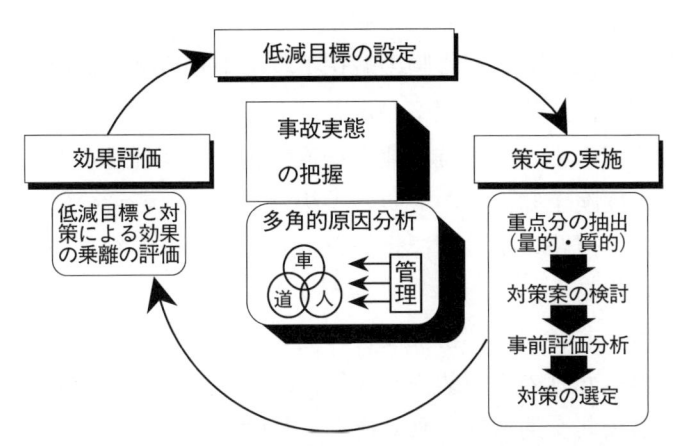

注）図中の「管理」とは運行管理，車両管理などを言う

　自動車交通安全対策を効率的かつ効果的に講じていくためには，収集した事故情報を多角的に分析し，恒常的に「事故実態の把握」を行った上で，「低減目標の設定」→「策定の実施」→「効果評価」→「低減目標の設定」という一連の自動車交通安全対策サイクルを繰り返していくことが必要です。

ロ　ハインリッヒの法則

　米国の技師ハインリッヒが発表した法則で，労働災害の事例の統計を分析した結果，導きだされたものです。

　重大災害を１とすると，

　軽傷の事故が29，

　そして無傷災害は300となるもので，

　これをもとに「１件の重大災害（死亡・重症事故）が発生する背景には，29件の軽傷事故と300件のヒヤリハットがある。」という警告をして，よく安全運転活動の中で出てくる言葉であります。

ハ　ヒヤリハット

　実際に起こった自動車事故の背後では，ひとつ間違えれば事故になったかも知れないケースが数限りなく存在していることを大半のドライバーが繰り返し経験しています。

　こうした事故がおこりそうであったが，幸いにも回避できた出来事（インシデント）のことを「ヒヤリハット」とよんでいます。

ニ　エコドライブとは，駐車中にエンジンを停止するアイドリングストップや急発進・急加速を避けた等速運転などを励行することをいい，エコドライブは，環境の保全のために必要なだけではなく，運行経費の削減や交通事故の防止など様々な効果を

もたらすものである。

　ホ　ＩＴＳとは，最先端の情報通信技術を駆使して，人・道路・車両とを一体のシステムとして構築するもので，交通事故や渋滞，環境問題，エネルギー問題等の解決に大きく貢献することが期待されるものである。

　ヘ　モーダルシフトとは，旅客，貨物の輸送手段をより環境負荷の小さいものに転換することをいい，例えば，輸送分担率が最大であるトラック輸送の一部を輸送効率が高く，また，環境負荷の小さい内航海運や鉄道輸送に切り替えることをいう。

　ト　指差呼称とは，危険予知活動の一つの手法であり，運転者の錯覚，誤判断，誤操作等を防止するため，道路の信号や標識等を指で差し，その対象が持つ名称や状態を声に出して確認する行為をいう。

　チ　パークアンドライドとは，都市部などの交通渋滞の緩和のため，通勤などに使用されている自動車等を郊外の鉄道駅やバス停に設けた駐車場に停車させ，そこから鉄道や路線バスなどの公共交通機関に乗り換えて移動する方法のことで，交通渋滞の緩和だけでなく，二酸化炭素などの排出ガスの削減効果も期待できるものである。

⑤　運行記録計（アナログ式・ディジタル式）

　運行記録計（アナログ式・ディジタル式）は，運行管理の適正化を図るため，貸切バスや大型貨物自動車等に装着が義務付けられています。また，東京や大阪など地方運輸局長が指定する地域内のハイヤー・タクシーにも装着が義務づけられています。

【根拠規定】　運輸規則第26条，輸送安全規則第９条，保安基準第48条の２，道交法第63条の２

　これらの自動車に装着されている運行記録計は，データを記録紙で保存するアナログ式運行記録計（以下「アナログ式」という。）とデータを電子的に記録し保存するディジタル式運行記録計（以下「ディジタル式」という。）の二種類が存在しますが，「ディジタル式」は「アナログ式」と比べ，次のような利点があげられています。

　イ　走行データが細かく把握できるので安全運転・省エネ運転・運行三費（燃料油
　　　脂費，整備費，タイヤ・チューブ費）の低減運転の指導に役立つ

　ロ　走行データの分析がパソコンで迅速にでき，かつ精度も高い

　ハ　走行データを用いて様々な業務処理

　　　●運転のムラ，速度超過時間等の運行データの収集が可能となり，運転者毎の
　　　　安全運転指導や省エネ運転の充実指導が図れる。

　　　●各運転者の運行実績表，乗務記録などが１日・週間・月間毎に作成でき，労
　　　　務管理に係る運行管理者の負担の軽減が図れる。

　　　●運行実績表等をもとに，より実績に即した効率的な運行管理計画等の作成が
　　　　図れる。

　さらに，事業者のニーズにより，温度センサー，GPS受信機や携帯電話などのオプション機器を付加することにより，より高度なシステムの構築が可能となり，より高度な管理や顧客サービスの向上の措置として活用することが可能であるといわれています。

このため，運行記録計は，「アナログ式」に代わって「ディジタル式」が，近年，急速に普及しつつあります。

⑥　運行記録計の記録用紙の解析

タコグラフには4本の記録針があり，内側より第1針，第2針，第3針，第4針とよばれ，次図のような記録をすることができます。

アナログ式とディジタル式の比較

	アナログ式	ディジタル式
データ記録方式	機械式（針にて記録紙へ記載）	電子式（マイコン等で数値化して記録）
記録方法	記録紙（チャート紙）に記録	記録媒体に記録（ディジタル（数値）化して記録）
記録媒体(記録紙)の再利用	不可	可能
記録可能時間	1日単位 1日，7日用	記録媒体の種類により異なる 1日〜7日用
記録の読み取り	記録紙により直読	記録媒体のデータをコンピュータにて読み取り
記録データの解析	記録紙を拡大鏡等にて目視解析	コンピュータにて拡大表示して解析
数値化	不可	可能
記録の連続性	連続	0.5秒以内毎
解析の正確さ	個人差あり	容易で正確
直読製	あり	なし（コンピュータを利用して解析）
記録の保存	記録紙を保存	電磁式（フロッピーや，ハードデスクなど）にて保存

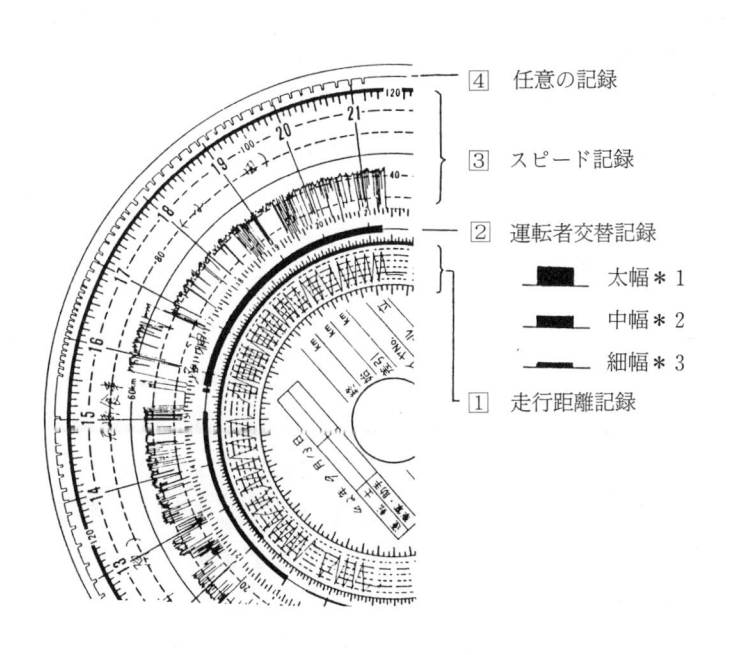

4　任意の記録

3　スピード記録

2　運転者交替記録

　　　　太幅＊1

　　　　中幅＊2

　　　　細幅＊3

1　走行距離記録

1 走行距離記録

車両が走行した距離の記録 1 山10km

2 運転者交替記録

  * 1.　NO 2 のキーを使用すると，チャート紙には太幅の記録がされます。

  * 2.　NO 1 のキーを使用すると，チャート紙には中幅の記録がされます。

  * 3.　開閉キーを差込んだ場合，チャート紙には細幅の記録がされます。

3 スピード記録

車両が走行した時刻と速さの記録

4 任意の記録

電気配線することにより，例えばエンジンの動いていた時間と時刻などの記録がとれます。

【参考】

●映像記録型ドライブレコーダー

　車両の前面に取り付け，常時運転者の視点から自車と周辺情報を記録し，交通事故や急ブレーキ，急ハンドルなど危険な運転操作の衝撃を受けると，衝撃前と衝撃後の前後十数秒間の映像などを自動的に記録する装置（常時記録の機器もある。）で，自動車事故を未然に防止する有効な手段になりうるものとして使用されています。

●衝突被害軽減ブレーキについて（自動車総合安全情報より）

・衝突被害軽減ブレーキの概要

　衝突被害軽減ブレーキを装備した車両が先行車両に近づく場合，①レーダーが常に前方の状況を監視。②ドライバーが前方の車両に気づかず追突の危険性が高まったときは，音によりドライバーにブレーキ操作を促す。③追突する又は追突の可能性が高いと判断すると自動的にブレーキが作動する装置である。大型トラックに衝突被害軽減ブレーキを装備し，衝突速度を20km/h下げることにより，被追突車両の乗員の死亡件数を約 9 割減らすことが可能と推計されている。

●車線逸脱抑制装置について

　自動車に搭載されたカメラが車線の位置を認識して，ブレーキやハンドルにより車線内を維持するよう車両の動きを制御したり，車線からはみ出しそうになった場合などに，車両を車線内に戻そうとする装置です。これによって，路外逸脱によってガードレールや建物などに衝突する事故やセンターラインを越えて自動車などに正面衝突するような事故を防ぐことができます。なお，自動車が道路上の白線（黄線）をカメラで認識するシステムなので，車線がはっきりしている事が前提となっています。雪や汚れにより白線が見えにくい場合は警報を発しない場合があります。また，工事等で白線が消えている場合や速度が低い場合などではシステムは作動しません。

●車両安定性制御装置について

　走行中の自動車の急なハンドル操作や滑りやすい路面の走行などを原因とした横滑

りの状況に応じて，エンジン出力やブレーキ力を制御し，横滑りや転覆を防止するための装置である。

⑦ **計算問題に必要な数式について**

実務上の知識に関連あるものとして，試験には速度・距離・時間の計算問題がよく出題されます。

そこで，そうした計算問題を解くのに必要な数式をいくつか列記します。これらの数式を理解し頭に入れておくと計算がより早く正しくできます。特に試験では計算機は使うことができないことになっていますのでなおさらです。

A 秒速の計算など

(1) 計算するには

● 1 km ＝1,000m　● 1 時間＝60分＝(60分×60秒)＝3,600秒

(2) ある速度で走行している場合の，1秒間に走行する距離

$$1秒間の走行距離 = \frac{速度(km/h) \times 1000(m)}{時間(60分) \times (60秒)} \begin{cases} キロメートルをメートルに換算 \\ 時間を秒に換算(3,600秒) \end{cases}$$

※例えば，80km/hの速度で走行している場合，1秒間の走行距離は，

$$\frac{80 \times 1000}{60 \times 60} = \frac{80000}{3600} = \frac{800}{36} = 約22.2m$$

(3) ある速度で走行している場合，ある距離を走るのに要する時間

$$ある距離を走行する時間 = \frac{距離}{1秒間の走行距離} \begin{cases} キロメートルをメートルに換算 \\ 時間を秒に換算(3,600秒) \end{cases}$$

● 60km/hの速度で100mを走行する時間 $\frac{60 \times 1000(m)}{3600(秒)} = \frac{600}{36} \fallingdotseq 16.7(m)$

$$\frac{100(m)}{16.7(m)} = 約6(秒)$$

● 100km/hの速度で100mを走行する時間 $\frac{100 \times 1000(m)}{3600(秒)} = \frac{1000}{36} \fallingdotseq 27.8(m)$

$$\frac{100(m)}{27.8(m)} = 約3.6(秒)$$

※例えば，高速自動車国道を時速100キロメートルで走行中，3秒間わき見運転をした場合の走行距離は，

$$\frac{100(km/h) \times 1,000(m)}{60(分) \times 60(秒)} = \frac{100,000}{3,600} = \frac{1,000}{36} = 27.7m \fallingdotseq 28m$$

1秒間に約28メートル走行することは3秒間で
28m×3秒＝84mとなります。

B　速度と制動距離・停止距離・車間距離の関係

車はブレーキをかけて止まるまでには，次の行程を経て停止することになります。

● 運転者が危険を感じて（危険の認知）からブレーキを踏み（操作），ブレーキが実際に効きはじめるまで走り（空走距離），ブレーキが効きはじめてから自動車が停止するまで走り（制動距離），そして停止（停止距離）します。

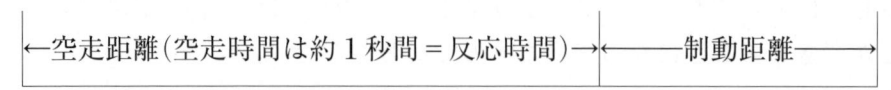

発見(認知)　→　判断　→　操作　→　効き初め　→　停止

←空走距離(空走時間は約1秒間＝反応時間)→←──制動距離──→

※反応時間＝運転者が危険を感じてからブレーキをかけ，ブレーキが実際に効きはじめるまでには一般的に約1秒くらいかかると言われ，これを反応時間といいます。

● ある速度（時速）で走行している場合の1秒間に走行する距離を算出すると，

時速60km＝60,000m÷3,600秒＝16.66m≒17m

時速80km＝80,000m÷3,600秒＝22.22m≒22m

時速100km＝100,000m÷3,600秒＝27.77m≒28m

● 停止距離＝空走距離＋制動距離

時速	30km	40km	50km	60km	80km	100km
空走距離	8m	11m	14m	17m	22m	28m
制動距離	6m	11m	18m	27m	54m	84m
停止距離	14m	22m	32m	44m	76m	112m

※例えば，A自動車が50km/hで20mの車間距離を保ちながら前方のB車に追従して走行していたところ，前車Bが突然急ブレーキをかけた。この場合のA車とB車の車間距離は何mか。

A自動車(50km/h)　←　車間距離20m　→　B自動車(50km/h)

進行方向　⇒

前車Bが急ブレーキをかけ，A車は前車Bの制動灯の点灯を見てブレーキをかけたので，この間の反応時間による空走距離は14mとなります。

50km×1,000÷3,600秒＝13.88m≒14m

従って，A自動車はB自動車より1秒間（一般的な反応時間）多く走行して停止することになります。

（当初の車間距離20m）−（空走距離14m）＝6mの車間距離を残して停止します。

C 追い越しに必要な距離及び時間の計算

(1) 追い越しに必要な距離

$$距離 = \frac{(自車の速度) \times \{(自車の長さ) + (前車の長さ) + (車間距離①+車間距離②)\}}{(自車の速度) - (前車の速度)}$$

例えば，下図のように70km/hで走行中の前車（車の長さ10m）を，自車（車の長さ12m）が80km/hの速度で追い越す場合の追い越しに必要な距離は，上記の数式にそれぞれの数値を当てはめると，（車間距離は追い越し前と追い越し後も90mとする。）

上記の式に数値を当てはめて，

$$\frac{80 \times \{12 + 10 + (90 \times 2)\}}{80 - 70} = \frac{80 \times (22 + 180)}{10} = \frac{16160}{10} = 1,616 (\mathrm{m})$$

この場合の追い越しに必要な距離は，1,616mとなります。

(2) 追い越しに必要な時間

$$追い越しに必要な時間 = \frac{追い越しに必要な距離}{自車の1秒間の走行距離}$$

前記(1)の例では，追い越しに必要な距離は1,616メートル，自車の速度は80キロ，1秒間の走行距離は22.2メートルですから，これを上式により計算すると，

$$追い越しに必要な時間 = \frac{1616}{22.2} = 約73秒 \quad となります。$$

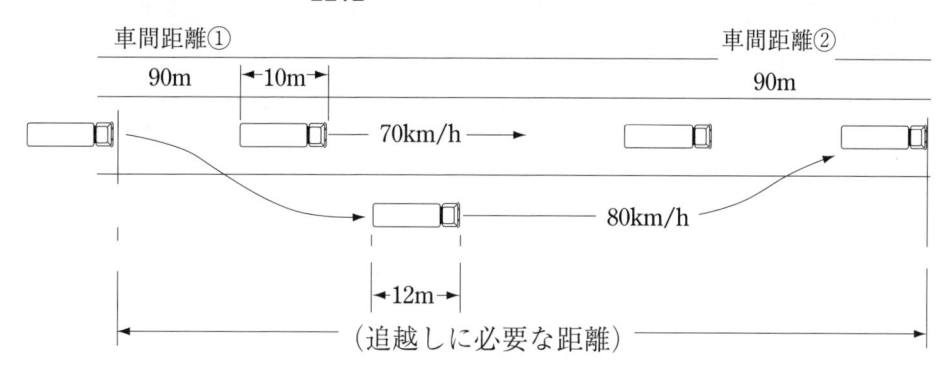

D 出発時刻の算出

a車とb車を別の経路を通って目的地に同時に到着しようとする場合，経路のキロ程，両車の平均速度及びa車の出発時刻及びB営業所での車両点検等の時間が分かっている場合，b車の出発時刻を算出する。

> a 車の目的地に到着する時刻 ＝ 出発時刻 ＋ 走行時間
> b 車の出発する時刻 　　　　＝ 到着時刻 － 走行時間
> 走行時間 ＝ $\dfrac{走行距離}{平均速度}$

　例えば下図のとおり a, b 両車がそれぞれ別の経路を走行, C 社に同時に到着させる場合, a 車は A 営業所を 9 時に出発し, 合計160kmの経路を平均速度40km/hで走行し, b 車は, A 営業所から90kmの経路を平均45km/hで走行する。

　a 車の走行時間 ＝ $\dfrac{120+40}{40}$ ＝ 4 時間　　他に車両点検等 1 時間

　a 車の到着時刻 ＝ 9 ＋ （ 4 ＋ 1 ）＝14時　　　b 車の走行時間 ＝ $\dfrac{90}{45}$ ＝ 2 時間

従って, b 車は14時の 2 時間前の12時に出発すればよいことになる。

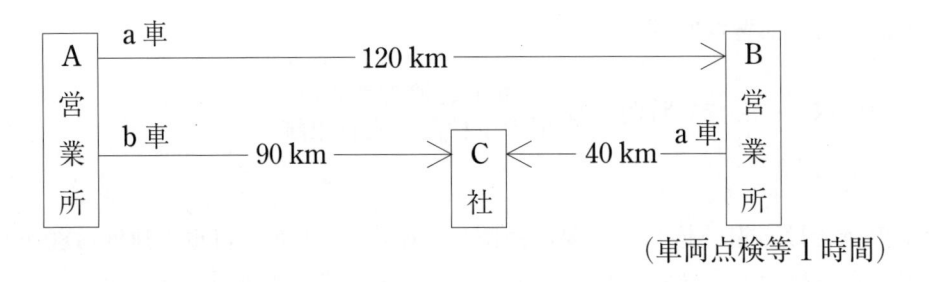

（車両点検等 1 時間）

E　平均速度, 燃料消費率の算出

　自動車の速度と燃料消費量は密接な関係があります。速度が高速すぎても遅すぎても燃料消費量は多くなります。従って, 経済速度で運転することにより省燃費運転が達成できます。平均速度, 燃料消費率は, 次式により求められます。

> 平均速度 （km/h） ＝ $\dfrac{走行距離(km)}{所要時間(h)}$
>
> 燃料消費率 （km/ℓ） ＝ $\dfrac{走行距離(km)}{燃料消費量(ℓ)}$

　例えば, A 営業所から70km離れた B 営業所まで往復したところ, 2 時間30分かかり20ℓの燃料を消費した。この場合の平均速度と燃料消費率を求めよという場合, 上記の式から, 次のようになります。

　2 時間30分 ＝ 2 時間 ＋ $\dfrac{30分}{60分}$ ＝2.5時間

　平均速度は $\dfrac{70(km) \times 2 (往復)}{2.5(時間)}$ ＝56km/h

　燃料消費率は $\dfrac{70(km) \times 2 (往復)}{20(ℓ)}$ ＝ 7 km/ℓ

となります。

第2編

運行管理者試験過去の問題の解説

【第2編に掲載される問題文について】

　令和3年度以降，運行管理者試験は筆記試験を廃止して，全面的にCBT試験によって実施されることになりました。

　それに伴い，本書においても（公財）運行管理試験センターより公表された「運行管理者試験（CBT試験）出題例」の正答と解説を掲載いたします。

　この第2編では，過去3回分の試験問題（30問×3回分）と，それ以前に出題された問題の中から厳選した頻出問題（10問）の合計100問の問題文と正答を掲載し，解説いたします。

　（解答欄行末の（P.○○）は該当する法令の記載頁です）

●本文中の法令名の略号の正式名称は，次のとおりです。

運送法とは，道路運送法

施行令とは，道路運送法施行令

施行規則とは，道路運送法施行規則

運輸規則とは，旅客自動車運送事業運輸規則

事故報告規則とは，自動車事故報告規則

車両法とは，道路運送車両法

車両法施行規則とは，道路運送車両法施行規則

保安基準とは，道路運送車両の保安基準

保基細目告示とは，道路運送車両の保安基準の細目を定める告示（平成
14.7.15国土交通省告示第619号）

点検基準とは，自動車点検基準

道交法とは，道路交通法

道交法施行令とは，道路交通法施行令

労基法とは，労働基準法

衛生規則とは，労働安全衛生規則

改善基準とは，自動車運転者の労働時間等の改善のための基準（平成元
年労働省告示第7号）

参　考

法律　国会の議決を経て制定されるもので，憲法についで上位に位置し，他の法
形式に優越する効力をもつ。
　　　（例　道路運送法）

政令　憲法および法律の規定を実施するため，または法律の委任に基づいて，内
閣が制定する命令。
　　　（例　道路交通法施行令）

省令　各大臣が，その主管の行政事務について，法律もしくは政令を施行するた
め，または法律もしくは政令の特別の委任に基づいて発する命令。
　　　（例　旅客自動車運送事業運輸規則）

告示　行政官庁が，その行政行為として行った指定，決定の処分等の一定の事項
を一般の国民に知らせるための公示。

●試験問題の要約（最近3回分の問題）

（問題の傾向や内容を参考にして下さい。）

1　道路運送法関係

令和3年度CBT試験

番号・主題	問　題　等
問1　運　送　法　関　係	一般旅客自動車運送事業の認可，事業計画の変更（認可），事業計画の変更（届出），運送約款
問2　道路運送法における定義等	道路運送事業とは，旅客自動車運送事業とは，一般貸切旅客自動車運送事業とは，一般旅客自動車運送事業の種別
問3　運行管理者の業務	適性診断，補助者の選任，輸送の安全に関する基本的な方針を策定，事故が発生した場合の記録
問4　点　　呼　　等	運行上やむを得ない場合，業務後の点呼，大臣が定める方法による点呼，アルコール検知器を営業所ごとに備え
問5　自動車事故報告規則（速報）	酒気帯び運転，負傷者の人員の人数，高速自動車国道の通行が禁止，事業用自動車の引き起こした死亡事故
問6　過労運転の防止等	交替運転者を配置，運行中疾病等の乗務員に対する必要な指示，1運行の運転時間は，運転者の選任
問7　指導監督及び特定運転者の指導の指針	特定の運転者に対する特別な指導の指針に関する穴埋め問題
問8　運転基準図等及び運行指示書による指示等	運行基準図，運転指示書，経路の調査等，運行指示書の保存

令和4年度CBT試験

番号・主題	問　題　等
問1　運　送　法　関　係	一般旅客自動車運送事業の許可，事業計画の変更
問2　輸　送　の　安　全　等	輸送の安全等に関する穴埋め問題
問3　運行管理者の業務	運転者に対する指導，補助者に対する指導，事故の記録保存，運行基準図の作成
問4　点　　呼　　等	業務後の点呼，IT点呼，業務途中点呼，アルコール検知器の備付
問5　自動車事故報告規則（速報）	転落事故，負傷者が3人生じた事故，旅客に重傷者が生じた事故
問6　過労運転の防止等	交替運転者の配置基準における連続運転時間及び休憩時間，勤務時間及び乗務時間，睡眠に必要な施設の整備
問7　運転者に対する指導監督	初任運転者に対する特別な指導，事故惹起運転者に対する特別な指導，旅客の乗降の安全の確保，適齢診断
問8　運転者の遵守事項	交替運転者への通告，旅客の法令違反行為等に対する措置，乗務員証の携行，回送板の掲出

令和5年度CBT試験

番号・主題	問　　題　　等
問1　事業計画の変更等	路線の休止又は廃止，営業所の名称，停留所等の名所及び位置，区域外運送の禁止
問2　輸送の安全等	輸送の安全等に関する穴埋め問題
問3　運行管理者の業務	運転者の選任等，適性診断の受診，経路の調査等
問4　点呼等	運行上やむを得ない場合，アルコール検知器の備付，業務途中点呼，業務後点呼
問5　自動車事故報告規則	操縦装置の不適切な操作，負傷者が7人生じた事故，鉄道車両の運転休止，装置の故障
問6　過労運転の防止等	夜間ワンマン運行の実車距離，夜間ワンマン運行の一運行の運転時間，運転者の選任，健康状態の把握
問7　運転者に対する指導監督	事故惹起運転者に対する特別な指導，初任運転者に対する特別な指導，重要な装置の点検，運転者の選任
問8　運転管理者の選任等	貸切バスの運行管理者の選任数，補助者の選任，新たに選任した運行管理者の講習の受講，補助者の業務

2　道路運送車両法関係

令和3年度CBT試験

番号・主題	問　　題　　等
問9　自動車の登録等	一時抹消登録，自動車検査証の返納，自動車登録番号標の表示，所有権の得喪
問10　自動車の検査等	保安基準適合標章，自動車検査証の有効期間，自動車検査証記録事項の変更，自動車検査証の備え付け
問11　自動車の点検整備等	自動車の点検整備等に関する穴埋め問題
問12　保安基準	自動車の乗車装置，後写鏡の取付等，非常口，非常点滅表示灯

令和4年度CBT試験

番号・主題	問　　題　　等
問9　自動車の登録等	永久抹消登録，臨時運行許可証の返納，自動車登録番号標の領置，変更登録
問10　自動車の検査等	自動車検査証の備付け，継続検査時の自動車検査証の変更記録の申請，新規検査，自動車検査証の有効期間
問11　自動車の点検整備等	車両法に定める点検整備等に関する穴埋め問題
問12　保安基準	停止表示器材，警音器，タイヤの滑り止めの溝の深さ，車両接近通報装置

令和5年度CBT試験

番号・主題	問　　題　　等
問9　自動車の登録等	臨時運行許可証の返納，移転登録，永久抹消登録，自動車登録番号標の表示
問10　自動車の検査等	保安基準適合標章，自動車検査証の有効期間，自動車の構造，自動車検査証記録事項の変更
問11　自動車の点検整備等	車両法に定める点検整備等に関する穴埋め問題
問12　保安基準	可視光線の透過率，非常用信号用具，後部反射器，自動車の長さ・幅・高さ

3 道路交通法関係

令和3年度CBT試験

番号・主題	問　題　等
問13　道交法に定める自動車の種類	大型自動車，中型自動車，準中型自動車，普通自動車
問14　道　交　法　関　係	通行禁止場所の通行許可証，追越し時の右側部分へのはみ出し，歩道等を通行するとき，車両通行帯の通行方法
問15　横断歩行者等の保護の通行方法	横断歩行者等の保護の通行方法に関する穴埋め問題
問16　高速自動車国道等の自動車の交通方法等	本線車道に入ろうとする場合，高速自動車国道の特例に係る最低速度，本線車道の加速車線を通行，高速自動車国道の停車又は駐車
問17　運転者の遵守事項等	通学通園バスの側方を通過するとき，安全地帯の側方を通過する場合，座席ベルト，高齢運転者の免許証の更新

令和4年度CBT試験

番号・主題	問　題　等
問13　用　語　の　定　義	路側帯，車両通行帯，車両とは，自動車とは
問14　灯　火　及　び　合　図　等	夜間の灯火，乗合自動車の発進の保護，警音器の使用，合図を行う時期
問15　酒気帯び運転等の禁止等	酒気帯び運転等の禁止等に関する穴埋め問題
問16　高速自動車国道等の自動車の交通方法等	最低速度，停車又は駐車，本線車道に入ろうとする場合，本線車道から出ようとする場合
問17　運転者の遵守事項等	幼児，高齢の歩行者等が通行しているとき，初心運転者が運転しているとき，幼児用補助装置の使用，座席ベルトの装着

令和5年度CBT試験

番号・主題	問　題　等
問13　道交法に定める自動車の種類	大型自動車，中型自動車，準中型自動車，普通自動車
問14　車　両　の　交　通　方　法　等	踏切の通過，追越しを禁止する場所，合図を行う時期，路線バス等優先通行帯
問15　停車及び駐車を禁止する場所	停車及び駐車を禁止する場所に関する穴埋め問題
問16　自　動　車　の　法　定　速　度	一般道の最高速度，高速道路の最高速度，高速道路の最低速度，故障車けん引時の最高読度
問17　運転者の遵守事項等	緊急自動車が接近してきたとき，児童・幼児が歩行しているとき，迷惑となる騒音の発生禁止，幼児用補助装置の使用

4 労働基準法関係

令和3年度CBT試験

番号・主題	問　題　等
問18　労 働 基 準 法 関 係	解雇の予告，契約期間，労働条件の明示，金品を返還
問19　労働時間及び休日等	年次有給休暇，休憩時間，時間外等における割増賃金，深夜業に使用する年齢の制限
問20　バス運転者の拘束時間等	バス運転者の拘束時間等に関する穴埋め問題（休息期間，休日労働）
問21　拘束時間及び休息期間	連続運転時間，貸切バスの拘束時間，分割休息期間，貸切バスの運転時間
問22　改 善 基 準	連続運転の中断方法
問23　改 善 基 準	4週間を平均した1週間当たりの拘束時間

令和4年度CBT試験

番号・主題	問　題　等
問18　労 働 基 準 法 関 係	賠償予定の禁止，非常時払，均等待遇，解雇の予告の適用除外
問19　労働時間及び休日等	災害時の臨時の時間外労働，休憩時間，休日，時間外及び休日の労働
問20　改 善 基 準	拘束時間等に関する穴埋め問題
問21　改 善 基 準	住所地における休息期間，隔日勤務の特例，1日についての拘束時間，フェリーに乗船する場合の特例
問22　改 善 基 準	連続運転時間，2日平均1日の運転時間
問23　改 善 基 準	4週間を平均した1週間当たりの拘束時間

令和5年度CBT試験

番号・主題	問　題　等
問18　労 働 基 準 法 関 係	解雇制限，退職時等の証明，解雇の予告，解雇の予告の適用除外
問19　労 働 基 準 法 関 係	休憩時間，休日，年次有給休暇，年次有給休暇の日数の算定
問20　改 善 基 準	拘束時間等に関する穴埋め問題
問21　改 善 基 準	1日についての拘束時間，運転時間，休日労働，連続運転時間
問22　改 善 基 準	2日平均1日の運転時間，4週平均1週の運転時間
問23　改 善 基 準	1日についての拘束時間，休息期間

5　実務上の知識及び能力

令和 3 年度CBT試験

番号・主題	問　題　等
問24　点 呼 の 記 録 等	点呼の記録表に関する穴埋め問題
問25　運転者に対する指導監督	速度と視界の変化，車間距離の確保，追越しをするとき，適性診断結果の活用
問26　運転者の健康管理等	運転者が自ら受けた健康診断の取扱い，脳血管疾患の予防，健康状態の把握，疾患等の早期発見
問27　交 通 事 故 防 止 対 策	アンチロック・ブレーキシステム，輸送の安全に関する参加体験型研修，ヒューマンエラーによる事故防止対策，指差呼称
問28　自動車の走行時に生じる諸現象	自動車の走行時に生じる諸現象に関する穴埋め問題
問29　旅行会社からの運送依頼に対する運行計画の作成	二地点間の距離，帰庫時刻，連続運転時間
問30　事 故 の 要 因 分 析 等	事故の要因分析と考えられる再発防止対策

令和 4 年度CBT試験

番号・主題	問　題　等
問24　日 常 業 務 の 記 録 等	乗務員等台帳，運行記録計による記録，教育の記録，乗務割の作成
問25　運転者に対する指導監督	停止距離，危険ドラッグ等薬物の危険性，事故を起こした時の措置，ドライブレコーダーの活用
問26　運転者の健康管理等	健康診断個人票の保存，脳血管疾患の予防，運転中の体調不良時の対応，睡眠時無呼吸症候群
問27　交 通 事 故 防 止 対 策	ヒューマンエラーによる事故防止対策，アンチロック・ブレーキシステム，指差呼称，適性診断
問28　自動車の運転に関する事項	蒸発現象，シートベルトの着用，遠心力，衝撃力
問29　旅行会社からの運送依頼に対する運行計画の作成	1 日における実車距離，実車運行区間における休憩の確保，連続運転時間
問30　事 故 の 要 因 分 析	事故の要因分析と考えられる再発防止策

令和 5 年度CBT試験

番号・主題	問　題　等
問24　点 呼 の 記 録 等	点呼の記録表に関する穴埋め問題
問25　運転者に対する指導監督	追越しをするとき，ドライブレコーダーの活用，指差呼称・安全呼称，乗合バスによる人身事故の発生状況
問26　運転者の健康管理等	睡眠時無呼吸症候群，運転者が自ら受けた健康診断の取扱い，深夜業に従事する運転者の健康診断，医師からの意見に対する措置
問27　交 通 事 故 防 止 対 策	衝突被害軽減ブレーキ，ヒューマンエラーによる事故防止対策，内輪差，蒸発現象
問28　自動車の運転に関する事項	自動車の運転に関する穴埋め問題 衝撃力，ドライブレコーダー，遠心力
問29　旅行会社からの運送依頼に対する運行計画の作成	実車運行区間における休憩の確保， 1 日における実車距離，連続運転時間
問30　事 故 の 要 因 分 析	事故の要因分析と考えられる再発防止策

1　道路運送法関係

〔令和3年度CBT試験・問1〕

問1　一般旅客自動車運送事業に関する次の記述のうち、【正しいものを2つ】選びなさい。なお、解答にあたっては、各選択肢に記載されている事項以外は考慮しないものとする。

1. 一般旅客自動車運送事業を経営しようとする者は、一般乗合旅客自動車運送事業、一般貸切旅客自動車運送事業、一般乗用旅客自動車運送事業の種別ごとに国土交通大臣の認可を受けなければならない。

2. 一般旅客自動車運送事業者は、「自動車車庫の位置及び収容能力」の事業計画の変更をしようとするときは、国土交通大臣の認可を受けなければならない。

3. 一般旅客自動車運送事業者は、「営業所ごとに配置する事業用自動車の数」の事業計画の変更をしたときは、遅滞なく、その旨を国土交通大臣に届け出なければならない。

4. 一般旅客自動車運送事業者は、運送約款を定め、国土交通大臣の認可を受けなければならない。これを変更しようとするときも同様とする。

〔正解〕　2　運送法第15条（事業計画の変更）　　（P18上2個目●）
　　　　　4　運送法第11条（運送約款）　　（P14下2個目●）

〔解説〕
　1は×　運送法第4条（一般旅客自動車運送事業の許可）　　（P10下3個目●）
　　・誤：<u>認可</u>を受けなければならない。
　　・正：<u>許可</u>を受けなければならない。
　3は×　運送法第15条（事業計画の変更）　　（P18上10行目）
　　・誤：<u>変更をしたときは，遅滞なく，</u>
　　・正：<u>変更をしようとするときは，あらかじめ，</u>

問2　次の記述のうち、道路運送法における定義等として【誤っているものを1つ】選びなさい。なお、解答にあたっては、各選択肢に記載されている事項以外は考慮しないものとする。

1. 道路運送事業とは、旅客自動車運送事業、貨物自動車運送事業及び自動車道事業をいう。

2. 旅客自動車運送事業とは、他人の需要に応じ、有償で、自動車を使用して旅客を運送する事業であって、一般旅客自動車運送事業及び特定旅客自動車運送事業をいう。

3. 一般貸切旅客自動車運送事業とは、一個の契約により乗車定員11人以上の自動車を貸し切って旅客を運送する一般旅客自動車運送事業をいう。

4. 一般旅客自動車運送事業の種別は、一般乗合旅客自動車運送事業、一般貸切旅客自動車運送事業、一般乗用旅客自動車運送事業及び特定旅客自動車運送事業である。

〔正解〕　4　運送法第3条（種類）第1号　　（P10上2行目）

〔解説〕

　　　・特定旅客自動車運送事業は含まれない。

　1は○　運送法第2条（定義）　　（P9下4個目●）

　2は○　運送法第2条（定義）　　（P9下2個目●）

　3は○　運送法第3条（種類）

　　　　　施行規則第3条の2（乗車定員）　　（P10上6行目）

問３　次の記述のうち、旅客自動車運送事業者の運行管理者が行わなければならない業務として、【正しいものを２つ】選びなさい。なお、解答にあたっては、各選択肢に記載されている事項以外は考慮しないものとする。

1. 死者又は負傷者（法令に掲げる傷害を受けた者）が生じた事故を引き起こした者等特定の運転者に対し、国土交通大臣が告示で定める適性診断であって国土交通大臣の認定を受けたものを受けさせること。

2. 法令に規定する運行管理者資格者証を有する者又は国土交通大臣が告示で定める運行の管理に関する講習であって国土交通大臣の認定を受けたもの（基礎講習）を修了した者のうちから、運行管理者の業務を補助させるための者(補助者)を選任すること並びにその者に対する指導及び監督を行うこと。

3. 従業員に対し、効果的かつ適切に指導監督を行うため、輸送の安全に関する基本的な方針を策定し、これに基づき指導及び監督を行うこと。

4. 事業用自動車に係る事故が発生した場合には、法令の規定により「事故の発生日時」等の所定の事項を記録し、及びその記録を保存すること。

〔正解〕　1　運輸規則第48条（運行管理者の業務）第１項第17号　　（P91上11行目）
　　　　　4　運輸規則第48条（運行管理者の業務）第１項第９号の２
　　　　　　（P88上９行目）

〔解説〕
　2は×　運輸規則第48条（運行管理者等の業務）第１項第19号　　（P92下13行目）
　　・補助者を選任するのは事業者である。
　3は×　運輸規則第48条（運行管理者の業務）第１項第16号　　（P91上８行目）
　　・輸送の安全に関する基本的な方針を策定するのは事業者である。

問4　旅客自動車運送事業の事業用自動車の運転者等に対する点呼についての法令等の定めに関する次の記述のうち，【正しいものをすべて】選びなさい。なお，解答にあたっては，各選択肢に記載されている事項以外は考慮しないものとする。

1．点呼は，運行管理者と運転者が対面により，又は対面による点呼と同等の効果を有するものとして国土交通大臣が定める方法で行うこととされているが，運行上やむを得ない場合は電話その他の方法によることも認められている。一般貸切旅客自動車運送事業において，営業所と離れた場所にある当該営業所の車庫から業務を開始する運転者等については，運行上やむを得ない場合に該当しないことから，電話による点呼を行うことはできない。

2．業務終了後の点呼は，対面により，又は対面による点呼と同等の効果を有するものとして国土交通大臣が定める方法（運行上やむを得ない場合は電話その他の方法）により行い，当該業務に係る事業用自動車，道路及び運行の状況について報告を求め，かつ，運転者に対しては酒気帯びの有無について確認を行わなければならない。この場合において，業務を終了した運転者等が他の運転者等と交替した場合にあっては，当該運転者等が交替した運転者等に対して行った法令の規定による通告についても報告を求めなければならない。

3．次のいずれにも該当する一般旅客自動車運送事業者の営業所にあっては，当該営業所と当該営業所の車庫間で点呼を行う場合は，対面による点呼と同等の効果を有するものとして国土交通大臣が定める方法による点呼（旅客IT点呼）を行うことができる。

①開設されてから3年を経過していること。

②過去1年間所属する旅客自動車運送事業の用に供する事業用自動車の運転者が自らの責に帰する自動車事故報告規則第2条に規定する事故を発生させていないこと。

③過去1年間自動車その他輸送施設の使用の停止処分，事業の停止処分又は警告を受けていないこと。

4．旅客自動車運送事業運輸規則第24条第4項（点呼等）に規定する「アルコール検知器を営業所ごとに備え」とは，営業所又は営業所の車庫に設置されているアルコール検知器をいい，携帯型アルコール検知器は，これにあたらない。

〔正解〕　1　運輸規則の解釈及び運用について第24条1.⑴
　　　　　　　（P42上17行目①）
　　　　　2　運輸規則第24条（点呼等）第2項　　（P40下3行目）
〔解説〕
　3は×　点呼の実施要領④「輸送の安全及び旅客の利便の確保に関する取組が優
　　　　良であると認められる営業所」　　（P43下16行目④）
　・誤：②　過去1年間所属する
　　　　③　過去1年間自動車その他の
　・正：②　過去3年間所属する
　　　　③　過去3年間自動車その他の
　4は×　運輸規則の解釈及び運用について第24条　　（P44上14行目⑧）
　・「アルコール検知器を営業所ごとに備え」とは，営業所若しくは営業所の車
　　庫に設置され，営業所に備え置き（携帯型アルコール検知器等），又は営業
　　所に属する事業用自動車に設置されているものをいう。

問5　次の自動車事故に関する記述のうち、一般旅客自動車運送事業者が自動車事故報告規則に基づき運輸支局長等に【速報を要するものを2つ】選びなさい。なお、解答にあたっては、各選択肢に記載されている事項以外は考慮しないものとする。

1. 貸切バスが信号機のない交差点において乗用車と接触する事故を起こした。双方の運転者は負傷しなかったが、当該バスの運転者が事故を警察官に報告した際、その運転者が道路交通法に規定する酒気帯び運転をしていたことが発覚した。

2. 乗合バスが、交差点で信号待ちにより停車していたトラックの発見が遅れ、ブレーキをかける間もなく追突した。この事故で、当該乗合バスの乗客8人が10日間医師の治療を要する傷害を受けた。

3. 高速乗合バスが高速自動車国道を走行中、前方に事故で停車していた乗用車の発見が遅れ、当該乗用車に追突した。この事故により、当該バスの運転者と乗客3人が軽傷を負い、当該高速自動車国道が2時間にわたり自動車の通行が禁止となった。

4. タクシーが右折の際、対向車線を走行してきた大型自動二輪車と衝突し、この事故により当該大型自動二輪車の運転者1人が死亡した。

〔正解〕　1　自動車事故報告規則第4条（速報）第1項第5号　　（P25下4行目⑤）
　　　　　4　自動車事故報告規則第4条（速報）第1項第2号イ
　　　　　　（P25下13行目イ）

〔解説〕
　2は不要　自動車事故報告規則第4条（速報）第1項第3号　　（P25下9行目③）
　　・旅客に1人以上の重傷者又は10人以上の負傷者が生じたときに必要
　3は不要　自動車事故報告規則第2条（定義）第14号　　（P24上17行目⑭）
　　高速自動車国道の通行の禁止を伴う事故については速報を要しない。（高速自動車国道を3時間以上通行を禁止させたときは事故報告書の提出が必要）

問6 旅客自動車運送事業者（以下「事業者」という。）の過労運転の防止等についての法令の定めに関する次の記述のうち、【誤っているものを1つ】選びなさい。なお、解答にあたっては、各選択肢に記載されている事項以外は考慮しないものとする。

1. 一般貸切旅客自動車運送事業者は、運転者が長距離運転又は夜間の運転に従事する場合であって、疲労等により安全な運転を継続することができないおそれがあるときは、あらかじめ、交替するための運転者を配置しておかなければならない。

2. 事業者は、乗務員が事業用自動車の運行中疾病、疲労、睡眠不足その他の理由により安全な運転を継続し、又はその補助を継続することができないおそれがあるときは、当該乗務員に対する必要な指示その他輸送の安全のための措置を講じなければならない。

3. 貸切バスの交替運転者の配置基準に定める夜間ワンマン運行（1人乗務）の1運行の運転時間は、運行指示書上、10時間を超えないものとする。

4. 事業者は、事業計画（路線定期運行を行う一般乗合旅客自動車運送事業者にあっては、事業計画及び運行計画）の遂行に十分な数の事業用自動車の運転者を常時選任しておかなければならない。この場合、事業者(個人タクシー事業者を除く。)は、日日雇い入れられる者、2ヵ月以内の期間を定めて使用される者及び試みの使用期間中の者(14日を超えて引き続き使用されるに至った者を除く。) を当該運転者として選任してはならない。

〔正解〕 3 運輸規則の解釈及び運用について（高速乗合バス及び貸切バスの交替運転者の配置基準） （P37）

〔解説〕

・誤：運行指示書上，10時間を超えないものとする。

・正：運行指示書上，9時間を超えないものとする。

1は○ 運輸規則第21条（過労防止等）第6項 （P33上6行目）

2は○ 運輸規則第21条（過労防止等）第7項 （P33上11行目）

4は○ 運輸規則第35条（運転者の選任） （P56上2個目●）

運輸規則第36条 （P56上3個目●）

問7 旅客自動車運送事業の事業用自動車の運行の安全を確保するために、事業者が行う国土交通省告示で定める特定の運転者に対する特別な指導の指針に関する次の文中、A、B、C、Dに入るべき字句として【いずれか正しいものを1つ】選びなさい。

1. 軽傷者（法令で定める傷害を受けた者）を生じた交通事故を引き起こし、かつ、当該事故前の ＿＿＿A＿＿＿ 間に交通事故を引き起こしたことがある運転者に対し、国土交通大臣が告示で定める適性診断であって国土交通大臣の認定を受けたものを受診させなければならない。

2. 貸切バス以外の一般旅客自動車の運転者として新たに雇い入れた者又は選任した者にあっては、雇入れの日又は選任される日前 ＿＿＿B＿＿＿ 間に他の旅客自動車運送事業者において当該旅客自動車運送事業者と同一の種類の事業の事業用自動車の運転者として選任されたことがない者に対して、特別な指導を行わなければならない。

3. 一般貸切旅客自動車運送事業者は、初任運転者以外の者であって、直近 ＿＿＿C＿＿＿ 間に当該事業者において運転の経験（実技の指導を受けた経験を含む。）のある貸切バスより大型の車種区分の貸切バスに乗務しようとする運転者（準初任運転者）に対して、特別な指導を行わなければならない。

4. 適齢診断（高齢運転者のための適性診断として国土交通大臣が認定したものをいう。）を ＿＿＿D＿＿＿ 才に達した日以後1年以内に1回受診させ、その後75歳に達するまでは3年以内ごとに1回受診させ、75歳に達した日以後1年以内に1回受診させ、その後1年以内ごとに1回受診させる。

  A：① 1年   ② 3年
  B：① 1年   ② 3年
  C：① 1年   ② 3年
  D：① 65   ② 70

・指導監督の指針第2章

〔正解〕

A：② 3年 （P70上5行目）
B：② 3年 （P66下7行目）
C：① 1年 （P68下10行目）
D：① 65 （P70上16行目）

問８　旅客自動車運送事業者の運行基準図等及び運行指示書による指示等に関する
次の記述のうち、【正しいものを２つ】選びなさい。なお、解答にあたっては、
各選択肢に記載されている事項以外は考慮しないものとする。

1. 一般乗合旅客自動車運送事業者は、「踏切、橋、トンネル、交差点、待避
所及び運行に際して注意を要する箇所の位置」等の所定の事項を記載した
運行基準図を作成して営業所に備え、かつ、これにより事業用自動車の運
転者等に対し、適切な指導をしなければならない。

2. 一般貸切旅客自動車運送事業者の事業用自動車の運転者は、運行中、所定
の事項を記載した運行指示書が当該事業用自動車の運行を管理する営業所
に備えられ、電話等により必要な指示が行われる場合にあっては、当該運
行指示書を携行しなくてもよい。

3. 一般貸切旅客自動車運送事業者は、法令の規定により運行の主な経路にお
ける道路及び交通の状況を事前に調査し、かつ、当該経路の状態に適する
と認められる自動車を使用しなければならない。

4. 一般貸切旅客自動車運送事業者は、法令の規定により作成した運行指示書
を、運行を計画した日から３年間保存しなければならない。

〔正解〕　1　運輸規則第27条（運行基準図等）第１項第４号　　（P51上１個目●）
　　　　　3　運輸規則第28条（経路の調査等）　（P51下２個目●）

〔解説〕
　2は×　運輸規則第28条の２（運行指示書による指示等）第１項
　　　　　（P51下１個目●）
　・電話等により必要な指示が行われる場合でも運行指示書を携行しなければな
　　らない。
　4は×　運輸規則第28条の２（運行指示書による指示等）第２項
　　　　　（P52上１個目●）
　・誤：運行指示書を，運行を計画した日から３年間保存
　・正：運行指示書を，運行の終了の日から３年間保存

〔令和４年度CBT試験・問１〕

問１　一般旅客自動車運送事業に関する次の記述のうち，【正しいものを２つ】選び
なさい。なお，解答にあたっては，各選択肢に記載されている事項以外は考慮
しないものとする。

1．一般旅客自動車運送事業を経営しようとする者は，一般乗合旅客自動車運
送事業，一般貸切旅客自動車運送事業，一般乗用旅客自動車運送事業の種別
ごとに国土交通大臣の許可を受けなければならない。

2．一般旅客自動車運送事業者は，「自動車車庫の位置及び収容能力」に係る事
業計画の変更をしようとするときは，国土交通大臣の認可を受けなければな
らない。

3．一般貸切旅客自動車運送事業者は，「営業区域」に係る事業計画の変更をし
ようとするときは，あらかじめ，その旨を国土交通大臣に届け出なければな
らない。

4．一般乗合旅客自動車運送事業者は，「停留所又は乗降地点の名称及び位置並
びに停留所間又は乗降地点間のキロ程」に係る事業計画の変更をしようとす
るときは，あらかじめ，その旨を国土交通大臣に届け出なければならない。

〔正解〕　1　運送法第４条（一般旅客自動車運送事業の許可）第１項，第２項
　　　　　　　（P10下２個目●）
　　　　　2　運送法第15条（事業計画の変更）第１項　　（P18上２個目●）
〔解説〕
　3は×　運送法第15条（事業計画の変更）第１項　　（P18上２個目●）
　・誤：あらかじめ，その旨を国土交通大臣に届け出なければならない。
　・正：国土交通大臣の認可を受けなければならない。
　4は×　運送法第15条（事業計画の変更）第４項　　（P18上14行目）
　・誤：変更をしようとするときは，あらかじめ，その旨を
　・正：変更をしたときは，遅滞なく，その旨を

— 244 —

問2　道路運送法等に規定する旅客自動車運送事業者（以下「事業者」という。）の安全管理規程等及び輸送の安全に係る情報の公表についての次の文中，A，B，Cに入るべき字句として【いずれか正しいものを1つ】選びなさい。

1．道路運送法（以下「法」という。）第22条の2（安全管理規程等）第1項の規定により一般乗用旅客自動車運送事業の用に供する事業用自動車の数が　　A　　以上である事業者は，安全管理規程を定め国土交通大臣に届け出なければならない。

2．上記1．の事業者は，安全統括管理者を選任したときは，国土交通省令で定めるところにより，　　B　　，その旨を国土交通大臣に届け出なければならない。

3．事業者は，毎事業年度の経過後　　C　　以内に，輸送の安全に関する基本的な方針その他の輸送の安全にかかわる情報であって国土交通大臣が告示で定める事項について，インターネットの利用その他の適切な方法により公表しなければならない。

A：①200両　　　②100両

B：①30日以内に　②遅滞なく

C：①200日　　　②100日

・運輸規則47条の2（安全管理規程を定める旅客自動車運送事業者の事業の規模）第1項
・運送法第22条の2（安全管理規程等）第5項
・運輸規則47条の7（輸送の安全にかかわる情報の公表）第1項

〔正解〕　A：①　200両　　（P28下1個目●）
　　　　　B：②　遅滞なく　　　（P29上16行目）
　　　　　C：②　100日　　（P30下1個目●）

問３　次の記述のうち，旅客自動車運送事業の運行管理者が行わなければならない業務として【正しいものを２つ】選びなさい。なお，解答にあたっては，各選択肢に記載されている事項以外は考慮しないものとする。

1．事業用自動車の運転者に対し，法令で定めるところにより，主として運行する路線又は営業区域の状態及びこれに対処することができる運転技術並びに法令に定める自動車の運転に関する事項について適切な指導監督をしなければならない。この場合においては，その日時，場所及び内容並びに指導監督を行った者及び受けた者を記録し，かつ，その記録を営業所において３年間保存しなければならない。

2．法令に規定する運行管理者資格者証を有する者又は国土交通大臣が告示で定める運行の管理に関する講習であって国土交通大臣の認定を受けたもの（基礎講習）を修了した者のうちから，運行管理者の業務を補助させるための者（補助者）を選任すること並びにその者に対する指導及び監督を行うこと。

3．事業用自動車に係る事故が発生した場合には，事故の発生日時等所定の事項を記録し，その記録を当該事業用自動車の運行を管理する営業所において１年間保存すること。

4．一般乗合旅客自動車運送事業の運行管理者にあっては，「踏切，橋，トンネル，交差点，待避所及び運行に際して注意を要する箇所の位置」等の所定の事項を記載した運行基準図を作成して営業所に備え，かつ，これにより事業用自動車の運転者等に対し，適切な指導をすること。

〔正解〕　1　運輸規則48条（運行管理者の業務）第１項第16号　　（P91上８行目）
　　　　　4　運輸規則48条（運行管理者の業務）第１項第10号　　（P88上16行目）
〔解説〕
　2は×　運輸規則48条（運行管理者の業務）第１項第19号　　（P92下13行目）
　・補助者を選任するのは事業者である。
　3は×　運輸規則48条（運行管理者の業務）第１項第９号の２　　（P88上９行目）
　・誤：1年間保存
　・正：3年間保存

問4 旅客自動車運送事業の事業用自動車の運転者等に対する点呼についての法令等の定めに関する次の記述のうち，【正しいものをすべて】選びなさい。なお，解答にあたっては，各選択肢に記載されている事項以外は考慮しないものとする。

1．業務終了後の点呼は，対面により，又は対面による点呼と同等の効果を有するものとして国土交通大臣が定める方法（運行上やむを得ない場合は電話その他の方法）により行い，当該業務に係る事業用自動車，道路及び運行の状況について報告を求め，かつ，運転者に対しては酒気帯びの有無について確認を行わなければならない。この場合において，業務を終了した運転者等が他の運転者等と交替した場合にあっては，当該運転者等が交替した運転者等に対して行った法令の規定による通告についても報告を求めなければならない。

2．次のいずれにも該当する一般旅客自動車運送事業者の営業所にあっては，当該営業所と当該営業所の車庫間で点呼を行う場合は，対面による点呼と同等の効果を有するものとして国土交通大臣が定める方法による点呼（旅客IT点呼）を行うことができる。

①開設されてから2年を経過していること。

②過去3年間所属する旅客自動車運送事業の用に供する事業用自動車の運転者が自らの責に帰する自動車事故報告規則第2条に規定する事故を発生させていないこと。

③過去1年間自動車その他の輸送施設の使用の停止処分，事業の停止処分又は警告を受けていないこと。

3．一般貸切旅客自動車運送事業の運行管理者にあっては，夜間において長距離の運行を行う事業用自動車の運行の業務に従事する運転者等に対して，当該業務の途中において少なくとも1回対面による点呼と同等の効果を有するものとして国土交通大臣が定める方法（当該方法により点呼を行うことが困難である場合にあっては，電話その他の方法）により点呼を行わなければならない。

4．旅客自動車運送事業運輸規則第24条第4項に規定する「アルコール検知器を営業所ごとに備え」とは，営業所若しくは営業所の車庫に設置されているアルコール検知器をいい，携帯型アルコール検知器は，これにあたらない。

〔正解〕　1　運輸規則第24条（点呼等）第2項　　　（P40下3行目）
　　　　　3　運輸規則第24条（点呼等）第3項　　　（P41上7行目）
〔解説〕
　　2は×　運輸規則の解釈及び運用について第24条　　　（P43下16行目）
　　　・誤：①開設されてから2年
　　　　　　③過去1年間
　　　・正：①開設されてから3年
　　　　　　③過去3年間
　　4は×　運輸規則の解釈及び運用について第24条　　　（P44上14行目）
　　　・「アルコール検知器を営業所ごとに備え」とは，営業所若しくは営業所の車
　　　　庫に設置され，営業所に備え置き（携帯型アルコール検知器等），又は営業
　　　　所に属する事業用自動車に設置されているものをいう。

問5　次の自動車事故に関する記述のうち，一般旅客自動車運送事業者が自動車事故報告規則に基づき運輸支局長等に【速報を要するものを2つ】選びなさい。なお，解答にあたっては，各選択肢に記載されている事項以外は考慮しないものとする。

1．貸切バスの運転者がハンドル操作を誤り，当該貸切バスが車道と歩道の区別がない道路を逸脱し，当該道路との落差が0.3メートル下の畑に転落した。この事故による負傷者は生じなかった。

2．乗合バスが，交差点で信号待ちで停車していた乗用車の発見が遅れ，ブレーキをかける間もなく追突した。この事故で，当該乗合バスの乗客3人が30日間の通院による医師の治療を要する傷害を受けた。

3．高速乗合バスが高速自動車国道法に規定する高速自動車国道を走行中，前方に渋滞により乗用車が停車していることに気づくのが遅れ，追突事故を引き起こした。この事故で，当該高速乗合バスの乗客2人が重傷（自動車事故報告規則で定める傷害のものをいう。）を負い，乗用車に乗車していた2人が軽傷を負った。

4．乗合バスに乗車してきた旅客が着席する前に当該乗合バスが発車したことから，当該旅客のうち1人がバランスを崩して床に倒れ大腿骨を骨折する傷害を負った。

〔正解〕　3　自動車事故報告規則第4条（速報）第1項第2号　　　（P25下10行目）
　　　　　4　自動車事故報告規則第4条（速報）第1項第2号　　　（P25下10行目）
　　　　　　自動車事故報告規則第2条（定義）第3号　　　（P23上16行目）

〔解説〕
　1は要しない　自動車事故報告規則第4条（速報）第1項第1号
　　　　　　　　　　　　　　　　　　　　（P25上16行目，P24下12行目）
　・転落した場合で，その落差が0.5メートル以上のときに速報を要する。
　2は要しない　自動車事故報告規則第4条（速報）第1項第2号，第3号
　　　　　　　　　　　　　　　　　　　　　（P25下10行目，9行目）
　・旅客に1人以上の重傷者が生じた場合，または10人以上の負傷者が生じた場合に速報を要する。

問6　旅客自動車運送事業者（以下「事業者」という。）の過労運転の防止等についての法令の定めに関する次の記述のうち，【誤っているものを1つ】選びなさい。なお，解答にあたっては，各選択肢に記載されている事項以外は考慮しないものとする。

1．貸切バスの交替運転者の配置基準に定める夜間ワンマン運行（1人乗務）の実車運行区間においては，連続運転時間は，運行指示書上，4時間までとする。

2．貸切バスの交替運転者の配置基準に定める夜間ワンマン運行（1人乗務）の実車運行区間において，1運行の実車距離が400キロメートルを超える場合にあっては，運行指示書上，実車運行区間における運転時間概ね2時間毎に連続20分以上の休憩を確保しなければならない。

3．事業者は，過労の防止を十分考慮して，国土交通大臣が告示で定める基準に従って，事業用自動車の運転者の勤務時間及び乗務時間を定め，当該運転者にこれらを遵守させなければならない。

4．事業者は，乗務員が有効に利用することができるように，営業所，自動車車庫等に，休憩に必要な施設を整備し，及び乗務員に睡眠を与える必要がある場合は睡眠に必要な施設を整備しなければならない。ただし，乗務員が実際に睡眠を必要とする場所に設けられていない施設は，有効に利用することができる施設には該当しない。

〔正解〕　1　運輸規則の解釈及び運用について（高速乗合バス及び貸切バスの交替運転者の配置基準）　　（P37）

〔解説〕
　・誤：<u>4時間</u>
　・正：<u>2時間</u>
　2は○　運輸規則の解釈及び運用について（高速乗合バス及び貸切バスの交替運転者の配置基準）　　（P37）
　3は○　運輸規則第21条（過労防止等）第1項　　（P32上5行目）
　4は○　運輸規則第21条（過労防止等）第2項　　（P32上12行目）

問7　一般旅客自動車運送事業者（以下「事業者」という。）の事業用自動車の運行の安全を確保するために，国土交通省告示等に基づき運転者に対して行わなければならない指導監督及び特定の運転者に対して行わなければならない特別な指導に関する次の記述のうち，【誤っているものを1つ】選びなさい。なお，解答にあたっては，各選択肢に記載されている事項以外は考慮しないものとする。

1．一般貸切旅客自動車運送事業者は，初任運転者に対して，実際に事業用自動車を運転させ，安全運転の実技に関し，10時間以上指導すること。

2．事業者は，事故惹起運転者に対する特別な指導については，当該交通事故を引き起こした後，再度事業用自動車に乗務する前に実施する。なお，外部の専門的機関における指導講習を受講する予定である場合は，この限りでない。

3．事業者は，乗降口の扉を開閉する装置の不適切な操作により旅客が扉にはさまれた等の交通事故の事例を説明すること等により，旅客が乗降するときには旅客の状況に注意して当該装置を適切に操作することの必要性を理解させること。また，このほか，周囲の道路及び交通の状況に注意して安全な位置に停車させること及び旅客の状況に注意して発車させること等旅客が乗降するときの安全を確保するために留意すべき事項を指導すること。

4．事業者（個人タクシー事業者を除く。）は，適齢診断（高齢運転者のための適性診断として国土交通大臣が認定したもの。）を運転者が65才に達した日以後1年以内に1回，その後75才に達するまでは3年以内ごとに1回，75才に達した日以後1年以内に1回，その後1年以内ごとに1回受診させること。

〔正解〕　1　指導監督の指針第2章2（2）　　（P67上6行目）
〔解説〕
　　・誤：10時間以上
　　・正：20時間以上
　2は○　指導監督の指針第2章3（1）　　（P69上3行目）
　3は○　指導監督の指針第1章2（1）　　（P61上17行目）
　4は○　指導監督の指針第2章4（3）　　（P70上16行目）

問8　旅客自動車運送事業者の事業用自動車の運転者が遵守しなければならない事項及び旅客が事業用自動車内でしてはならない行為（事故の場合その他やむを得ない場合を除く。）等に関する次の記述のうち，【正しいものを2つ】選びなさい。なお，解答にあたっては，各選択肢に記載されている事項以外は考慮しないものとする。

1．事業用自動車の運転者は，乗務を終了したときは，交替する運転者に対し，乗務中の当該の自動車，道路及び運行状況について通告すること。この場合において，乗務する運転者は，当該自動車の制動装置，走行装置その他の重要な部分の機能について，必要に応じて，点検をすること。

2．一般乗合旅客自動車運送事業者の事業用自動車の運転者は，旅客が事業用自動車内において法令の規定又は公の秩序若しくは善良の風俗に反する行為をするときは，これを制止し，又は必要な事項を旅客に指示する等の措置を講ずることにより，運送の安全を確保し，及び事業用自動車内の秩序を維持するように努めること。

3．一般乗用旅客自動車運送事業の運行管理者にあっては，事業用自動車の運転者が乗務する場合には，タクシー業務適正化特別措置法の規定により運転者証を表示するときを除き，旅客自動車運送事業運輸規則に定める乗務員証を携行させなければならず，また，その者が乗務を終了した場合には，当該乗務員証を提示させること。

4．一般乗用旅客自動車運送事業者の事業用自動車の運転者は，食事若しくは休憩のため運送の引受けをすることができない場合又は乗務の終了等のため車庫若しくは営業所に回送しようとする場合には，回送板を掲出しなければならない。

〔正解〕 2 運輸規則第49条（乗務員）第 4 項　　（P55下 4 個目●）

4 運輸規則第50条（運転者）第 6 項　　（P58上 1 個目●）

〔解説〕

1 は×　運輸規則第50条（運転者）第 1 項第 8 号　（P57下16行目）

・必要に応じてではなく，交替して乗務する運転者は，必ず点検をしなければ
ならない。

3 は×　運輸規則第48条（運行管理者の業務）第 1 項第14号　　（P90上12行目）

・誤：当該乗務員証を提示させること。

・正：当該乗務員証を返還させること。

〔令和5年度CBT試験・問1〕

問1　一般旅客自動車運送事業者の事業計画の変更等に関する次の記述のうち，【正しいものをすべて】選びなさい。なお，解答にあたっては，各選択肢に記載されている事項以外は考慮しないものとする。

1．路線定期運行を行う一般乗合旅客自動車運送事業者は，路線（路線定期運行に係るものに限る。）の休止又は廃止に係る事業計画の変更をしようとするときは，その6ヵ月前（旅客の利便を阻害しないと認められる国土交通省令で定める場合にあつては，その30日前）までに，その旨を国土交通大臣に届け出なければならない。

2．一般貸切旅客自動車運送事業者は，「営業所の名称」に係る事業計画の変更をしようとするときは，あらかじめ，その旨を国土交通大臣に届け出なければならない。

3．一般乗合旅客自動車運送事業者は，「停留所又は乗降地点の名称及び位置並びに停留所間又は乗降地点間のキロ程」の事業計画の変更をしたときは，遅滞なく，その旨を国土交通大臣に届け出なければならない。

4．一般旅客自動車運送事業者は，緊急を要する場合等を除き，発地及び着地のいずれもがその営業区域外に存する旅客の運送（路線を定めて行うものを除く。）をしてはならない。

〔正解〕　1　運送法第15条の2（事業計画の変更）第1項　　（p18下11行目）
　　　　　　3　運送法第15条（事業計画の変更）第4項　　（p18上14行目）
　　　　　　4　運送法第20条（禁止行為）　　（p20上4個目●）

〔解説〕
　2は×　運送法第15条（事業計画の変更）第4項　　（p18上14行目）
　・誤：変更をしようとするときは，あらかじめ，その旨を
　・正：変更をしたときは，遅滞なく，その旨を

問2 道路運送法に定める一般旅客自動車運送事業者（以下「事業者」という。）の輸送の安全等についての次の文中，A，B，C，Dに入るべき字句として【いずれか正しいものを1つ】選びなさい。

1. 事業者は，事業計画（路線定期運行を行う一般乗合旅客自動車運送事業者にあっては，事業計画及び運行計画）の遂行に　A　運転者の確保，事業用自動車の運転者がその休憩又は睡眠のために利用することができる施設の整備，事業用自動車の運転者の適切な　B　及び乗務時間の設定その他の運行の管理その他事業用自動車の運転者の過労運転を防止するために必要な措置を講じなければならない。

2. 事業者は，事業用自動車の運転者が疾病により安全な運転ができないおそれがある状態で事業用自動車を運転することを防止するために必要な　C　に基づく措置を講じなければならない。

3. 前2項に規定するもののほか，事業者は，事業用自動車の運転者，車掌その他旅客又は公衆に接する従業員の適切な指導監督，事業用自動車内における当該事業者の氏名又は名称の掲示その他の旅客に対する適切な情報の提供その他の　D　及び旅客の利便の確保のために必要な事項として国土交通省令で定めるものを遵守しなければならない。

A：①必要な資格を有する　　②必要となる員数の

B：①勤務時間　　　　　　　②休息期間

C：①医学的知見　　　　　　②運行管理規程

D：①道路運送の総合的な発達　②輸送の安全

・運送法第27条（輸送の安全等）第1項　　（p31上9行目）
・運送法第27条（輸送の安全等）第2項　　（p31上16行目）
・運送法第27条（輸送の安全等）第3項　　（p31下15行目）

〔正解〕　A：②　必要となる員数の

B：①　勤務時間

C：①　医学的知見

D：②　輸送の安全

問3　次の記述のうち，旅客自動車運送事業の運行管理者が行わなければならない業務として，【正しいものを2つ】選びなさい。なお，解答にあたっては，各選択肢に記載されている事項以外は考慮しないものとする。

1．法令の規定により選任された者その他旅客自動車運送事業者により運転者として選任された者以外の者を事業用自動車の運行の業務に従事させないこと。

2．適齢診断（高齢運転者のための適性診断として国土交通大臣が認定したものをいう。）を運転者が65歳に達した日以後1年以内に1回，その後70歳に達するまでは3年以内ごとに1回，70歳に達した日以後1年以内に1回，その後1年以内ごとに1回受診させなければならない。

3．一般貸切旅客自動車運送事業の運行管理者にあっては，旅客自動車運送事業運輸規則第28条（経路の調査等）の調査をし，かつ，同条の規定に適合する自動車を使用すること。

4．事業計画（路線定期運行を行う一般乗合旅客自動車運送事業者にあっては，事業計画及び運行計画）の遂行に十分な数の事業用自動車の運転者を常時選任すること。

〔正解〕　1　運輸規則48条（運行管理者の業務）第1項第13号　　（p89下8行目）
　　　　　3　運輸規則48条（運行管理者の業務）第1項第12号　　（p89上5行目）
〔解説〕
　2は×　指導監督の指針第2章4（3）　　（p70上16行目）
　・誤：70歳に達するまでは3年以内ごとに1回，70歳に達した日以後
　・正：75歳に達するまでは3年以内ごとに1回，75歳に達した日以後
　4は×　運輸規則48条（運行管理者の業務）第1項第13号　　（p89下8行目）
　・運転者を選任するのは事業者である。

問4　旅客自動車運送事業の事業用自動車の運転者に対する点呼についての法令等の定めに関する次の記述のうち，【正しいものをすべて】選びなさい。なお，解答にあたっては，各選択肢に記載されている事項以外は考慮しないものとする。

1．点呼は，運行上やむを得ない場合は電話その他の方法によることが認められている。一般乗用旅客自動車運送事業において，営業所と離れた場所にある当該営業所の車庫から業務に従事しようとする運転者については，運行上やむを得ない場合に該当することから，電話による点呼を行うことができる。

2．旅客自動車運送事業運輸規則第24条第4項（点呼等）に規定する「アルコール検知器を営業所ごとに備え」とは，営業所若しくは営業所の車庫に設置され，営業所に備え置き（携帯型アルコール検知器等），又は営業所に属する事業用自動車に設置されているものをいう。

3．一般貸切旅客自動車運送事業の運行管理者にあっては，運行指示書上，実車運行する区間の距離が100キロメートルを超える夜間運行を行う事業用自動車の運行の業務に従事する運転者に対して当該業務の途中において少なくとも1回電話その他の方法により点呼を行わなければならない。

4．業務後の点呼においては，「道路運送車両法第47条の2第1項及び第2項の規定による点検（日常点検）の実施又はその確認」について報告を求め，及び確認を行わなければならない。

〔正解〕　2　運輸規則の解釈及び運用について第24条　　（p44上14行目）
　　　　　3　運輸規則第24条（点呼等）第3項　　（p41上7行目）
　　　　　　　運輸規則の解釈及び運用について第24条　　（p46下12行目）

〔解説〕
　1は×　運輸規則の解釈及び運用について第24条　　（p42上17行目）
　・営業所と当該営業所の車庫が離れている場合は「運行上やむを得ない場合」には該当しないので，対面で点呼を行わなければならない。
　4は×　運輸規則第24条（点呼等）第2項　　（p40下3行目）
　・業務後の点呼においては，日常点検の実施について報告を求め，及び確認を行うことは要しない。

問5　次の自動車事故に関する記述のうち，一般旅客自動車運送事業者が自動車事故報告規則に基づく国土交通大臣への【報告を要するものをすべて】選びなさい。なお，解答にあたっては，各選択肢に記載されている事項以外は考慮しないものとする。

1. 乗合バスの運転者が，乗車してきた旅客が着席する前に当該バスの操縦装置の不適切な操作により発車させたことから，当該旅客のうち1人がバランスを崩して床に倒れ，通院による15日間の医師の治療を要する傷害を負った。

2. タクシーが信号機のない交差点を通過しようとした際，交差する道路の右方から進行してきた二輪車を避けようとして，誤って前方の歩道に乗り上げ，歩行者7人が軽傷を負った。

3. 大型バスが踏切を通過しようとしたところ，踏切内の施設に衝突して，線路内に車体が残った状態で停止した。ただちに乗務員が踏切非常ボタンを押して鉄道車両との衝突は回避したが，鉄道施設に損傷を与えたため，2時間にわたり本線において鉄道車両の運転を休止させた。

4. タクシーが走行中エンジンが停止して走行が不能となった。再度エンジンを始動させようとしたが，燃料装置の故障によりエンジンを再始動させることができず運行ができなくなった。

〔正解〕　1　自動車事故報告規則第2条（定義）第1項第7号　　（p24上1行目）
　　　　　4　自動車事故報告規則第2条（定義）第1項第11号　　（p24上10行目）

〔解説〕

2は要しない　自動車事故報告規則第2条（定義）第1項第4号

（p23下6行目）

・10人以上の負傷者が生じた場合に報告を要する。

3は要しない　自動車事故報告規則第2条（定義）第1項第13号

（p24上15行目）

・3時間以上本線において鉄道車両の運行を休止させた場合に報告を要する。

問6　旅客自動車運送事業者（以下「事業者」という。）の過労運転の防止等についての法令等の定めに関する次の記述のうち，【誤っているものを1つ】選びなさい。なお，解答にあたっては，各選択肢に記載されている事項以外は考慮しないものとする。

1．貸切バスの交替運転者の配置基準に定める夜間ワンマン運行（1人乗務）において，運行直前に11時間以上休息期間を確保している場合など配置基準に規定する場合を除き，一運行の実車距離は600キロメートルを超えないものとする。

2．貸切バスの交替運転者の配置基準に定める夜間ワンマン運行（1人乗務）の一運行の運転時間は，運行指示書上，9時間を超えないものとする。

3．事業者は，事業計画（路線定期運行を行う一般乗合旅客自動車運送事業者にあっては，事業計画及び運行計画）の遂行に十分な数の事業用自動車の運転者を常時選任しておかなければならない。この場合，事業者（個人タクシー事業者を除く。）は，日日雇い入れられる者，2ヵ月以内の期間を定めて使用される者及び試みの使用期間中の者（14日を超えて引き続き使用されるに至った者を除く。）を当該運転者として選任してはならない。

4．事業者は，乗務員等の健康状態の把握に努め，疾病，疲労，睡眠不足その他の理由により安全に運行の業務を遂行し，又はその補助をすることができないおそれがある乗務員等を事業用自動車の運行の業務に従事させてはならない。

〔正解〕　1　運輸規則の解釈及び運用について（高速乗合バス及び貸切バスの交替
　　　　　　　運転者の配置基準）　　　（p37）

〔解説〕
　　　・誤：<u>600キロメートル</u>
　　　・正：<u>400キロメートル</u>
　　2は○　運輸規則の解釈及び運用について（高速乗合バス及び貸切バスの交替運
　　　　　　転者の配置基準）　　　（p37）
　　3は○　運輸規則第35条（運転者の選任）第1項　　　（p56上2個目●）
　　　　　　運輸規則第36条（運転者の選任）第1項　　　（p56上3個目●）
　　4は○　運輸規則第21条（過労防止等）第5項　　　（p33上2行目）

問7 一般旅客自動車運送事業者（以下「事業者」という。）の事業用自動車の運行の安全を確保するために，事業者が国土交通省告示等に基づき運転者に対して行わなければならない指導監督及び特定の運転者に対して行わなければならない特別な指導に関する次の記述のうち，【誤っているものを1つ】選びなさい。なお，解答にあたっては，各選択肢に記載されている事項以外は考慮しないものとする。

1．事業者は，事故惹起運転者に対する特別な指導については，当該交通事故を引き起こした後再度事業用自動車に乗務する前に実施する。なお，外部の専門的機関における指導講習を受講する予定である場合は，この限りでない。

2．一般貸切旅客自動車運送事業者は，初任運転者に対して，実際に事業用自動車を運転させ，安全運転の実技に関し，15時間以上指導しなければならない。

3．事業者は，運転者が他の運転者と交替して乗務を開始しようとするときは，当該他の運転者から所定の通告を受け，当該事業用自動車の制動装置，走行装置その他の重要な部分の機能について点検を実施するよう，運転者に対し指導監督すること。

4．一般乗用旅客自動車運送事業者（個人タクシー事業者を除く。）は，運転者として新たに雇い入れた者（法令に定める要件に該当する者を除く。）については，国土交通省令で定めるところにより，事業用自動車の運行の安全を確保するために遵守すべき事項等及び営業区域内の地理等について，指導，監督及び特別な指導を行い，並びに適性診断を受診させた後でなければ，事業用自動車の運転者として選任してはならない。

〔正解〕 2 指導監督の指針第2章2（2） （p67上6行目）

〔解説〕

　・誤：<u>15時間以上</u>

　・正：<u>20時間以上</u>

1は○ 指導監督の指針第2章3（1） （p69上3行目）

3は○ 運輸規則第50条（運転者）第1項第8号 （p57下16行目）

4は○ 運輸規則第36条（運転者の選任）第2項 （p56下2個目●）

〔令和5年度CBT試験・問8〕

問8　一般旅客自動車運送事業者（以下「事業者」という。）の運行管理者の選任等に関する次の記述のうち、【正しいものを2つ】選びなさい。なお、解答にあたっては、各選択肢に記載されている事項以外は考慮しないものとする。

1．一般貸切旅客自動車運送事業者は、事業用自動車40両を管理する営業所においては、2人以上の運行管理者を選任しなければならない。

2．事業者は、運行管理者の業務を補助させるための者（以下「補助者」という。）の選任については、運行管理者の履行補助として業務に支障が生じない場合に限り、同一事業者の他の営業所の補助者を兼務させることができる。

3．事業者は、新たに選任した運行管理者に、選任届出をした日の属する年度（やむを得ない理由がある場合にあっては、当該年度の翌年度）に基礎講習又は一般講習（基礎講習を受講していない当該運行管理者にあっては、基礎講習）を受講させなければならない。ただし、他の事業者において運行管理者として選任されていた者にあっては、この限りでない。

4．補助者が行う補助業務は、運行管理者の指導及び監督のもと行われるものであり、補助者が行う点呼において、最高速度違反行為により安全な運転をすることができないおそれがあることが確認された場合には、直ちに運行管理者に報告を行い、運行の可否の決定等について指示を仰ぎ、その結果に基づき運転者に対し指示を行わなければならない。

〔正解〕　2　運輸規則の解釈及び運用について第47条の9　（p80上1個目●）
　　　　　4　運輸規則の解釈及び運用について第47条の9　（p80下1個目●）

〔解説〕
1は×　運輸規則の解釈及び運用について47条の9　（p78下2行目）
　・誤：2人以上
　・正：3人以上
3は×　講習の種類等を定める告示第4条（基礎講習及び一般講習）第1項
　　　　　　　　　　　　　　　　　　　　　　　　　　　　　（p95上6行目）

・ただし書きの規定はない。他の事業者において運行管理者として選任されていた者であっても、受講させなければならない。

— 262 —

2 道路運送車両法関係

問9　自動車の登録等についての次の記述のうち、【正しいものを２つ】選びなさい。なお、解答にあたっては、各選択肢に記載されている事項以外は考慮しないものとする。

1. 一時抹消登録を受けた自動車（国土交通省令で定めるものを除く。）の所有者は、自動車の用途を廃止したときには、その事由があった日から 15 日以内に、国土交通省令で定めるところにより、その旨を国土交通大臣に届け出なければならない。

2. 登録自動車の使用者は、当該自動車が滅失し、解体し（整備又は改造のために解体する場合を除く。）、又は自動車の用途を廃止したときは、その事由があった日（使用済自動車の解体である場合には解体報告記録がなされたことを知った日）から 30 日以内に、当該自動車検査証を国土交通大臣に返納しなければならない。

3. 自動車登録番号標及びこれに記載された自動車登録番号の表示は、国土交通省令で定めるところにより、自動車登録番号標を自動車の前面及び後面の任意の位置に確実に取り付けることによって行うものとする。

4. 登録を受けた自動車（自動車抵当法第 2 条ただし書きに規定する大型特殊自動車を除く。）の所有権の得喪は、登録を受けなければ、第三者に対抗することができない。

〔正解〕　1　車両法第16条（一時抹消登録）第2項　　　（P100上1個目●）
　　　　　4　車両法第5条（登録の一般的効力）第1項　　　（P99上1個目●）

〔解説〕
　　2は×　車両法第69条（自動車検査証の返納等）第1項第1号
　　　　　（P100下1個目●）
　　　・誤：その事由があった日（使用済自動車の解体である場合には解体報告記録
　　　　　　がなされたことを知った日）から30日以内
　　　・正：その事由があった日（使用済自動車の解体である場合には解体報告記録
　　　　　　がなされたことを知った日）から15日以内
　　3は×　施行規則第8条の2（自動車登録番号標の表示）第1項
　　　　　（P104下2個目●）
　　　・誤：前面及び後面の任意の位置
　　　・正：前面及び後面であって，自動車登録番号標に記載された自動車登録番号
　　　　　　の識別に支障が生じないものとして告示で定める位置

問10 自動車の検査等についての次の記述のうち，【誤っているものを1つ】選びなさい。なお，解答にあたっては，各選択肢に記載されている事項以外は考慮しないものとする。

1. 自動車は，指定自動車整備事業者が継続検査の際に交付した有効な保安基準適合標章を表示しているときは，自動車検査証を備え付けていなくても，運行の用に供することができる。

2. 自動車検査証の有効期間の起算日は，自動車検査証の有効期間が満了する日の2ヵ月前から当該期間が満了する日までの間に継続検査を行い，当該自動車検査証に係る有効期間を道路運送車両法の規定により記録する場合は，当該自動車検査証の有効期間が満了する日の翌日とする。

3. 自動車の使用者は，自動車の長さ，幅又は高さを変更したときは，道路運送車両法で定める場合を除き，その事由があった日から15日以内に，当該事項の変更について，国土交通大臣が行う自動車検査証の変更記録を受けなければならない。

4. 自動車運送事業の用に供する自動車は，自動車検査証を当該自動車又は当該自動車の所属する営業所に備え付けなければ，運行の用に供してはならない。

〔正解〕 4 車両法第66条（自動車検査証の備付け等） （P106上2個目●）
〔解説〕
　・営業所ではなく自動車に備え付けなければ運行の用に供してはならない。
1は○ 車両法第94条の5（保安基準適合証等）第11項 （P106下2個目●）
2は○ 施行規則第44条（自動車検査証等の有効期間の起算日）第1項
　　　（P107上1個目●）
3は○ 車両法第67条（自動車検査証記録事項の変更及び構造等変更検査）第1
　　　項 （P102上1個目●）

問11 道路運送車両法に定める自動車の点検整備等に関する次の文中、A、B、C、Dに入るべき字句として【いずれか正しいものを1つ】選びなさい。

1. 乗車定員5人の旅客を運送する自動車運送事業の用に供する自動車については、初めて自動車検査証の交付を受ける際の当該自動車検査証の有効期間は ☐ A ☐ である。

2. 車両総重量8トン以上又は乗車定員 ☐ B ☐ 以上の自動車は、日常点検において「ディスク・ホイールの取付状態が不良でないこと。」について点検しなければならない。

3. 自動車運送事業の用に供する自動車の日常点検の結果に基づく運行可否の決定は、自動車の使用者より与えられた権限に基づき、☐ C ☐ が行わなければならない。

4. 事業用自動車の使用者は、点検の結果、当該自動車が保安基準に適合しなくなるおそれがある状態又は適合しない状態にあるときは、保安基準に適合しなくなるおそれをなくするため、又は保安基準に適合させるために当該自動車について必要な ☐ D ☐ をしなければならない。

A：① 1年　　　　② 2年
B：① 11人　　　② 30人
C：① 運行管理者　② 整備管理者
D：① 検査　　　　② 整備

〔正解〕

A：①１年　車両法第61条（自動車検査証の有効期間）
　　　　　　（P107上１行目）

B：②30人　点検基準第１条（日常点検基準）第１項第１号
　　　　　　（P108枠内）

C：②整備管理者　施行規則第32条（整備管理者の権限）第１項第２号
　　　　　　（P112下１個目●②）

D：②整備　車両法第47条の２（日常点検整備）第３項　　　（P108上11行目）

〔令和3年度CBT試験・問12〕

問12　道路運送車両の保安基準及びその細目を定める告示についての次の記述の
うち、【誤っているものを1つ】選びなさい。なお、解答にあたっては、各選択
肢に記載されている事項以外は考慮しないものとする。

1. 自動車の乗車装置は、乗車人員が動揺、衝撃等により転落又は転倒するこ
となく安全な乗車を確保できるものとして、構造に関し告示で定める基準
に適合するものでなければならない。

2. 自動車に備えなければならない後写鏡は、取付部付近の自動車の最外側よ
り突出している部分の最下部が地上 1.8 メートル以下のものは、当該部
分が歩行者等に接触した場合に衝撃を緩衝できる構造でなければならない。

3. 旅客自動車運送事業の用に供する乗車定員30人以上の自動車（すべての
座席が乗降口から直接着席できる自動車を除く。）の非常口は、客室の左側
面の後部又は後面に設けられていなければならない。

4. 非常点滅表示灯は、盗難、車内における事故その他の緊急事態が発生して
いることを表示するための灯火として作動する場合には、点滅回数の基準
に適合しない構造とすることができる。

〔正解〕　3　保安基準第26条（非常口）第1項　　（P119上3個目●）
　　　　　　告示第192号（非常口）第1項第1号　　（P119下1個目●）
〔解説〕
　　・誤：非常口は，客室の左側面の後部
　　・正：非常口は，客室の右側面の後部
　1は○　保安基準第20条（乗車装置）第1項　　（P118下3個目●）
　2は○　告示第224号（後写鏡等）第2項第2号　　（P128上1個目●）
　4は○　告示第217号（非常点滅表示灯）第3項第1号　　（P123）

問9　自動車の登録等についての次の記述のうち，【正しいもの2つ】選びなさい。なお，解答にあたっては，各選択肢に記載されている事項以外は考慮しないものとする。

1．登録自動車の所有者は，自動車の用途を廃止したときは，その事由があった日から15日以内に，永久抹消登録の申請をしなければならない。

2．臨時運行の許可を受けた者は，臨時運行許可証の有効期間が満了したときは，その日から15日以内に，許可に係る行政庁に臨時運行許可証及び臨時運行許可番号標を返納しなければならない。

3．登録自動車の所有者は，当該自動車の使用者が道路運送車両法の規定により自動車の使用の停止を命ぜられ，同法の規定により自動車検査証を返納したときは，その事由があった日から30日以内に，当該自動車登録番号標及び封印を取りはずし，自動車登録番号標について国土交通大臣に届け出なければならない。

4．自動車の所有者は，当該自動車の使用の本拠の位置に変更があったときは，道路運送車両法で定める場合を除き，その事由があった日から15日以内に，国土交通大臣の行う変更登録の申請をしなければならない。

〔正解〕　1　車両法第15条（永久抹消登録）第1項第1号　　（p99下5個目●）

　　　　　4　車両法第12条（変更登録）第1項　　（p99上6個目●）

〔解説〕

　2は×　車両法第35条（許可基準等）第6項　　（p105上2個目●）

　・誤：15日以内に

　・正：5日以内に

　3は×　車両法第20条（自動車登録番号標の廃棄等）第2項　　（p100上3個目●）

　・誤：その事由があった日から30日以内に，当該自動車登録番号標及び封印を取りはずし，自動車登録番号標について国土交通大臣に届け出なければならない。

　・正：遅滞なく，当該自動車登録番号標及び封印を取りはずし，自動車登録番号標について国土交通大臣の領置を受けなければならない。

問10　自動車の検査等についての次の記述のうち，【誤っているものを１つ】選びなさい。なお，解答にあたっては，各選択肢に記載されている事項以外は考慮しないものとする。

1．自動車は，自動車検査証又は当該自動車検査証の写しを備え付け，かつ，検査標章を表示しなければ，運行の用に供してはならない。

2．自動車の使用者は，継続検査を申請する場合において，道路運送車両法第67条（自動車検査証の記録事項の変更及び構造等変更検査）の規定による自動車検査証の変更記録の申請をすべき事由があるときは，あらかじめ，その申請をしなければならない。

3．登録を受けていない自動車を運行の用に供しようとするときは，当該自動車の使用者は，当該自動車を提示して，国土交通大臣の行う新規検査を受けなければならない。

4．乗車定員５人の旅客を運送する自動車運送事業の用に供する自動車については，初めて自動車検査証の交付を受ける際の当該自動車検査証の有効期間は１年である。

〔正解〕　1　車両法第66条（自動車検査証の備付け等）第１項　　（p106上２個目●）
〔解説〕

・自動車検査証の写しではなく，自動車検査証を備え付け，かつ検査標章を表示しなければ，運行の用に供してはならない。

2は○　車両法第62条（継続検査）第５項　　（p101下３個目●）

3は○　車両法第59条（新規検査）第１項　　（p101上２個目●）

4は○　車両法第61条（自動車検査証の有効期間）第１項　　（p107上１行目）

問11　道路運送車両法に定める自動車の点検整備等に関する次の文中，A，B，C，Dに入るべき字句として【いずれか正しいものを1つ】選びなさい。

1．自動車運送事業の用に供する自動車の使用者又は当該自動車を運行する者は，1日1回，その運行の　A　において，国土交通省令で定める技術上の基準により，灯火装置の点灯，　B　の作動その他の日常的に点検すべき事項について，目視等により自動車を点検しなければならない。

2．自動車運送事業の用に供する自動車の使用者は，点検の結果，当該自動車が保安基準に適合しなくなるおそれがある状態又は適合しない状態にあるときは，保安基準に適合しなくなるおそれをなくするため，又は保安基準に適合させるために当該自動車について必要な　C　をしなければならない。

3．自動車運送事業の用に供する自動車の使用者は，国土交通省令で定める技術上の基準により，当該事業用自動車を　D　に点検しなければならない。

A：①開始前　　　②終了後
B：①動力伝達装置　②制動装置
C：①検査　　　　②整備
D：①3ヵ月毎　　②6ヵ月毎

・車両法第47条の2（日常点検整備）第1項，第2項，第3項
・車両法第48条（定期点検整備）第1項

〔正解〕　A：①　開始前　　（p108上8行目）
　　　　　B：②　制動装置　　（p108上4行目）
　　　　　C：②　整備　　（p108上11行目）
　　　　　D：①　3ヵ月毎　　（p109上1個目●）

問12　道路運送車両の保安基準及びその細目を定める告示についての次の記述のうち，【誤っているものを1つ】選びなさい。なお，解答にあたっては，各選択肢に記載されている事項以外は考慮しないものとする。

1．自動車に備える停止表示器材は，夜間200メートルの距離から走行用前照灯で照射した場合にその反射光を照射位置から確認できるものであることなど告示で定める基準に適合するものでなければならない。

2．自動車（被けん引自動車を除く。）には，警音器の警報音発生装置の音が，連続するものであり，かつ，音の大きさ及び音色が一定なものである警音器を備えなければならない。

3．自動車の空気入ゴムタイヤの接地部は滑り止めを施したものであり，滑り止めの溝は，空気入ゴムタイヤの接地部の全幅にわたり滑り止めのために施されている凹部（サイピング，プラットフォーム及びウエア・インジケータの部分を除く。）のいずれの部分においても0.8ミリメートル（二輪自動車及び側車付二輪自動車に備えるものにあっては，0.6ミリメートル）以上の深さを有すること。

4．電力により作動する原動機を有する自動車（二輪自動車，側車付二輪自動車，三輪自動車，カタピラ及びそりを有する軽自動車，大型特殊自動車，小型特殊自動車並びに被けん引自動車を除く。）には，当該自動車の接近を歩行者等に通報するものとして，機能，性能等に関し告示で定める基準に適合する車両接近通報装置を備えなければならない。ただし，走行中に内燃機関が常に作動する自動車にあっては，この限りでない。

〔正解〕　3　告示第167条（走行装置）第4項第2号　　（p117上4個目●）

〔解説〕

　　・誤：いずれの部分においても <u>0.8ミリメートル</u>（二輪自動車及び側車付二輪
　　　　　自動車に備えるものにあっては，<u>0.6ミリメートル</u>）以上の深さ

　　・正：いずれの部分においても <u>1.6ミリメートル</u>（二輪自動車及び側車付二輪
　　　　　自動車に備えるものにあっては，<u>0.8ミリメートル</u>）以上の深さ

　1は○　告示第222条（停止表示器材）第1項第2号　　（p127下3個目●）

　2は○　告示第219条（警音器）第1項　　（p127上3個目●）

　4は○　保安基準第43条の7（車両接近通報装置）（p127下2個目●）

問9　自動車の登録等についての次の記述のうち，【正しいものを2つ】選びなさい。なお，解答にあたっては，各選択肢に記載されている事項以外は考慮しないものとする。

1．臨時運行の許可を受けた者は，臨時運行許可証の有効期間が満了したときは，その日から15日以内に，臨時運行許可証及び臨時運行許可番号標を許可に係る行政庁に返納しなければならない。

2．登録自動車について所有者の変更があったときは，新所有者は，その事由があった日から15日以内に，国土交通大臣の行う移転登録の申請をしなければならない。

3．登録自動車の所有者は，当該自動車が滅失し，解体し（整備又は改造のために解体する場合を除く。），又は自動車の用途を廃止したときは，その事由があった日（使用済自動車の解体である場合には解体報告記録がなされたことを知った日）から30日以内に，永久抹消登録の申請をしなければならない。

4．登録自動車は，自動車登録番号標を国土交通省令で定める位置に，かつ，被覆しないことその他当該自動車登録番号標に記載された自動車登録番号の識別に支障が生じないものとして国土交通省令で定める方法により表示しなければ，運行の用に供してはならない。

〔正解〕　2　車両法第13条（移転登録）第1項　　（p99下6個目●）
　　　　　4　車両法第19条（自動車登録番号標の表示の義務）第1項　　（p104下3個目●）

〔解説〕
　1は×　車両法第35条（許可基準等）第6項　　（p105上2個目●）
　　・誤：15日以内
　　・正：5日以内
　3は×　車両法第15条（永久抹消登録）第1項　　（p99下5個目●）
　　・誤：30日以内
　　・正：15日以内

問10　自動車の検査等についての次の記述のうち,【誤っているものを1つ】選びなさい。なお,解答にあたっては,各選択肢に記載されている事項以外は考慮しないものとする。

1．自動車は,指定自動車整備事業者が継続検査の際に交付した有効な保安基準適合標章を表示しているときは,自動車検査証を備え付けていなくても,運行の用に供することができる。

2．乗車定員5人の旅客を運送する自動車運送事業の用に供する自動車については,初めて自動車検査証の交付を受ける際の当該自動車検査証の有効期間は2年である。

3．自動車は,その構造が,長さ,幅及び高さ並びに車両総重量(車両重量,最大積載量及び55キログラムに乗車定員を乗じて得た重量の総和をいう。)等道路運送車両法に定める事項について,国土交通省令で定める保安上又は公害防止その他の環境保全上の技術基準に適合するものでなければ,運行の用に供してはならない。

4．自動車の使用者は,自動車の長さ,幅又は高さを変更したときは,法令で定める場合を除き,その事由があった日から15日以内に,当該変更について,国土交通大臣が行う自動車検査証の変更記録を受けなければならない。

〔正解〕　2　車両法第61条(自動車検査証の有効期間)第1項　　(p107上1行目)
〔解説〕

・誤：2年

・正：1年

1は○　車両法第94条の5(保安基準適合証等)第11項　　(p106下2個目●)

3は○　車両法第40条(自動車の構造)第1項　　(p105上3個目●)

4は○　車両法第67条(自動車検査証記録事項の変更及び構造等変更検査)第1項　　(p102上1個目●)

問11　道路運送車両法に定める自動車の点検整備等に関する次の文中，A，B，C，Dに入るべき字句として【いずれか正しいものを1つ】選びなさい。

1．自動車運送事業の用に供する自動車の使用者は，点検整備記録簿を当該自動車に備え置き，道路運送車両法の規定により定期点検整備を実施したときは，遅滞なく，点検の結果，整備の概要等所定事項を記載して，その記載の日から　　A　　間保存しなければならない。

2．国土交通大臣は，一定の地域に使用の本拠の位置を有する自動車の使用者が，天災その他やむを得ない事由により，　　B　　を受けることができないと認めるときは，当該地域に使用の本拠の位置を有する自動車の自動車検査証の有効期間を，期間を定めて伸長する旨を公示することができる。

3．自動車運送事業の用に供する自動車の日常点検の結果に基づく運行可否の決定は，自動車の使用者より与えられた権限に基づき，　　C　　が行わなければならない。

4．道路運送車両法第54条の2の規定による整備命令を受けた自動車の　　D　　は，当該命令を受けた日から15日以内に，地方運輸局長に対し，保安基準に適合させるために必要な整備を行った当該自動車及び当該自動車に係る自動車検査証を提示しなければならない。

A：①1年　　　　　②2年
B：①予備検査　　　②継続検査
C：①運行管理者　　②整備管理者
D：①所有者　　　　②使用者

・車両法第49条（点検整備記録簿）第1項，第3項　　（p111上1個目●）

・車両法第61条の2（自動車検査証の有効期間）第1項　　（p107下2個目●）

・車両法施行規則第32条（整備管理者の権限）第1項　　（p112下1個目●）

・車両法第54条の2（整備命令等）第4項　　（p114上3個目●）

〔正解〕　A：①　1年

　　　　　B：②　継続検査

　　　　　C：②　整備管理者

　　　　　D：②　使用者

問12　道路運送車両の保安基準及びその細目を定める告示についての次の記述のうち，【誤っているものを１つ】選びなさい。なお，解答にあたっては，各選択肢に記載されている事項以外は考慮しないものとする。

1．自動車の前面ガラス及び側面ガラス（告示で定める部分を除く。）は，フィルムが貼り付けられた場合，当該フィルムが貼り付けられた状態においても，透明であり，かつ，運転者が交通状況を確認するために必要な視野の範囲に係る部分における可視光線の透過率が70％以上であることが確保できるものでなければならない。

2．自動車に備えなければならない非常信号用具は，夜間150メートルの距離から確認できる赤色の灯光を発するものでなければならない。

3．自動車の後面には，夜間にその後方150メートルの距離から走行用前照灯で照射した場合にその反射光を照射位置から確認できる赤色の後部反射器を備えなければならない。

4．自動車は，告示で定める方法により測定した場合において，長さ（セミトレーラにあっては，連結装置中心から当該セミトレーラの後端までの水平距離）12メートル（セミトレーラのうち告示で定めるものにあっては，13メートル），幅2.5メートル，高さ3.8メートルを超えてはならない。

〔正解〕　2　告示第220条（非常信号用具）第１項第１号　　（p127上５個目●）
〔解説〕
　・誤：<u>150メートル</u>
　・正：<u>200メートル</u>
1は○　告示第195条（窓ガラス）第５項第７号　　（p120下８行目）
3は○　告示第210条（後部反射器）第１項第３項　　（p123）
4は○　保安基準第２条（長さ，幅及び高さ）第１項　　（p116上１個目●）

3　道路交通法関係

問13　道路交通法に定める自動車の種類についての次の記述のうち、【誤っているもの１つ】選びなさい。なお、解答にあたっては、各選択肢に記載されている事項以外は考慮しないものとする。

1. 乗車定員が 55 人、車両総重量が 11,580 キログラムの自動車の種類は、大型自動車である。

2. 乗車定員が 29 人、車両総重量が 7,510 キログラムの自動車の種類は、中型自動車である。

3. 乗車定員が 15 人、車両総重量が 4,000 キログラムの自動車の種類は、準中型自動車である。

4. 乗車定員が 10 人、車両総重量が 3,400 キログラムの自動車の種類は、普通自動車である。

〔正解〕　3　道交法第３条（自動車の種類）　　（P132上１個目●）
　　　　　　　施行規則第２条（自動車の種類）　　（P132下１個目●）
〔解説〕
　　　　・乗車定員が11人以上29人以下の自動車は中型自動車である
　　　1は○　施行規則第２条（自動車の種類）　　（P132下１個目●）
　　　2は○　施行規則第２条（自動車の種類）　　（P132下１個目●）
　　　4は○　施行規則第２条（自動車の種類）　　（P132下１個目●）

問14　道路交通法に定める車両の交通方法等について次の記述のうち、【正しいものを2つ】選びなさい。なお、解答にあたっては、各選択肢に記載されている事項以外は考慮しないものとする。

1. 車両は、道路標識等によりその通行を禁止されている道路又はその部分を通行してはならない。ただし、政令に基づき警察署長が認めて許可をしたときは、道路標識等によりその通行を禁止されている道路又はその部分を通行することができる。その際、警察署長から許可証の交付を受けた車両の運転者は、当該許可に係る通行中、当該許可証の写しを携帯していなければならない。

2. 車両は、道路の中央から左の部分の幅員が6メートルに満たない道路において、他の車両を追い越そうとするとき（道路の中央から右の部分を見とおすことができ、かつ、反対の方向からの交通を妨げるおそれがない場合に限るものとし、道路標識等により追越しのため道路の中央から右の部分にはみ出して通行することが禁止されている場合を除く。）は、道路の中央から右の部分にその全部又は一部をはみ出して通行することができる。

3. 車両は、道路外の施設又は場所に出入するためやむを得ない場合において歩道又は路側帯（以下「歩道等」という。）を横断するとき、又は法令の規定により歩道等で停車し、若しくは駐車するため必要な限度において歩道等を通行するときは、徐行しなければならない。

4. 車両は、車両通行帯の設けられた道路においては、道路の左側端から数えて1番目の車両通行帯を通行しなければならない。ただし、自動車（小型特殊自動車及び道路標識等によって指定された自動車を除く。）は、当該道路の左側部分（当該道路が一方通行となっているときは、当該道路）に3以上の車両通行帯が設けられているときは、政令で定めるところにより、その速度に応じ、その最も右側の車両通行帯以外の車両通行帯を通行することができる。

〔正解〕　2　道交法第17条（通行区分）第5項第4号　　　（P133下1個目●）
　　　　　4　道交法第20条（車両通行帯）第1項　　　（P134下3個目●）

〔解説〕
　1は×　道交法第8条（通行の禁止等）　　　（P133上3個目●）
　・誤：当該許可証の写しを携帯していなければならない。
　・正：当該許可証を携帯していなければならない。
　3は×　道交法第17条（通行区分）第2項　　　（P133下2個目●）
　・誤：歩道等を通行するときは，徐行しなければならない。
　・正：歩道等を通行するときは，歩道等に入る直前で一時停止し，かつ，歩行
　　　者の通行を妨げないようにしなければならない。

問15　道路交通法（以下「法」という。）に定める横断歩行者等の保護のための通行方法についての次の文中、A、B、C、Dに入るべき字句として【いずれか正しいものを1つ】選びなさい。

1. 車両等は、横断歩道に接近する場合には、当該横断歩道を通過する際に当該横断歩道によりその進路の前方を横断しようとする歩行者がないことが明らかな場合を除き、当該横断歩道の直前で　　A　　しなければならない。この場合において、横断歩道によりその進路の前方を横断し、又は横断しようとする歩行者があるときは、当該横断歩道の直前で　　B　　、かつ、その通行を妨げないようにしなければならない。

2. 車両等は、横断歩道（当該車両等が通過する際に信号機の表示する信号又は警察官等の手信号等により当該横断歩道による歩行者等の横断が禁止されているものを除く。）又はその手前の直前で停止している車両等がある場合において、当該停止している車両等の側方を通過してその前方に出ようとするときは、　　C　　しなければならない。

3. 車両等は、横断歩道及びその手前の側端から前に　　D　　以内の道路の部分においては、法第30条（追越しを禁止する場所）第3号の規定に該当する場合のほか、その前方を進行している他の車両等（軽車両を除く。）の側方を通過してその前方に出てはならない。

A：① 停止することができるような速度で進行　　② 徐行又は一時停止を
B：① 徐行し　　　　　　　　　　② 一時停止し
C：① 安全な速度で進行　　　　　② その前方に出る前に一時停止
D：① 10メートル　　　　　　　② 30メートル

・道交法第38条（横断歩道等における歩行者等の優先）第1項
（P143上3個目●）
・道交法第38条（横断歩道等における歩行者等の優先）第2項
（P143上4個目●）
・道交法第38条（横断歩道等における歩行者等の優先）第3項
（P143上5個目●）

〔正解〕

A：①停止することができるような速度で進行

B：②一時停止し

C：②その前方に出る前に一時停止

D：②30メートル

問16　道路交通法に定める高速自動車国道等における自動車の交通方法等についての次の記述のうち、【正しいものを２つ】選びなさい。なお、解答にあたっては、各選択肢に記載されている事項以外は考慮しないものとする。

1. 自動車（緊急自動車を除く。）は、本線車道に入ろうとする場合（本線車道から他の本線車道に入ろうとする場合にあっては、道路標識等により指定された本線車道に入ろうとする場合に限る。）において、当該本線車道を通行する自動車があるときは、当該自動車の進行妨害をしてはならない。ただし、当該交差点において、交通整理が行なわれているときは、この限りでない。

2. 自動車は、高速自動車国道の往復の方向にする通行が行われている本線車道で、道路の構造上往復の方向別に分離されていない本線車道においては、道路標識等により自動車の最低速度が指定されている区間にあってはその最低速度に、その他の区間にあっては、毎時 50 キロメートルの最低速度に達しない速度で進行してはならない。

3. 自動車は、本線車道に入ろうとする場合において、加速車線が設けられているときは、その加速車線を通行しなければならない。ただし、当該本線車道において後方から進行してくる自動車がないときは、この限りではない。

4. 自動車は、高速自動車国道においては、法令の規定若しくは警察官の命令により、又は危険を防止するため一時停止する場合のほか、停車し、又は駐車してはならない。ただし、故障その他の理由により停車し、又は駐車することがやむを得ない場合において、停車又は駐車のため十分な幅員がある路肩又は路側帯に停車し、又は駐車する場合においてはこの限りでない。

〔正解〕　1　道交法第75条の6（本線車道に入る場合等における他の自動車との関係）　（P158上1個目●）

　　　　　4　道交法第75条の8（停車及び駐車の禁止）　（P158下2個目●）

〔解説〕

　2は×　施行令第27条の2（高速自動車国道における交通方法の特例に係る最低速度を定めない本線車道）　（P138上1個目●）

　　・誤：その他の区間にあっては，毎時50キロメートルの最低速度に達しない速度で進行してはならない。

　　・正：その他の区間にあっては，高速自動車国道における最低速度を定めない。

　3は×　道交法第75条の7（本線車道の出入の方法）　（P158上2個目●）

　　・ただし，からの内容の規定がない。

問17 道路交通法に定める運転者の遵守事項等についての次の記述のうち、【誤っているものを１つ】選びなさい。なお、解答にあたっては、各選択肢に記載されている事項以外は考慮しないものとする。

1. 車両等の運転者は、児童、幼児等の乗降のため、道路運送車両の保安基準に関する規定に定める非常点滅表示灯をつけて停車している通学通園バス（専ら小学校、幼稚園等に通う児童、幼児等を運送するために使用する自動車で政令で定めるものをいう。）の側方を通過するときは、徐行して安全を確認しなければならない。

2. 車両等の運転者は、道路の左側部分に設けられた安全地帯の側方を通過する場合において、当該安全地帯に歩行者がいるときは、徐行しなければならない。

3. 自動車の運転者は、自動車を後退させるため当該自動車を運転するときであっても座席ベルトを装着しなければならない。

4. 免許証の更新を受けようとする者で更新期間が満了する日における年齢が 70 歳以上のもの（当該講習を受ける必要がないものとして法令で定める者を除く。）は、更新期間が満了する日前 6 ヵ月以内にその者の住所地を管轄する公安委員会が行った「高齢者講習」を受けていなければならない。

〔正解〕 ３ 施行令第26条の３の２ （座席ベルト及び幼児用補助装置に係る義務の免除）第１項第３号 （P154下２個目●）

〔解説〕

・自動車を後退させるため当該自動車を運転するときは，座席ベルトの装着義務は免除される。

1は○ 道交法第71条（運転者の遵守事項）第２号の３ （P152上６行目）

2は○ 道交法第71条（運転者の遵守事項）第３号 （P152上10行目）

4は○ 道交法第101条の４（70歳以上の者の特例）第１項 （P163上１個目●）

問13　道路交通法に定める用語の定義等についての次の記述のうち，【誤っているものを1つ】選びなさい。なお，解答にあたっては，各選択肢に記載されている事項以外は考慮しないものとする。

1．路側帯とは，歩行者の通行の用に供し，又は車道の効用を保つため，歩道の設けられていない道路又は道路の歩道の設けられていない側の路端寄りに設けられた帯状の道路の部分で，道路標示によって区画されたものをいう。

2．安全地帯とは，車両が道路の定められた部分を通行すべきことが道路標示により示されている場合における当該道路標示により示されている道路の部分をいう。

3．車両とは，自動車，原動機付自転車，軽車両及びトロリーバスをいう。

4．自動車とは，原動機を用い，かつ，レール又は架線によらないで運転する車又は特定自動運行を行う車であって，原動機付自転車，軽車両，移動用小型車，身体障害者用の車及び遠隔操作型小型車並びに歩行補助車，乳母車その他の歩きながら用いる小型の車で政令で定めるもの以外のものをいう。

〔正解〕　2　道交法第2条（定義）第1項(P130下2個目●)
〔解説〕
　　・安全地帯ではなく，車両通行帯についての記述である。
　　1は○　道交法第2条（定義）第1項　　　(P130上5個目●)
　　3は○　道交法第2条（定義）第1項　　　(P130下1個目●)
　　4は○　道交法第2条（定義）第1項　　　(P131上1個目●)

問14 道路交通法に定める灯火及び合図等についての次の記述のうち，【正しいものを2つ】選びなさい。なお，解答にあたっては，各選択肢に記載されている事項以外は考慮しないものとする。

1．車両等は，夜間（日没時から日出時までの時間をいう。），道路にあるときは，道路交通法施行令等で定めるところにより，前照灯，車幅灯，尾灯その他の灯火をつけなければならない。ただし，高速自動車国道及び自動車専用道路においては前方200メートル，その他の道路においては前方50メートルまで明りょうに見える程度に照明が行われているトンネルを通行する場合は，この限りではない。

2．停留所において乗客の乗降のため停車していた乗合自動車が発進するため進路を変更しようとして手又は方向指示器により合図をした場合においては，その後方にある車両は，その速度を急に変更しなければならないこととなる場合にあっても，当該合図をした乗合自動車の進路の変更を妨げてはならない。

3．車両等の運転者は，山地部の道路その他曲折が多い道路について道路標識等により指定された区間以外であっても，見とおしのきかない道路のまがりかど又は見とおしのきかない上り坂の頂上を通行しようとするときは，必ず警音器を鳴らさなければならない。

4．車両の運転者が同一方向に進行しながら進路を左方又は右方に変えるときの合図を行う時期は，その行為をしようとする時の3秒前のときである。

〔正解〕 1 道交法第52条（車両等の灯火）第1項 （P146上2個目●）
　　　　 4 施行令第21条（合図の時期及び方法） （P147上1個目●）

〔解説〕

2は× 道交法第31条の2（乗合自動車の発進の保護） （P140上3個目●）
・誤：その速度を急に変更しなければならないこととなる場合にあっても
・正：その速度又は方向を急に変更しなければならないこととなる場合を除き

3は× 道交法第54条（警音器の使用等）第2項 （P148下2個目●）
・道路標識等により指定された場所，区間以外では，警音器を鳴らしてはならない。ただし，危険を防止するためやむを得ないときは，この限りでない。

問15　道路交通法及び道路交通法施行令に定める酒気帯び運転等の禁止等に関する次の文中，Ａ，Ｂ，Ｃに入るべき字句として【いずれか正しいものを１つ】選びなさい。

（1）何人も，酒気を帯びて車両等を運転してはならない。

（2）何人も，酒気を帯びている者で，（1）の規定に違反して車両等を運転することとなるおそれがあるものに対し，　Ａ　してはならない。

（3）何人も，（1）の規定に違反して車両等を運転することとなるおそれがある者に対し，酒類を提供し，又は飲酒をすすめてはならない。

（4）何人も，車両（トロリーバス及び旅客自動車運送事業の用に供する自動車で当該業務に従事中のものその他の政令で定める自動車を除く。）の運転者が酒気を帯びていることを知りながら，当該運転者に対し，当該車両を運転して自己を運送することを要求し，又は依頼して，当該運転者が（1）の規定に違反して運転する　Ｂ　してはならない。

（5）（1）の規定に違反して車両等（自動車以外の軽車両を除く。）を運転した者で，その運転をした場合において身体に血液１ミリリットルにつき0.3ミリグラム又は呼気１リットルにつき　Ｃ　ミリグラム以上にアルコールを保有する状態にあったものは，３年以下の懲役又は50万円以下の罰金に処する。

Ａ：①運転を指示　②車両等を提供

Ｂ：①車両に同乗　②機会を提供

Ｃ：①0.15　　　②0.25

・道交法第65条（酒気帯び運転等の禁止）
・道交法第117条の２の２（罰則）

〔正解〕　Ａ：②　車両等を提供　　（P149下２個目●）
　　　　　Ｂ：①　車両に同乗　　（P150上１個目●）
　　　　　Ｃ：①　0.15　　（P150上２個目●）

問16 道路交通法に定める高速自動車国道等における自動車の交通方法等についての次の記述のうち,【誤っているものを1つ】選びなさい。なお,解答にあたっては,各選択肢に記載されている事項以外は考慮しないものとする。

1. 自動車は,高速自動車国道の本線車道（往復の方向にする通行が行われている本線車道で,本線車線が道路の構造上往復の方向別に分離されていないものを除く。）においては,道路標識等により自動車の最低速度が指定されている区間にあってはその最低速度に,その他の区間にあっては,50キロメートル毎時の最低速度に達しない速度で進行してはならない。

2. 自動車は,高速自動車国道においては,法令の規定若しくは警察官の命令により,又は危険を防止するため一時停止する場合のほか,停車し,又は駐車してはならない。ただし,故障その他の理由により停車し,又は駐車することがやむを得ない場合において,停車又は駐車のため十分な幅員がある路肩又は路側帯に停車し,又は駐車する場合においてはこの限りでない。

3. 自動車（緊急自動車を除く。）は,本線車道に入ろうとする場合（本線車道から他の本線車道に入ろうとする場合にあっては,道路標識等により指定された本線車道に入ろうとする場合に限る。）において,当該本線車道を通行する自動車があるときは,当該自動車の進行妨害をしてはならない。ただし,当該交差点において,交通整理が行なわれているときは,この限りでない。

4. 自動車は,その通行している本線車道から出ようとする場合においては,あらかじめその前から出口に接続する車両通行帯を通行しなければならない。ただし,当該本線車道において後方から進行してくる自動車がないときは,この限りではない。

〔正解〕 4 道交法第75条の7（本線車道の出入の方法）第2項

(P158上3個目●)

〔解説〕
・「ただし,当該本線車道において」以降の規定はない。

1は○ 道交法第75条の4（最低速度） （P137下1個目●）

2は○ 道交法第75条の8（停車及び駐車の禁止）第1項 （P158下2個目●）

3は○ 道交法第75条の6（本線車道に入る場合等における他の自動車との関係）第1項 （P158上1個目●）

問17　道路交通法等に定める運転者の遵守事項等についての次の記述のうち,【誤っているものを1つ】選びなさい。なお,解答にあたっては,各選択肢に記載されている事項以外は考慮しないものとする。

1．車両等の運転者は,監護者が付き添わない児童若しくは幼児が歩行しているときのほか,高齢の歩行者,身体の障害のある歩行者その他の歩行者でその通行に支障のあるものが通行しているときは,一時停止し,又は徐行して,その通行又は歩行を妨げないようにしなければならない。

2．車両等の運転者は,自動車を運転する場合において,道路交通法に規定する初心運転者の標識を付けた者が普通自動車(以下「表示自動車」という。)を運転しているときは,危険防止のためやむを得ない場合を除き,当該自動車が進路を変更した場合にその変更した後の進路と同一の進路を後方から進行してくる表示自動車が当該自動車との間に同法に規定する必要な距離を保つことができないこととなるときは進路を変更してはならない。

3．道路運送法に規定する一般旅客自動車運送事業の用に供される自動車の運転者が当該事業に係る旅客である幼児を乗車させるときは,幼児用補助装置を使用して乗車させなければならない。

4．負傷若しくは障害のため又は妊娠中であることにより座席ベルトを装着することが療養上又は健康保持上適当でない者が自動車を運転するときは,自動車の運転者は座席ベルトを装着しないで自動車を運転することができる。

〔正解〕　3　施行令第26条の3の2（座席ベルト及び幼児用補助装置に係る義務の免除）　（P154上3個目●，P155上1個目●）

〔解説〕

・一般旅客自動車運送事業の運行の用に供される自動車に乗車させるときは，幼児用補助装置を使用しなくても乗車させることができる。

1は○　道交法第71条（運転者の遵守事項）第2号，第2号の2

（P151下5行目）

2は○　道交法第71条（運転者の遵守事項）第5号の4　　（P152下3行目）

4は○　道交法第71条の3（普通自動車等の運転者の遵守事項）第1項

（P154上1個目●，P154下2個目●）

問13　道路交通法に定める自動車の種類についての次の記述のうち,【誤っているものを1つ】選びなさい。なお,解答にあたっては,各選択肢に記載されている事項以外は考慮しないものとする。

1. 乗車定員が29人,車両総重量が10,145キログラムの自動車の種類は,大型自動車である。

2. 乗車定員が15人,車両総重量が7,510キログラムの自動車の種類は,中型自動車である。

3. 乗車定員が10人,車両総重量が4,000キログラムの自動車の種類は,準中型自動車である。

4. 乗車定員が10人,車両総重量が3,400キログラムの自動車の種類は,普通自動車である。

〔正解〕　1　道交法第3条（自動車の種類）第1項　　（p132上1個目●）
　　　　　　　道交法施行規則第2条（自動車の種類）　　（p132上2個目●）

〔解説〕

　　・乗車定員が29人,車両総重量が10,145キログラムの自動車は<u>中型自動車</u>である。

　　2は○　道交法施行規則第2条（自動車の種類）　　（p132上2個目●）
　　3は○　道交法施行規則第2条（自動車の種類）　　（p132上2個目●）
　　4は○　道交法施行規則第2条（自動車の種類）　　（p132上2個目●）

問14　道路交通法に定める車両の交通方法等についての次の記述のうち，【正しいものを2つ】選びなさい。なお，解答にあたっては，各選択肢に記載されている事項以外は考慮しないものとする。

1．車両は，踏切を通過しようとするときは，踏切の直前（道路標識等による停止線が設けられているときは，その停止線の直前。以下同じ。）で停止し，かつ，安全であることを確認した後でなければ進行してはならない。ただし，信号機の表示する信号に従うときは，踏切の直前で停止しないで進行することができる。

2．車両は，道路の曲がり角付近，上り坂の頂上付近，勾配の急な下り坂又はトンネル内の車両通行帯の設けられた道路以外の道路の部分においては，他の車両（軽車両等法令で定めるものを除く。）を追い越すため，進路を変更し，又は前車の側方を通過してはならない。

3．車両の運転者が同一方向に進行しながら進路を左方又は右方に変えるときの合図を行う時期は，その行為をしようとする地点から30メートル手前の地点に達したときである。

4．一般乗合旅客自動車運送事業者による路線定期運行の用に供する自動車（以下「路線バス等」という。）の優先通行帯であることが道路標識等により表示されている車両通行帯が設けられている道路においては，自動車（路線バス等を除く。）は，路線バス等が後方から接近してきた場合に当該道路における交通の混雑のため当該車両通行帯から出ることができないこととなるときであっても，路線バス等が実際に接近してくるまでの間は，当該車両通行帯を通行することができる。

〔正解〕　1　道交法第33条（踏切の通過）第１項　　（p140下１個目●）

　　　　　2　道交法第30条（追越しを禁止する場所）　　（p140上２個目●）

〔解説〕

　3は×　道交法施行令第21条（合図の時期及び方法）　　（p147上１個目●）

　・誤：その行為をしようとする地点から30メートル手前の地点に達したとき

　・正：その行為をしようとする時の３秒前のとき

　4は×　道交法第20条の２（路線バス等優先通行帯）第１項　　（p135上１個目●）

　・路線バス等が後方から接近してきた場合に当該道路における交通の混雑のため当該車両通行帯から出ることができないこととなるときは，当該車両通行帯を通行してはならない。

問15　道路交通法に定める停車及び駐車を禁止する場所についての次の文中，A，B，C，Dに入るべき字句として【いずれか正しいものを1つ】選びなさい。

1．車両は，交差点の側端又は道路の曲がり角から　　A　　以内の道路の部分においては，停車し，又は駐車してはならない。

2．車両は，横断歩道又は自転車横断帯の前後の側端からそれぞれ前後に　　B　　以内の道路の部分においては，停車し，又は駐車してはならない。

3．車両は，安全地帯が設けられている道路の当該安全地帯の左側の部分及び当該部分の前後の側端からそれぞれ前後に　　C　　以内の道路の部分においては，停車し，又は駐車してはならない。

4．車両は，踏切の前後の側端からそれぞれ前後に　　D　　以内の部分においては，停車し，又は駐車してはならない。

A：①3メートル　　②5メートル

B：①3メートル　　②5メートル

C：①5メートル　　②10メートル

D：①5メートル　　②10メートル

・道交法第44条（停車及び駐車を禁止する場所）第1項　　（p144下1個目●）

〔正解〕　A：②　5メートル

B：②　5メートル

C：②　10メートル

D：②　10メートル

問16　道路交通法に定める自動車の法定速度についての次の記述のうち,【正しいものを2つ】選びなさい。なお,解答にあたっては,各選択肢に記載されている事項以外は考慮しないものとする。

1．旅客自動車運送事業の用に供する乗車定員55人の自動車の最高速度は,道路標識等により最高速度が指定されていない片側一車線の一般道路においては,50キロメートル毎時である。

2．旅客自動車運送事業の用に供する乗車定員47人の自動車の最高速度は,道路標識等により最高速度が指定されていない高速自動車国道の本線車道(政令で定めるものを除く。)においては,100キロメートル毎時である。

3．旅客自動車運送事業の用に供する乗車定員29人の自動車ついては,法令の規定によりその速度を減ずる場合及び危険を防止するためやむを得ない場合を除き,道路標識等により自動車の最低速度が指定されていない区間の高速自動車国道の本線車道(政令で定めるものを除く。)における最低速度は,60キロメートル毎時である。

4．旅客自動車運送事業の用に供する車両総重量が2,265キログラムの自動車が,故障した車両総重量1,800キログラムの普通自動車をロープでけん引する場合の最高速度は,道路標識等により最高速度が指定されていない一般道路においては,30キロメートル毎時である。

〔正解〕　2　道交法施行令第27条(最高速度)第1項　　(p136下1個目●)

　　　　　4　道交法施行令第12条(最高速度の特例)第1項　　(p136上1個目●)

〔解説〕

　1は×　道交法施行令第11条(最高速度)　　(p136上3行目)

　・誤：<u>50キロメートル毎時</u>

　・正：<u>60キロメートル毎時</u>

　3は○　道交法施行令第27条の3(最低速度)　　(p138上2個目●)

　・誤：<u>60キロメートル毎時</u>

　・正：<u>50キロメートル毎時</u>

問17 道路交通法に定める運転者の遵守事項等についての次の記述のうち,【誤っているものを1つ】選びなさい。なお,解答にあたっては,各選択肢に記載されている事項以外は考慮しないものとする。

1. 交差点又はその附近において,緊急自動車が接近してきたときは,車両(緊急自動車を除く。)は,交差点を避け,かつ,道路の左側(一方通行となっている道路においてその左側に寄ることが緊急自動車の通行を妨げることとなる場合にあっては,道路の右側)に寄って徐行しなければならない。

2. 監護者が付き添わない児童若しくは幼児が歩行しているときは,一時停止し,又は徐行して,その通行又は歩行を妨げないようにしなければならない。

3. 正当な理由がないのに,著しく他人に迷惑を及ぼすこととなる騒音を生じさせるような方法で,自動車を急に発進させ,若しくはその速度を急激に増加させ,又は自動車の原動機の動力を車輪に伝達させないで原動機の回転数を増加させてはならない。

4. 一般旅客自動車運送事業の用に供される自動車の運転者が当該事業に係る旅客である幼児を乗車させるときは,幼児用補助装置を使用しない幼児を乗車させて自動車を運転することができる。

〔正解〕 1 道交法第40条(緊急自動車の優先)第1項 (p144上1個目●)

〔解説〕

　・誤:徐行しなければならない

　・正:一時停止しなければならない

2は○ 道交法第71条(運転者の遵守事項)第2号 (p151下5行目)

3は○ 道交法第71条(運転者の遵守事項)第5号の3 (p152下8行目)

4は○ 施行令第26条の3の2(座席ベルト及び幼児用補助装置に係る義務の免除) (p154上3個目●,p155上1個目●)

4　労働基準法関係

問 18　労働基準法（以下「法」という。）に定める労働契約等についての次の記述のうち、【正しいものを２つ】選びなさい。なお、解答にあたっては、各選択肢に記載されている事項以外は考慮しないものとする。

1. 使用者は、労働者を解雇しようとする場合においては、少くとも 30 日前にその予告をしなければならない。30 日前に予告をしない使用者は、30 日分以上の平均賃金を支払わなければならない。

2. 労働契約は、期間の定めのないものを除き、一定の事業の完了に必要な期間を定めるもののほかは、3 年（法第 14 条（契約期間等）第 1 項各号のいずれかに該当する労働契約にあっては、5 年）を超える期間について締結してはならない。

3. 労働者は、労働契約の締結に際し使用者から明示された賃金、労働時間その他の労働条件が事実と相違する場合であっても、少なくとも 30 日前に予告しなければ、当該労働契約を解除することができない。

4. 使用者は、労働者の死亡又は退職の場合において、権利者の請求があった場合においては、30 日以内に賃金を支払い、積立金、保証金、貯蓄金その他名称の如何を問わず、労働者の権利に属する金品を返還しなければならない。

〔正解〕　1　基準法第20条（解雇の予告）第1項　　　（P175上1個目●）

　　　　　2　基準法第14条（契約期間等）第1項　　　（P173下1個目●）

〔解説〕

　3は×　基準法第15条（労働条件の明示）第2項　　　（P174上2個目●）

　・誤：労働条件が事実と相違する場合であっても，少なくとも30日前に予告しなければ，当該労働契約を解除することができない。

　・正：労働条件が事実と相違する場合においては，労働者は，即時に労働契約を解除することができる。

　4は×　基準法第23条（金品の返還）第1項　　　（P176上1個目●）

　・誤：30日以内

　・正：7日以内

問19 労働基準法（以下「法」という。）に定める労働時間及び休日等に関する次の記述のうち、【誤っているものを1つ】選びなさい。なお、解答にあたっては、各選択肢に記載されている事項以外は考慮しないものとする。

1. 使用者は、その雇入れの日から起算して3ヵ月間継続勤務し全労働日の8割以上出勤した労働者に対して、継続し、又は分割した10労働日の有給休暇を与えなければならない。

2. 使用者は、労働者に、休憩時間を除き1週間について40時間を超えて、労働させてはならない。また、1週間の各日については、労働者に、休憩時間を除き1日について8時間を超えて、労働させてはならない。

3. 使用者が、法の規定により労働時間を延長し、又は休日に労働させた場合においては、その時間又はその日の労働については、通常の労働時間又は労働日の賃金の計算額の2割5分以上5割以下の範囲内でそれぞれ政令で定める率以上の率で計算した割増賃金を支払わなければならない。

4. 使用者は、満16歳以上の男性を交替制によって使用する場合その他法令で定める場合を除き、満18歳に満たない者を午後10時から午前5時までの間において使用してはならない。

〔正解〕　1　基準法第39条（年次有給休暇）第1項　　　（P172上3個目●）
〔解説〕
　　・誤：<u>3ヵ月間継続勤務</u>
　　・正：<u>6ヵ月間継続勤務</u>
　2は○　基準法第32条（労働時間）第1項，第2項　　（P171上2・3個目●）
　3は○　基準法第37条（時間外，休日及び深夜の割増賃金）第1項
　　　　　（P176下1個目●）
　4は○　基準法第61条（深夜業）第1項　　（P177下2個目●）

問20　「自動車運転者の労働時間等の改善のための基準」（以下「改善基準告示」という。）に定める一般乗用旅客自動車運送事業以外の旅客自動車運送事業に従事する自動車運転者（以下「バス運転者」という。）の拘束時間等についての次の文中，A，B，C，Dに入るべき字句として【いずれか正しいものを１つ】選びなさい。

1．使用者は，バス運転者に労働基準法第35条の休日に労働させる場合は，当該労働させる休日は　　A　　について１回を超えないものとし，当該休日の労働によって改善基準告示第５条第１項に定める拘束時間及び　　B　　を超えないものとする。

2．勤務終了後，継続　　C　　以上の休息期間を与えるよう努めることを基本とし，休息期間が継続　　D　　を下回らないものとすること。

A：①　２週間　　　　　②　４週間
B：①　連続運転時間　　②　最大拘束時間
C：①　12時間　　　　　②　11時間
D：①　９時間　　　　　②　８時間

・改善基準第５条（休日労働）第５項　　（P197上１個目●）
・改善基準第５条（休息期間）１項第４号　　（P192下２個目●）

〔正解〕
・A：①　２週間
・B：②　最大拘束時間
・C：②　11時間
・D：①　９時間

問21　「自動車運転者の労働時間等の改善のための基準」において定める一般貸切旅客自動車運送事業に従事する自動車運転者（以下「貸切バス運転者」という。）の拘束時間等の規定に関する次の記述のうち，【正しいものを2つ】選びなさい。なお，解答にあたっては，各選択肢に記載されている事項以外は考慮しないものとする。

1．使用者は，貸切バス運転者の連続運転時間（1回が連続5分以上で，かつ，合計が30分以上の運転の中断をすることなく連続して運転する時間をいう。）は，4時間を超えないものとすること。

2．使用者は，貸切バス運転者（隔日勤務に就く運転者以外のもの。）の1日（始業時刻から起算して24時間をいう。以下同じ。）についての拘束時間は，13時間を超えないものとし，当該拘束時間を延長する場合であっても，最大拘束時間は，15時間とすること。この場合において，1日についての拘束時間が14時間を超える回数をできるだけ少なくするよう努めるものとすること。

3．使用者は，業務の必要上，貸切バス運転者に勤務の終了後継続9時間以上の休息期間を与えることが困難な場合には，当分の間，一定期間（1ヵ月を限度とする。）における全勤務回数の2分の1を限度に，休息期間を拘束時間の途中及び拘束時間の経過直後の2回に分割して与えることができるものとする。この場合において，分割された休息期間は，1日（始業時刻から起算して24時間をいう。）において1回当たり継続4時間以上，合計11時間以上でなければならないものとする。

4．使用者は，貸切バス運転者の運転時間については，2日（始業時刻から起算して48時間をいう。）を平均し1日当たり9時間，4週間を平均し1週間当たり44時間を超えないものとすること。ただし，労使協定があるときは，4週間を平均し1週間当たりの運転時間については改善基準告示で定める範囲内において延長することができる。

〔正解〕　2　改善基準第5条（拘束時間）第1項第3号　　　（P192上1個目●）

　　　　　3　改善基準第5条（分割休息期間）第4項第1号　　　（P195上1個目●）

〔解説〕

　1は×　改善基準第5条（連続運転時間）第1項第6号　　　（P194上1個目●）

　　・誤：<u>1回が連続5分以上</u>

　　・正：<u>1回が連続10分以上</u>

　4は×　改善基準第5条（運転時間）第1項第5号　　　（P193上1個目●）

　　・誤：4週間を平均し<u>1週間当たり44時間</u>を超えないものとすること。

　　・正：4週間を平均し<u>1週間当たり40時間</u>を超えないものとすること。

問22　下図は，旅客自動車運送事業（一般乗用旅客自動車運送事業を除く。）に従事する自動車運転者の運転時間及び休憩時間の例を示したものであるが，このうち，連続運転の中断方法として「自動車運転者の労働時間等の改善のための基準」に【適合しているものを2つ】選びなさい。なお，解答にあたっては，下図に示された内容以外は考慮しないものとする。

1.

乗務開始	運転	休憩	運転	休憩	運転	休憩	運転	休憩	運転	休憩	運転	休憩	運転	乗務終了
	30分	10分	2時間	15分	30分	10分	1時間30分	1時間	2時間	15分	1時間30分	10分	1時間	

2.

乗務開始	運転	休憩	運転	休憩	運転	休憩	運転	休憩	運転	休憩	運転	休憩	運転	乗務終了
	1時間	15分	2時間	10分	1時間	15分	1時間	1時間	1時間30分	10分	1時間	5分	30分	

3.

乗務開始	運転	休憩	運転	休憩	運転	休憩	運転	休憩	運転	休憩	運転	休憩	運転	乗務終了
	2時間	10分	1時間30分	10分	30分	10分	1時間	1時間	1時間	10分	1時間	10分	2時間	

4.

乗務開始	運転	休憩	運転	休憩	運転	休憩	運転	休憩	運転	休憩	運転	休憩	運転	乗務終了
	1時間	10分	1時間30分	15分	30分	5分	1時間30分	1時間	2時間	10分	1時間30分	10分	30分	

〔正解〕 2．3　改善基準第5条（拘束時間等）第1項第6号
　　　　　　（P194上1個目●）

〔解説〕

・連続運転時間（1回が連続10分以上で，かつ，合計が30分以上の運転の中断をすることなく連続して運転する時間をいう。）は，4時間を超えないこと。

・選択肢1．について
途中休憩1時間後に運転を再開し，乗務終了まで合計4時間30分運転しているが，この間の休憩は合計25分のため改善基準に違反している。

・選択肢4．について
乗務開始から途中休憩1時間までの間に4時間30分運転しているが，この間の休憩は合計25分のため改善基準に違反している。
（途中で5分間の休憩を行ったが，この5分は，中断の対象にならない。）

問23　下表は，貸切バスの運転者の４週間を平均した１週間当たりの拘束時間の例を示したものであるが，このうち，「自動車運転者の労働時間等の改善のための基準」に【適合しているものを１つ】選びなさい。なお，隔日勤務に就く場合には該当しないものとする。また，「４週間を平均した１週間当たりの拘束時間及び52週合計の拘束時間の延長に関する労使協定」があるものとし，52週間の合計の拘束時間は3,400時間を超えないものとする。

1.

	1週~4週	5週~8週	9週~12週	13週~16週	17週~20週	21週~24週	25週~28週	29週~32週	33週~36週	37週~40週	41週~44週	45週~48週	49週~52週
４週間を平均した１週間当たりの拘束時間	60	68	63	67	65	66	58	62	66	67	66	63	68

2.

	1週~4週	5週~8週	9週~12週	13週~16週	17週~20週	21週~24週	25週~28週	29週~32週	33週~36週	37週~40週	41週~44週	45週~48週	49週~52週
４週間を平均した１週間当たりの拘束時間	64	63	64	68	65	63	60	59	67	69	62	64	61

3.

	1週~4週	5週~8週	9週~12週	13週~16週	17週~20週	21週~24週	25週~28週	29週~32週	33週~36週	37週~40週	41週~44週	45週~48週	49週~52週
４週間を平均した１週間当たりの拘束時間	61	64	60	68	65	64	63	60	62	66	64	68	67

4.

	1週~4週	5週~8週	9週~12週	13週~16週	17週~20週	21週~24週	25週~28週	29週~32週	33週~36週	37週~40週	41週~44週	45週~48週	49週~52週
４週間を平均した１週間当たりの拘束時間	64	66	61	65	62	63	60	64	70	68	65	63	60

〔正解〕　3　改善基準第5条（拘束時間等）第1項　　（P190上1個目●）

〔解説〕

・拘束時間は，4週間を平均して1週間当たり65時間を超えないものとすること，ただし，貸切バス等乗務者について，労使協定を締結した場合には，52週間のうち24週間までは，4週間を平均した1週間当りの拘束時間を68時間まで延長することができる。

（4週間を平均して：4週間を一かたまりとして，52週間÷4週間＝13グループ，52週間のうち24週間とは：24週間÷4週間＝6回）

・選択肢1について

　65時間超えが，7回なので，違反している。

・選択肢2について

　68時間超えが，1回なので，違反している。

・選択肢4について

　68時間超えが，1回なので，違反している。

問18　労働基準法（以下「法」という。）に定める労働契約等についての次の記述のうち，【正しいものを2つ】選びなさい。なお，解答にあたっては，各選択肢に記載されている事項以外は考慮しないものとする。

　1．使用者は，労働者の同意が得られた場合においては，労働契約の不履行について違約金を定め，又は損害賠償額を予定する契約をすることができる。

　2．使用者は，労働者が出産，疾病，災害その他厚生労働省令で定める非常の場合の費用に充てるために請求する場合においては，支払期日前であっても，既往の労働に対する賃金を支払わなければならない。

　3．使用者は，労働者の国籍，信条又は社会的身分を理由として，賃金，労働時間その他の労働条件について，差別的取扱をしてはならない。

　4．法第20条（解雇の予告）の規定は，法に定める期間を超えない限りにおいて，「日日雇い入れられる者」，「3ヵ月以内の期間を定めて使用される者」，「季節的業務に6ヵ月以内の期間を定めて使用される者」又は「試の使用期間中の者」のいずれかに該当する労働者については適用しない。

〔正解〕　2　基準法第25条（非常時払）　　（P176下4個目●）
　　　　　3　基準法第3条（均等待遇）　　（P170下4個目●）

〔解説〕
　1は×　基準法第16条（賠償予定の禁止）　　（P174下4個目●）
　・労働者の同意の有無にかかわらず，労働契約の不履行について違約金を定め，又は損害賠償額を予定する契約をしてはならない。
　4は×　基準法第21条（解雇の予告）　　（P175上3個目●）
　・誤：「3ヵ月以内の期間を定めて使用される者」，「季節的業務に6ヵ月以内の期間を定めて使用される者」
　・正：「2ヵ月以内の期間を定めて使用される者」，「季節的業務に4ヵ月以内の期間を定めて使用される者」

〔令和4年度CBT試験・問19〕

問19　労働基準法（以下「法」という。）に定める労働時間及び休日等に関する次の
　　　記述のうち，【誤っているものを1つ】選びなさい。なお，解答にあたっては，
　　　各選択肢に記載されている事項以外は考慮しないものとする。

1．使用者は，災害その他避けることのできない事由によって，臨時の必要が
　ある場合においては，行政官庁の許可を受けて，その必要の限度において法
　に定める労働時間を延長し，又は休日に労働させることができる。ただし，
　事態急迫のために行政官庁の許可を受ける暇がない場合においては，事後に
　遅滞なく届け出なければならない。

2．使用者は，労働時間が6時間を超える場合においては少くとも35分，8時
　間を超える場合においては少くとも45分の休憩時間を労働時間の途中に与え
　なければならない。

3．使用者は，労働者に対して，毎週少くとも1回の休日を与えなければなら
　ない。ただし，この規定は，4週間を通じ4日以上の休日を与える使用者に
　ついては適用しない。

4．使用者は，当該事業場に，労働者の過半数で組織する労働組合がある場合
　においてはその労働組合，労働者の過半数で組織する労働組合がない場合に
　おいては労働者の過半数を代表する者との書面による協定をし，これを行政
　官庁に届け出た場合においては，法定労働時間又は法定休日に関する規定に
　かかわらず，その協定で定めるところによって労働時間を延長し，又は休日
　に労働させることができる。

〔正解〕　2　基準法第34条（休憩）第1項　　（P171上5個目●）
〔解説〕
　・誤：35分　　　誤：45分
　・正：45分　　　正：1時間
　1は○　基準法第33条（災害等による臨時の必要がある場合の時間外労働等）第
　　　　　1項　　（P171上4個目●）
　3は○　基準法第35条（休日）第1項，第2項　　（P171下2個目●）
　4は○　基準法第36条（時間外及び休日の労働）第1項　　（P171下1個目●）

問20 「自動車運転者の労働時間等の改善のための基準」等に定める一般乗用旅客自動車運送事業以外の旅客自動車運送事業に従事する自動車運転者の拘束時間等に関する次の文中，A，B，C，Dに入るべき字句として【いずれか正しいものを1つ】選びなさい。ただし，1人乗務で，隔日勤務に就く場合には該当しないものとする。

　　　業務の必要上，勤務の終了後継続9時間以上の　　 A 　　を与えることが困難な場合には，当分の間，一定期間（1ヵ月を限度とする。）における全勤務回数の　　 B 　　を限度に，休息期間を拘束時間の途中及び拘束時間の経過直後の2回に分割して与えることができるものとする。この場合において，分割された休息期間は，1日において1回当たり継続　　 C 　　以上，合計　　 D 　　以上でなければならないものとする。

A：①　休憩時間　　②　休息期間

B：①　2分の1　　②　4分の1

C：①　4時間　　②　5時間

D：①　9時間　　②　11時間

〔正解〕　改善基準第5条（拘束時間等）第4項第1号　　（P195上1個目●）

A：②　休息期間

B：①　2分の1

C：①　4時間

D：②　11時間

問21 「自動車運転者の労働時間等の改善のための基準」（以下「改善基準告示」という。）において定める一般乗用旅客自動車運送事業以外の旅客自動車運送事業に従事する自動車運転者（以下「バス運転者等」という。）の拘束時間等の規定に関する次の記述のうち，【正しいものを2つ】選びなさい。なお，解答にあたっては，各選択肢に記載されている事項以外は考慮しないものとする。

1．使用者は，バス運転者等の休息期間については，当該バス運転者等の住所地における休息期間がそれ以外の場所における休息期間より長くなるように努めるものとする。

2．使用者は，業務の必要上やむを得ない場合には，当分の間，バス運転者等を隔日勤務に就かせることができる。この場合，2暦日における拘束時間は21時間を超えず，かつ，勤務終了後，継続20時間以上の休息期間を与えなくてはならない。

3．使用者は，バス運転者等の1日（始業開始から起算して24時間をいう。）についての拘束時間については，13時間を超えないものとし，当該拘束時間を延長する場合であっても，最大拘束時間は16時間とすること。この場合において，1日についての拘束時間が14時間を超える回数をできるだけ少なくするよう努めるものとする。

4．バス運転者等が勤務の中途においてフェリーに乗船する場合における拘束時間及び休息期間は，フェリー乗船時間（乗船時刻から下船時刻まで）のうち，2時間（フェリー乗船時間が2時間未満の場合は，その時間）については拘束時間として取り扱い，その他の時間は休息期間として取り扱うものとし，この休息期間とされた時間を改善基準告示第5条の規定により与えるべき休息期間の時間から減ずることができるものとする。ただし，その場合においても，減算後の休息期間は，フェリー下船時刻から勤務終了時刻までの間の時間の2分の1を下回ってはならない。

〔正解〕　1　改善基準第5条（拘束時間等）第2項　　（P192下1個目●）

　　　　　2　改善基準第5条（拘束時間等）第4項第3号　　（P196上1個目●）

〔解説〕

　3は×　基改善基準第5条（拘束時間等）第1項第3号　　（P192上1個目●）

　　・誤：最大拘束時間は16時間とすること。

　　・正：最大拘束時間は15時間とすること。

　4は×　基改善基準第5条（拘束時間等）第4項第4号　　（P196上2個目●）

　　・フェリーに乗船している時間は，原則として休息期間として取り扱うものと
　　する。

問22　下表の1〜4は，旅客自動車運送事業（一般乗用旅客自動車運送事業を除く。）に従事する自動車運転者の4日間の運転時間及び休憩等の勤務状況の例を示したものである。「自動車運転者の労働時間等の改善のための基準」（以下「改善基準告示」という。）に定める連続運転の中断方法及び2日（始業時刻から起算して48時間をいう。以下同じ。）を平均して1日当たりの運転時間に関する次の記述のうち，【正しいものを2つ】選びなさい。なお，解答にあたっては，下表に示された内容及び各選択肢に記載されている事項以外は考慮しないものとする。

前日：休日

1

営業所														営業所
1日目	乗務開始	運転	休憩	運転	休憩	運転	休憩	運転	休憩	運転	休憩	運転	乗務終了	1日の運転時間の合計
		1時間50分	30分	2時間	10分	1時間	1時間	1時間30分	10分	1時間40分	15分	1時間		9時間

2

営業所														営業所
2日目	乗務開始	運転	休憩	運転	休憩	運転	休憩	運転	休憩	運転	休憩	運転	乗務終了	1日の運転時間の合計
		40分	15分	1時間20分	10分	2時間	1時間	2時間10分	10分	1時間50分	40分	2時間		10時間

3

営業所														営業所
3日目	乗務開始	運転	休憩	運転	休憩	運転	休憩	運転	休憩	運転	休憩	運転	乗務終了	1日の運転時間の合計
		1時間	20分	1時間20分	10分	1時間50分	1時間	2時間20分	10分	1時間40分	30分	50分		9時間

4

営業所														営業所
4日目	乗務開始	運転	休憩	運転	休憩	運転	休憩	運転	休憩	運転	休憩	運転	乗務終了	1日の運転時間の合計
		1時間30分	30分	2時間20分	10分	1時間30分	1時間	1時間20分	10分	1時間	15分	2時間20分		10時間

翌日：休日

（注）2日を平均した1日当たりの運転時間は、当該4日間のすべての日を特定日とする。

1．連続運転の中断方法が改善基準告示に違反している勤務日は，2日目及び4日目であり，1日目及び3日目は違反していない。

2．連続運転の中断方法が改善基準告示に違反している勤務日は，1日目及び4日目であり，2日目及び3日目は違反していない。

3．2日を平均し1日当たりの運転時間は，改善基準告示に違反していない。

4．2日を平均し1日当たりの運転時間は，改善基準告示に違反している。

〔正解〕　2．4．　改善基準第5条（拘束時間等）第1項第5号，第6号

（P193上1個目●，P194上1個目●）

〔解説〕
- 連続運転時間（1回が連続10分以上で，かつ，合計が30分以上の運転の中断をすることなく連続して運転する時間をいう。）は，4時間を超えないこと。
- 運転時間は，2日を平均し1日当たり9時間（特定日と前日の平均及び特定日と翌日の平均の両方が9時間を超える場合に改善基準違反となり，片方のみ9時間を超える場合は違反とならない。）を超えないこと。
- 2について
  1日目の連続運転時間について，休憩1時間の後の運転時間の合計が4時間10分であるが，この間の中断時間は25分であり違反となる。
  4日目の連続運転時間について，休憩1時間の後の運転時間の合計が4時間40分であるが，この間の中断時間は25分であり違反となる。
  2日目，3日目については違反していない。
- 4について
  2日目を特定日として，特定日と前日の平均及び特定日と翌日の平均の両方が9.5時間のため，改善基準に違反している。

問23　下表の１～３は，貸切バスの運転者の52週間における各４週間を平均し１週間当たりの拘束時間の例を示したものである。下表の空欄Ａ，Ｂ，Ｃについて，次の選択肢ア～ウの拘束時間の組み合わせをあてはめた場合，「自動車運転者の労働時間等の改善のための基準」に【適合するものを選択肢ア～ウの中から１つ】選びなさい。なお，解答にあたっては「４週間を平均し１週間当たりの拘束時間及び52週合計の拘束時間の延長に関する労使協定」があるものとし，下表に示された内容及び各選択肢に記載されている事項以外は考慮しないものとする。

1.

	1週～4週	5週～8週	9週～12週	13週～16週	17週～20週	21週～24週	25週～28週	29週～32週	33週～36週	37週～40週	41週～44週	45週～48週	49週～52週
拘束時間（時間）	63	68	61	66	66	59	67	54	68	63	A	57	66

2.

	1週～4週	5週～8週	9週～12週	13週～16週	17週～20週	21週～24週	25週～28週	29週～32週	33週～36週	37週～40週	41週～44週	45週～48週	49週～52週
拘束時間（時間）	65	63	56	68	59	B	65	62	68	59	54	66	59

3.

	1週～4週	5週～8週	9週～12週	13週～16週	17週～20週	21週～24週	25週～28週	29週～32週	33週～36週	37週～40週	41週～44週	45週～48週	49週～52週
拘束時間（時間）	59	61	C	63	64	56	66	61	62	67	58	68	59

		A（時間）	B（時間）	C（時間）
選択肢	ア	67	66	56
	イ	64	65	61
	ウ	63	59	70

〔正解〕　イ　改善基準第４条（拘束時間等）第１項　　　（P190下９行目）
〔解説〕

・拘束時間は，４週間を平均し１週間当たり65時間を超えず，かつ，52週間について3,300時間を超えないものとすること。ただし，貸切バス等乗務者の拘束時間は，労使協定により，52週間のうち24週間までは４週間を平均し１週間当たり68時間まで延長することができ，かつ，52週間について3,400時間まで延長することができる。（65時間超えは６回まで）
・選択肢アについて
　Ａが67時間の場合，65時間超えが７回になるので違反となる。
・選択肢ウについて
　Ｃの70時間が，68時間超えとなるので違反となる。

問18 労働基準法（以下「法」という。）の定めに関する次の記述のうち、【正しいものを2つ】選びなさい。なお、解答にあたっては、各選択肢に記載されている事項以外は考慮しないものとする。

1. 使用者は、労働者が業務上負傷し、又は疾病にかかり療養のために休業する期間及びその後6週間並びに産前産後の女性が法第65条（産前産後）の規定によって休業する期間及びその後6週間は、解雇してはならない。

2. 労働者が、退職の場合において、使用期間、業務の種類、その事業における地位、賃金又は退職の事由（退職の事由が解雇の場合にあっては、その理由を含む。）について証明書を請求した場合においては、使用者は、遅滞なくこれを交付しなければならない。

3. 使用者は、労働者を解雇しようとする場合においては、少くとも14日前にその予告をしなければならない。14日前に予告をしない使用者は、14日分以上の平均賃金を支払わなければならない。

4. 法第20条（解雇の予告）の規定は、法に定める期間を超えて引き続き使用されない限りにおいて、「日日雇い入れられる者」、「2ヵ月以内の期間を定めて使用される者」、「季節的業務に4ヵ月以内の期間を定めて使用される者」又は「試の使用期間中の者」のいずれかに該当する労働者については適用しない。

〔正解〕　2　基準法第22条（退職時の証明）第1項　　（p175下2個目●）
　　　　　4　基準法第21条（解雇の予告）第1項　　（p175上3個目●）

〔解説〕

　1は×　基準法第19条（解雇制限）第1項　　（p174下1個目●）
　・誤：<u>6週間</u>並びに産前産後の女性が法第65条（産前産後）の規定によって休業する期間及びその後<u>6週間</u>は，解雇してはならない。
　・正：<u>30日間</u>並びに産前産後の女性が法第65条（産前産後）の規定によって休業する期間及びその後<u>30日間</u>は，解雇してはならない。

　3は×　基準法第20条（解雇の予告）第1項　　（p175上1個目●）
　・誤：少くとも<u>14日前</u>にその予告をしなければならない。<u>14日前</u>に予告をしない使用者は，<u>14日分</u>以上の平均賃金を支払わなければならない。
　・正：少くとも<u>30日前</u>にその予告をしなければならない。<u>30日前</u>に予告をしない使用者は，<u>30日分</u>以上の平均賃金を支払わなければならない。

問19　労働基準法（以下「法」という。）の定めに関する次の記述のうち,【誤っているものを1つ】選びなさい。なお,解答にあたっては,各選択肢に記載されている事項以外は考慮しないものとする。

1．使用者は,労働時間が6時間を超える場合においては少くとも45分,8時間を超える場合においては少くとも1時間の休憩時間を労働時間の途中に与えなければならない。

2．使用者は,労働者に対して,毎週少くとも1回の休日を与えなければならない。ただし,この規定は,4週間を通じ4日以上の休日を与える使用者については適用しない。

3．使用者は,その雇入れの日から起算して6ヵ月間継続勤務し全労働日の7割以上出勤した労働者に対して,継続し,又は分割した10労働日の有給休暇を与えなければならない。

4．法第39条（年次有給休暇）の規定により使用者が与えなければならない有給休暇の日数の算定に当たっては,労働者が業務上負傷し,または疾病にかかり療養のために休業した期間及び育児休業,介護休業等育児又は家族介護を行う労働者の福祉に関する法律に規定する育児休業又は介護休業をした期間は,これを出勤したものとみなす。

〔正解〕　3　基準法第39条（年次有給休暇）第1項　　（p172上3個目●）

〔解説〕

・誤：全労働日の<u>7割以上</u>

・正：全労働日の<u>8割以上</u>

1は○　基準法第34条（休憩）第1項　　（p171上5個目●）

2は○　基準法第35条（休日）第1項,第2項　　（p171下2個目●）

4は○　基準法第39条（年次有給休暇）第10項　　（p173上1個目●）

問20　「自動車運転者の労働時間等の改善のための基準」（以下「改善基準告示」という。）に定める一般乗用旅客自動車運送事業以外の旅客自動車運送事業に従事する自動車運転者の拘束時間等に関する次の文中，A，B，C，Dに入るべき字句として【いずれか正しいものを1つ】選びなさい。ただし，1人乗務で，隔日勤務に就く場合には該当しないものとする。

1．業務の必要上，勤務の終了後継続9時間以上の休息期間を与えることが困難な場合には，当分の間，一定期間（1ヵ月を限度とする。）における全勤務回数の　　A　　を限度に，休息期間を拘束時間の途中及び拘束時間の経過直後の2回に分割して与えることができるものとする。この場合において，分割された休息期間は，1日（始業時刻から起算して24時間をいう。）において1回当たり継続4時間以上，合計　　B　　以上でなければならないものとする。

2．拘束時間は，4週間を平均し1週間当たり　　C　　を超えず，かつ，52週間について3,300時間を超えないものとすること。ただし，改善基準告示に定める貸切バス等乗務者の拘束時間は，労使協定により，52週間のうち24週間までは4週間を平均し1週間当たり　　D　　まで延長することができ，かつ，52週間について3,400時間まで延長することができる。

A　①　　3分の1　　　②　　2分の1
B　①　　11時間　　　②　　12時間
C　①　　44時間　　　②　　65時間
D　①　　68時間　　　②　　71.5時間

〔正解〕　改善基準第5条（分割休息期間）第4項第1号　　（P195上1個目●）
　　　　　改善基準第5条（拘束時間等）第1項第1号　　（P190上1個目●）

A：②　2分の1
B：①　11時間
C：②　65時間
D：①　68時間

問21　「自動車運転者の労働時間等の改善のための基準」（以下「改善基準告示」という。）において定める一般貸切旅客自動車運送事業に従事する自動車運転者（以下「貸切バス運転者」という。）の拘束時間等の規定に関する次の記述のうち，【正しいものをすべて】選びなさい。なお，解答にあたっては，各選択肢に記載されている事項以外は考慮しないものとする。

1．使用者は，貸切バス運転者（隔日勤務に就く運転者以外のもの。）の1日についての拘束時間は，13時間を超えないものとし，当該拘束時間を延長する場合であっても，最大拘束時間は，15時間とすること。この場合において，1日についての拘束時間が14時間を超える回数をできるだけ少なくするよう努めるものとする。

2．使用者は，貸切バス運転者の運転時間については，2日を平均し1日当たり9時間，4週間を平均し1週間当たり44時間を超えないものとすること。ただし，労使協定があるときは，4週間を平均し1週間当たりの運転時間については，改善基準告示で定める範囲内において延長することができる。

3．使用者は，貸切バス運転者に労働基準法第35条の休日に労働させる場合は，当該労働させる休日は2週間について1回を超えないものとし，当該休日の労働によって改善基準告示第5条第1項に定める拘束時間及び最大拘束時間を超えないものとする。

4．使用者は，貸切バス運転者の連続運転時間（1回が連続5分以上で，かつ，合計が30分以上の運転の中断をすることなく連続して運転する時間をいう。）については，4時間を超えないものとすること。

〔正解〕　1　改善基準第5条（拘束時間等）第1項第1号　　　（p192上1個目●）

　　　　　3　改善基準第5条（拘束時間等）第5項　　　（p197上1個目●）

〔解説〕

　　2は×　基改善基準第5条（拘束時間等）第1項第5号　　　（p193上1個目●）

　　・誤：1週間あたり<u>44時間</u>

　　・正：1週間あたり<u>40時間</u>

　　4は×　基改善基準第5条（拘束時間等）第1項第6号　　　（p194上1個目●）

　　・誤：1回が<u>連続5分以上</u>

　　・正：1回が<u>連続10分以上</u>

問22　下表は，一般乗用旅客自動車運送事業以外の旅客自動車運送事業に従事する自動車運転者の4週間の運転時間の例を示したものであるが，「自動車運転者の労働時間等の改善のための基準」（以下「改善基準告示」という。）に定める2日を平均し1日当たりの運転時間及び4週間を平均し1週間当たりの運転時間等に関する次の記述のうち，【正しいものを1つ】選びなさい。ただし，「4週間を平均し1週間当たりの運転時間の延長に関する労使協定」がないものとする。なお，解答にあたっては，下表に示された内容及び各選択肢に記載されている事項以外は考慮しないものとする。

		第1週							第2週						
労働日	1日	2日	3日	4日	5日	6日	7日	8日	9日	10日	11日	12日	13日	14日
運転時間等（時間）	休日	4	7	10	8	5	7	休日	4	9	10	9	5	6	休日

（起算日）

		第3週							第4週						4週間の運転時間計
労働日	15日	16日	17日	18日	19日	20日	21日	22日	23日	24日	25日	26日	27日	28日	
運転時間等（時間）	休日	4	5	8	10	6	5	休日	4	6	8	9	6	5	休日	160時間

（注1）　4週間の起算日は1日とする。
（注2）　各労働日の始業時刻は午前8時とする。

1．2日を平均し1日当たりの運転時間は改善基準告示に違反していないが，4週間を平均し1週間当たりの運転時間が改善基準告示に違反している。

2．2日を平均し1日当たりの運転時間及び4週間を平均し1週間当たりの運転時間のどちらも改善基準告示に違反していない。

3．2日を平均し1日当たりの運転時間が改善基準告示に違反しているが，4週間を平均し1週間当たりの運転時間は改善基準告示に違反していない。

4．2日を平均し1日当たりの運転時間及び4週間を平均し1週間当たりの運転時間のどちらも改善基準告示に違反している。

〔正解〕　3　改善基準第5条（拘束時間等）第1項第5号　　（p193上1個目●）

〔解説〕

・運転時間は，2日を平均し1日当たり9時間（特定日と前日の平均及び特定日と翌日の平均の両方が9時間を超える場合に改善基準違反となり，片方のみ9時間を超える場合は違反とならない。），4週間を平均して1週間あたり40時間を超えないこと。

・2日を平均し1日当たりの運転時間について

10日を特定日として，特定日と前日（9日）の平均及び特定日と翌日（11日）の平均の両方が9.5時間　　改善基準告示に違反している。

・4週間を平均し1週間当たりの運転時間について

160時間÷4＝40時間　　改善基準告示に違反していない。

問23　下図は，一般貸切旅客自動車運送事業に従事する自動車運転者の1週間の勤務状況の例を示したものであるが，「自動車運転者の労働時間等の改善のための基準」（以下「改善基準告示」という。）に定める拘束時間等に関する次の記述のうち，【正しいものを2つ】選びなさい。ただし，すべて1人乗務の場合とする。なお，解答にあたっては，下図に示された内容及び各選択肢に記載されている事項以外は考慮しないものとする。

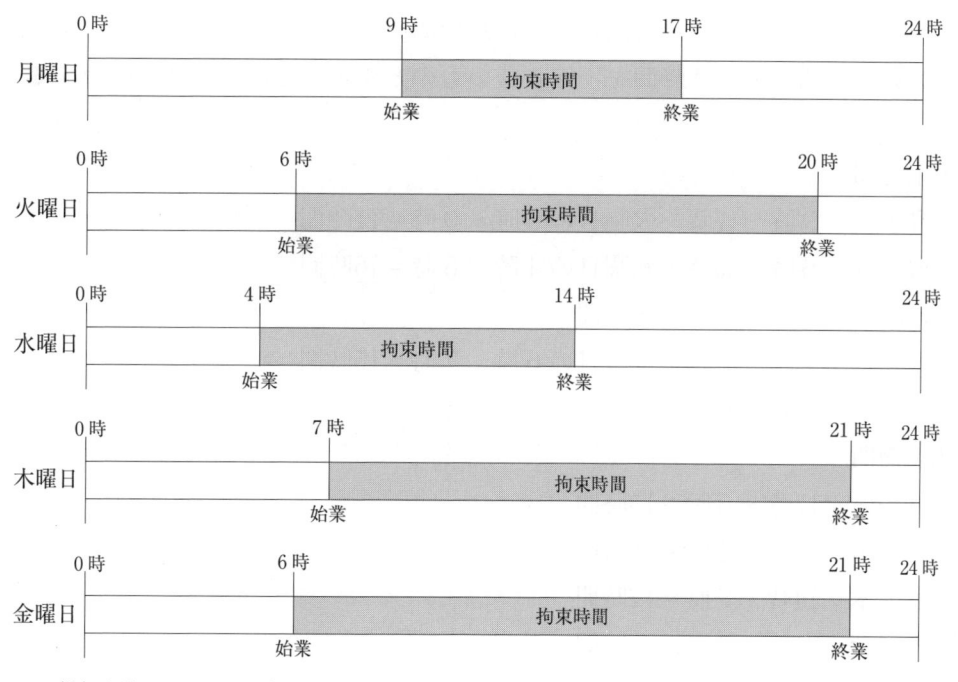

（注）土曜日及び日曜日は休日とする。

1．1日についての拘束時間が改善基準告示に定める最大拘束時間に違反する勤務がある。

2．1日についての拘束時間が14時間を超えることができる1週間についての回数は，改善基準告示に違反している。

3．月曜日に始まる勤務の1日についての拘束時間は，この1週間の勤務の中で1日についての拘束時間が最も短い。

4．勤務終了後の休息期間は，改善基準告示に違反している。

〔正解〕　1．4　改善基準第5条（拘束時間等）

〔解説〕

・1日についての拘束時間は，13時間を超えないものとし，当該拘束時間を延長する場合であっても，最大拘束時間は15時間とすること。

（p192上1個目●）

・1日は始業時刻から起算して24時間をいう。　　（p192上8行目）

・1日についての拘束時間が14時間を超える回数をできるだけ少なくするよう努めるものとすること。（1週間について3回以内を目安とする。）

（p192上1個目●）

・勤務終了後，継続11時間以上の休息期間を与えるよう努めることを基本とし，休息期間が継続9時間を下回らないものとすること。　　（p192下2個目●）

拘束時間

　　月曜日：9時～17時＋火曜日の6時～9時＝11時間

　　火曜日：6時～20時＋水曜日の4時～6時＝16時間

　　水曜日：4時～14時＝10時間

　　木曜日：7時～21時＋金曜日の6時～7時＝15時間

　　金曜日：6時～21時＝15時間

休息期間

　　月～火：17時～6時＝13時間

　　火～水：20時～4時＝8時間

　　水～木：14時～7時＝17時間

　　木～金：21時～6時＝9時間

・1について

　　火曜日の拘束時間が15時間を超えているため改善基準に違反している。

・2について

　　1日についての拘束時間が14時間を超える勤務が3回以内のため改善基準に違反していない。

・3について

　　1日についての拘束時間が最も短いのは水曜日である。

・4について

　　火曜日の勤務終了後の休息期間が9時間を下回っているので改善基準に違反している。

5　実務上の知識及び能力

問 24　下表は、一般貸切旅客自動車運送事業者が、法令の規定により運転者ごとに行う点呼の記録表の一例を示したものである。この記録表に関し、A、B、Cに入る【最もふさわしい事項を下の選択肢（①〜⑧）から１つ】選びなさい。

点 呼 記 録 表

			社　長	所　長（統括運行管理者）	運行管理者	補助者

年 月 日　曜日　天候　　　　　　　　　　　　　営業所

登録番号 運転者名（ガイド名）	乗務前点呼								乗務途中点呼							乗務後点呼								
	点呼日時	点呼場所	点呼方法	不足等の状況・疲労・睡眠	の使用の有無アルコール検知器	酒気帯びの有無	A	指示事項	その他必要な事項	執行者名	点呼日時	点呼場所	点呼方法	運行の状況及び自動車・道路・	B	指示事項	その他必要な事項	執行者名	点呼日時	点呼場所	点呼方法	の使用の有無アルコール検知器	酒気帯びの有無	運行の状況及び自動車・道路・	C	その他必要な事項	執行者名
	/	対面	有	有							/		電話						/	対面	有	有				
	:	電話	無	無							:								:	電話	無	無				
	/	対面	有	有							/		電話						/	対面	有	有				
	:	電話	無	無							:								:	電話	無	無				
	/	対面	有	有							/		電話						/	対面	有	有				
	:	電話	無	無							:								:	電話	無	無				

①　定期点検の状況

②　苦情の状況

③　薬物の使用状況

④　運転者交替時の通告内容

⑤　酒気帯びの有無

⑥　日常点検の状況

⑦　指示事項

⑧　疾病・疲労・睡眠不足等の状況

〔正解〕

　A：⑥　日常点検の状況

　B：⑧　疾病・疲労・睡眠不足等の状況

　C：④　運転者交替時の通告内容

問 25　旅客自動車運送事業者が事業用自動車の運転者に対して行う指導・監督に関する次の記述のうち、【適切なものをすべて】選びなさい。なお、解答にあたっては、各選択肢に記載されている事項以外は考慮しないものとする。

1. 運転者の目は、車の速度が速いほど、周辺の景色が視界から消え、物の形を正確に捉えることができなくなるため、周辺の危険要因の発見が遅れ、事故につながるおそれが高まることを理解させるよう指導している。

2. 他の自動車に追従して走行するときは、常に「秒」の意識をもって自車の速度と制動距離（ブレーキが効きはじめてから止まるまでに走った距離）に留意し、前車への追突の危険が発生した場合でも安全に停止できるよう、制動距離と同程度の車間距離を保って運転するよう指導している。

3. 自動車が追越しをするときは、前の自動車の走行速度に応じた追越し距離、追越し時間が必要になる。前の自動車と追越しをする自動車の速度差が小さい場合には追越しに長い時間と距離が必要になることから、無理な追越しをしないよう運転者に対し指導する必要がある。

4. 国土交通大臣が認定する適性診断（以下「適性診断」という。）を受診した運転者の診断結果において、「感情の安定性」の項目で、「すぐかっとなるなどの衝動的な傾向」との判定が出た。適性診断は、性格等を客観的に把握し、運転の適性を判定することにより、運転業務に適さない者を選任しないようにするためのものであるため、運行管理者は、当該運転者は運転業務に適さないと判断し、他の業務へ配置替えを行った。

〔正解〕　1　3

〔解説〕

・2について

自動車の停止距離＝空走距離＋制動距離である。制動距離と同じ車間距離では安全に停止することはできない。車間距離は，十分に確保して走行しなければならない。

・4について

適性診断は，運転者の運転行動や運転態度が安全運転にとって好ましい方向へ変化するように動機付けを行うことにより，運転者自身の安全意識を向上させるためのものであり，ヒューマンエラーによる事故の発生を未然に防止するための有効な手段となっている。運転に適さない者を運転者として選任しないようにするためのものではない。

問26 事業用自動車の運転者の健康管理に関する次の記述のうち、【適切なものをすべて】選びなさい。なお、解答にあたっては、各選択肢に記載されている事項以外は考慮しないものとする。

  1. 事業者は、法令により定められた健康診断を実施することが義務づけられているが、運転者が自ら受けた健康診断（人間ドックなど）において、法令で必要な定期健康診断の項目を充足している場合であっても、法定健診として代用することができない。

  2. 事業者は、脳血管疾患の予防のため、運転者の健康状態や疾患につながる生活習慣の適切な把握・管理に努めるとともに、法令により義務づけられている定期健康診断において脳血管疾患を容易に発見することができることから、運転者に確実に受診させている。

  3. 事業者や運行管理者は、点呼等の際に、運転者が意識や言葉に異常な症状があり普段と様子が違うときには、すぐに専門医療機関で受診させている。また、運転者に対し、脳血管疾患の症状について理解させ、そうした症状があった際にすぐに申告させるように努めている。

  4. 事業者は、運転者の自動車の運転に支障を及ぼすおそれがある脳血管疾患及び心疾患等に係る外見上の前兆や自覚症状等を確認し、総合的に判断して必要と認められる場合には、運転者に医師の診断等を受診させ、必要に応じて所見に応じた精密検査を受けさせ、その結果を把握するとともに、医師から結果に基づく運転者の乗務に係る意見を聴取している。

〔正解〕　3　4

〔解説〕

・1について

　労働基準法第66条に「労働者は，事業者が行う健康診断を受けなければならない。ただし，事業者の指定した医師が行う健康診断を受けることを希望しない場合において，他の医師が行うこれらの規定による健康診断に相当する健康診断を受け，その結果を証明する書面を事業者に提出したときはこの限りでない」と規定している。

・2について

　脳血管疾患は，定期健康診断において容易に発見することができるものではないといわれている。事業者は，運転者の健康状態や疾病につながる生活習慣を適切に把握し，また，定期健康診断の結果に基づいて生活習慣の改善を図るなど適切な健康管理を行うことの重要性とともに，脳検診の必要性を理解させるようにすることも重要である。

問27　交通事故防止対策に関する次の記述のうち、【適切なものをすべて】選びなさい。なお、解答にあたっては、各選択肢に記載されている事項以外は考慮しないものとする。

1. アンチロック・ブレーキシステム（ABS）は、急ブレーキをかけた時などにタイヤがロック（回転が止まること）するのを防ぐことにより、車両の進行方向の安定性を保ち、また、ハンドル操作で障害物を回避できる可能性を高める装置である。ABSを効果的に作動させるためには、できるだけ強くブレーキペダルを踏み続けることが重要であり、この点を運転者に指導する必要がある。

2. 輸送の安全に関する教育及び研修については、知識を普及させることに重点を置く手法に加えて、問題を解決することに重点を置く手法を取り入れるとともに、グループ討議や「参加体験型」研修等、運転者が参加する手法を取り入れることも交通事故防止対策の有効な手段となっている。

3. 交通事故は、そのほとんどが運転者等のヒューマンエラーにより発生するものであるが、その背景には、運転操作を誤ったり、交通違反せざるを得なかったりすることに繋がる背景要因が潜んでいることが少なくない。そのため、事故の背景にある運行管理その他の要因の調査・分析をすることが重要である。

4. 指差呼称は、運転者の錯覚、誤判断、誤操作等を防止するための手段であり、信号や標識などを指で差し、その対象が持つ名称や状態を声に出して確認することをいうが、安全確認に重要な運転者の意識レベルは、個人差があるため有効な交通事故防止対策の手段となっていない。

〔正解〕　1　2　3
〔解説〕
・4について
指差呼称は，道路の信号や標識等を指で差し，その対象が持つ名称や状態を声に出して確認する行為で，運転者の意識レベルを高めるなど，有効な交通事故防止対策の手段となっている。

問28　自動車の運転に関する次の記述のA、B、C、Dに入るべき字句として【いずれか正しいものを１つ】選びなさい。

1. 急なハンドル操作や積雪がある路面の走行などを原因とした横転の危険を、運転者へ警告するとともに、エンジン出力やブレーキ力を制御し、横転の危険を軽減させる装置を［　A　］という。

2. 自動車がカーブを走行するとき、自動車の重量及び速度が同一の場合には、カーブの半径が２倍になると遠心力の大きさは［　B　］になる。

3. 長い下り坂などでフット・ブレーキを使い過ぎるとブレーキ・ドラムやブレーキ・ライニングなどが摩擦のため過熱することによりドラムとライニングの間の摩擦力が減り、制動力が低下することを［　C　］という。

4. 路面が水でおおわれているときに高速で走行するとタイヤの排水作用が悪くなり、水上を滑走する状態になって操縦不能になることを［　D　］という。

　　　A：① 車線維持支援制御装置　　② 車両安定性制御装置
　　　B：① ４分の１　　　　　　　② ２分の１
　　　C：① ベーパー・ロック現象　② フェード現象
　　　D：① ハイドロプレーニング現象　② ウェット・スキッド現象

〔正解〕

A：② 車両安定性制御装置

B：② 2分の1

C：② フェード現象

D：① ハイドロプレーニング現象

〔解説〕

・A：② 車両安定性制御装置とは，カーブなどを走行中，横滑りなど不安定な動きを抑制し，車両の姿勢を安定させるシステムのことをいう。走行中不安定な姿勢になった場合にも，車両安定性制御装置によって安全に走行することができる。

・B：② 遠心力はカーブの半径が小さくなるほど大きくなり，重量，速度が同じとき，半径が2分の1になると遠心力は2倍になる。したがって，カーブの半径が2倍になると遠心力は2分の1になる。

・C：② フェード現象とは，長い下り坂を走行時に減速のためフットブレーキを多用することによってブレーキに負荷がかかり過ぎブレーキの効きが低下することをいう。

・D：① ハイドロプレーニング現象とは，自動車などが水の溜まった路面などを高速で走行中に，タイヤと路面の間に水が入り込み，水の上を滑るようになることをいう。

問29 旅行業者から貸切バス事業者に対し、ツアー客の運送依頼があった。これを受けて運行管理者は、下の図に示す運行計画を立てた。この運行に関する次の1〜3の記述について、解答しなさい。なお、解答にあたっては、<運行計画>及び各選択肢に記載されている事項以外は考慮しないものとする。

<運行計画>
A営業所を出庫し、B駅にてツアー客を乗車させ、C観光地及びD観光地を経て、E駅にてツアー客を降車させた後、A営業所に帰庫する行程とする。当該運行は、乗車定員36名乗りの貸切バスを使用し、運転者1人乗務とする。

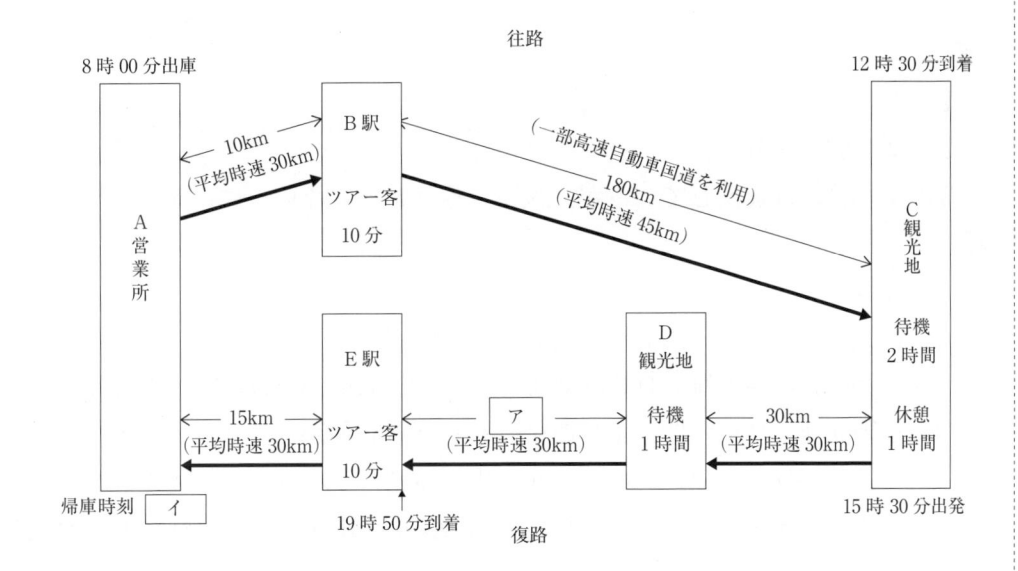

1. D観光地とE駅の間の距離 ア について、次の①〜③の中から【正しいものを1つ】選びなさい。

　　① 60キロメートル　　② 65キロメートル　　③ 70キロメートル

2. 当該運転者がA営業所に帰庫する時刻 イ について、次の①〜③の中から【正しいものを1つ】選びなさい。

　　① 20時20分　　② 20時30分　　③ 20時40分

3. 当日の全運行において、連続運転時間は「自動車運転者の労働時間等の改善のための基準」に照らし、違反しているか否かについて、次の①～④の中から【正しいものを1つ】選びなさい。

① 往路は違反しているが、復路は違反していない
② 往路は違反していないが、復路は違反している
③ 往路、復路ともに違反している
④ 往路、復路ともに違反していない

〔正解〕

1：③　70キロメートル

2：②　20時30分

3：①　往路は違反しているが，復路は違反していない

〔解説〕

・1について

C観光地15時30分出発　D観光地　1時間運行

30km（C観光地～D歓呼地まで距離）÷30km（平均時速）＝1時間

D観光地で待機時間　1時間後にE駅到着時刻が19時50分である。

19時50分－（15時30分（C観光地出発時刻）＋1時間（C観光地～D観光地までの所要時間）＋1時間（D観光地の待機時間））＝2時間20分（D観光地～E駅までの所要時間）

2時間20分（8,400秒）×30km（平均時速）＝252,000÷3,600＝70km（D観光地～E駅までの距離）

・2について

E駅到着時刻19時50分

15km（E駅～A営業所までの距離）÷30km（平均時速）＝30分

19時50分（E駅到着時刻19時50分）＋10分（ツアー客降車）＋30分（E駅～A営業所の所要時間）＝20時30分（A営業所帰庫時刻）

・3について

往路

A営業所～B駅までの運転時間20分

10km（A営業所～B駅間の距離）÷30km（平均時速）＝20分（所要時間）

B駅でのツアー客乗車時間　10分

B駅～C観光地までの運転時間　4時間

　　180km（B駅～C観光地の距離）÷45km（平均時速）＝4時間

A営業所～C観光地までの運転時間は，4時間20分であるが，その間に運転の中断が，10分のみであるので改善基準に違反している。

復路

　　C観光地（1時間休憩）15時30分に出発

　　C観光地～D観光地までの運転時間　1時間

　　D観光地（待機時間）1時間

　　D観光地～E駅までの運転時間　2時間20分

　　E駅（ツアー客降車時間）10分

　　E駅～A営業所までの運転時間　30分

D観光地における1時間の運転の中断の後のA営業所までの運転時間は，2時間50分であるため改善基準に違反していない。

問 30　運行管理者が、次のタクシーの事故報告に基づき、この事故の要因分析を行い、同種の事故の再発を防止する対策として、【最も直接的に有効と考えられる組合せを、下の選択肢（①～⑧）から１つ】選びなさい。なお、解答にあたっては、＜事故の概要＞及び＜事故関連情報＞に記載されている事項以外は考慮しないものとする。

＜事故の概要＞

　当該運転者は、事故前日の 16 時 50 分頃に点呼を受けた後出庫し、客扱いを終えて、午前 3 時 15 分頃、営業所に帰庫するため、回送板を表示して一般道路（制限速度時速 50 キロメートル）を走行していた。自車タクシーの前方を走行していた自動車は、赤信号を無視して横断している自転車を発見し、右に急ハンドルを切って自転車を回避したが、当該タクシーの運転者は、車間距離を十分にとらず、制限速度を 25 キロメートル超過して走行していたことに加え、衝突回避のための反応が遅れたことから、自転車を避けきれず衝突し、自転車の運転者は路上に投げ出され負傷した。

　当該タクシーの運転者は、他の車両に対し停止していることを知らせることなく、その場で自転車の運転者の救護措置を行っていたところ、後続の自動車が事故現場に突入し、衝突した。この事故で自転車の運転者が死亡し、当該タクシーの運転者が負傷した。

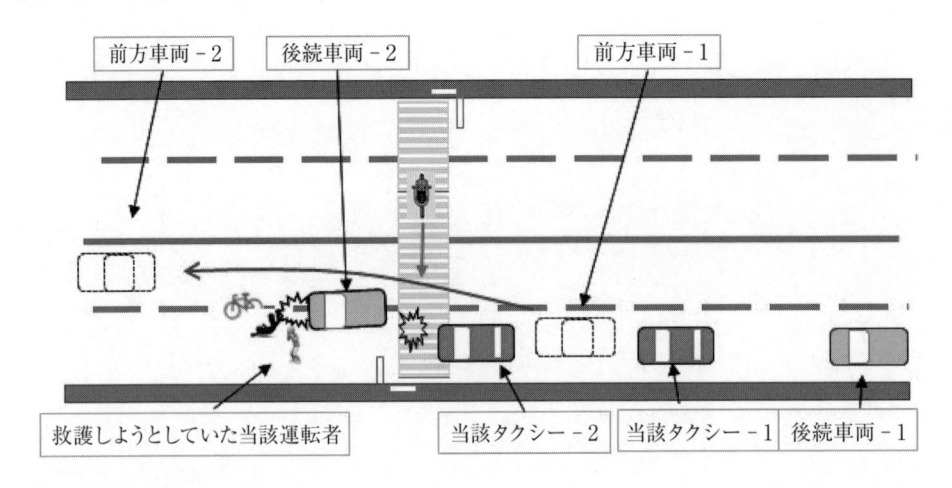

＜事故関連情報＞
　　○　この事故惹起運転者は、事故日前 1 ヵ月の勤務において、拘束時間、連続運転時間に係る違反はなかった。

○ 当該営業所では点呼は適正に実施されていた。営業所には複数の運行管理者が選任されており、24 時間点呼が実施できる体制がとられていた。

○ 当該運転者は、普段からスピード超過の傾向があり、事故当時も制限速度時速 50 キロメートルの道路を時速 75 キロメートルと制限速度を大きく超過して走行していた。また、当該運転者は、事故時回送運行ということもあり、考え事をしながら運転をしていた。

○ 事業者は、運転者に対する集合教育を月 1 回実施しているが、運転者が多く出勤する時間帯に朝礼の中で行っていた。欠席した者には、指導内容を掲示板に張り出し、確認できるようにしていた。

○ 当該運転者は、満 67 歳になっており、適齢診断において動体視力に問題ありと判定された他、過去の診断結果と比較して動作の正確さに大きな低下が認められた。また、本人は、加齢に伴う身体能力の衰えを十分自覚していなかった。

○ 当該運転者は、健康診断を適正に受診していた。高血圧、心臓の疾患があったが、重度のものではないため経過観察としていた。

＜事故の再発防止対策＞

ア 運行管理者は、運転者に対し、交通事故を発生させたときは、直ちに自車の運転を停止して負傷者を救護し、道路における危険を防止するなど必要な措置を講ずべきことについて、指導・監督を徹底する。

イ 運行管理者は、法令違反を犯した運転者に対しては、個別指導により適正な車間距離の確保、法定速度の厳守、道路状況等に適応した運転を行うなど、安全運転の指導を徹底する。

ウ 運行管理者は、健康診断の結果において精密検査を要するとされた運転者は再検査を必ず受診させるとともに、その再検結果については、医師から詳細な報告を受けた上で、業務上の措置を検討する。

エ ドライブレコーダーは、事故発生時の映像、速度等のデータにより、事故の要因分析が可能であるため、ドライブレコーダー装着車両の導入を検討する。

オ 運行管理者は、点呼を通じて運転者の健康状態の把握に努め、安全な運行ができないおそれのある運転者を事業用自動車に乗務させない等の措置をとる。

カ 事業者は、高齢運転者に対して、適齢診断結果に基づき、加齢に伴う反応時間の遅れや視覚の衰え等が、安全運転に悪影響を及ぼすことについて

入念な指導を行い、診断結果によっては、深夜業務からの配置転換も検討する。

キ　運行管理者は、深夜の営業運行を終えての回送運行は、営業運転中と比較して緊張状態が薄れ、漫然運転となる可能性があるので、回送運行においても絶えず周囲の状況に目を配り、安全な運行に努めるべきことを徹底する。

ク　運転者に対し、過労が運転に及ぼす危険性を認識させ、疲労を感じたときは、適切な休憩を取るなどの対応を指導する。

① ア・イ・エ・オ
② ア・イ・カ・キ
③ ア・ウ・キ・ク
④ ア・ウ・エ・ク
⑤ イ・エ・オ・カ
⑥ イ・エ・オ・キ
⑦ ウ・エ・キ・ク
⑧ ウ・オ・カ・ク

〔正解〕　②　ア・イ・カ・キ
〔解説〕

・事故の概要及びに事故関連情報から考えられる事故の発生要因
　①制限速度を超えて走行していたこと。
　②車間距離が十分にとられていなかったこと。
　③交通事故発生時における道路の危険を防止する等の必要な措置がとられていなかったこと。
　④回送運行ということもあり，考え事をするなど運転に集中できていなかったと思われること。
　⑤適性診断の結果に基づく指導監督が十分でなかったと思われること。
・①〜⑤に掲げる事故発生要因等から同種事故の再発防止対策として，最も直接的に有効と考えられるのは，2．ア・イ・カ・キの組み合わせであると思われる。

問24　運行管理者の日常業務の記録等に関する次の記述のうち，【適切なものをすべて】選びなさい。なお，解答にあたっては，各選択肢に記載されている事項以外は考慮しないものとする。

1．運行管理者は，事業用自動車の運転者が他の営業所に転出し当該営業所の運転者でなくなったときは，直ちに，乗務員等台帳に運転者でなくなった年月日及び理由を記載して1年間保存している。

2．運行管理者は，貸切バスに装着された運行記録計により記録される「瞬間速度」，「運行距離」及び「運行時間」等により運転者の運行の実態や車両の運行の実態を分析し，運転者の日常の乗務を把握し，過労運転の防止及び運行の適正化を図る資料として活用しており，この運行記録計の内容を記録した電磁的記録を3年間保存している。

3．運行管理者は，事業用自動車の運転者に対し，事業用自動車の構造上の特性，乗車中の旅客の安全を確保するために留意すべき事項など事業用自動車の運行の安全及び旅客の安全を確保するために必要な運転に関する技能及び知識等について，適切に指導を行うとともに，その内容等について記録し，かつ，その記録を営業所において3年間保存している。

4．運行管理者は，事業者が定めた勤務時間及び乗務時間の範囲内で，運転者が過労とならないよう十分考慮しながら，天候や道路状況などを勘案しつつ，乗務割を作成している。なお，乗務については，早めに運転者に知らせるため，事前に予定を示すことにしている。

〔正解〕　2．3．4．
〔解説〕
　1について
　・誤：<u>1年間</u>
　・正：<u>3年間</u>

問25　旅客自動車運送事業者が事業用自動車の運転者に対して行う指導・監督に関する次の記述のうち，【適切なものをすべて】選びなさい。なお，解答にあたっては，各選択肢に記載されている事項以外は考慮しないものとする。

1．時速36キロメートルで走行中の自動車を例に取り，運転者が前車との追突の危険を認知しブレーキ操作を行い，ブレーキが効きはじめるまでに要する空走時間を1秒間とし，ブレーキが効きはじめてから停止するまでに走る制動距離を8メートルとすると，当該自動車の停止距離は約13メートルとなるなど，危険が発生した場合でも安全に止まれるような速度と車間距離を保って運転するよう指導している。

2．危険ドラッグ等の薬物を使用して運転した場合には，重大な事故を引き起こす危険性が高まり，その結果取り返しのつかない被害を生じることもあることから，運行管理者は，常日頃からこれらの薬物を使用しないよう，運転者等に対し強く指導している。

3．運転者が交通事故を起こした場合，乗客に対する被害状況を確認し，負傷者がいるときは，まず最初に運行管理者に連絡した後，負傷者の救護，道路における危険の防止，乗客の安全確保，警察への報告などの必要な措置を講じるよう運転者に対し指導している。

4．実際の事故事例やヒヤリハット事例のドライブレコーダー映像を活用して，事故前にどのような危険が潜んでいるか，それを回避するにはどのような運転をすべきかなどを運転者に考えさせる等，実事例に基づいた危険予知訓練を実施している。

〔正解〕　2．4．

〔解説〕

・1について

自動車の停止距離＝空走距離＋制動距離である。

時速36キロメートルにおける1秒間の走行距離（空走距離）は10メートルである。

時速36km＝36,000m÷3,600秒＝10メートル（空走距離）

停止距離＝10メートル（空走距離）＋8メートル（制動距離）＝<u>18メートル</u>である。

・3について

運転者が事故を起こした場合は，運行管理者に連絡する前に，道交法72条の規定により直ちに車両等の運転を停止して，負傷者の救護，道路における危険の防止，乗客の安全確保，警察への報告などの必要な措置を講じなければならない。

問26　一般旅客自動車運送事業者（以下「事業者」という。）が行う事業用自動車の運転者の健康管理に関する次の記述のうち，【適切なものをすべて】選びなさい。なお，解答にあたっては，各選択肢に記載されている事項以外は考慮しないものとする。

1．事業者は，業務に従事する運転者に対し法令で定める健康診断を受診させ，その結果に基づいて健康診断個人票を作成して5年間保存している。また，運転者が自ら受けた健康診断の結果を提出したものについても同様に保存している。

2．事業者は，日頃から運転者の健康状態を把握し，点呼において，意識の異常，眼の異常，めまい，頭痛，言葉の異常，手足の異常等の申告又はその症状が見られたら，脳血管疾患の初期症状とも考えられるためすぐに専門医療機関で受診させるよう対応している。

3．バス運転者は，単独で判断する，とっさの対応が必要，同じ姿勢で何時間も過ごすなどから，心身の状態が運行に及ぼす影響は大きく，健康な状態を保持することが必要不可欠である。このため，事業者は，運転者が運転中に体調の異常を感じたときには，運行継続の可否を自らの判断で行うよう指導している。

4．睡眠時無呼吸症候群（SAS）は，大きないびきや昼間の強い眠気などの症状があるが，必ずしも眠気を感じることがない場合もある。そのため，SASスクリーニング検査を実施する場合に，本人の自覚症状による問診だけで検査対象者を絞ってしまうと，重症のSAS患者を見過ごしてしまうリスクがある。

〔正解〕　1．2．4．

〔解説〕

・3について

運転者は，運転中に体調の異常を感じたときは，無理に運転を継続せず，速やかに運行管理者にその状況を報告し，指示を仰がなければならない。運行管理者は報告を受けた内容から運行継続の可否を判断し，運転者に指示をしなければならない。

問27 交通事故防止対策に関する次の記述のうち,【適切なものをすべて】選びなさい。なお,解答にあたっては,各選択肢に記載されている事項以外は考慮しないものとする。

1. 交通事故は,そのほとんどが運転者等のヒューマンエラーにより発生するものである。したがって,事故惹起運転者の社内処分及び再教育に特化した対策を講ずることが,交通事故の再発を未然に防止するには最も有効である。そのためには,発生した事故の要因の調査・分析を行うことなく,事故惹起運転者及び運行管理者に対する特別講習を確実に受講させる等,ヒューマンエラーの再発防止を中心とした対策に努めるべきである。

2. アンチロック・ブレーキシステム(ABS)は,急ブレーキをかけた時などにタイヤがロック(回転が止まること)するのを防ぐことにより,車両の進行方向の安定性を保ち,また,ハンドル操作で障害物を回避できる可能性を高める装置である。ABSを効果的に作動させるためには,運転者はポンピングブレーキ操作(ブレーキペダルを踏み込んだり緩めたりを繰り返す操作)を行うことが必要であり,この点を運転者に指導する必要がある。

3. 指差呼称は,運転者の錯覚,誤判断,誤操作等を防止するための手段であり,道路の信号や標識などを指で差し,その対象が持つ名称や状態を声に出して確認することをいい,安全確認に重要な運転者の意識レベルを高めるなど交通事故防止対策に有効な手段の一つとして活用されている。

4. 適性診断は,運転者の運転能力,運転態度及び性格等を客観的に把握し,運転の適性を判定することにより,運転に適さない者を運転者として選任しないようにするためのものであり,ヒューマンエラーによる交通事故の発生を未然に防止するための有効な手段となっている。

〔正解〕　3.

〔解説〕

・1について

交通事故の再発を未然に防止するためには，事故惹起運転者の社内処分及び再教育に特化した対策を講じるのではなく，発生した事故の調査や事故要因を分析し，再発防止対策を策定し，運転者に対する指導監督を行うことが必要である。また，国土交通大臣が告示で定める事業用自動車の運転者に対して行う指導及び監督の指針に基づき，継続的かつ計画的に指導及び監督を行うことが重要である。

・2について

アンチロック・ブレーキシステムを効果的に作動させるためにはできるだけ強くブレーキペダルを踏み続けることが必要である。

・4について

適性診断は，運転者の運転行動や運転態度が安全運転にとって好ましい方向へ変化するように動機付けを行うことにより，運転者自身の安全意識を向上させるためのものであり，運転に適さない者を運転者として選任しないようにするためのものではない。

問28　自動車の運転等に関する次の記述のうち，【適切なものを２つ】選びなさい。なお，解答にあたっては，各選択肢に記載されている事項以外は考慮しないものとする。

1．自動車の夜間の走行時において，自車のライトと対向車のライトで，お互いの光が重なり合い，その間にいる歩行者や自転車が見えなくなることをクリープ現象という。

2．自動車の乗員が自分の両手両足で支えられる力は，自分の体重のせいぜい２〜３倍が限度といわれている。これは，自動車が時速７キロメートル程度で衝突したときの力に相当することになる。このため，危険から自身を守るためにシートベルトを着用することが必要である。

3．自動車がカーブを走行するとき，自動車の重量及びカーブの半径が同一の場合に，速度を２分の１に落として走行すると遠心力の大きさは２分の１になる。

4．自動車が衝突するときの衝撃力は，速度が２倍になると４倍になる。

〔正解〕　２．４．
〔解説〕
　１について
　　・誤：クリープ現象
　　・正：蒸発現象
　３について
　　遠心力は速度の２乗に比例するので，速度を２分の１に落とした場合は遠心力の大きさは４分の１になる。

問29 旅行業者から貸切バス事業者に対し，ツアー客の運送依頼があった。これを受けて運行管理者は，下の図に示す運行計画を立てた。この運行に関する次の１〜３の記述について，解答しなさい。なお，解答にあたっては，＜運行計画＞及び各選択肢に記載されている事項以外は考慮しないものとする。

＜運行計画＞

A地点にてハイキングツアー客を乗車させ，D目的地まで運送した後，指定された宿泊所にて休息する。その後，D目的地にてハイキングツアー客を乗車させ，A地点で降車させる行程とする。当該運行は，デジタル式運行記録計を装着した乗車定員45名の貸切バスを使用し，運転者は１人乗務とする。

（往 路）

始業時刻 22時00分 ／ 23時00分 ／ 3時20分 ／ 4時00分

乗務前点呼	回送	乗車	運転	運転 （高速道路）	休憩 体調報告	運転 （高速道路）	運転	降車	回送	乗務後点呼	指定された宿泊所
20分	10分	30分	30分	2時間10分	10分	1時間	30分	10分	10分	20分	
営業所	5km		20km	180km		80km	15km		5km		

A地点 （B料金所） （C料金所） D目的地

乗務後点呼	回送	降車	運転	運転 （高速道路）	休憩	運転 （高速道路）	休憩	運転 （高速道路）	運転	乗車	回送	乗務前点呼
30分	10分	15分	30分	1時間	10分	1時間10分	10分	1時間	30分	30分	10分	30分
営業所	5km		20km	80km		80km		80km	15km		5km	

A地点 （B料金所） （C料金所） D目的地

19時35分 ／ 18時40分 ／ 14時10分 ／ 13時00分
終業時刻

（復 路）

1. 当該運行の１日における実車距離の設定は，「高速乗合バス及び貸切バスの交替運転者の配置基準について」（以下「配置基準」という。）に照らし違反しているか否かについて，【正しいものを１つ】選びなさい。

① 違反していない ② 違反している

2. 当該夜間ワンマン運行における実車運行区間の途中における休憩の確保は，「配置基準」に照らし違反しているか否かについて，【正しいものを１つ】選びなさい。

① 違反していない ② 違反している

3．当該運行の連続運転時間の中断方法について，「自動車運転者の労働時間等
　　　の改善のための基準」に照らし，違反しているか否かについて，【正しいもの
　　　を1つ】選びなさい。

　　　①　違反していない　　②　違反している

〔正解〕　1：①違反していない
　　　　　2：②違反している
　　　　　3：②違反している

〔解説〕
・1日の合計実車距離は600kmを超えないこと。
・夜間ワンマン運行においては，運行指示書上，実車運行区間における運転時
　間概2時間毎に連続20分以上（一運行の実車距離が400km以下の場合にあっ
　ては，実車運行区間における運転時間概ね2時間毎に連続15分以上）の休憩
　を確保すること。
・連続運転時間（1回が連続10分以上で，かつ，合計が30分以上の運転の中断
　をすることなく連続して運転する時間をいう。）は，4時間を超えないもの
　とすること。
・1について
　1日の実車距離295km＋275km＝<u>570km</u>
　（往路　20km＋180km＋80km＋15km＝295km）
　（復路　15km＋80km＋80km＋80km＋20km＝275km）
　<u>配置基準に違反していない。</u>
・2について
　往路の夜間ワンマン運行の実車運行区間（295km）の途中における休憩の確
　保は，2時間毎に15分以上確保されていないため<u>配置基準に違反している。</u>
・3について
　往路，復路ともに30分以上の運転の中断をすることなく，4時間を超えて運
　転をしているので，<u>改善基準に違反している。</u>

問30 運行管理者が次の貸切バスの事故報告に基づき，事故の要因分析を行ったうえで，同種事故の再発を防止するための対策として，【最も直接的に有効と考えられるものを＜事故の再発防止対策＞の中から3つ】選びなさい。なお，解答にあたっては，＜事故の概要＞及び＜事故関連情報＞に記載されている事項以外は考慮しないものとする。

＜事故の概要＞

当該貸切バスは，17時頃，霧で見通しの悪い高速道路を走行中，居眠り運転により渋滞車列の最後尾にいた乗用車に追突し，4台がからむ多重衝突事故が発生した。

当時，霧のため当該道路の最高速度は時速50キロメートルに制限されていたが，当該貸切バスは追突直前には時速80キロメートルで走行していた。

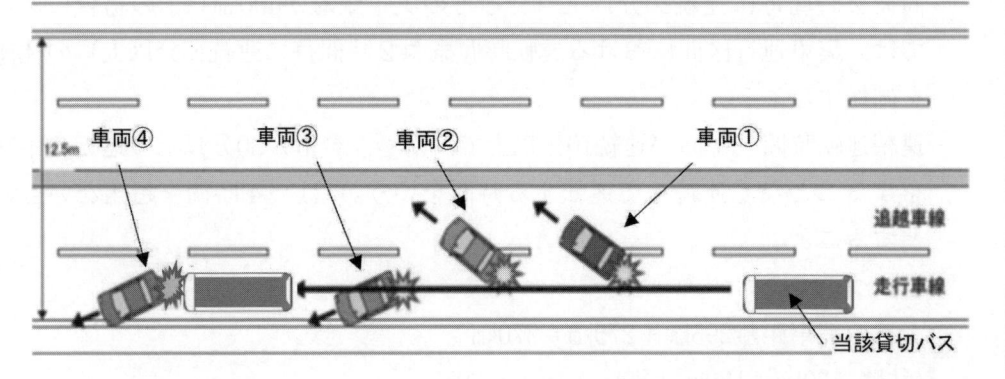

＜事故関連情報＞

○ 当該運転者（35歳）は，事故日前日，運行先に積雪があり，帰庫時間が5時間程度遅くなって業務を早朝5時に終了した。その後，事故当日の正午に乗務前点呼を受け出庫した。

○ 当該運転者は，事故日前1ヵ月間の勤務において，拘束時間及び休息期間について複数回の「自動車運転者の労働時間等の改善のための基準」（以下「改善基準告示」という。）違反があった。

○ 月1回ミーティングを実施していたが，交通事故を惹起した場合の社会的影響の大きさや疲労などによる交通事故の危険性などについての指導・教育が不足していた。

○ 当該運転者は，事業者が行う定期健康診断において，特に指摘はなかった。

<事故の再発防止対策>

① 運行管理者は，運転者に対して，交通事故を惹起した場合の社会的影響の大きさや過労が運転に及ぼす危険性を認識させ，疲労や眠気を感じた場合は直ちに運転を中止し，休憩するよう指導を徹底する。

② 事業者は，運転者に対して，疾病が交通事故の要因となるおそれがあることを理解させ，健康診断結果に基づき，生活習慣の改善を図るなど，適切な心身の健康管理を行うことを理解させる。

③ 運行管理者は，「改善基準告示」に違反しないよう，適切な乗務割を作成するとともに，点呼の際適切な運行指示を行う。

④ 運行管理者は，法令等に定められた適齢診断を運転者に確実に受診させるとともに，その結果を活用し，個々の運転者の特性に応じた指導を行う。

⑤ 運行管理者は，点呼を実施する際，運転者の体調や疲労の蓄積などをきちんと確認し，疲労等により安全な運転を継続することができないおそれがあるときは，当該運転者を交替させる措置をとる。

⑥ 法令で定められた日常点検及び定期点検整備を確実に実施する。その際，速度抑制装置の正常な作動についても，警告灯により確認する。

〔正解〕 ①. ③. ⑤.

〔解説〕

・①について

当該事故は，居眠り運転により起きた4台がからむ多重衝突事故である。そのため，運転者に対して，交通事故を惹起した場合の社会的影響の大きさや過労が運転に及ぼす危険性を認識させ，疲労や眠気を感じた場合は直ちに運転を中止し，休憩するよう指導を徹底することは，再発防止に直接的に有効と考えられる。

・②について

運転者の疾病により起きた事故ではないため，再発防止に直接的に有効ではないと考えられる。

・③について

当該運転者は，早朝5時に業務を終了し，事故当日の正午に乗務前点呼を受

け出庫していることから，休息期間が改善基準に違反している。また，事故日前1ヵ月の勤務において，拘束時間及び休息期間について複数回の改善基準違反があったことから，運行管理者は，日頃から運転者の運行状況を確実に把握し，適切な乗務割を作成し，点呼の際適切な運行指示を行うことは，再発防止に直接的に有効と考えられる。

・④について

適齢診断は高齢運転者のための適性診断あり，当該運転者は35歳であることから，再発防止に直接的に有効ではないと考えられる。

・⑤について

当該事故が居眠り運転による事故であることから，点呼を実施する際，運転者の体調や疲労の蓄積などをきちんと確認し，疲労等により安全な運転を継続することができないおそれがあるときは，当該運転者を交代させる措置をとることは，再発防止に直接的に有効と考えられる。

・⑥について

速度抑制装置が正常に作動したか否かが事故の原因ではないため，再発防止に直接的に有効ではないと考えられる。

問24　下表は，一般貸切旅客自動車運送事業者が，法令の規定により運転者ごとに行う点呼の記録表の一例を示したものである。この記録表に関し，A，B，Cに入る【最もふさわしい事項を下の選択肢（①～⑧）から1つ】選びなさい。

点呼記録表

年　月　日　曜日　天候　　　営業所

A 運転者名（ガイド名）	業務前点呼									業務途中点呼						業務後点呼							
	点呼日時	点呼場所	点呼方法	疾病・疲労・睡眠不足等の状況	アルコール検知器の使用の有無	酒気帯びの有無	日常点検の状況	指示事項	その他必要な事項	執行者名	点呼日時	点呼場所	点呼方法	自動車・道路及び運行の状況	B	その他必要な事項	指示事項	執行者名	点呼日時	点呼場所	点呼方法	アルコール検知器の使用の有無	酒気帯びの有無	C	運転者交替時の通告内容	その他必要な事項	執行者名
	/ :	対面 電話		有 無	有 無					/ :	電話			/ :	対面 電話	有 無	有 無		
	/ :	対面 電話		有 無	有 無					/ :	電話			/ :	対面 電話	有 無	有 無		
	/ :	対面 電話		有 無	有 無					/ :	電話			/ :	対面 電話	有 無	有 無		

＜選択肢＞

①自動車・道路及び運行の状況

②日常点検の状況

③所属車庫

④薬物の使用状況

⑤酒気帯びの有無

⑥登録番号

⑦指示事項

⑧疾病・疲労・睡眠不足等の状況

〔正解〕　A：⑥　　登録番号

　　　　　B：⑧　　疾病・疲労・睡眠不足等の状況

　　　　　C：①　　自動車・道路及び運行の状況

〔令和5年度CBT試験・問25〕

問25　旅客自動車運送事業者が事業用自動車の運転者に対して行う指導・監督に関する次の記述のうち，【適切なものをすべて】選びなさい。なお，解答にあたっては，各選択肢に記載されている事項以外は考慮しないものとする。

1．自動車が追越しをするときは，前の自動車の走行速度に応じた追越し距離，追越し時間が必要になるため，前の自動車と追越しをする自動車の速度差が大きい場合には追越しに長い時間と距離が必要になることから，無理な追越しをしないよう指導した。

2．ある運転者が，昨年今年と連続で追突事故を起こしたので，運行管理者は，ドライブレコーダーの映像等をもとに事故の原因を究明するため，専門的な知識及び技術を有する外部機関に事故分析を依頼し，その結果に基づき指導した。

3．1人ひとりの運転者が行う日常点検や運転行動は，慣れとともに，各動作を漫然と行ってしまうことがある。その行動や作業を確実に実施させるために，「指差呼称」や「安全呼称」を習慣化することで事故防止に有効であるという意識を根付かせるよう指導した。

4．令和3年中に発生した乗合バスによる人身事故のうち，車内事故がもっとも多く，全体の4割近くを占めている。また，車内事故の負傷者のうち，半数以上が高齢者（65歳以上）となっている。このため，運転者には利用者が着席したことを確認し，アナウンスしてから滑らかな運転操作で発進する等の指導をした。

〔正解〕　2．3．4．
〔解説〕
・1について
追越しをするときは，前の自動車と追越しをする自動車の速度差が小さい場合には追越しに長い時間と距離が必要になる。

問26　一般旅客自動車運送事業者（以下「事業者」という。）が行う事業用自動車の運転者の健康管理に関する次の記述のうち、【適切なものをすべて】選びなさい。なお、解答にあたっては、各選択肢に記載されている事項以外は考慮しないものとする。

1．睡眠時無呼吸症候群（SAS）は、大きないびきや昼間の強い眠気など容易に自覚症状を感じやすいので、事業者は、自覚症状を感じていると自己申告をした運転者に限定して、SASスクリーニング検査を実施している。

2．事業者は、法令により定められた健康診断を実施することが義務づけられているが、運転者が自ら受けた健康診断（人間ドックなど）であっても法令で必要な定期健康診断の項目を充足している場合は、法定健診として代用することができる。

3．事業者は、深夜業（22時〜5時）を含む業務に常時従事する運転者に対し、法令に定める定期健康診断を1年に1回、必ず、定期的に受診させるようにしている。

4．運転者が脳検診において、異常所見の疑いが認められたため、当該運転者に脳検診を再受診させたところ、医師から診断結果に基づき、乗務時間を減らすなど、乗務の際の配慮が必要であるとの意見があった。このため、事業者は、医師からの意見等を勘案し、当該運転者について、乗務時間の短縮、夜間乗務の回数の削減等の就業上の措置を決定している。

〔正解〕　2．4．

〔解説〕

・1について
　SASは自覚症状を感じにくいことが多いため、自己申告をした運転者に限定せず、SASスクリーニング検査の実施等、早期発見・早期治療の取り組みを行うことが重要である。

・3について
　深夜業を含む業務に従事する運転者に対しては、6ヵ月以内ごとに1回、定期に、法令で定める健康診断を受診させなければならない。

問27 交通事故防止対策に関する次の記述のうち,【適切なものをすべて】選びなさい。なお,解答にあたっては,各選択肢に記載されている事項以外は考慮しないものとする。

1. 衝突被害軽減ブレーキは,レーダー等で検知した前方の車両等に衝突する危険性が生じた場合に運転者にブレーキ操作を行うよう促し,さらに衝突する可能性が高くなると自動的にブレーキが作動し,衝突による被害を軽減させるためのものである。当該ブレーキが備えられている自動車に乗務する運転者に対しては,当該ブレーキの機能等を正しく理解させる必要がある。

2. 交通事故は,そのほとんどが運転者等のヒューマンエラーにより発生するものである。したがって,事故惹起運転者の社内処分を行うことが,交通事故の再発を未然に防止するには最も有効である。そのため,発生した事故の要因の調査・分析を行うことなく,事故惹起運転者及び運行管理者に対する特別講習を確実に受講させる等,ヒューマンエラーの再発防止を中心とした対策に努めるべきである。

3. 自動車のハンドルを左に切り旋回した場合,左側の後輪が左側の前輪の軌跡に対し外側を通ることとなり,この前後輪の軌跡の差を内輪差という。大型車などホイールベースが長いほど内輪差が小さくなることから,運転者に対し,交差点での左折時には,内輪差による歩行者や自転車等との接触,巻き込み事故に注意するよう指導する必要がある。

4. 自動車の夜間の走行時においては,自車のライトと対向車のライトで,お互いの光が重なり合い,その間にいる歩行者や自転車が見えなくなることがあり,これを蒸発現象という。蒸発現象は暗い道路で特に起こりやすいので,夜間の走行の際には十分注意するよう運転者に対し指導する必要がある。

〔正解〕 1．4。

〔解説〕

・2について

交通事故の再発を未然に防止するためには，事故惹起運転者の社内処分及び再教育に特化した対策を講じるのではなく，発生した事故の調査や事故要因を分析し，再発防止対策を策定し，運転者に対する指導監督を行うことが必要である。また，国土交通大臣が告示で定める事業用自動車の運転者に対して行う指導及び監督の指針に基づき，継続的かつ計画的に指導及び監督を行うことが重要である。

・3について

自動車のハンドルを左に切り旋回した場合は，左側の後輪が左側の前輪の軌跡に対し内側を通ることになる。また，大型車などホイールベースが長いほど内輪差は大きくなる。

問28　自動車の運転に関する次の記述のＡ，Ｂ，Ｃに入るべき字句として【いずれか正しいものを１つ】選びなさい。

1．自動車が衝突するときの衝撃力は，車両総重量が２倍になると　Ａ　になる。

2．交通事故やニアミスなどにより急停止等の衝撃を受けると，その前後の映像とともに，加速度等の走行データを記録する装置（常時記録の機器もある。）を　Ｂ　という。

3．自動車がカーブを走行するとき，自動車の重量及び速度が同一の場合には，カーブの半径が２倍になると遠心力の大きさは　Ｃ　になる。

Ａ：①２倍　　　　　　　　　②４倍
Ｂ：①デジタル式運行記録計　②映像記録型ドライブレコーダー
Ｃ：①４分の１　　　　　　　②２分の１

〔正解〕　Ａ：①　２倍
　　　　　Ｂ：②　映像記録型ドライブレコーダー
　　　　　Ｃ：②　２分の１

問29　旅行業者から貸切バス事業者に対し，ツアー客の運送依頼があった。これを受けて運行管理者は，下の図に示す運行計画を立てた。この運行に関する次の1〜3の記述について，解答しなさい。なお，解答にあたっては，＜運行計画＞及び各選択肢に記載されている事項以外は考慮しないものとする。

＜運行計画＞

A地点にてハイキングツアー客を乗車させ，D目的地まで運送した後，指定された宿泊所にて休息する。その後，D目的地にてハイキングツアー客を乗車させ，A地点で降車させる行程とする。当該運行は，デジタル式運行記録計を装着した乗車定員45名の貸切バスを使用し，運転者は1人乗務とする。

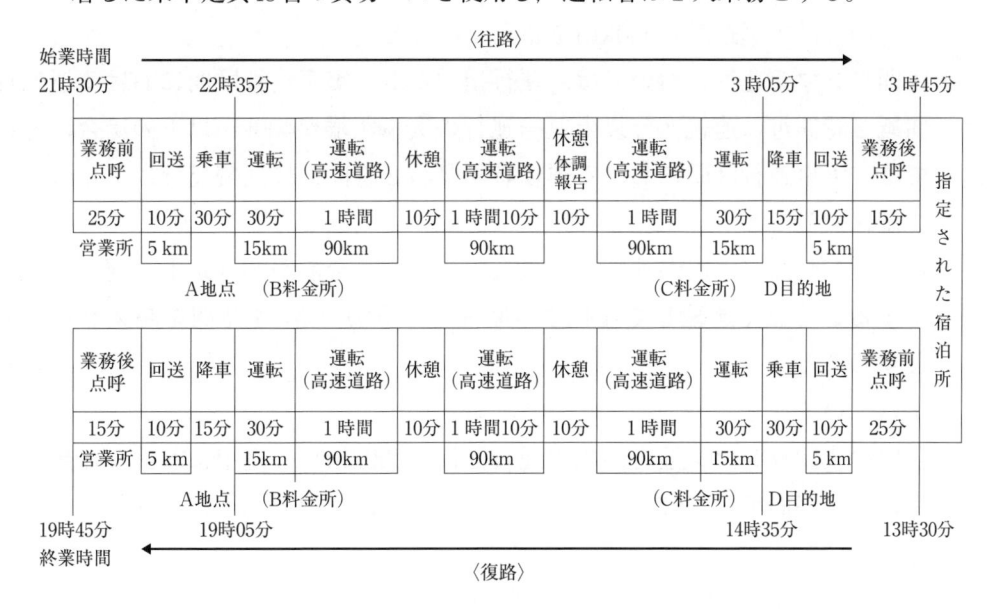

1．当該夜間ワンマン運行における実車運行区間の途中における休憩の確保は，「高速乗合バス及び貸切バスの交替運転者の配置基準について」（以下「配置基準」という。）に照らし違反しているか否かについて，【いずれか正しいものを1つ】選びなさい。

　①違反している　②違反していない

2．当該運行の1日における実車距離の設定は，配置基準に照らし違反しているか否かについて，【いずれか正しいものを1つ】選びなさい。

　①違反している　②違反していない

3．当該運行の連続運転時間の中断方法について，「自動車運転者の労働時間等の改善のための基準」に照らし，違反しているか否かについて，【いずれか正しいものを1つ】選びなさい。

①違反している　②違反していない

〔正解〕　1：①違反している
　　　　　2：②違反していない
　　　　　3：①違反している

〔解説〕

・1日の合計実車距離は600kmを超えないこと。

・夜間ワンマン運行においては，運行指示書上，実車運行区間における運転時間概2時間毎に連続20分以上（一運行の実車距離が400km以下の場合にあっては，実車運行区間における運転時間概ね2時間毎に連続15分以上）の休憩を確保すること。

・連続運転時間（1回が連続10分以上で，かつ，合計が30分以上の運転の中断をすることなく連続して運転する時間をいう。）は，4時間を超えないものとすること。

・1について
往路の夜間ワンマン運行の実車運行区間（300km）の途中における休憩の確保は，2時間毎に15分以上確保されていないため配置基準に違反している。

・2について
1日の実車距離300km＋300km＝600km

（往路　15km＋90km＋90km＋90km＋15km＝300km）

（復路　15km＋90km＋90km＋90km＋15km＝300km）

配置基準に違反していない。

・3について
往路，復路ともに30分以上の運転の中断をすることなく，4時間を超えて運転をしているので，改善基準に違反している。

問30　貸切バスが，次の概要のような事故を発生させ，運行管理者は原因究明のため下表の＜なぜなぜ分析＞を行った。これに基づき，【より直接的に有効な再発防止策として表中のA，B，Cに当てはまる最もふさわしいものを，＜考えられる再発防止策＞①～⑧の中から1つ】選びなさい。なお，解答にあたっては，＜事故概要＞及び＜なぜなぜ分析＞に記載されている事項以外は考慮しないものとする。

＜事故概要＞

　　貸切バスの運転者は，青信号で交差点に進入し，左折しようとしたところ，電柱の影から飛び出してきた傘をさした歩行者と衝突し，重傷を負わせた。

・事故発生：17時　・天候：雨

・運転者は，不慣れな新型バスを運転していた。

・運転者は，この地域への運行経験はなく，地図で経路を確認しながら運転していた。

・運転者は，渋滞のため，乗客を乗車させる地点の到着時間に遅れそうになっていた。

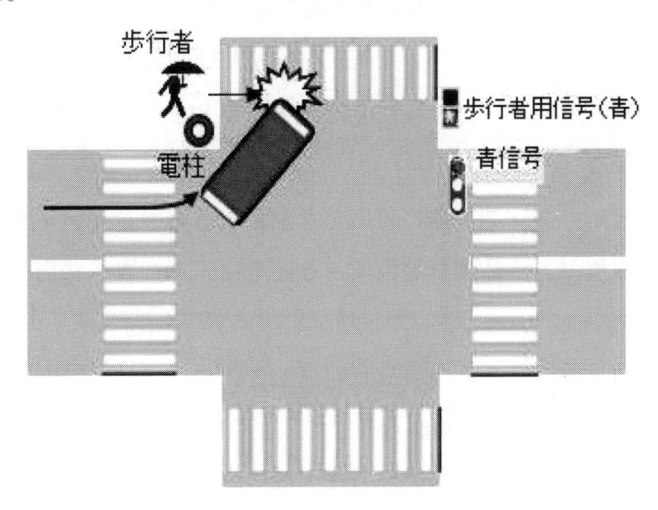

〈なぜなぜ分析〉

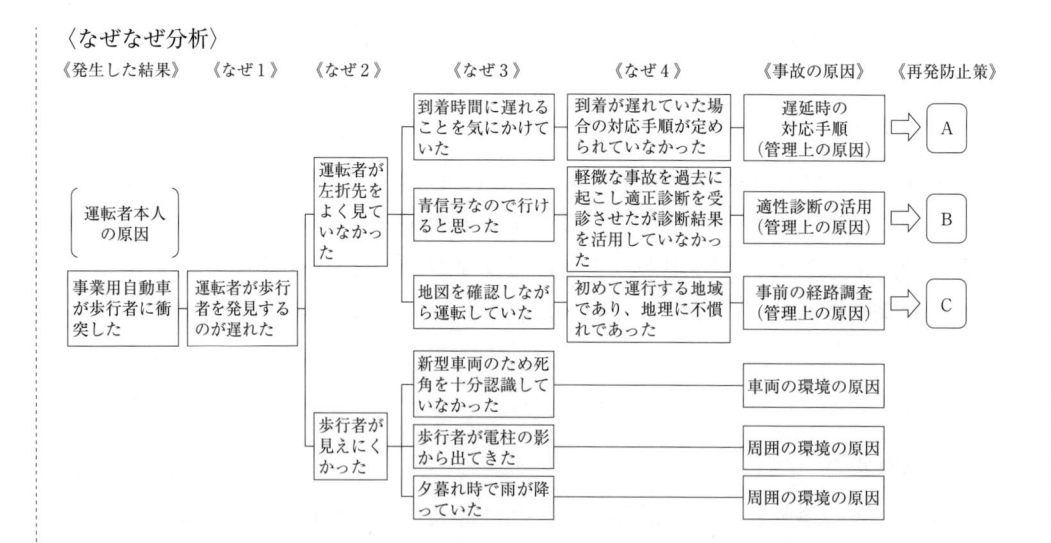

<考えられる再発防止策>

①常に「運行時間」が最優先であることをあらためて運転者に徹底すること。

②事故惹起運転者に対し，適性診断結果を活用して，本人の運転上の弱点について助言・指導を徹底することにより，安全運転のための基本動作を励行させること。

③事業者は，漫然運転や脇見運転による右左折事故を防止する観点から，衝突被害軽減ブレーキ装着車の導入を促進すること。

④事業用自動車の車高，視野，死角，内輪差及び制動距離等は車両ごとに異なるなど，自動車の構造上の特性を把握することを含め安全運転について適切に指導すること。

⑤運行中の遅延，トラブル等の発生を考慮した対応マニュアルを作成し，これを確実に実施できる体制を整備するとともに，運転者等に周知・徹底すること。

⑥適性診断結果の評価の低い事故惹起運転者については，特別な指導を行うことなく，当分の間運転業務から外して，他の業務を行わせること。

⑦事業者は，周辺の環境改善のために，電柱の移設など関係各所に働きかけをして，改善を求めていくこと。

⑧事業用自動車の運転者は，多様な地理的・気象的状況下での運転を余儀なくされることから，運行経路，交通状況等を事前に把握させるとともに，それらの状況下における適切な運転方法について十分に指導すること。

〔正解〕　A：⑤
　　　　　B：②
　　　　　C：⑧

〔解説〕

　・Aについて

　事故の原因分析から，渋滞のため，「到着時間に遅れることを気にかけていた」，「到着が遅れた場合の対応手順が定められていなかった」ことが運転に影響したと考えられる。したがって，⑤の内容について整備するとともに，これを運転者に周知・徹底することが再発防止に直接的に有効と考えられる。

　・Bについて

　事故の原因分析から，「軽微な事故を過去に起こし適性診断を受診させていたが診断結果を活用していなかった」ことが事故原因の一つと考えられる。したがって，②の内容について助言・指導を徹底することが再発防止に直接的に有効であると考えられる。

　・Cについて

　事故の原因分析から，「地図を確認しながら運転していた」，「初めて運行する地域であり地理に不慣れであった」ことが事故原因の一つと考えられる。したがって，⑧の内容について十分に指導することが再発防止に直接的に有効と考えられる。

過去の頻出試験問題10問

問1　旅客自動車運送業に関する次の記述のうち，正しいものを２つ選びなさい。なお，解答にあたっては，各選択肢に記載されている事項以外は考慮しないものとする。

1．旅客自動車運送事業とは，他人の需要に応じ，有償で，自動車を使用して旅客を運送する事業であって，一般旅客自動車運送事業及び特定旅客自動車運送事業をいう。

2．一般旅客自動車運送事業の許可の取消しを受けた者は，その取消しの日から２年を経過しなければ，新たに一般旅客自動車運送事業の許可を受けることができない。

3．一般貸切旅客自動車運送事業の許可は，５年ごとにその更新を受けなければ，その期間の経過によって，その効力を失う。

4．一般旅客自動車運送事業者は，「営業所ごとに配置する事業用自動車の数」の事業計画の変更をしたときは，遅滞なく，その旨を国土交通大臣に届け出なければならない。

（令和元年８月・問１）

〔正解〕　1　運送法第２条（定義）第３項　　（p9下２個目●）

　　　　　3　運送法第８条（一般貸切の許可の更新）第１項　　（p13上４行目）

〔解説〕

　2は×　運送法第７条（欠格事由）第２号　　（p12上２行目）

　　誤：2年

　　正：5年

　4は×　運送法第15条（事業計画の変更）第３項　　（p18上10行目）

　　誤：遅滞なく，その旨を

　　正：あらかじめ，その旨を

問2　次の記述のうち、旅客自動車運送事業者の運行管理者が行わなければならない業務として、【誤っているものを1つ】選びなさい。なお、解答にあたっては、各選択肢に記載されている事項以外は考慮しないものとする。

1．旅客自動車運送事業運輸規則第35条（運転者の選任）の規定により選任された者その他旅客自動車運送事業者により運転者として選任された者以外の者に事業用自動車の運行の業務に従事させないこと。

2．一般貸切旅客自動車運送事業の運行管理者にあっては、夜間において長距離の運行を行う事業用自動車の運行の業務に従事する運転者等に対して、当該業務の途中において少なくとも1回対面による点呼と同等の効果を有するものとして国土交通大臣が定める方法（当該方法により点呼を行うことが困難である場合にあっては、電話その他の方法）により点呼を行わなければならないこと。

3．一般貸切旅客自動車運送事業において、運転者として新たに雇い入れた者に対して、当該事業用自動車の運転者として選任する前に初任診断（初任運転者のための適性診断として国土交通大臣が認定したもの。）を受診させること。

4．法令の規定により、運転者等に対して点呼を行い、報告を求め、確認を行い、指示を与え、記録し、及びその記録を保存し、並びに国土交通大臣が告示で定めるアルコール検知器を備え置くこと。

※試験後の法改正に伴い，問題の一部を修正しています。　　　　　（令和2年度CBT・問3）

〔正解〕　4　運輸規則第48条（運行管理者の業務）第1項第6号　　（P84下14行目⑥）
〔解説〕
　・アルコール検知器を備え置くのは事業者である。運行管理者の業務は，アルコール検知器を常時有効に保持することである。
　1は○　運輸規則第48条（運行管理者の業務）第1項第13号　　（P89下8行目⑬）
　2は○　運輸規則第48条（運行管理者の業務）第1項第6号　　（P84下14行目⑥）
　3は○　運輸規則第48条（運行管理者の業務）第1項第17号　　（P91上11行目⑰）

問 3　次の記述のうち、旅客自動車運送事業者の事業用自動車の運転者が遵守しなければならない事項及び旅客が事業用自動車内でしてはならない行為（事故の場合その他やむを得ない場合を除く。）等として、<u>誤っているものを1つ</u>選びなさい。なお、解答にあたっては、各選択肢に記載されている事項以外は考慮しないものとする。

1.　事業用自動車（乗車定員11人以上のものに限る。）の運転者は、旅客の現在する自動車の走行中職務を遂行するために必要な事項以外の事項について話をしてはならない。

2.　一般貸切旅客自動車運送事業者の事業用自動車の運転者は、運行中、所定の事項を記載した運行指示書が当該事業用自動車の運行を管理する営業所に備えられ、電話等により必要な指示が行われる場合にあっては、当該運行指示書を携行しなくてもよい。

3.　一般貸切旅客自動車運送事業者の事業用自動車の運転者は、夜間において長距離の運行を行うときは、当該乗務の途中において少なくとも一回電話その他の方法による点呼を受け、法令に定めるところにより、報告をしなければならない。

4.　一般乗合旅客自動車運送事業者の事業用自動車を利用する旅客は、動物（身体障害者補助犬法による身体障害者補助犬及びこれと同等の能力を有すると認められる犬並びに愛玩用の小動物を除く。）を事業用自動車内に持ち込んではならない。

（平成31年3月・問8）

〔正解〕　2　運輸規則第50条（運転者）第11項　　（p58下1個目●）
〔解説〕
　　電話等により必要な指示が行われる場合にあっても，運転者は，運行中は<u>当該運行指示書を携行しなければならない</u>
1は○　運輸規則第49条（乗務員）第3項　　（p55上3個目●）
3は○　運輸規則第50条（運転者）第10項　　（p58下2個目●）
4は○　運輸規則第52条（物品の持込制限）　　（p73上1個目●）

問4　道路運送車両の保安基準及びその細目を定める告示についての次の記述のうち，誤っているものを1つ選びなさい。なお，解答にあたっては，各選択肢に記載されている事項以外は考慮しないものとする。

1．自動車（二輪自動車等を除く。）の空気入ゴムタイヤの接地部は滑り止めを施したものであり，滑り止めの溝は，空気入ゴムタイヤの接地部の全幅にわたり滑り止めのために施されている凹部（サイピング，プラットフォーム及びウエア・インジケータの部分を除く。）のいずれの部分においても1.6ミリメートル以上の深さを有すること。

2．乗用者等に備える事故自動緊急通報措置は，当該自動車が衝突等による衝撃を受ける事故が発生した場合において，その旨及び当該事故の概要を所定の場所に自動的かつ緊急に通報するものとして，機能，性能等に関し告示で定める基準に適合するものでなければならない。

3．路線を定めて定期に運行する一般乗合旅客自動車運送事業用自動車に備える旅客が乗降中であることを後方に表示する電光表示器には，点滅する灯火又は光度が増減する灯火を備えることができる。

4．自動車に備えなければならない非常信号用具は，夜間150メートルの距離から確認できる赤色の灯光を発するものでなければならない。

（令和3年3月・問12）

〔正解〕　4　告示第220条（非常信号用具）第1項第1号　　　（P127上5個目●）

〔解説〕

　・誤：<u>150メートル</u>

　・正：<u>200メートル</u>

1は○　告示第167条（走行装置）第4項第2号　　（P117上4個目●）

2は○　保安基準第43条の8（事故自動緊急通報装置）　　（P127下1個目●）

3は○　告示第218条（その他の灯火等の制限）第6項第18号　（P125下1個目●(13)）

問5 道路交通法に定める追越し等についての次の記述のうち，誤っているものを1つ選びなさい。なお，解答にあたっては，各選択肢に記載されている事項以外は考慮しないものとする。

1．車両は，他の車両を追い越そうとするときは，その追い越されようとする車両（以下「前車」という。）の右側を通行しなければならない。ただし，法令の規定により追越しを禁止されていない場所において，前者が法令の規定により右折をするため道路の中央又は右側端に寄って通行しているときは，その左側を通行しなければならない。

2．車両は，法令の規定若しくは警察官の命令により，又は危険を防止するため，停止し，若しくは停止しようとして徐行している車両等に追いついたときは，その前方にある車両等の側方を通過して当該車両等の前方に割り込み，又はその前方を横切ってはならない。

3．車両は，法令に既定する優先道路を通行している場合における当該優先道路にある交差点を除き，交差点の手前の側端から前に30メートル以内の部分においては，他の車両（軽車両を除く。）を追い越そうとするときは，速やかに進路を変更しなければならない。

4．車両は，進路を変更した場合にその変更した後の進路と同一の進路を後方から進行してくる車両等の速度又は方向を急に変更させることとなるおそれがあるときは，進路を変更してはならない。

（令和2年8月・問14）

〔正解〕 3　道交法第30条（追越しを禁止する場所）第3号　（P140上2個目●）
〔解説〕
　・誤：追い越そうとするときは，速やかに進路を変更しなければならない
　・正：追い越すため，進路を変更し，又は前車の側方を通過してはならない
1は○　道交法第28条（追越しの方法）第1項，第2項　（P139下3・4個目●）
2は○　道交法第32条（割込み等の禁止）　（P140下2個目●）
4は○　道交法第26条の2（進路の変更の禁止）第2項　（P139上1個目●）

問6 道路交通法に定める交通事故の場合の措置についての次の文中、A、B、C に入るべき字句として【いずれか正しいものを1つ】選びなさい。

　　交通事故があったときは、当該交通事故に係る車両等の運転者その他の乗務員は、直ちに車両等の運転を停止して、□　A　□し、道路における危険を防止する等必要な措置を講じなければならない。この場合において、当該車両等の運転者（運転者が死亡し、又は負傷したためやむを得ないときは、その他の乗務員）は、警察官が現場にいるときは当該警察官に、警察官が現場にいないときは直ちに最寄りの警察署の警察官に当該交通事故が発生した日時及び場所、当該交通事故における□　B　□及び負傷者の負傷の程度並びに損壊した物及びその損壊の程度、当該交通事故に係る車両等の積載物並びに□　C　□を報告しなければならない。

A　① 事故状況を確認　　　　　　　② 負傷者を救護

B　① 死傷者の数　　　　　　　　　② 事故車両の数

C　① 当該交通事故について講じた措置　② 運転者の健康状態

（令和2年度CBT・問15）

〔正解〕　道交法第72条（交通事故の場合の措置）第1項　　（P156上1個目●）

A　負傷者を救護

B　死傷者の数

C　当該交通事故について講じた措置

問7 労働基準法及び労働安全衛生法の定める健康診断に関する次の記述のうち，誤っているものを1つ選びなさい。なお，解答にあたっては，各選択肢に記載されている事項以外は考慮しないものとする。

1．事業者は，常時使用する労働者を雇い入れるときは，当該労働者に対し，労働安全衛生規則に定める既往歴及び業務歴の調査等の項目について医師による健康診断を行わなければならない。ただし，医師による健康診断を受けた後，3ヵ月を経過しない者を雇い入れる場合において，その者が当該健康診断の結果を証明する書面を提出したときは，当該健康診断の項目に相当する項目については，この限りでない。

2．事業者は，事業者が行う健康診断を受けた労働者に対し，遅滞なく，当該健康診断の結果を通知しなければならない。

3．事業者は，深夜業を含む業務等に常時従事する労働者に対し，当該業務への配置換えの際及び6ヵ月以内ごとに1回，定期に，労働安全衛生規則に定める所定の項目について医師による健康診断を行わなければならない。

4．事業者は，労働安全衛生規則で定めるところにより，深夜業に従事する労働者が，自ら受けた健康診断の結果を証明する書面を事業者に提出した場合において，その健康診断の結果（当該健康診断の項目に異常の所見があると診断された労働者に係るものに限る。）に基づく医師からの意見聴取は，当該健康診断の結果を証明する書面が事業者に提出された日から4ヵ月以内に行わなければならない。

（令和2年8月・問19）

〔正解〕　4　衛生規則第51条の2（医師等からの意見聴取）第1項
　　　　　　　（P201上3行目）
〔解説〕
　　・誤：<u>4ヵ月以内</u>
　　・正：<u>2ヵ月以内</u>
　1は○　衛生規則第43条（雇入れ時の健康診断）　　（P199上3個目●）
　2は○　衛生規則第51条の4（健康診断の結果の通知）　（P201上2個目●）
　3は○　衛生規則第45条（特定業務従事者の健康診断）　（P199下2個目●）

問8　「自動車運転者の労働時間等の改善のための基準」に定める一般乗用旅客自動車運送事業に従事する自動車運転者（隔日勤務に就く運転者及びハイヤーに乗務する運転者以外のもの。）の拘束時間及び休息期間についての次の文中、A、B、C、Dに入るべき字句としていずれか正しいものを1つ選びなさい。

　1日（始業時刻から起算して24時間をいう。以下同じ。）についての拘束時間は、13時間を超えないものとし、当該拘束時間を延長する場合であっても、1日についての拘束時間の限度（最大拘束時間）は、　A　とすること。ただし、車庫待ち等の自動車運転者について、次に掲げる要件を満たす場合には、この限りでない。

イ　勤務終了後、継続　B　以上の休息期間を与えること。
ロ　1日についての拘束時間が　C　を超える回数が、1ヵ月について7回以内であること。
ハ　1日についての拘束時間が　D　を超える場合には、夜間4時間以上の仮眠時間を与えること。
ニ　1回の勤務における拘束時間が、24時間を超えないこと。
A　1．15時間　2．16時間
B　1．8時間　2．20時間
C　1．14時間　2．16時間
D　1．18時間　2．20時間

※試験後の法改正に伴い，問題の一部を修正しています。　　　　　　（令和元年8月・問20）

〔正解〕　改善基準第2条（拘束時間等）第1項　　（p183上2個目●）
　　　　　　A = 1．15時間
　　　　　　B = 2．20時間
　　　　　　C = 2．16時間
　　　　　　D = 1．18時間

問9 下表は、一般乗用旅客自動車運送事業の隔日勤務に従事する自動車運転者の1ヵ月の勤務状況の例を示したものであるが、「自動車運転者の労働時間等の改善のための基準」に定める拘束時間等に照らし、次の1～4の中から<u>違反している事項を2つ</u>選びなさい。なお、車庫待ち等はないものとし、また、「1ヵ月についての拘束時間の延長に関する労使協定」及び「時間外労働及び休日労働に関する労使協定」があり、下表の1ヵ月は、当該協定により1ヵ月についての拘束時間を延長することができる月に該当するものとする。

(起算日)

日付	1日	2日	3日	4日	5日	6日	7日	8日	9日	10日	11日	12日	13日	14日	15日	16日
勤務等状況	労働日		労働日		休日	労働日		労働日		休日	労働日		労働日		労働日	
始業時刻(午前)	9:00		8:00			9:00		9:00			8:00		9:00		8:00	
	～		～			～		～			～		～		～	
終業時刻(午前)		6:00		5:00			6:00		6:00			5:00		7:00		5:00
拘束時間(時間)	21		21		－	21		21		－	21		22		21	

日付	17日	18日	19日	20日	21日	22日	23日	24日	25日	26日	27日	28日	29日	30日	31日	1ヵ月(1日～31日)の拘束時間計
勤務等状況	労働日		休日	休日	労働日		労働日		休日労働日		労働日		労働日		休日	
始業時刻(午前)	8:00				8:00		8:00		10:00		9:00		8:00			
	～				～		～		～		～		～			
終業時刻(午前)		5:00				5:00		5:00		4:00		6:00		5:00		
拘束時間(時間)	21		－	－	21		21		18		21		21		－	271 時間

(注1) 協定における時間外労働及び休日労働の起算日は、1日とする。
(注2) 1日の前日は休日とする。
(注3) 拘束時間と次の拘束時間の間は休息期間とする。

1．休息期間

2．労働基準法第35条の休日に労働させる回数

3．2暦日についての拘束時間

4．1ヵ月の拘束時間

※試験後の法改正に伴い，問題の一部を修正しています。　　　　　　(令和2年8月・問22)

〔正解〕　3．4　改善基準第2条（拘束時間等）第2項，第4項
　　　　　　　（p184下2個目●，p184下1個目●，p185下1個目●）

〔解説〕
・1ヵ月についての拘束時間は，労使協定があるときは，270時間を超えないこと。
・2暦日についての拘束時間は22時間を超えないものとし，かつ，2回の隔日勤務を平均し隔日勤務1回当たり21時間を超えないこと。（特定の隔日勤務の拘束時間と特定の隔日勤務の前の隔日勤務の拘束時間との平均，特定の隔日勤務の拘束時間と特定の隔日勤務の次の隔日勤務の拘束時間との平均が，いずれも21時間を超えた場合に違反となる。）
・勤務終了後の休息期間は継続22時間を下回らないものとすること。
・労働基準法第35条の休日に労働させる回数は，2週間について1回を超えないこと。

1．休息期間について
　　改善基準に違反するところはない。

2．労働基準法第35条の休日に労働させる回数
　　改善基準に違反するところはない。

3．2暦日についての拘束時間
　　13日14日の隔日勤務を特定日として，前の隔日勤務（11日12日）との平均と，次の隔日勤務（15日16日）との平均が両方とも21.5時間となるため改善基準に違反している。

4．1ヵ月の拘束時間
　　1ヵ月の拘束時間が271時間のため，改善基準に違反している。
　　よって，3．4が正答である。

問10　旅行業者から貸切バス事業者に対し、ツアー客の運送依頼があった。これを受けて運行管理者は、下の図に示す運行計画を立てた。この運行に関する次の1〜3の記述について、解答しなさい。なお、解答にあたっては、＜運行計画＞及び各選択肢に記載されている事項以外は考慮しないものとする。

＜運行計画＞
朝B駅にてツアー客を乗車させ、C観光地及びD道の駅等を経て、F駅に帰着させる行程とする。当該運行は、乗車定員36名乗りの貸切バスを使用し、運転者1人乗務とする。

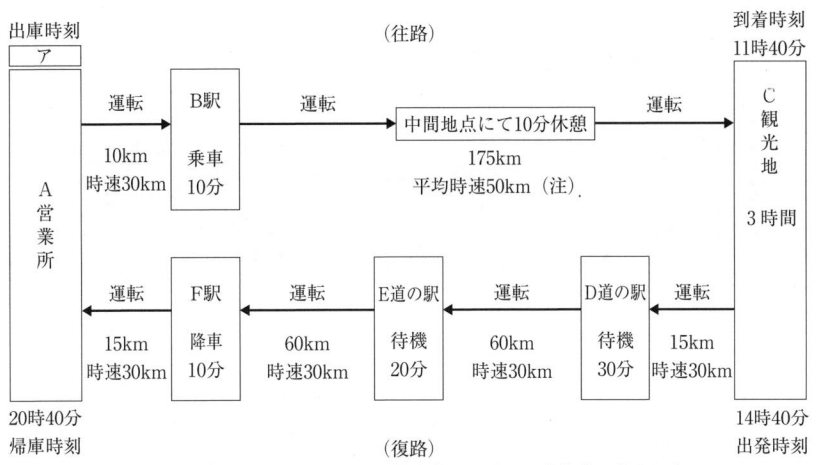

　（注）　平均時速の算出にあたっては、中間地点における10分休憩は含まれない。

1. 当該運行においてC観光地に11時40分に到着させるためにふさわしいA営業所の出庫時刻　　ア　　について、次の①〜③の中から【正しいものを1つ】選びなさい。

　　① 7時20分　　　② 7時30分　　　③ 7時40分

2. 当該運転者は前日の運転時間が9時間00分であり、また、翌日の運転時間を9時間20分とした場合、当日を特定の日とした場合の2日を平均して1日当たりの運転時間が自動車運転者の労働時間等の改善のための基準告示（以下「改善基準告示」という。）に違反しているか否について、【正しいものを1つ】選なさい。

　　　　　① 違反していない　　② 違反している

3. 当日の全運行において、連続運転時間は「改善基準告示」に、違反しているか否かについて、【正しいものを１つ】選びなさい。

　　　　　① 違反していない　　② 違反している

※試験後の法改正に伴い，問題の一部を修正しています。　　　　（令和２年度CBT・問29）

〔正解〕　1：②　7時30分

　　　　　2：①　違反していない

　　　　　3：①　違反していない

〔解説〕

・1について

　・A営業所からB駅まで20分　（1/3（時速）×60分）＝20分

　　B駅からC観光地3時間30分　175km÷50km（平均時速）＝3時間30分

　　A営業所からC観光地までの所要時間＝4時間10分

　　20分＋3時間30分＋10分（乗車時間）＋10分（休憩時間）＝4時間10分

　　11時40分（到着時刻）－4時間10分（所要時間）＝<u>7時30分（A営業所の出庫時刻）</u>

・2について

　・1日当たりの運転時間が2日を平均し9時間を超えないこと

　　（片方のみ9時間を超える場合は違反とならない。）

　　往路の運転時間

　　20分＋3時間30分＝3時間50分

　　復路の運転時間

　　30分＋2時間＋2時間＋30分＝5時間

　　当日の運転時間は，往路3時間50分＋復路5時間＝8時間50分

　　（前日9時間00分＋当日8時間50分）÷2＝8時間55分

　　（当日8時間50分＋翌日9時間20分）÷2＝9時間5分

　　　9時間超は片方のみなので<u>違反していない。</u>

・3について

　・連続運転時間（1回が連続10分以上で，かつ合計が30分以上の運転の中断を

　　することなく連続して運転する時間をいう。）は4時間を超えないものとす

　　る。

　・往路において，A営業所からC観光地までの運転時間は，3時間50分である

　　ため，また，復路について，Dの道の駅を運転中断30分後に運転再開して，

　　F駅乗客降車までの運転時間は4時間で運転中断が30分ある。連続運転時間

　　は改善基準告示に，<u>違反していない。</u>

第3編

実践模擬問題（30問）

●問題に取組むまえに

　この実践模擬問題は，実際の試験で良く出題されるテーマの問題を試験本番と同じく30問そろえました。

　答えを一つだけ選ぶもの，複数選ぶもの，文章中の空欄に入る語句を枠の中から選ぶもの，など様々なパターンの問題がありますので，設問をよく読んで解答してください。

　本番と同じように，模擬試験としてこの30問を90分以内に解いてみてください。

　試験自体に慣れるとともに，それぞれの問題への時間配分について考慮をめぐらすことができるのも，模擬試験を行う大事なポイントです。

　なお，この模擬問題の正解は巻末に記載してあります。

　（実際の試験では電卓等は使用できませんので，この模擬試験でも電卓等は使用しないで下さい。）

旅客実践模擬問題（30問）

問1から問30までについて，それぞれの設問の指示に従って解答してください。（答えを一つだけ選ぶもの，複数選ぶもの，枠の中から選ぶもの等があります。）

Ⅰ．道路運送法関係

問1　旅客自動車運送事業に関する次の記述のうち，正しいものを2つ選びなさい。なお，解答にあたっては，各選択肢に記載されている事項以外は考慮しないものとする。

1. 自動車運送事業とは，旅客自動車運送事業，貨物自動車運送事業及び自動車道事業をいう。

2. 一般貸切旅客自動車運送事業の許可は，2年ごとにその更新を受けなければ，その期間の経過によって，その効力を失う。

3. 一般旅客自動車運送事業者の許可の取消しを受けた者は，その取消しの日から5年を経過しなければ，新たに一般旅客自動車運送事業者の許可を受けることができない。

4. 一般貸切旅客自動車運送事業者及び一般乗用旅客自動車運送事業者は，災害の場合その他緊急を要するとき，又は一般乗合旅客自動車運送事業者によることが困難な場合において，一時的な需要のために国土交通大臣の許可を受けて地域及び期間を限定して行う場合に限り，乗合旅客の運送をすることができる。

5. 一般旅客自動車運送事業者は，運送約款を定め，又はこれを変更しようとするときは，あらかじめ，その旨を国土交通大臣に届け出なければならない。

問2　次の記述のうち，旅客自動車運送事業の運行管理者の行わなければならない業務として<u>正しいものを全て</u>選びなさい。なお，解答にあたっては，各選択肢に記載されている事項以外は考慮しないものとする。

1．運行管理規程を定め，かつ，その遵守について運行管理業務を補助させるため選任した補助者及び運転者に対し指導監督及び監督を行うこと。

2．法令の規定により，運転者等に対して点呼を行い，報告を求め，確認を行い，指示を与え，記録し，及びその記録を保存し，並びにアルコール検知器を常時有効に保持すること。

3．一般貸切旅客自動車運送事業の運行管理者にあっては，法令の規定による運行指示書を作成し，かつ，これにより事業用自動車の運転者等に対し適切な指示を行い，事業用自動車の運転者等に携行させ，及びその保存をすること。

4．一般貸切旅客自動車運送事業の運行管理者にあっては，乗務員等が常時有効に利用することができるように，営業所，自動車車庫その他営業所又は自動車車庫付近の適切な場所に，休憩に必要な施設を整備し，及び乗務員等に睡眠を与える必要がある場合又は乗務員等が勤務時間中に仮眠する機会がある場合は，睡眠又は仮眠に必要な施設を整備すること。

5．一般貸切旅客自動車運送事業の運行管理者にあっては，運転者が長距離運転又は夜間の運転に従事する場合であって，疲労等により安全な運転を継続することができないおそれがあるときは，あらかじめ，交替するための運転者を配置すること。

問3　旅客自動車運送事業の輸送の安全等に関する次の記述のうち，<u>誤っているもの</u>を1つ選びなさい。なお，解答にあたっては，各選択肢に記載されている事項以外は考慮しないものとする。

1．一般乗用旅客自動車運送事業の用に供する事業用自動車200両以上を有する一般乗用旅客自動車運送事業者は，安全管理規程を定め，国土交通省令で定めるところにより，国土交通大臣に届け出なければならない。これを変更しようとするときも，同様である。

2．一般旅客自動車運送事業者は，安全統括管理者を選任し，又は解任したときは，国土交通省令で定めるところにより，遅滞なく，その旨を国土交通大臣に届け出なければならない。

3．一般旅客自動車運送事業者は，事業計画（路線定期運行を行う一般乗合旅客自動車運送事業者にあっては，事業計画及び運行計画）の遂行に必要となる員数の運転者の確保，事業用自動車の運転者がその休憩又は睡眠のために利用することができる施設の整備，事業用自動車の運転者の適切な拘束時間及び休息期間の設定その他の運行の管理その他事業用自動車の運転者の過労運転を防止するために必要な措置を講じなければならない。

4．一般旅客自動車運送事業者は，事業用自動車の運転者が疾病により安全な運転ができないおそれがある状態で事業用自動車を運転することを防止するために必要な医学的知見に基づく措置を講じなければならない。

5．旅客自動車運送事業者は，毎事業年度の経過後100日以内に，輸送の安全に関する基本的な方針その他の輸送の安全にかかわる情報であって国土交通大臣が告示で定める事項について，インターネットの利用その他の適切な方法により公表しなければならない。

問4　旅客自動車運送事業の事業用自動車の運転者等に対する点呼に関する次の記述のうち，正しいものを全て選びなさい。なお，解答にあたっては，各選択肢に記載されている事項以外は考慮しないものとする。

1．業務前の点呼においては，営業所に備えるアルコール検知器（呼気に含まれるアルコールを検知する機器であって，国土交通大臣が告示で定めるもの。）を用いて酒気帯びの有無が確認できる場合であっても，運転者の状態を目視等で確認しなければならない。

2．運行管理者の業務を補助させるために選任された補助者に対し，点呼の一部を行わせる場合にあっても，当該営業所において選任されている運行管理者が行う点呼は，点呼を行うべき総回数の少なくとも2分の1以上でなければならない。

3．業務前の点呼における酒気帯びの有無を確認するため，アルコール検知器を使用しなければならないとされているが，アルコール検知器を使用する理由は，身体に保有しているアルコールの程度を測定し，道路交通法施行令で定める呼気1リットル当たり0.15ミリグラム以上であるか否かを判定するためである。

4．点呼を行った際に記録しなければならない事項は，運転者等ごとに点呼を行った旨，報告，確認及び指示の内容等ほか，①点呼を行った者及び点呼を受けた運転者等の氏名，②点呼を受けた運転者等が従事する運行の業務に係る事業用自動車の自動車登録番号その他の当該事業用自動車を識別できる表示，③点呼の日時，④点呼の方法，⑤その他必要な事項である。

5．旅客自動車運送事業者は，点呼に用いるアルコール検知器を常時有効に保持しなければならない。このため，確実に酒気を帯びていない者が当該アルコール検知器を使用した場合に，アルコールを検知しないこと及び洗口液等アルコールを含有する液体又はこれを希釈したものをスプレー等により口内に噴霧した上で，当該アルコール検知器を使用した場合にアルコールを検知すること等により，定期的に故障の有無を確認しなければならない。

問5　自動車事故に関する次の記述のうち，一般旅客自動車運送事業者が自動車事故報告規則に基づく国土交通大臣への報告を要するものを全て選びなさい。なお，解答にあたっては，各選択肢に記載されている事項以外は考慮しないものとする。

1．事業用自動車が走行中，運転者がハンドル操作を誤り，当該事業用自動車が道路から0.6メートル下の畑に転落した。

2．一般乗合旅客自動車運送事業の事業用自動車が走行中，前を走行していた乗用車が交差点で停車しようとブレーキをかけたが，当該事業用自動車の運転者はこれに気付くのが遅れ，追突を避けるため急ブレーキをかけて停車させた。この際，立席の乗客1名が車内で転倒し，10日間の医師の治療を要する傷害を負った。

3．タクシーが交差点に停車していた貨物自動車に気付くのが遅れ，当該タクシーがこの貨物自動車に追突し，さらに後続の自家用自動車3台が関係する玉突き事故となり，この事故によりタクシーの乗客1人，自家用自動車の同乗者5人が軽傷を負った。

4．事業用自動車が交差点を通過するため進入したところ，交差する道路の左方から進入してきた原動機付自転車と出合い頭に衝突した。当該事故で原動機付自転車の運転者に30日間の医師の治療を要する傷害を生じさせた。

5．バス運転者が乗客を乗せ，走行していたところ，運転者は意識がもうろうとしてきたので直近の駐車場に駐車させて乗客を降ろした。しかし，その後も容態が回復しなかったため，運行を中断した。なお，その後，当該運転者は脳梗塞と診断された。

問6　一般旅客自動車運送事業者（以下「事業者」という。）の過労運転の防止等に関する次の記述のうち，誤っているものを2つ選びなさい。なお，解答にあたっては，各選択肢に記載されている事項以外は考慮しないものとする。

1．事業者は，事業計画（路線定期運行を行う一般乗合旅客自動車運送事業者にあっては，事業計画及び運行計画）の遂行に十分な数の事業用自動車の運転者を常時選任しておかなければならない。この場合，事業者（個人タクシー事業者を除く。）は，日日雇い入れられる者，3ヵ月以内の期間を定めて使用される者及び試みの使用期間中の者（14日を超えて引き続き使用されるに至った者を除く。）を当該運転者として選任してはならない。

2．事業者は，乗務員等が有効に利用することができるように，営業所，自動車車庫その他営業所又は自動車車庫付近の適切な場所に，休憩に必要な施設を整備し，及び乗務員等に睡眠を与える必要がある場合又は乗務員等が勤務時間中に仮眠する機会がある場合は，睡眠又は仮眠に必要な施設を整備し，並びにこれらの施設を適切に管理し，及び保守しなければならない。

3．事業者は，過労の防止を十分考慮して，国土交通大臣が告示で定める基準に従って，事業用自動車の運転者の勤務時間及び乗務時間を定め，当該運転者にこれらを遵守させなければならない。

4．一般貸切旅客自動車運送事業者は，事業用自動車の運行中少なくとも1人の運行管理者が，事業用自動車の運転業務に従事せずに，異常気象，乗務員の体調変化等の発生時，速やかに運行の中止等の判断，指示等を行える体制を整備しなければならない。

5．事業者は，乗務員等の生活状況の把握に努め，疾病，疲労，睡眠不足その他の理由により安全に運行の業務を遂行し，又はその補助をすることができないおそれがある乗務員等を事業用自動車の運行の業務に従事させてはならない。

問7　一般旅客自動車運送事業者（以下「事業者」という。）の事業用自動車の運行の安全を確保するために，国土交通省告示に基づき運転者に対して行わなければならない指導監督及び特定の運転者に対して行わなければならない特別な指導に関する次の記述のうち，<u>誤っているものを1つ</u>選びなさい。なお，解答にあたっては，各選択肢に記載されている事項以外は考慮しないものとする。

1．事業者は，運転者が乗務を終了したときは，交替する運転者に対し，乗務中の当該自動車，道路及び運行の状況について通告するよう指導すること。

2．事業者は，その事業用自動車の運転者に対し，主として運行する路線又は営業区域の状態及びこれに対処することができる運転技術並びに法令に定める自動車の運転に関する事項について適切な指導監督をしなければならない。この場合においては，その日時，場所及び内容並びに指導監督を行った者及び受けた者を記録し，かつ，その記録を営業所において3年間保存しなければならない。

3．事業者（個人タクシー事業者を除く。）は，適齢診断（高齢運転者のための適性診断として国土交通大臣が認定したものをいう。）を運転者が65才に達した日以後1年以内に1回，その後70才に達するまでは3年以内ごとに1回，70才に達した日以後1年以内に1回，その後1年以内ごとに1回受診させなければならない。

4．事業用者は，高齢運転者に対する特別な指導については，国土交通大臣が認定した高齢運転者のための適性診断の結果を踏まえ，個々の運転者の加齢に伴う身体機能の変化の程度に応じた事業用自動車の安全な運転方法等について運転者が自ら考えるよう指導する。この指導は，当該適性診断の結果が判明した後1ヵ月以内に実施する。

5．一般貸切旅客自動車運送事業者が貸切バスの運転者に対して行う初任運転者に対する特別な指導は，事業用自動車の安全な運転に関する基本的事項，運行の安全及び旅客の安全を確保するために留意すべき事項等について，10時間以上実施するとともに，安全運転の実技について，20時間以上実施すること。

問8　旅客自動車運送事業者の運行管理者の選任等に関する次の記述のうち，正しいものを2つ選びなさい。なお，解答にあたっては，各選択肢に記載されている事項以外は考慮しないものとする。

1．旅客自動車運送事業者は，資格者証若しくは貨物自動車運送事業の運行管理者資格者証を有する者又は国土交通大臣が告示で定める運行の管理に関する講習であって国土交通大臣の認定を受けたものを修了した者のうちから，運行管理者の業務を補助させるための者（以下「補助者」という。）を選任することができる。ただし，運行管理者資格証の返納を命ぜられ，その日から2年を経過しない者は，補助者に選任することができない。

2．一般貸切旅客自動車運送事業者は，事業用自動車60両を管理する営業所においては，3人以上の運行管理者を選任しなければならない。

3．一般旅客自動車運送事業者は，運行管理者に対し，国土交通省令で定める業務を行うため必要な権限を与えなければならない。また，一般旅客自動車運送事業者及び事業用自動車の運転者その他の従業員は，運行管理者がその業務として行う助言又は指導があった場合は，これを尊重しなければならない。

4．旅客自動車運送事業者は，一の営業所において複数の運行管理者を選任する場合は，それらの業務を統括する運行管理者（統括運行管理者）を選任しなければならない。

5．旅客自動車運送事業者は，新たに選任した運行管理者に，選任届出をした日の属する年度（やむを得ない理由がある場合にあっては，当該年度の翌年度）に基礎講習又は一般講習（基礎講習を受講していない当該運行管理者にあっては，基礎講習）を受講させなければならない。

Ⅱ．道路運送車両法関係

問9　自動車の登録等に関する次の記述のうち，誤っているものを１つ選びなさい。なお，解答にあたっては，各選択肢に記載されている事項以外は考慮しないものとする。

1．道路運送車両法に規定する自動車の種別は，自動車の大きさ及び構造並びに原動機の種類及び総排気量又は定格出力を基準として定められ，その別は，普通自動車，小型自動車，軽自動車，大型特殊自動車，小型特殊自動車である。

2．登録自動車について所有者の変更があったときは，新所有者は，その事由があつた日から30日以内に，国土交通大臣の行う移転登録の申請をしなければならない。

3．登録自動車の所有者は，当該自動車の使用者が道路運送車両法の規定により自動車の使用の停止を命ぜられ，自動車検査証を返納したときは，遅滞なく，当該自動車登録番号標及び封印を取り外し，自動車登録番号標について国土交通大臣の領置を受けなければならない。

4．登録自動車の所有者は，滅失し，解体し（整備又は改造のために解体する場合を除く。），又は自動車の用途を廃止したときは，その事由があった日（使用済自動車の解体である場合には解体報告記録がなされたことを知った日）から15日以内に，永久抹消登録の申請をしなければならない。

5．登録自動車の所有者は，当該自動車の自動車登録番号標の封印が滅失した場合には，国土交通大臣又は封印取付受託者の行う封印の取付けを受けなければならない。

問10 自動車の検査等に関する次の記述のうち，正しいものを2つ選びなさい。なお，解答にあたっては，各選択肢に記載されている事項以外は考慮しないものとする。

1. 自動車は，その構造が，長さ，幅及び高さ並びに車両総重量（車両重量，最大積載量及び55キログラムに乗車定員を乗じて得た重量の総和。）等道路運送車両法に定める事項について，国土交通省令で定める保安上又は公害防止その他の環境保全上の技術基準に適合するものでなければ，運行の用に供してはならない。

2. 国土交通大臣は，一定の地域に使用の本拠の位置を有する自動車の使用者が，天災その他やむを得ない事由により，継続検査を受けることができないと認めるときは，当該地域に使用の本拠の位置を有する自動車の自動車検査証の有効期間を，期間を定めて伸長する旨を公示することができる。

3. 車両総重量8トン以上又は乗車定員30人以上の自動車の使用者は，スペアタイヤの取付状態等について，6ヵ月ごとに国土交通省令で定める技術上の基準により自動車を点検しなければならない。

4. 自動車は，指定自動車整備事業者が継続検査の際に交付した有効な保安基準適合標章を表示している場合であっても，自動車検査証を備え付けなければ，運行の用に供してはならない。

5. 検査標章には，国土交通省令で定めるところにより，その交付の際の当該自動車検査証の有効期間の起算日を表示するものとする。

問11　道路運送車両法に定める自動車の整備命令等に関する次の文中，A，B，C，Dに入るべき字句を次の枠内の選択肢から選びなさい。

　　　地方運輸局長は，自動車が保安基準に適合しなくなるおそれがある状態又は適合しない状態にあるとき（道路運送車両法第54条の2第1項に規定するときを除く。）は，当該自動車の ┌─── A ───┐ に対し，保安基準に適合しなくなるおそれをなくすため，又は保安基準に適合させるために必要な ┌─── B ───┐ を行うべきことを命ずることができる。この場合において，地方運輸局長は，保安基準に ┌─── C ───┐ にある当該自動車の ┌─── A ───┐ に対し，当該自動車が保安基準に適合するに至るまでの間の運行に関し，当該自動車の使用の方法又は ┌─── D ───┐ その他の保安上又は公害防止その他の環境保全上必要な指示をすることができる。

①	経路の制限	②	所有者	③	整　備
④	使用の制限	⑤	使用者	⑥	点　検
⑦	適合しない状態	⑧	適合しなくなるおそれがある状態		

問12　道路運送車両の保安基準に関する次の記述のうち，<u>正しいものを２つ選びなさ</u>い。なお，解答にあたっては，各選択肢に記載されている事項以外は考慮しないものとする。

1．自動車の後面には，夜間にその後方200メートルの距離から走行用前照灯で照射した場合にその反射光を照射位置から確認できる赤色の後部反射器を備えなければならない。

2．自動車の前面ガラス及び側面ガラス（告示で定める部分を除く。）は，フィルムが貼り付けられた場合，当該フィルムが貼り付けられた状態においても，透明であり，かつ，運転者が交通状況を確認するために必要な視野の範囲に係る部分における可視光線の透過率が70％以上であることが確保できるものでなければならない。

3．乗車定員11人以上の自動車及び幼児専用車には，消火器を備えなければならない。

4．自動車は，告示で定める方法により測定した場合において，長さ（セミトレーラにあっては，連結装置中心から当該セミトレーラの後端までの水平距離）12メートル（セミトレーラのうち告示で定めるものにあっては，13メートル），幅2.6メートル，高さ3.8メートルを超えてはならない。

5．自動車に備えなければならない後写鏡は，取付部付近の自動車の最外側より突出している部分の最下部が地上２メートル以下のものは，当該部分が歩行者等に接触した場合に衝撃を緩衝できる構造でなければならない。

Ⅲ. 道路交通法関係

問13　道路交通法に定める車両の交通方法等に関する次の記述のうち，誤っているものを1つ選びなさい。なお，解答にあたっては，各選択肢に記載されている事項以外は考慮しないものとする。

1. 交差点又はその附近において，緊急自動車が接近してきたときは，車両（緊急自動車を除く。）は，交差点を避け，かつ，道路の左側（一方通行となっている道路においてその左側に寄ることが緊急自動車の通行を妨げることとなる場合にあっては，道路の右側）に寄って一時停止しなければならない。

2. 車両は，環状交差点において左折し，又は右折するときは，あらかじめその前からできる限り道路の左側端に寄り，かつ，できる限り環状交差点の側端に沿って（道路標識等により通行すべき部分が指定されているときは，その指定された部分を通行して）徐行しなければならない。

3. 道路外の施設又は場所に出入するためやむを得ない場合において歩道等を横断するとき，又は法令の規定により歩道等で停車し，若しくは駐車するため必要な限度において歩道等を通行するときは，歩道等に入る直前で一時停止し，かつ，歩行者の通行を妨げないようにしなければならない。

4. 車両等は，踏切を通過しようとするときは，踏切の直前（道路標識等により停止線が設けられているときは，その停止線の直前。以下同じ。）で停止し，かつ，安全であることを確認した後でなければ進行してはならない。ただし，信号機の表示する信号に従うときは，踏切の直前で停止しないで進行することができる。

5. 車両等は，横断歩道等（当該車両等が通過する際に信号機の表示する信号又は警察官等の手信号等により当該横断歩道等による歩行者等の横断が禁止されているものを除く。）又はその手前の直前で停止している車両等がある場合において，当該停止している車両等の側方を通過してその前方に出ようとするときは，直ちに停止することができるような速度で進行しなければならない。

問14　道路交通法に定める灯火及び合図等についての次の記述のうち，正しいものを全て選びなさい。なお，解答にあたっては，各選択肢に記載されている事項以外は考慮しないものとする。

1．車両（自転車以外の軽車両を除く。）の運転者が左折又は右折するときの合図を行う時期は，その行為をしようとする地点（交差点においてその行為をする場合にあっては，当該交差点の手前の側端）から30メートル手前の地点に達したときである。

2．車両（自転車以外の軽車両を除く。）の運転者が同一方向に進行しながら進路を左方又は右方に変えるときの合図を行う時期は，その行為をしようとする地点から30メートル手前の地点に達したときである。

3．車両は，トンネルの中，濃霧がかかっている場所その他の場所で，視界が高速自動車国道及び自動車専用道路においては100メートル，その他の道路においては50メートル以下であるような暗い場所を通行する場合及び当該場所に停車し，又は駐車している場合においては，前照灯，車幅等，尾灯その他の灯火をつけなければならない。

4．車両（自転車以外の軽車両を除く。）の運転者は，左右の見とおしのきかない交差点，見とおしのきかない道路のまがりかど又は見とおしのきかない上り坂の頂上で道路標識等により指定された場所を通行するときは，警音器を鳴らさなければならない。

5．車両（自転車以外の軽車両を除く。）の運転者は，左折し，右折し，転回し，徐行し，停止し，後退し，又は同一方向に進行しながら進路を変えるときは，手，方向指示器又は灯火により合図をし，かつ，これらの行為が終わるまで当該合図を継続しなければならない。（環状交差点における場合を除く。）

問15　道路交通法に定める駐車を禁止する場所についての次の記述のうち，<u>正しいものを２つ選びなさい</u>。なお，解答にあたっては，各選択肢に記載されている事項以外は考慮しないものとする。

1．車両は，人の乗降，貨物の積卸し，駐車又は自動車の格納若しくは修理のため道路外に設けられた施設又は場所の道路に接する自動車用の出入口から５メートル以内の道路の部分においては，駐車してはならない。

2．車両は，道路工事が行われている場合における当該工事区域の側端から５メートル以内の道路の部分においては，駐車してはならない。

3．車両は，公安委員会が交通がひんぱんでないと認めて指定した区域を除き，法令の規定により駐車する場合に当該車両の右側の道路上に５メートル（道路標識等により距離が指定されているときは，その距離）以上の余地がないこととなる場所においては，駐車してはならない。

4．車両は，消火栓，指定消防水利の標識が設けられている位置又は消防用防火水槽の水の取り入れ口若しくは吸管投入孔から10メートル以内の道路の部分においては，駐車してはならない。

5．車両は，消防用機械器具の置場，若しくは消防用防火水槽の側端又はこれらの道路に接する出入口から５メートル以内の道路の部分においては，駐車してはならない。

問16　道路交通法に定める交差点等における通行方法についての記述のうち，誤っているものを1つ選びなさい。なお，解答にあたっては，各選択肢に記載されている事項以外は考慮しないものとする。

1．車両等は，交差点に入ろうとし，及び交差点内を通行するときは，当該交差点の状況に応じ，交差道路を通行する車両等，反対方向から進行してきて右折する車両等及び当該交差点又はその直近で道路を横断する歩行者に特に注意し，かつ，できる限り安全な速度と方法で進行しなければならない。

2．車両は，左折するときは，あらかじめその前からできる限り道路の左側端に寄り，かつ，できる限り道路の左側端に沿つて（道路標識等により通行すべき部分が指定されているときは，その指定された部分を通行して）徐行しなければならない。

3．左折又は右折しようとする車両は，法令の規定により，それぞれ道路の左側端，中央又は右側端に寄ろうとして手又は方向指示器による合図をした場合においては，その後方にある車両は，その速度又は方向を急に変更しなければならないこととなる場合を除き，当該合図をした車両の進路の変更を妨げてはならない。

4．車両等（優先道路を通行している車両等を除く。）は，交通整理の行なわれていない交差点に入ろうとする場合において，交差道路が優先道路であるとき，又はその通行している道路の幅員よりも交差道路の幅員が明らかに広いものであるときは，その前方に出る前に必ず一時停止しなければならない。

5．車両等は，交差点で右折する場合において，当該交差点において直進し，又は左折しようとする車両等があるときは，当該車両等の進行妨害をしてはならない。

問17 道路交通法に定める運転者の遵守事項等に関する次の記述のうち，<u>正しいもの</u>を2つ選びなさい。なお，解答にあたっては，各選択肢に記載されている事項以外は考慮しないものとする。

1．車両等の運転者は，道路の左側部分に設けられた安全地帯の側方を通過する場合において，当該安全地帯に歩行者がいるときは，できる限り安全な速度と方法で進行しなければならない。

2．自動車を運転する場合においては，当該自動車等が停止しているときを除き，携帯電話用装置（その全部又は一部を手で保持しなければ送信及び受信のいずれをも行うことができないものに限る。）を通話（傷病者の救護等のため当該自動車等の走行中に緊急やむを得ずに行うものを除く。）のために使用してはならない。

3．自動車の運転者は，故障その他の理由により本線車道若しくはこれに接する加速車線，減速車線若しくは登坂車線（以下「本線車道等」という。）において当該自動車を運転することができなくなったときは，政令で定めるところにより，当該自動車が故障その他の理由により停止しているものであることを表示しなければならない。ただし本線車道等に接する路肩若しくは路側帯においては，この限りではない。

4．車両の運転者は，児童，幼児等の乗降のため，道路運送車両の保安基準に関する規定に定める非常点滅表示をつけて停車している通学通園バス（専ら小学校，幼稚園等に通う児童，幼児等を運送するために使用する自動車で政令で定めるものをいう。）の側方を通過するときは，徐行して安全を確認しなければならない。

5．自動車の運転者は，高速自動車国道に限り，法令で定めるやむを得ない理由があるときを除き，他の者を運転者席以外の乗車装置（当該乗車装置につき座席ベルトを備えなければならないこととされているものに限る。）に乗車させて自動車を運転するときは，その者に座席ベルトを装着させなければならない。

IV. 労働基準法関係

問18　労働基準法（以下「法」という。）に関する次の記述のうち，正しいものを2つ選びなさい。なお，解答にあたっては，各選択肢に記載されている事項以外は考慮しないものとする。

1. 使用者は，労働者名簿，賃金台帳及び雇入れ，解雇，災害補償，賃金その他労働関係に関する重要な書類を1年間保存しなければならない。

2. 使用者は，労働契約の不履行について違約金を定め，又は損害賠償額を予定する契約をしてはならない。

3. 法で定める労働条件の基準は最低のものであるから，労働関係の当事者は，この基準を理由として労働条件を低下させてはならないことはもとより，その向上を図るように努めなければならない。

4. 「平均賃金」とは，これを算定すべき事由の発生した日以前3ヵ月間にその労働者に対し支払われた賃金の総額を，その期間の所定労働日数で除した金額をいう。

5. 労働契約は，期間の定めのないものを除き，一定の事業の完了に必要な期間を定めるもののほかは，2年（労働基準法第14条（契約期間等）第1項各号のいずれかに該当する労働契約にあっては，5年）を超える期間について締結してはならない。

問19 労働基準法（以下「法」という。）の定めに関する次の記述のうち，<u>誤っているものを2つ</u>選びなさい。なお，解答にあたっては，各選択肢に記載されている事項以外は考慮しないものとする。

1．使用者は，当該事業場に，労働者の過半数で組織する労働組合がある場合においてはその労働組合，労働者の過半数で組織する労働組合がない場合においては使用者が指名する者との書面による協定をし，これを行政官庁に届け出た場合においては，法定労働時間又は法定休日に関する規定にかかわらず，その協定で定めるところによって労働時間を延長し，又は休日に労働させることができる。

2．出来高払制その他の請負制で使用する労働者については，使用者は，労働時間に応じ一定額の賃金の保障をしなければならない。

3．労働時間は，事業場を異にする場合においても，労働時間に関する規定の適用については通算する。

4．使用者が，法の規定により労働時間を延長し，又は休日に労働させた場合においては，その時間又はその日の労働については，通常の労働時間又は労働日の賃金の計算額の3割以上6割以下の範囲内でそれぞれ政令で定める率以上の率で計算した割増賃金を支払わなければならない。

5．使用者は，その雇入れの日から起算して6ヵ月間継続勤務し全労働日の8割以上出勤した労働者に対して，継続し，又は分割した10労働日の有給休暇を与えなければならない。

問20 「自動車運転者の労働時間等の改善のための基準」に定める目的等についての次の文中，A，B，Cに入るべき字句を下の枠内から選びなさい。

1．この基準は，自動車運転者（労働基準法（以下「法」という。）第9条に規定する労働者であって，（　A　）の運転の業務（厚生労働省労働基準局長が定めるものを除く。）に主として従事する者をいう。）の労働時間等の改善のための基準を定めることにより，自動車運転者の労働時間等の（　B　）を図ることを目的とする。

2．労働関係の当事者は，この基準を理由として自動車運転者の労働条件を低下させてはならないことはもとより，その（　C　）に努めなければならない。

① 四輪以上の自動車	② 二輪以上の自動車	③ 労働条件の遵守
④ 労働条件の向上	⑤ 維持	⑥ 向上

問21 下図は，一般乗用旅客自動車運送事業以外の旅客自動車運送事業に従事する自動車運転者の運転時間等の例を示したものであるが，このうち，連続運転の中断方法として「自動車運転者の労働時間等の改善のための基準」に適合しているものを2つ選びなさい。なお，解答にあたっては，下図に示された内容以外については考慮しないものとする。

1.

乗務開始 乗務終了

運転時間	旅客乗車	運転時間	休憩時間	運転時間	休憩時間	運転時間	休憩時間	運転時間	旅客降車	運転時間
30分	20分	2時間30分	10分	1時間	1時間	3時間	20分	1時間30分	15分	30分

2.

乗務開始 乗務終了

運転時間	旅客乗車	運転時間	旅客乗車	運転時間	休憩時間	運転時間	休憩時間	運転時間	旅客降車	運転時間	旅客降車	運転時間
30分	20分	30分	10分	3時間	1時間	2時間	25分	2時間	5分	30分	10分	30分

3.

乗務開始 乗務終了

運転時間	旅客乗車	運転時間	休憩時間	運転時間	休憩時間	運転時間	休憩時間	運転時間	旅客降車	運転時間	旅客降車	運転時間
30分	20分	3時間	10分	30分	1時間	3時間	20分	30分	10分	30分	5分	30分

4.

乗務時間 乗務終了

運転時間	旅客乗車	運転時間	休憩時間	運転時間	休憩時間	運転時間	休憩時間	運転時間	休憩時間	旅客降車	運転時間
30分	20分	2時間30分	5分	30分	1時間	3時間	15分	1時間	15分	20分	30分

問22 下表は,「自動車運転者の労働時間等の改善のための基準」(以下「改善基準」という。)に定める一般貸切旅客自動車運送事業に従事する自動車運転者の運転時間の例を示したものであるが, 第2日目〜第4日目をそれぞれ特定日とした場合, 2日を平均して1日当たりの運転時間が改善基準に違反しているものを全て選びなさい。

1.

	1日目	2日目	3日目	4日目	5日目
運転時間	9時間	10時間	8時間	9時間	9時間

2.

	1日目	2日目	3日目	4日目	5日目
運転時間	10時間	9時間	10時間	8時間	8時間

3.

	1日目	2日目	3日目	4日目	5日目
運転時間	8時間	10時間	9時間	9時間	10時間

4.

	1日目	2日目	3日目	4日目	5日目
運転時間	9時間	10時間	8時間	10時間	9時間

5.

	1日目	2日目	3日目	4日目	5日目
運転時間	8時間	9時間	10時間	9時間	9時間

問23 下図は，一般貸切旅客自動車運送事業に従事する自動車運転者の1週間の勤務状況の例を示しものであるが，「自動車運転者の労働時間等の改善のための基準」（以下「改善基準」という。）に定める拘束時間等に関する次の記述のうち<u>正しいものを全て選びなさい</u>。ただし，すべて1人乗務の場合とする。なお，解答にあたっては，下図に示された内容及び各選択肢に記載されている事項以外は考慮しないものとする。

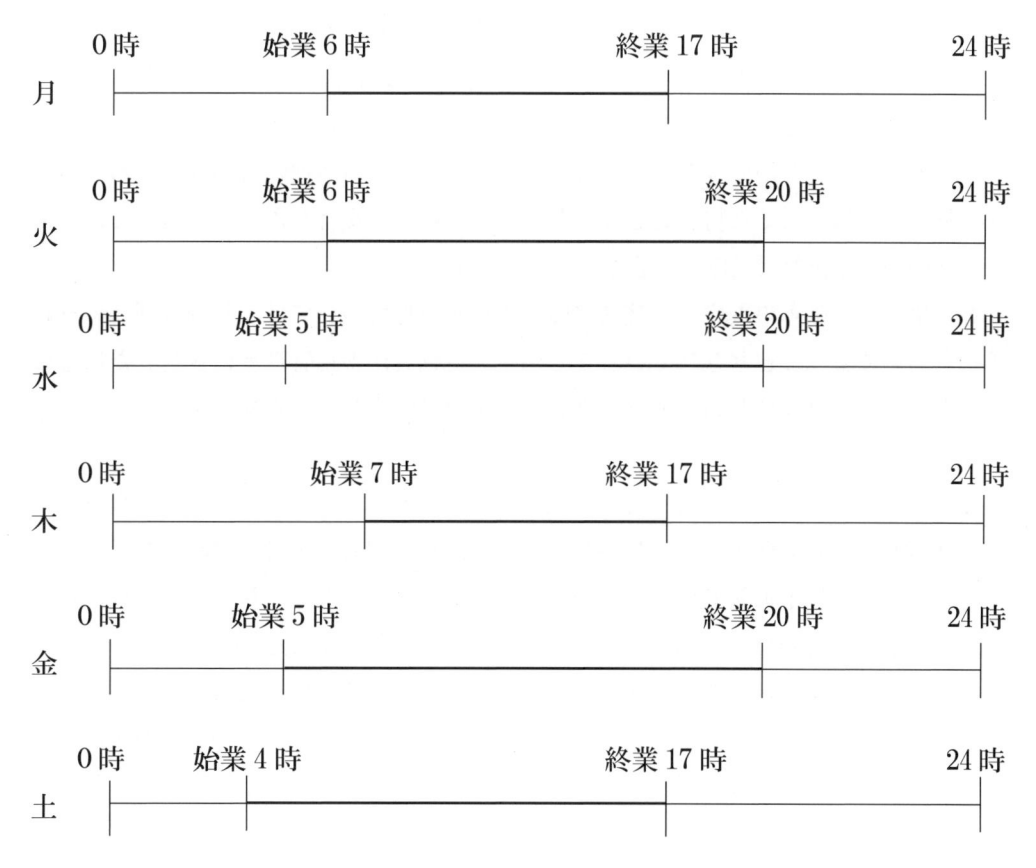

月　0時　始業6時　終業17時　24時
火　0時　始業6時　終業20時　24時
水　0時　始業5時　終業20時　24時
木　0時　始業7時　終業17時　24時
金　0時　始業5時　終業20時　24時
土　0時　始業4時　終業17時　24時

（注）日曜日は休日とする

1．1日についての拘束時間が改善基準に定める最大拘束時間に違反する勤務はない。

2．1日についての拘束時間が14時間を超えることができる1週間についての回数は，改善基準に違反していない。

3．勤務終了後の休息期間は，改善基準に違反しているのはない。

4．この1週間の勤務の中で1日についての拘束時間が最も短いのは月曜日である。

V．実務上の知識及び能力

問24　運行管理に関する次の記述のうち，<u>適切なものを全て</u>選びなさい。なお，解答にあたっては，各選択肢に記載されている事項以外は考慮しないものとする。

1．運行管理者は，自動車運送事業者の代理人として事業用自動車の輸送の安全確保に関する業務全般を行い，交通事故を防止する役割を担っている。したがって，事故が発生した場合には，自動車運送事業者に代わって責任を負うこととなる。

2．早朝に出庫するため，運行管理者の補助者が業務前の点呼を行ったところ，運転者から「前夜風邪を引いて熱があり風邪薬を服用した。」旨の報告があった。このため，当該運転者の顔色や応答の声の調子等について確認した結果，安全な運転をすることができないおそれがあると判断し，当該運転者の後に乗務する運転者を前倒しして乗務させることとした。運転者を交替したことについては，運行管理者が出社した際に報告をすることとした。

3．事業用自動車の点検及び整備に関する車両管理については，整備管理者の責務において行うこととされていることから，運転者が整備管理者に報告した場合にあっては，点呼において運行管理者は事業用自動車の日常点検の実施について確認する必要はない。

4．運行管理者は，事業用自動車が運行しているときにおいては，運行管理業務に従事している必要がある。しかし，1人の運行管理者が毎日，24時間営業所に勤務することは不可能である。そのため自動車運送事業者は，複数の運行管理者を選任して交替制で行わせるか，又は，運行管理者の補助者を選任し，点呼の一部を実施させるなど，確実な運行管理業務を遂行させる必要がある。

5．運行管理者が行う業務前の点呼において，運転者の酒気帯びの有無を確認しようとしたところ，営業所に設置されているアルコール検知器が故障により作動しなかったため，当該営業所に備えてある携帯用アルコール検知器を使用して酒気を帯びていないことを確認し，当該運転者を乗務させた。

問25　自動車の運転に関する次の記述のうち，適切なものを全て選びなさい。なお，
　　解答にあたっては，各選択肢に記載されている事項以外は考慮しないものとする。

1．自動車の速度が速くなるほど，運転者の視野は狭くなり，遠くを注視するよう
　　になるため，近くは見えにくくなる。したがって，速度を出しすぎると，路地等
　　から飛び出してくる歩行者や自転車などを見落としやすくなることから，速度の
　　出し過ぎに注意するよう運転者に対し指導する必要がある。

2．四輪車を運転する場合，二輪車との衝突事故を防止するための注意点として，
　　二輪車は死角に入りやすいため，その存在に気づきにくく，また，二輪車は速度
　　が実際より速く感じたり，距離が近くに見えたりする特性がある。したがって，
　　運転者に対してこのような点に注意するよう指導する必要がある。

3．衝突被害軽減ブレーキについては，同装置が正常に作動していても，走行時の
　　周囲の環境によっては障害物を正しく認識できないことや，衝突を回避できない
　　ことがあるため，当該装置が備えられている自動車の運転者に対し，当該装置を
　　過信せず，細心の注意をはらって運転するよう指導する必要がある。

4．前方の自動車を大型車と乗用車から同じ距離で見た場合，それぞれの視界や見
　　え方が異なり，大型車の場合には運転席が高いため，車間距離をつめてもあまり
　　危険に感じない傾向となるので，この点に注意して常に適正な車間距離をとるよ
　　う運転者を指導する必要がある。

5．自動車が，障害物に衝突した場合の衝撃力は，速度が2倍になると2倍になる。
　　したがって，高速走行等においては早めのブレーキを心掛けるよう指導する必要
　　がある。

問26 事業用自動車の運転者の健康管理に関する次の記述のうち，適切なものを全て選びなさい。なお，解答にあたっては，各選択肢に記載されている事項以外は考慮しないものとする。

1．事業者は，運転者が軽症度の睡眠時無呼吸症候群（ＳＡＳ）と診断された場合は，残業を控えるなど業務上での負荷の軽減や，睡眠時間を多く取る，過度な飲酒を控えるなどの生活習慣の改善によって，業務が可能な場合があるので，医師と相談して慎重に対応している。

2．事業者は，ある高齢運転者が夜間運転業務において加齢に伴う視覚機能の低下が原因と思われる軽微な接触事故が多くみられるため，昼間の運転業務に配置替えをした。しかし，繁忙期であったことから，運行管理者の判断で点呼において当該運転者の健康状態を確認しつつ，以前の夜間運転業務に短期間従事させた。

3．令和4年中のすべての事業用自動車の乗務員に起因する重大事故報告件数は約1,500件であり，このうち，運転者の健康状態に起因する事故件数は約300件となっている。病名別に見てみると，心筋梗塞等の心臓疾患と脳梗塞等の脳疾患が多く発生している。

4．自動車の運転中に，心臓疾患（心筋梗塞，心不全等）や，大血管疾患（急性大動脈解離，大動脈瘤破裂）が起こると，ショック状態，意識障害，心停止等を生じ，運転者が事故を回避するための行動をとることができなくなり，重大事故を引き起こすおそれがある。そのため，健康起因事故を防止するためにも発症する前の早期発見や予防が重要となっている。

5．事業者は，業務に従事する運転者に対し法令で定める健康診断を受診させ，その結果に基づいて健康診断個人票を作成して3年間保存している。また，運転者が自ら受けた健康診断の結果を提出したものについても同様に保存している。

問27　自動車の走行時に生じる諸現象に関する次の文中，A，B，C，Dに入るべき字句を次の枠内の選択肢から選びなさい。

ア．　A　とは，路面が水でおおわれているときに高速で走行すると，タイヤが路面の水を排除できず路面から浮き上がり，水の上を滑るようになり操縦不能になることをいう。

イ．　B　とはフットブレーキの使いすぎによりブレーキ・ドラムやブレーキ・ライニングなどが摩擦のため過熱して，その熱のためブレーキ液の中に気泡が生じ，ブレーキの効きが低下することをいう。

ウ．　C　とは，運転者が走行中に危険を認知して判断し，ブレーキ操作に至るまでの間に自動車が走り続けた距離をいう。

エ．　D　とは，タイヤの空気圧不足で高速走行したとき，タイヤの接地部に波打ち現象が生じセパレーション（剥離）やコード切れ等が発生することをいう。

①	スタンディングウェーブ現象	②	ベーパー・ロック現象
③	ハイドロプレーニング現象	④	ウェットスキッド現象
⑤	制動距離	⑥	空走距離

問28 事業用自動車の運転者に対する指導及び監督に関する次の記述のうち，適切なものを全て選びなさい。なお，解答にあたっては，各選択肢に記載されている事項以外は考慮しないものとする。

1．大雨，大雪，土砂災害などの異常気象時の措置については，異常気象時等処理要領を作成し運転者全員に周知させておくとともに，運転者とも速やかに連絡がとれるよう緊急時における連絡体制を整えているので，普段から事業用自動車の運行の中断，待避所の確保，徐行運転等の運転に関わることについてはすべて運転者の判断に任せ，中断，待避したときは報告するよう指導している。

2．道路上におけるバスの乗客の荷物の落下は，事故を誘発するおそれがあることから，運行管理者は運転者に対し，バスを出発させる時には，トランクルームの扉が完全に閉まった状態であり，かつ，確実に施錠されていることを確認するなど，乗客の荷物等積載物の転落を防止するための措置を講ずるよう指導している。

3．運転中の携帯電話・スマートフォンの使用などは運転への注意力を著しく低下させ，事故につながる危険性が高くなる。このような運転中の携帯電話等の操作は法令違反であることはもとより，いかに危険な行為であるかを運行管理者は運転者に対し理解させて，運転中の使用の禁止を徹底する必要がある。

4．飲酒は，速度感覚の麻痺，視力の低下，反応時間の遅れ，眠気が生じるなど自動車の運転に極めて深刻な影響を及ぼす。個人差はあるものの，体内に入ったビール500ミリリットル（アルコール5％）が分解処理されるのに概ね2時間が目安とされていることから，乗務前日の飲酒，酒量については，運転に影響のないよう十分気をつけることを運転者に指導している。

5．雪道への対応の遅れは，雪道でのチェーンの未装着のため自動車が登り坂を登れないこと等により後続車両が滞留し大規模な立ち往生を発生させることにもつながる。このことから運行管理者は，状況に応じて早めのチェーン装着等を運転者に対し指導する必要がある。

問29　交通事故防止対策に関する次の記述のうち，<u>適切なものを全て</u>選びなさい。な
　　お，解答にあたっては，各選択肢に記載されている事項以外は考慮しないものと
　　する。

　1．デジタル式運行記録計は，自動車の運行中，交通事故や急ブレーキ，急ハンド
　　ルなどにより当該自動車が一定以上の衝撃を受けると，その前後数十秒の映像な
　　どを記録する装置，または，自動車の運行中常時記録する装置であり，事故防止
　　対策の有効な手段の一つとして活用されている。

　2．適性診断は，運転者の運転行動や運転態度が安全運転にとって好ましい方向へ
　　変化するように動機付けを行うことにより，運転者自身の安全意識を向上させる
　　ものであり，ヒューマンエラーによる交通事故の発生を未然に防止するための有
　　効な手段となっている。

　3．交通事故の防止対策を効率的かつ効果的に講じていくためには，事故情報を多
　　角的に分析し，事故実態を把握したうえで，①計画の策定，②対策の実施，③効
　　果の評価，④対策の見直し及び改善，という一連の交通安全対策のPDCAサイク
　　ルを繰り返すことが必要である。

　4．自動車のハンドルを左に切り旋回した場合，左側の後輪が左側の前輪の軌跡に
　　対し内側を通ることとなり，この前後輪の軌跡の差を内輪差という。ホイールベ
　　ースの長い大型車ほどこの内輪差が大きくなることから，運転者に対し，交差点
　　での左折時には，内輪差による歩行者や自転車等との接触，巻き込み事故に注意
　　するよう指導する必要がある。

　5．令和4年中に発生したハイヤー・タクシーが第1当事者となった人身事故のう
　　ち，出会い頭の事故は追突事故と同程度に多く，全体の約2割を占めている。出
　　会い頭の事故を防止するために，交差点における安全確認，見通しの悪い箇所で
　　の一時停止の確実な履行等を徹底するよう指導した。

問30 旅行業者からの運送依頼に基づき，A営業所の運行管理者がア～オの運行の計画を立てた。この計画に関する１～４の記述のうち，適切なものを全て選びなさい。なお，解答にあたっては，運行の計画及び各選択肢に記載されている事項以外は考慮しないものとする。

（旅行業者からの運送依頼事項）

○Ｂ駅において，ハイキングツアー客（以下「乗客」という。）26名を乗せ，Ｃ観光地に10時30分に到着し，10時30分から14時まで観光をした後，乗客をＢ駅に17時30分に到着するよう運送する。なお，バスガイド１名を乗務させるよう依頼を受ける。

〈運行の計画〉

ア 当該運送には，乗車定員30人の貸切バスを使用し，運転者１名及びバスガイド１名を乗務させる。

イ 運行経路は，一般道及び高速自動車国道（法令による最低速度を定めない本線車道に該当しないもの。）とし，往路及び復路は同一ルートを走行するものとする。

ウ 高速自動車国道の往路については，Ｄ料金所からＥ料金所間の70キロメートルを走行することとし，Ｄ料金所とＥ料金所の中間点付近に設置されているサービスエリアで20分の休憩をとることとする。Ｄ料金所からＥ料金所までの所要時間は，休憩時間20分を含めて１時間とする。

復路についても，Ｅ料金所からＤ料金所間70キロメートルを走行することとし，Ｅ料金所とＤ料金所の中間点付近のサービスエリアで20分の休憩を取ることとする。Ｅ料金所からＤ料金所までの所用時間は，休憩時間20分を含めて１時間とする。

エ 当該運送の担当運転者の始業時刻を５時とし，出庫は６時とする。Ｂ駅への到着を７時とし，同駅の出発を７時30分とする。観光地への到着は10時30分とする。

オ Ｃ観光地において乗客が観光している間（所要時間３時間30分），運転者は貸切バスで待機（このうち１時間は当該運転者の休憩時間とする。）する。観光後，同観光地を14時30分に出発，Ｂ駅へ17時30分に到着し，同駅を18時に出発，営業所への帰庫を19時とし，終業時刻は20時とする。なお，翌日は休日とする。

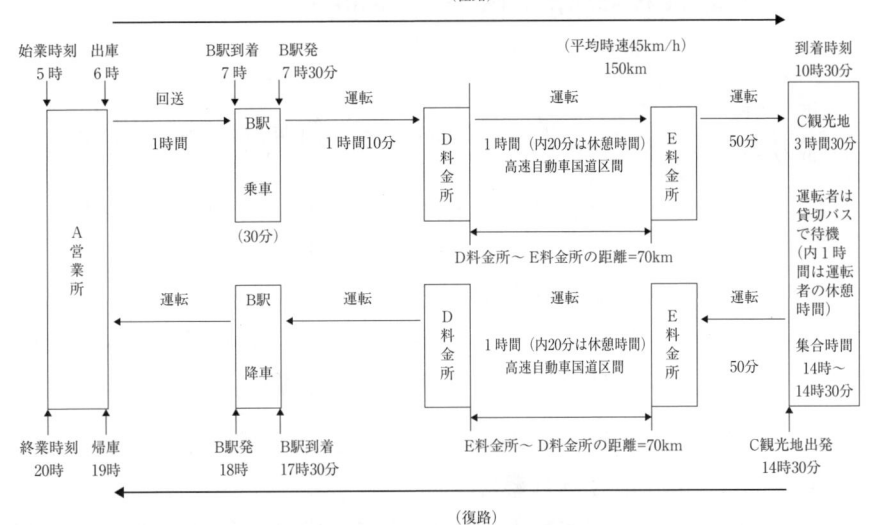

（往路）

（復路）

1．当該運送には，中型第二種免許を受けている運転者を乗務させることとした。

2．連続運転時間は，改善基準に適合していると判断した。

3．当日の当該運転者の拘束時間は14時間になると判断した。

4．高速自動車国道のＤ料金所からＥ料金所までの所要時間及びＥ料金所からＤ料金所までの所要時間は，道路交通法令に定める制限速度に照らしそれぞれ１時間（内20分は休憩時間）と設定した。

実践模擬問題解答 (30問)

(旅客 令和7年8月版)

問題番号	正解番号等		正(○)・誤(×)箇所の正解内容等
道路運送法関係	問1	3.4	○	1. 自動車道事業は含まれない。(p9下3個目●) 2. 2年→5年 (p13上4行目) 5. あらかじめ, その旨を国土交通大臣に届け出なければならない→国土交通大臣の認可を受けなければならない (p14下2個目●)
	問2	2.3 5	○	1. 運行管理規程を定めるのは事業者である。(p93下2個目●) 4. 必要な施設を整備するのは事業者である。(p83上2行目)
	問3	3	×	3. 拘束時間及び休息期間→勤務時間及び乗務時間 (p31上9行目)
	問4	1.4 5	○	2. 2分の1以上→3分の1以上 (p46下2行目) 3. 業務前の点呼においてアルコール検知器を使用するのは, 酒気帯びの有無を確認するためであって, 道路交通法施行令で定める呼気中のアルコール濃度1リットル当たり0.15ミリグラム以上であるか否かを判定するためのものではない。(p44上9行目)
	問5	1.5	○	2. 操縦装置の不適切な操作により旅客に11日以上の医師の治療を要する傷害が生じた場合に必要。(p24上1行目) 3. 10台以上の自動車の衝突又は接触を生じたもの, 又は, 10人以上の負傷者を生じた場合に必要。(p23上8行目, 下6行目) 4. 入院を要する傷害で, 医師の治療を要する期間が30日以上の場合に必要。(p23下9行目)
	問6	1.5	×	1. 3ヵ月以内→2ヵ月以内 (p56上3個目●) 5. 生活状況の把握→健康状態の把握 (p33上2行目)
	問7	3	×	3. 70才に達するまでは3年以内ごとに1回, 70才に達した日以後1年以内に1回→75才に達するま

問　題番　号	正　解番号等		正（○）・誤（×）箇所の正解内容等
			では 3 年以内ごとに 1 回，75才に達した日以後 1 年以内に 1 回（p70上16行目）
問8	4.5	○	1．2年→5年（p77下 1 個目●） 2．3人以上→4人以上（p78下 2 行目） 3．事業者は，運行管理者がその業務として行う助言を尊重しなければならず，運転者その他の従業員は運行管理者がその業務として行う指導に従わなければならない。（p81上 3 個目●）
問9	2	×	2．30日以内→15日以内（p99下 6 個目●）
問10	1.2	○	3．6ヵ月ごと→3ヵ月ごと（p109上 1 個目●，p111別表） 4．有効な保安基準適合標章を表示しているときは，自動車検査証を備え付けなくても運行の用に供することができる。（p106下 2 個目●） 5．有効期間の起算日→有効期間の満了する時期（p106上 3 個目●）
問11	A＝⑤使用者　　　　　B＝③整備 C＝⑦適合しない状態　　D＝①経路の制限（p113上 3 個目●）		
問12	2.3	○	1．200メートル→150メートル（p123） 4．幅2.6メートル→幅2.5メートル（p116上 1 個目●） 5．地上 2 メートル以下→地上1.8メートル以（p128上 1 個目●）
問13	5	×	5．直ちに停止することができるような速度で進行しなければならない→その前方に出る前に一時停止しなければならない（p143下 3 個目●）
問14	1.4 5	○	2．その行為をしようとする地点から30メートル手前の地点に達したとき→その行為をしようとする時の 3 秒前のとき（p147上 1 個目●） 3．100メートル→200メートル（p146下 3 個目●）
問15	2.5	○	1．5メートル以内→3メートル以内（p145上 1 個

問　題番　号	正　解番号等		正（○）・誤（×）箇所の正解内容等
			目●）
			3．5メートル以上→3.5メートル以上（p145下2個目●）
			4．10メートル以内→5メートル以内（p145上1個目●）
問16	4	×	4．その前方に出る前に必ず一時停止しなければならない→徐行しなければならない（p142下16行目）
問17	2.4	○	1．できる限り安全な速度と方法で進行しなければならない→徐行しなければならない（p152上10行目）

3．本線車道等に接する路肩若しくは路側帯において運転することができなくなったときにおいても，故障等により停止しているものであることを表示しなければならない。（p159上1個目●）

5．「高速自動車国道に限り」の規定はない。高速自動車国道に限らず，むを得ない理由があるときを除き，他の者を運転者席以外の乗車装置に乗車させて自動車を運転するときは，その者に座席ベルトを装着させなければならない。（p154上2個目●） |
| 問18 | 2.3 | ○ | 1．1年間→5年間（法第143条の規定により当分の間3年間）（p181上1個目●）

4．所定労働日数→総日数（p173下3個目●）

5．2年→3年（p173下1個目●） |
| 問19 | 1.4 | × | 1．労働者の過半数で組織する労働組合がない場合においては使用者が指名する者→労働者の過半数で組織する労働組合がない場合においては労働者の過半数を代表する者（p171下1個目●）

4．3割以上6割以下→2割5分以上5割以下（p176下1個目●） |
| 問20 | A＝①四輪以上の自動車　　B＝④労働条件の向上C＝⑥向上（p182上1〜2個目●） | | |

（左端縦書き：労働基準法関係）

問　題番　号	正　解番　号等		正（○）・誤（×）箇所の正解内容等
問21	3.4	○	・連続運転時間（1回が連続10分以上で，かつ合計が30分以上の運転の中断をすることなく連続して運転する時間をいう。）は4時間を超えないものとする。（p194上1個目●） 1．休憩1時間後に運転を再開し，4時間30分（3時間＋1時間30分）の運転しているが，この間に運転中断が休憩20分のため改善基準に違反している。 2．休憩1時間後に運転の再開し，4時間（2時間＋2時間）の運転しているがその間の運転中断が休憩25分のため改善基準に違反している。（旅客の降車5分があるが連続10分未満は運転の中断に含まれない。）
問22	2.5	×	・運転時間は2日を平均し1日当たり9時間（特定日と前日の平均及び特定日と翌日の平均の両方が9時間を超える場合に違反となり，片方のみ9時間を超える場合は違反とならない。）を超えないこと。（p193上1個目●） 2．2日目（特定日）と1日目の平均が9時間30分，2日目（特定日）と3日目の平均が9時間30分のため改善基準に違反している。 5．3日目（特定日）と2日目の平均が9時間30分，3日目（特定日）と4日目の平均が9時間30分のため改善基準に違反している。
問23	2.4	○	・1日についての最大拘束時間は15時間とすること。（p192上1個目●） ・1日についての拘束時間が14時間を超える回数は1週間について3回以内を目安とする。（p192上1個目●） ・1日は始業時刻から起算して24時間をいう。（p192上1個目●） ・勤務終了後の休息期間は継続9時間を下回らないものとすること。（p192下2個目●） ・拘束時間

問題番号	正解番号等		正（○）・誤（×）箇所の正解内容等
			月曜日：6時〜17時＝11時間 火曜日：6時〜20時＋水曜日の5時〜6時＝15時間 水曜日：5時〜20時＝15時間 木曜日：7時〜17時＋金曜日の5時〜7時＝12時間 金曜日：5時〜20時＋土曜日の4時〜5時＝16時間 土曜日：4時〜17時＝13時間 ・休息期間 月〜火：17時〜6時＝13時間 火〜水：20時〜5時＝9時間 水〜木：20時〜7時＝11時間 木〜金：17時〜5時＝12時間 金〜土：20時〜4時＝8時間 1．金曜日の拘束時間が16時間のため改善基準に違反している。 3．金曜日の勤務終了後の休息期間が8時間のため改善基準に違反している。
問24	4.5	○	1．運行管理者の行う運行管理業務が適正に行われている限り，運行管理者が事故の責任を負うことはない。 2．補助者が行う点呼において，安全な運転をすることができないおそれがあると判断した場合には，直ちに，運行管理者に報告を行い，運行の可否の決定等について指示を仰がなければならない。 3．運転者が整備管理者に報告した場合においても，運行管理者は点呼において日常点検の実施について確認しなければならない。
問25	1.3 4	○	2．二輪車は四輪車に比べて車体が小さいため，四輪車から見た場合に，二輪車は速度が実際より遅く感じたり，距離が遠くに見えたりする特性がある。 5．速度が2倍になると，衝撃力は4倍になる。
問26	1.3 4	○	2．視覚機能の低下に伴う配置替えをしたことを考慮した場合，短期であっても夜間運転業務に従事

※左端に縦書きで「実務上の知識及び能力」と記載

問　題 番　号	正　解 番号等		正（○）・誤（×）箇所の正解内容等
			させることは適切でないと考えられる。 5．<u>3年間保存</u>→<u>5年間保存</u>
問27	A＝③ B＝② C＝⑥ D＝①		A＝③ ハイドロプレーニング現象 B＝② ベーパー・ロック現象 C＝⑥ 空走距離 D＝① スタンディングウェーブ現象
問28	2.3 5	○	1．異常気象時における運行の中断，待避所の確保，徐行運転等の運転に関わることについては，運行管理者が状況を的確に把握し，運転者に対して適切な指示を行う必要があり，運転者の判断に任せてはならない。 4．体重60キログラムの成人男性で，1単位（ビール500ミリリットル（アルコール5％））のアルコールが体内から消えるまでに約3時間〜4時間かかるといわれている。
問29	2.3 4.5	○	1．デジタル式運行記録計ではなく，ドライブレコーダーについての記述である。
問30	2	○	1．乗車定員30人の貸切バスを運転するためには，<u>大型第二種免許を受けた者</u>でなければならない。 3．拘束時間＝労働時間＋休憩時間 　始業時刻5時，終業時刻20時であるため拘束時間は15時間である。（C観光地において1時間の休憩を取っているが休憩時間も拘束時間に含まれる。） 4．D料金所からE料金所及びE料金所からD料金所までの所要時間は1時間であるが，休憩を20分取っているので走行時間は40分である。40分で70キロメートルを走行すると，70km÷（40/60）h＝105km/h 　乗車定員30人の貸切バスの高速道路における最高速度は100km/hなので速度違反である。

タクシー／バス帳票一覧表

●旅客自動車運送事業法適正化事業による帳票類の備え付けは万全ですか。

■品物の代金・送料のお支払いは、原則として代引き（代金引換え=着払い）となっております。■様式の内容及び価格は予告なく変更することがあります。

運行管理関係

コード	品名				価格	ご注文部数
103	乗務員台帳（労働者名簿）	A4判	〈タク用〉	30枚	660円	
102	乗務員台帳（労働者名簿）	A4判	〈バス用〉	30枚	660	
304	乗務員証（140×70mm）		〈タク用〉	1枚	33	
312	点呼記録表（40名）		〈タク用〉	100枚	781	
313	点呼記録表（18名）		〈タク用〉	100枚	451	
117	点呼記録表（25名・A様式）		途中点呼付〈バス用〉	100枚	781	
111	点呼記録表（25名・B様式）		〈バス用〉	100枚	781	
118	点呼記録表（12名・A様式）		途中点呼付〈バス用〉	100枚	451	
112	点呼記録表（12名・B様式）		〈バス用〉	100枚	451	
506	点呼記録表用ファイル（12・18名共用）			1個	1,595	
331	乗務実績一覧表		〈タク用〉	100枚	792	
131	乗務実績一覧表		〈バス用〉〈介護〉	100枚	792	
320	乗務記録（日報）	B5判	〈タク用〉〈介護〉	100枚	363	
124	乗務記録（日報）	B5判	〈バス用〉	100枚	352	
126	乗務記録（日報）	A4判	〈バス用〉	100枚	462	
144	運行指示書（A4判 2枚複写）		〈バス用〉	1冊(30組)	627	
522	営業日報集計表		〈共用〉	100枚	792	
332	乗務時間・粁超過理由書		〈タク用〉	100枚	352	
511	乗務員教育記録（1号様式）		〈共用〉	50枚	660	
512	乗務員教育台帳（3号様式）		〈共用〉	50枚	660	
503	乗務員教育記録用ファイル（索引付）		〈共用〉	1個	990	
※「教育記録」は、教育・指導内容を詳細に記録し、出席者を記入する。保存期間3年。「教育台帳」は、1人につき、どのような教育・指導を行ったか、箇条書きに記入する。						
521	苦情処理簿		〈共用〉	100枚	374	
341	事故報告書（図入り）		〈タク用〉	1枚	44	
531	事故記録簿		〈共用〉	50枚	660	
533	事故報告書（重大事故・4枚複写式）		〈共用〉	1冊(5組)	1,452	
185	運行管理規程		〈タク用〉	1冊	528	
186	運行管理規程		〈貸切バス用〉	1冊	528	
182	整備管理規程		〈共用〉	1冊	198	
682	一般貸切旅客自動車運送事業標準運送約款			1枚	275	

整備管理関係

コード	品名				価格	ご注文部数
401	日常点検表（毎日用）		〈タク用〉	100枚	220円	
202	日常点検表（毎日用）		〈バス用〉	100枚	220	
402	日常点検簿（1年間セット分）		〈タク用〉〈介護〉	1冊	660	
404	日常点検表（月分）（1年間セット分補充用）		〈タク用〉	1枚	53	
541	点検整備記録簿 1冊を1車用に決めて使用するタイプ。車両台数分必要。	B5判2枚複写	〈共用〉	1車3年分 1冊	264	
542	点検整備記録簿	A4判2枚複写	〈共用〉	1車3年分 1冊	396	
543	点検整備記録簿	B5判3枚複写	〈共用〉	1車2年分 1冊	264	
544	点検整備記録簿	A4判3枚複写	〈共用〉	1車2年分 1冊	396	
545	点検整備記録表 どの車両と決めず、30回分使用できるタイプ。	B5判2枚複写	〈共用〉	30組	495	
546	点検整備記録表	A4判2枚複写	〈共用〉	30組	649	
547	点検整備記録表	B5判3枚複写	〈共用〉	30組	693	
548	点検整備記録表	A4判3枚複写	〈共用〉	30組	836	
※商品コード541～548は、3ヶ月ごとの定期点検記録用紙。2枚複写は、自社で点検整備する場合。（会社保存用+車両携帯用）3枚複写は、整備工場に出す場合。（会社保存用+車両携帯用+整備工場控）						
412	車両管理台帳綴（点検整備記録を綴じる台帳）	A4判	〈タク用〉	1冊	286	
212	車両管理台帳綴（点検整備記録を綴じる台帳）	A4判	〈バス用〉	1冊	286	
591	整備カード		〈共用〉	1枚	33	
593	整備作業指示伝票		〈共用〉	100枚	352	
559	点検整備計画予定実施表（1ヶ月分）			1枚	55	
561	点検整備計画年間予定実施表			1枚	55	
753	事業報告書・実績報告書1セット（事業報告書3部・輸送実績報告書3枚）			乗用	各1,210	
754	事業報告書・実績報告書1セット（事業報告書3部・輸送実績報告書3枚）			乗合	各1,210	
755	事業報告書・実績報告書1セット（事業報告書3部・輸送実績報告書3枚）			貸切	各1,210	
952	事業報告書の書き方（旅客用）			1冊	572	
050	輸送実績書（第4号3表）3枚1セット			介護	484	
752	事業報告書・実績報告書1セット			個人タクシー	990	
611	運行・整備管理者選任等届出書（関東）（提出部数2枚）（乗用、乗合）			1枚	77	

■ご注文の際は一覧表をコピーしてファックスでお申込下さい。注文部数・貴社名・ご住所もお忘れなく。

●書籍

902	出題範囲の要点の解説と実践模擬問題 運行管理者試験テキスト 旅客編	定価2,860円（税込）	部
921	最新版 自動車六法	定価7,700円（税込）	部
931	保安基準ハンドブック 第24版	定価1,980円（税込）	部
942	タクシー手帳	定価 495円（税込）	部

顧客コード（請求・納品書に記載しています）　お電話

貴社名（部署名等）

ご担当者名

初めてご注文の方、顧客コードのわからない方は下記へ住所をご記入下さい。

ご住所（　　　－　　　）

通信欄

●商品の価格は消費税10％込みの金額です。

●事業用自動車関係図書・帳票・特注品印刷総合商社●
株式会社 輸送文研社
https://yuso-bunken.co.jp
〈ご注文FAX番号 03-3861-0295〉
〒101-0031 東京都千代田区東神田1-3-4 TEL.03-3861-0291
※主な帳票の説明は、ホームページに記載しております。　2023年10月作成